소명과 공부

○ ○ ○

이종재

Calling and Study

박영story

들어가는 말

　이 책을 쓰게 된 동기는 우리 집에 태어난 손자와 관계가 있습니다. 그는 생후 3개월쯤 되었을 때 손과 발을 움츠리는 경련을 일으키는 "영아연축(Infantile spasm)"을 앓게 되었습니다. 병의 원인도 파악되지 않았고 치료방식도 연축을 통제하는 항경련제를 투약하는 것 말고는 별 대책이 없는 상황이었습니다. 경련제 투약의 양은 증가하고 적합한 약을 선정하기까지 여러 가지 약을 써야 했습니다. 약의 부작용으로 투약 중에는 아이의 성장이 정지되었습니다. 목도 가누지 못하고 앉지도 못하고 말도 못하는 상황이었습니다. 가족들이 멀리 떨어져 있어 email로 성경말씀을 나누며 함께 기도하였습니다. 그러다가 집에 있는 신앙 서적의 요지를 전하면서 함께 기도하기 시작했습니다.

　손자는 하나님의 은혜로 발병 1년 반 후에 미국 어린이병원의 응급조치로 거의 마지막 처방으로 알려진 9주간에 걸친 ACTH 주사를 맞고 경련을 시작한 지 1년 반 만에 경련을 멈추게 되었습니다. 약 1년 동안 성장발달이 지체되었지만 ACTH 주사 처치 이후에 고개와 몸을 가누고 걷게 되었습니다. 이제는 말을 하고 초등학교 4학년에 재학하고 있습니다. 몇 년 동안 가족 간에 나누었던 믿음의 글들은 믿음과 소명 그리고 고난에 관한 것들이었습니다.

하나님의 은혜로 손자의 병은 치료되었고 초등학교에 입학할 나이가 되어 손자의 공부를 생각하게 되었습니다. 말씀에 비추어 공부를 바라보고 싶었습니다. 믿음으로의 부르심, 나를 향한 하나님의 뜻과 계획, 고난을 통한 하나님의 연단이 공부를 포함하여 우리 삶의 바탕을 세워 주시려는 하나님의 부르심으로 보였습니다. 이 바탕 위에 세워지는 "공부하는 마음"이 떠올랐습니다. 그래서 "믿음의 바탕 위에서 공부하는 마음"이 이 책의 주제가 되었습니다.

한국교육은 경쟁교육의 틀 속에서 진행되고 있습니다. 우리는 이 맥락에서 공부를 바라봅니다. 모래 위에 집을 짓는 겉은 화려하나 속이 빈 공부를 보게 되었습니다. 주님의 반석 위에 집을 짓는 길을 보고 싶었습니다. 성경적 관점에서 공부를 바라보고 입장을 정리하고 싶었습니다. 그러자 "공부의 바탕"이 보이고 "공부하는 마음"이 떠올랐습니다. 공부하는 마음으로 가는 7개의 문을 세울 수 있게 되었습니다. 이 길은 공부의 성공을 보장하는 세속적인 성공담(成功談)이 아니고 믿음으로 바라보고 한 점 찍는 매듭으로 여백을 바라보고 나아가는 작은 한 걸음일 뿐입니다.

공부하는 마음은 "하나님 경외"에서부터 출발하여 "소명의 문"과 "연단의 문"을 거쳐 공부하는 마음의 문을 열어갑니다. 그러면 다음 문이 열리는 것 같습니다. 하나님께서 일하시는 여백을 바라보며 나아갈 때 하나님의 인도를 받는 문이 열리고 "주님이 주시는 평강"으로 자기존중의 성품을 세우게 됩니다. "한 점 찍기"의 매듭짓기를 통하여 지금 여기서 내게 있는 것으로 공부하는 마음을 움직여 나가는 것으로 보였습니다.

우리는 "작은 매듭"을 맺고 주님은 우리의 "속 사람"에게 "큰 매듭"을 지어주십니다. 우리는 작은 한 점에서 시작하였으나 주님은 공부를 향하는 위대한 첫 걸음으로 인도해 주실 것으로 기대합니다. 이때 우리의 삶은 긍휼의 마음으로 약자에 대한 나눔과 섬기는 배려에 동참하게 됩니다. 공부는 믿음의 바탕 위에서 "마음으로" 한다고 생각하게 되었습니다. 이 마음을 "공부하는 마음"이라고 생각합니다.

이 책의 장과 절과 소절의 이름 아래 등장하는 문단마다 문단과 문단을 연결하는 흐름을 생략한 채 이야기를 전개하기도 하고, 때로는 중복하여 말하기도 합니다. 문단들이 끊어진 생각(단상, 斷想)을 가리키는 것 같아 문단 앞에 '–'를 붙였습니다. 말씀의 맥락을 전하려다 보니 성경구절을 때로는 길게 인용하였습니다. 장과 절, 그리고 소절의 제목과 성경구절이 "큰 이야기"를 묵상하는 디딤돌이 되기를 소망합니다.

이 글은 평신도가 성경을 읽으며 공부를 생각할 때 말씀에 의지하여 떠오르는 생각을 정리한 작은 단상들에 지나지 않습니다. 제가 신학을 체계적으로 공부하지 못한 처지에서 믿음과 소명과 고난을 이야기한다는 것이 부담스러웠습니다. 그러나 이 자리까지 인도해 주신 주님의 은혜를 나누고 싶었습니다.

신앙생활을 하는 동안 믿음에서 믿음으로 인도해 주신 교회의 목사님들께 깊이 감사드립니다. 영성의 길로 안내해 주신 박철수 목사님, 매주 설교로 우리를 "매듭짓기"로 인도하신 이재철 목사님께 감사드립니다. 믿음의 글을 통하여 귀한 깨우침을 주신 믿음의 선진들께도 감사드립니다. 그러나 이 책의 미흡한 부분이나 잘못된 부분은 저에게 있습니다.

말씀 앞에서 나를 돌아보며 하나님의 시간에 하나님의 임재를 구하는 "기도의 문"을 열어 갈 수 있기를 소망합니다. 여름날 오후에 느티나무 아래서 수박 한 통 앞에 놓고 어린이들과 함께 성경이야기를 이야기해주는 것으로 할아버지의 역할을 삼고 싶습니다. 어릴 때 들었던 말씀이야기가 어린이의 마음을 인도해주길 간구합니다.

그동안 기도해주신 여러분께 감사의 인사를 올립니다. 이 글을 쓰는 동안 함께 기도하고 "우리 안에 오신 주님 앞으로" 이끌어 준 아내 정은호 목사와 힘든 길을 함께 걸어와 준 가족들에게 고마움을 느낍니다. 성경 속으로 함께 걸어가는 "할아버지의 편지"의 상대가 되어 준 손자에세도 고마움을 표합니다.

2024년 5월

이종재

CONTENTS

차례

서론 소명의 바탕 위에 세우는 공부

제1부 믿음으로: 일차적 소명

제4부 믿음은 공부의 바탕을 세운다.

서론

소명의 바탕 위에 세우는 공부

소명의 바탕 위에 세우는 공부

a. 공부의 의미

- 공부는 원래 서로 도와 가치있는 것을 이루는 것 또는 일을 가리켰다. 한자로는 공부(功扶)라고 썼다. 우리가 하는 여러 가지 일을 모두 공부라고 부르다가 "배우고 스스로 자기를 다듬어 가는 일"로 그 의미가 한정되었다. 이때의 공부를 한자로 쓸 때, 한자의 획을 줄여서 공부(工夫)라고 썼다.[1] 한자로 공부(工夫)라고 쓰는 공부는 배우는 것, 서로 돕는 것, 자기를 다듬어 사람다운 사람으로 이루어 가는 것을 포함한다.

- 공부는 "배우고 스스로 자기를 다듬어 가는 일"을 말한다. 배움은 가르침과 함께 협력하여 공부를 이룬다. 교학상장(敎學相長)은 가르침과 배움이 서로 도와 공부를 이루어 간다는 뜻을 포함한다. "학이시습(學而時習)"은 배우고 때로 익히는 것을 의미하는데, 이 말을 줄여서 학습(學習)이라고 부른다. 학습은 공부를 가리킨다. 학습을 내가 한다면 가르치는 선생님이 있어야 한다. 선생님은 학교의 선생님뿐만 아니라 부모, 친구 그리고 우리를 창조하신 창조주 하나님까지 올라간다.

---

[1] 신창호, 공부, 그 삶의 여정, pp.29-32.

– 공부에도 넓이, 깊이, 높이, 길이가 있다. 이것이 공부의 크기와 모양를 결정하고, 공부의 크기와 모양은 삶을 결정한다. 넓게 공부하는 사람도 있고 깊게 공부하는 사람도 있다. 뜻을 세워 공부하는 사람은 공부의 높이가 높을 것이고, 평생에 걸쳐 공부하는 사람은 공부의 길이가 길 것이다. 세상적으로는 "경쟁교육의 틀" 속에 공부가 연결되어 있다. 이 책에서는 말씀에 비추어 "말씀의 틀" 속에서 공부를 보려 한다.

– 성경은 구약의 출애굽 과정을 통하여 "하나님의 광야학교"를 보여주고 "너희 하나님을 경외하라"를 가르치고 들으라고 말한다. 하나님을 경외하는 자에게 하나님의 인자와 긍휼을 약속한다. 성경은 여러 가지 비유의 말씀을 통하여 공부의 의미와 뜻을 제시한다. "토기장이"의 비유(이사야 29:16), 큰집에 있는 금 그릇과 질그릇(디모데후서 2:20), "질그릇에 담긴 보배" 등이 그것이다(고린도후서 4:7).

– 토기장이의 비유는 나를 인도하시고 다듬어 가시는 "하나님의 손길"을 보게 한다. 그릇의 재질에 따라 금 그릇도 있고 질그릇도 있다. 세상적으로는 금 그릇이 되고자 하나 "금 그릇과 질그릇 비유"는 비록 질그릇이라도 깨끗이 하여 귀히 쓰임 받아야 함을 보여준다. 성경에서는 믿음을 지닌 우리를 "보배를 담은 질그릇"에 비유한다. "질그릇에 담긴 보배"의 비유는 그릇에 무엇을 담아야 할지 우리에게 묻는다. 성공을 바라보는 "성공 방정식"에 따라 대학의 입학시험 성적이나 중요한 스펙(specs)을 담기도 하고 각종의 문제를 해결하는 구체적인 실력과 기술을 담기도 한다. 좀 더 깊이 들어가면 이러한 실력의 원천이

되는 사고력과 문제 해결 능력, 창의력, 기술력 등이 포함된다. 좀 더 깊이 들어가면 인성과 덕성과 영성의 성품을 담기도 한다. 이 책에서는 공부의 바탕이 되는 "믿음 위에서" 인성과 덕성과 영성의 성품을 찾아보려고 한다.

– 사물이나 현상의 근본을 이루는 토대를 "바탕"이라고 한다. 바탕은 우리가 하는 일의 근거나 이유, 목적, 관점, 가치관, 그리고 동기를 형성한다. 이 책은 공부의 바탕을 살펴보려 한다. 그 바탕을 성경을 통하여 보려 한다. 하나님의 부르심에 이끌리는 공부를 "소명공부"라고 할 때 "소명공부"의 정체성을 살펴보려 한다.

– 공부의 모양도 생각할 수 있다. 사람에 따라서 공부도 개성을 지닐 수 있다. 수많은 다양성 속에서 나만이 지닌 나의 개성을 나만의 모양이라고 생각해 본다. 지금은 개성을 지녀야 하는 시대이고 정체성을 가져야 독자적 가치를 인정받는 시대이다. 디지털시대는 개성과 정체성으로 일할 수 있는 시대를 열었다.

– 인생의 성공 방정식에서 공부의 위치도 생각할 수 있다. 인생의 성공을 무엇으로 보느냐에 따라서 공부의 위치가 결정된다. 공부에 대한 세상적 관점에서는 소득과 지위의 획득을 최고의 가치로 삼고 이를 위한 직업과 직장을 생각하고, 이를 위해 어떻게 살아야 할까를 생각하고 이를 위한 공부를 바라본다. 성경적 관점은 삶을 어떻게 사는가를 성공의 목표로 두고 이를 위한 직업과 직장을 생각하고, 이 맥락에

4

서 공부를 바라보고 생각한다. 인생에서의 성공을 어떻게 보는가에 따라서 공부에 대한 생각은 크게 달라진다.

b. 말씀에 비추어 공부를 본다.

− 성경에서는 "이는 하나님의 사람으로 온전하게 하며 모든 선한 일을 행할 능력을 갖추게 하려 함"을 공부의 목적으로 제시한다. (디모데후서 3:17) 이를 위하여 하나님께서는 믿음의 자리로 사람들을 불러주시고 빚어주시며 믿음의 사람들로 세워주신다. 이것이 "하나님의 손길"이다. 우리는 말씀 듣기와 깨달음과 순종으로 "믿음의 매듭"을 맺어간다. "하나님의 손길"과 "우리의 매듭짓기"로 우리는 하나님의 뜻 안에서 "새로운 존재"로 지어져 간다. 그 첫 출발이 "하나님의 부르심"이다. 이 책에서는 하나님의 부르심을(calling) 세 가지 차원에서 바라본다. "하나님을 경외"하는 자리로의 부르심과 나에 대한 "하나님의 뜻과 계획"으로 부르심, 그리고 고난 중에 있는 "연단으로" 부르심이다. 하나님의 부르심의 바탕 위에서 공부를 생각해 본다.

− 우리를 빚으시는 하나님의 손길은 먼저 우리를 부르시고, 인도하시고 연단을 통하여 우리를 세우신다. 우리가 하나님을 찾기 전에 하나님께서는 우리를 먼저 찾으신다. 빚어주시고 때로는 연단하시고 인도하시며 세워주신다. 하나님의 하시는 일은 신묘막측하여 우리가 측량할 길이 없다. 하나님의 때와 하나님이 일하시는 시간을 알 길이 없다. 성경을 통하여 보여주신 바에 따라 하나님을 바라보는 "마음의 창"을

갖게 된다. 이 창을 통하여 하나님을 바라본다. 하나님의 손길은 우리를 "하나님의 교육과정"으로 인도한다. 하나님의 손길은 개인적 차원에서 인도하셨지만 민족적 차원에서도 인도하여 주셨다.

− 이 책의 제1부에서는 하나님을 경외하는 자리로 부르심을 "1차적 소명"으로 보고 믿음과 관련된 주제를 검토한다. "믿음"이 무엇인지 살펴보고 "하나님의 뜻"을 살펴본다. 하나님 앞에서 나를 바라보고 "주님의 길"을 따라가는 걸음으로 하나님의 뜻을 바라보는 "적중(的中)"을 생각한다. 제2부에서는 나를 향한 하나님의 뜻과 계획을 "2차적 소명"으로 바라본다. 일에 대한 성경적 관점을 살펴보고 소명을 생각해 본다. 소명을 찾아가는 첫 걸음으로 "한 점 찍기"를 살펴본다. 주님의 뜻과 계획을 향하여 지금 여기서 내게 있는 것으로 작은 "한 점 찍기"가 하나님을 향하는 나의 걸음이 된다. 제3부에서는 고난을 하나님이 부르시는 "3차적 소명"으로 바라본다. 고난을 하나님의 교육 방편으로 보고 고난 속에 담긴 뜻을 살펴본다. 고통을 다루시는 하나님의 손길을 보고 나의 고난공부로서 하나님께서 일하시는 "여백(餘白)을 바라보며" 주님의 시간을 기다린다. 하나님의 손길에 대한 나의 한 점 찍기의 맥락에서 공부를 생각한다.

− 디모데후서(3:17)는 공부의 목적을 분명하게 제시한다. "하나님의 사람으로 온전하게 하며 모든 선한 일을 행할 능력을 갖추게 하려 함이라"고 제시한다. 또한 공부의 바탕으로서 "믿음공부"를 제시한다. 이 책에서는 믿음공부의 바탕위에서 하는 공부를 "소명이 이끄는 공

부"라고 부른다. 제4부에서는 "소명이 이끄는 공부"를 살펴본다. 믿음에 대한 "믿음공부"와 믿음의 바탕 위에서 하는 공부를 말한다. 간단하게 줄여서 "소명공부"라고 불러본다. 믿음공부도 틀이 있고 차원을 달리한다. 믿음공부는 우리의 성품을 가다듬어 "공부하는 마음"을 형성한다. 공부하는 마음으로 인도하는 "공부하는 문"을 연다. 미래교육의 차원에서 소명공부와 인재 육성의 과제를 살펴본다.

> 딤후 3:17 이는 하나님의 사람으로 온전하게 하며 모든 선한
> 일을 행할 능력을 갖추게 하려 함이라

— 믿음의 관점은 하나님의 존재와 성품과 말씀에 비추어 바라보는 관점이다. 약속의 땅으로 들어가기 전에 모세가 다시 당부한 말씀이다. "내가 모든 명령과 규례와 법도를 네게 이르리니 너는 그것을 그들에게 가르쳐서 내가 그들에게 기업으로 주는 땅에서 그들에게 이것을 행하게 하라" 하셨다. (신명기 5:31) 예수님도 이 땅에서 마지막으로 남기신 말씀이 "내가 너희에게 분부한 모든 것을 가르쳐 지키게 하라"는(마태복음 28:20) 것이었다.

> 출 18:20 그들에게 율례와 법도를 가르쳐서 마땅히 갈 길과 할
> 일을 그들에게 보이고
> 신 5:31 너는 여기 내 곁에 서 있으라 내가 모든 명령과 규례와
> 법도를 네게 이르리니 너는 그것을 그들에게 가르쳐서 내가 그
> 들에게 기업으로 주는 땅에서 그들에게 이것을 행하게 하라 하
> 셨나니

마 28:20 내가 너희에게 분부한 모든 것을 가르쳐 지키게 하라 볼지어다 내가 세상 끝날까지 너희와 항상 함께 있으리라 하시니라

– 성경의 출애굽기는 이스라엘 민족에게 베풀어 주신 하나님의 광야학교를 보여준다. 광야학교는 하나님의 교육과정을 담고 있다. 모래와 뜨거운 태양의 열기로 뒤덮인 광야에는 아무 것도 없는 것 같아 보여도 그 안에는 하나님의 말씀과 약속, 하나님의 인도하심에 대한 초월적 체험이 있다. 광야학교는 믿음으로 가는 길을 안내한다. 그들이 갔던 길은 믿음의 길이 되었다. 광야학교는 보이지 않는 믿음의 길을 바라보고 걷게 한다.

– 하나님께서는 우리를 하나님의 동역자로 세워주셨다. 우리를 향한 뜻과 계획이 있다. 우리는 하나님의 자녀요, 하나님 나라의 백성이다. 우리는 거룩하게 구별되었다. 나의 공부는 이 바탕 위에 세워진다. 하나님의 부르심을 바라보며 비전과 인격과 능력을 세워간다. 나의 독특한 개성을 세워간다. 믿음의 성품과 정체성으로 공부의 바탕을 세우고, 하나님께서 다듬어 주신 "공부하는 마음"으로 공부한다. "함께하는 공부"와 약자에 대한 배려와 섬김으로 공부의 뜻을 세운다.

– "공부하는 마음"은 하나님 경외로부터 시작한다. 소명을 바라보고 연단의 내공을 쌓고, 인도하시는 하나님의 손길을 따라가며 감사와 기쁨과 섬기는 보람으로 공부하고 일한다. 하나님께서 일하시는 "여백"을 바라보며 주님의 시간을 기다린다.

8

- "작은 일을 큰 뜻으로 한다."라는 테레사 수녀의 말씀과 "하나님나라"를 구하면 "세상일은 덤으로" 얻는다는 C. S. Lewis의 말은 공부의 바탕을 무엇으로 삼아야 할지를 보여준다. 소명공부 속에서 자존감, 회복탄력성 그리고 자기주도성은 따라온다. 이제는 개성의 시대이다. 수많은 다양성 속에서 지금은 개성을 지녀야 하는 시대이고 정체성을 가져야 독자적 가치를 인정받는 시대이다. 디지털시대는 개성과 정체성으로 일할 수 있는 시대를 열었다. 미래교육의 차원에서 소명공부와 인재육성의 과제를 살펴본다.

- 공부의 목표와 내용에서 공부의 중점을 어디에 두어야 할 것인가는 매우 중요한 문제이다. 미래사회는 공부를 통하여 개발하는 실력뿐만 아니라 사고능력과 창의적 문제해결역량을 계발할 것을 기대한다. 역량뿐만 아니라 인격과 성품의 중요성도 제기한다. 지성뿐만 아니라, 인성, 감성, 영성을 통합하는 전인적 성장을 기대한다. 요즘에는 제4차 산업혁명과 인공지능이 등장함에 따라 창의적 문제해결역량과 공감하는 감성, 품격을 이루는 인성에 대한 기대가 높다. 이러한 역량은 미래사회에서의 중요한 교육 성취의 목표가 되어야 할 것이다. 믿음에 바탕을 둔 소명공부는 공부의 틀과 형식을 전환해야 할 때 하나의 대안이 되는 길을 제시한다고 본다.

- 공부의 바탕이 되는 믿음의 길에 관심이 있는 분들과 하나님의 은혜와 우리의 마음을 지켜주시는 주님의 평강을 나누고 싶다. 그리하여 우리가 우리 자녀들의 공부에 좀 더 넉넉해지고 너그러워지고 느긋해지기를 소망한다.

제1부

믿음으로: 일차적 소명

– 믿음이란 하나님의 실재하심을 믿고 그의 말씀과 약속을 믿는 것이다. 믿음은 믿음의 길을 열어간다. 믿음은 하나님 경외로 인도하고 하나님 경외는 우리에게 소명의 부르심을 바라보게 하고 고난 속에서 연단의 내공을 쌓게 한다. 하나님을 경외하는 것은 하나님의 인도를 구하게 하고 하나님이 주신 평안 속에 거하게 한다. 믿음은 지혜와 명철로 인도한다. (잠언 9:10) 이 바탕 위에서 공부하는 마음이 열린다. 믿음은 공부하는 마음을 여는 첫 번째 문이 된다.

> 잠 9:10 여호와를 경외하는 것이 지혜의 근본이요 거룩하신 자
> 를 아는 것이 명철이니라

– 믿음은 하나님과 나 자신에 대한 인식을 결정한다. 제1부에서는 믿음의 관점에서 "하나님은 누구이신가?" 그리고 "나는 누구인가?" "이 세상을 어떻게 살아가야 하는가?"라는 질문에 대해 생각해 본다. 그리스도안에서 새로운 피조물로서 새로워진 나에 대한 인식이 매우 중요하다.[1] 인식의 틀의 변화는 생각의 틀을 바꾸고 생각은 나의 삶을 바꾼다. 이 인식의 틀이 잘못되면 부정적인 자기인식을 만든다. 어두운 마음, 우울한 마음, 절망적 마음, 염려하는 마음, 닫힌 마음, 비관적 마음은 여기서 연유한다. 공부하는 마음은 그 인식의 틀을 새롭게 하는 데서부터 출발한다. 믿음은 이 공부하는 마음의 바탕을 세운다.

---

1) 권택조, 스키마, p.42.

제1장

믿음이란
: 경외(敬畏)

  – 믿음은 성경말씀에 대한 믿음이다. 믿음은 하나님의 구원의 방편이다. 믿음은 우리에게 찾아오신 하나님의 은혜이자 선물이다. 믿음은 말씀과의 인격적인 만남이다. 믿음을 통하여 우리는 말씀이신 주님과 만나게 된다. 믿음으로 하나님을 바라보고 믿음으로 말씀을 깨닫게 된다. 믿음으로 우리가 알 수 없는 곳에 계시는 하나님께 나아갈 수 있다. 우리가 말씀 안으로 들어가면 말씀이 우리 마음속으로 오시어 말씀이 내 안에서 일하신다.[2] 믿음은 과정이고 이 과정에서 우리의 믿음은 성장한다. 이것을 성화라고 한다.

a. 믿음은 말씀에 대한 믿음을 의미한다.

  – 성경에서 말하는 믿음은 "하나님의 계심"과 "하나님의 말씀에 대한 믿음"을 말한다. 이 믿음을 영어로 faith라고 쓴다. 믿음의 대상이 있다. 하나님의 실재하심과 역사하심, 하나님의 성품과 능력 그리고 하나님의 약속에 대한 말씀이다. 우리는 하나님을 직접 만나보지도 못했고 그분의 말씀을 직접 듣지도 못했기 때문에 성경에 기록된 말씀을 통하여 그분을 생각한다. 믿음은 하나님의 말씀에 대한 우리의 반응을 말한다. 하나님께서는 이 믿음의 자리로 우리를 부르신다. 이 부르심

---

2) 이재철, 신실하게, p.118.

을 1차적 소명으로 본다.

– 믿음으로 생각하고 믿음 안에서 본다. 겉으로 드러난 것뿐 아니라 우리 눈에 보이지 않는 것도 있음을 알게 되고 보게 된다. 보이는 것은 나타난 것으로 말미암아 된 것이 아니라 하나님으로 말미암아 된 것임을 알게 된다. (히브리서 11:3) "말미암아"는 이유와 동인을 가리킨다. 성경에서는 동인의 주인으로서 하나님과 이에 대칭되는 "나"라는 "자기"를 지적한다. 믿음의 성장은 "나로 말미암던 것"을 "하나님으로 말미암아"가 되도록 바꾸는 것이다.

> 히 11:3 믿음으로 모든 세계가 하나님의 말씀으로 지어진 줄을 우리가 아나니 보이는 것은 나타난 것으로 말미암아 된 것이 아니니라

– 믿음으로 본다는 것은 "하나님 안에서" 본다는 것을 의미한다.[3] 믿음으로 본다는 것은 하나님이 어떤 분이시며, 무엇을 하시기를 원하시며, 어떻게 하려고 함을 알게 함으로써 모든 일의 결과를 하나님안에서 바라보려는 것이다. 예배소서(1:3−6)는 이 점을 간결하게 제시한다. "우리에게 거저 주시는 바 그의 은혜의 영광을 찬송하게 하기 위하여 하늘에 속한 모든 신령한 복을 우리에게 주시되 곧 창세전에 그리스도 안에서 우리를 택하사 우리로 사랑 안에서 그 앞에 거룩하고 흠이 없게 하시려고 예수 그리스도로 말미암아 자기의 아들들이 되게 하셨다"는 것이다.

---

3) 박영선, 믿음의 본질, p.18.

엡 1:3 찬송하리로다 하나님 곧 우리 주 예수 그리스도의 아버지께서 그리스도 안에서 하늘에 속한 모든 신령한 복을 우리에게 주시되

엡 1:4 곧 창세 전에 그리스도 안에서 우리를 택하사 우리로 사랑 안에서 그 앞에 거룩하고 흠이 없게 하시려고

엡 1:5 그 기쁘신 뜻대로 우리를 예정하사 예수 그리스도로 말미암아 자기의 아들들이 되게 하셨으니

엡 1:6 이는 그가 사랑하시는 자 안에서 우리에게 거저 주시는 바 그의 은혜의 영광을 찬송하게 하려는 것이라

− 믿음이 오면 하나님을 바라보게 된다. 우리의 시선을 하나님을 향하게 한다. 또한 하나님의 시선에 비추어 세상을 바라본다. 요셉의 형들이 요셉이 애굽 상인에게 판 것을 벌주지 않을까 걱정할 때 요셉은 그 일을 하나님의 관점에서 바라본다. "하나님께서 야곱 집안을 기근에서 구하기 위하여 자기를 먼저 애굽에 보냈다"고 말한다. (창세기 45:7−8) 요셉은 믿음의 관점에서 이 사건을 바라보았다.

− 우리는 믿음으로 하나님의 약속을 믿으며 믿음을 통하여 하나님을 의지하게 된다. 우리의 삶 속에서 내 뜻에 따라서 모든 것을 다 처리하기보다는 하나님께 의지하는 부분을 남겨 놓게 된다. 하나님의 손길이 그 여백을 다루어 주실 것을 믿는다. 하나님의 인자하심과 우리를 긍휼히 여겨 주시는 신실하신 하나님을 믿는다.

− 세상적으로 감사할 수 없고 기뻐할 수 없는 상황에서도 이 상황을

허락하신 하나님을 바라보며 "범사에" 즉 모든 일에 감사하고 "항상" 기뻐할 수 있게 된다. 항산(恒産)은 없어도 항심이 있게 된다. 이 항심 (恒心)은 하나님이 함께해 주실 때 그리고 그리스도 안에서 가능한 마음이다. 하나님이 함께하시면 "비록 무화과나무가 무성하지 못하며 포도나무에 열매가 없으며 감람나무에 소출이 없으며 밭에 먹을 것이 없으며 우리에 양이 없으며 외양간에 소가 없을지라도" 감사하며 기뻐할 수 있게 됨을 노래한다. "여호와로 말미암아 즐거워하며 나의 구원의 하나님으로 말미암아 기뻐하리로다"고 고백하게 된다. (하박국 3:17 – 18)

> 합 3:17 비록 무화과나무가 무성하지 못하며 포도나무에 열매가 없으며 감람나무에 소출이 없으며 밭에 먹을 것이 없으며 우리에 양이 없으며 외양간에 소가 없을지라도
> 합 3:18 나는 여호와로 말미암아 즐거워하며 나의 구원의 하나님으로 말미암아 기뻐하리로다

b. 믿음은 하나님의 구원의 방편이다.

— 성경은 인간을 구원받아야 할 존재로 본다. 인간은 원래 하나님의 형상을 따라 창조되었다. 하나님의 자녀로서 이 세상에 태어났다고 창세기는 전한다. 최초의 인간 아담과 하와는 하나님의 말씀을 순종하지 않아 하나님과 관계가 끊어진 인간으로 전락하게 되었다. 성경에서는 하나님과 관계가 끊어진 "하나님 밖"을 죄의 영역으로 규정한다. 이것을 원죄라고 한다. 영어로는 대문자 Sin이라고 쓴다. 이 Sin은 온갖 죄

악(sins)의 출처가 된다.

－ 우리는 죄인이 된 인간의 후손으로서 이 세상에 태어난다. 이것을 성경에서는 "죄 중에 태어났다"라고 표현한다. (시편 51:5) 우리가 죄를 지어서 죄인이 된 것이 아니라 "죄인 중에 태어났기 때문에" 죄인으로 태어난다. 수많은 생명체 중에서 사람으로 태어난 모든 인간은 죄인으로 태어난 것과 같다. 회개의 시로 알려진 시편 51편은 구원받아야 할 존재로서 우리를 보여준다.

> 시 51:5 내가 죄악 중에서 출생하였음이여 어머니가 죄 중에서
> 나를 잉태하였나이다
> 시 51:17 하나님께서 구하시는 제사는 상한 심령이라 하나님이
> 여 상하고 통회하는 마음을 주께서 멸시하지 아니하시리이다

－ 하나님과 깨어진 관계를 다시 회복하고 "하나님 안으로" 들어가기 위해서는 우리가 하나님 앞에서 합당해야 한다. 성경에서는 이 합당함을 "의롭다"라고 표현한다. 죄인은 하나님 안으로 들어 갈 수 없다. 성경에서 말하는 구원이란 하나님 앞에서 의롭다고 인정을 받아 하나님 안으로 들어가는 것이다.

－ 하나님께서는 그분과 끊어진 우리의 관계를 다시 이어주기 위하여 율법과 제사를 주셨다. 구약시대에는 하나님께 제사를 드릴 때 짐승의 피를 뿌려 우리가 짓는 각종의 죄악을 씻는 속죄의 형식을 취하였다. 성경은 하나님의 새로운 구원의 약속을 전한다. 구세주로 오신 예수님

이 십자가에서 흘리신 피로서 나의 죄를 씻어 주신다. 이것을 주님의 대속이라고 부른다. 나는 죄인으로서 주님과 함께 죽고, 주님의 부활과 함께 하나님의 자녀로 새롭게 태어남을 믿는 "이 믿음만으로" 우리를 의롭다라고 여겨 주시겠다는 것이다. 하나님께서는 우리가 의롭다고 인정받는 길을 열어 주셨다. 이것이 하나님의 구원 계획이고 구원의 약속이다. 믿음은 하나님의 구원 방법이 되었다. 우리는 구원받아야 할 존재로서 하나님께서는 우리의 마음을 감찰하시고 연단하신다.

— 예수님은 우리와 세상을 구원하는 구세의 주님으로 오셔서 주님의 죽으심으로 대속의 역사를 이루었다. 예수님의 죽음으로 우리의 옛사람은 죽고 부활을 통하여 예수님과 함께 새 사람으로 거듭남을 믿는 "믿음으로" 하나님께서는 구원의 문을 열었다. 우리는 이 믿음으로서 구원을 받는다. 구원을 받는다는 것은 하나님의 자녀와 하나님 나라의 백성으로 새롭게 태어나는 것을 의미한다. 즉, 우리의 신분이 달라진 존재가 된다. 우리는 질그릇과 같은 존재로 보일지라도 이 안에 보배를 담은 질그릇과 같다. (고린도후서 4:7)

— 로마서 3:19−26은 하나님의 구원을 간결하게 증거한다. 하나님께서 구원하시려고 율법을 주셨다. 이는 우리가 하나님의 심판 아래에서 구원받아야 할 존재임을 알게 하려는 것이다. 예수 그리스도를 믿음으로 말미암아 그리스도 예수 안에 있는 속량으로 말미암아 하나님의 은혜로 값없이 의롭다 하심을 얻은 자 되었다. 좀 길지만 차분하게 읽어 가면 하나님의 구원의 뜻을 깨닫게 된다.

롬 3:19 우리가 알거니와 무릇 율법이 말하는 바는 율법 아래에 있는 자들에게 말하는 것이니 이는 모든 입을 막고 온 세상으로 하나님의 심판 아래에 있게 하려 함이라

롬 3:20 그러므로 율법의 행위로 그의 앞에 의롭다 하심을 얻을 육체가 없나니 율법으로는 죄를 깨달음이니라

롬 3:21 이제는 율법 외에 하나님의 한 의가 나타났으니 율법과 선지자들에게 증거를 받은 것이라

롬 3:22 곧 예수 그리스도를 믿음으로 말미암아 모든 믿는 자에게 미치는 하나님의 의니 차별이 없느니라

롬 3:23 모든 사람이 죄를 범하였으매 하나님의 영광에 이르지 못하더니

롬 3:24 그리스도 예수 안에 있는 속량으로 말미암아 하나님의 은혜로 값없이 의롭다 하심을 얻은 자 되었느니라

롬 3:25 이 예수를 하나님이 그의 피로써 믿음으로 말미암는 화목제물로 세우셨으니 이는 하나님께서 길이 참으시는 중에 전에 지은 죄를 간과하심으로 자기의 의로우심을 나타내려 하심이니

롬 3:26 곧 이때에 자기의 의로우심을 나타내사 자기도 의로우시며 또한 예수 믿는 자를 의롭다 하려 하심이라

엡 2:8 너희는 그 은혜에 의하여 믿음으로 말미암아 구원을 받았으니 이것은 너희에게서 난 것이 아니요 하나님의 선물이라

엡 2:9 행위에서 난 것이 아니니 이는 누구든지 자랑하지 못하게 함이라

－ 선택된 백성으로서 선민의 혈통이나, 율법의 행위로 구원을 받지 못한다. 유대인들은 이 점을 오해한 것으로 보인다. 오직 믿음으로 하나님의 구원에 이른다. 믿음은 하나님의 은혜의 선물이다. 이 믿음에 대하여 히브리서 12:1은 "믿음의 주요 또 온전하게 하시는 이인 예수를 바라보자"고 말씀한다. 새번역 성경에서는 이 구절을 "믿음의 창시자요 완성자이신 예수를 바라보자(히브리서 12:1)"고 번역하였다. 예수님은 믿음의 창시자이시오 완성자이시다. 예수님은 구원의 틀을 설계하셨다. 믿음은 예수님을 통해서 보지 않으면 믿음을 제대로 이해할 수 없음을 생각하게 한다.

> 히 12:2 믿음의 주요 또 온전하게 하시는 이인 예수를 바라보자 그는 그 앞에 있는 기쁨을 위하여 십자가를 참으사 부끄러움을 개의치 아니하시더니 하나님 보좌 우편에 앉으셨느니라

－ 하나님은 우리에게 믿음을 주시어서 하나님을 바라보게 하시고 하나님 안으로 돌아오게 하신다. 우리는 비록 질그릇과 같은 존재이더라도 하나님이 주신 보배를 담은 그릇이 된다. 이 보배가 바로 믿음이다. 믿음은 하나님으로 말미암은 은혜의 선물이다.

> 고후 4:7 우리가 이 보배를 질그릇에 가졌으니 이는 심히 큰 능력은 하나님께 있고 우리에게 있지 아니함을 알게 하려 함이라

c. 믿음은 하나님과의 인격적 관계이다.

1) 부르시는 하나님

− 믿음은 하나님이 먼저 시작하신다. 마치 햇빛을 세상 모두에게 비추시는 것처럼 우리를 구원하기 위해 믿음을 주신다. 믿음으로 보게 하시고, 생각하게 하시고, 느끼게 하시고, 마음을 정하게 하신다. 믿음으로 본다는 것은 하나님의 성품에 비추어서 보는 것을 의미한다, 나의 존재를 새롭게 하고 새로운 길을 가도록 우리를 부르신다. 믿음은 우리에게 책임을 요구하신다. 믿음의 지리로 부르심이 1차적 소명이 된다.

− 믿음은 어떤 결과를 얻기 위하여 우리가 동원하는 종교적 도구가 아니다. 자기 소원을 이루기 위해 초월적 힘을 간구하고 의지하는 종교적 열심은 더욱 아니다. 박영선목사는 믿음의 본질은 하나님과의 인격적 관계임을 강조한다.[4]

2) 계시하시는 하나님

− 하나님은 우리를 통하여 일하길 원하신다. 하나님의 형상을 따라 인간을 창조하시고, 다스리라고 기업을 주셨고, 이를 감당할 수 있도록 복을 주시었다. (창세기 1:26−28) 인간에게 자유의지를 허용하여

---

[4] 박영선, 믿음의 본질, p.39.

주셨고, 우리의 책임을 요구하신다. 우리의 인격적 선택을 원하신다. 하나님은 계시하시고 우리의 인격에 대하여 말씀하신다. 하나님은 우리를 조종하지 않고 오히려 자유의지를 주셨다. 우리의 선택과 책임을 요구하신다. 이를 위하여 우리에게 자율의지를 주셨다. 하나님께서는 말씀을 통하여 우리가 가야 할 길을 보여주신다.

— 예수님이 보여준 마귀의 시험은 우리가 가야 할 길과 선택해야 할 방향을 제시한다. (마태복음 4:1−11) 하나님께서는 세상적인 것으로 보상하지 않으신다. 우리의 성품을 닦고 새로운 존재로 세우신다. 하나님은 세상적인 것으로 원인, 보상, 어떤 증거로 삼지 않으셨다. 믿음의 영역에서는 오직 하나님만이 원인이자 결과이며 증거임을 보이신다. 마귀는 세상의 것으로 우리를 유혹한다.

— 세상에서 추구하는 가치만을 찾아서 살지 말고 육신의 소욕만을 따르지 말라고 말씀한다. "악인의 형통함을 부러워하지 말라"고 말씀한다. (잠언 24:19) 세상보다는 하나님의 나라를, 육신의 소욕을 주장하는 자기(自己)보다는 말씀의 길을 계시하셨다. 주님은 공생애를 시작하기 전에 사탄의 시험을 물리치심으로써 이 길을 보여주셨다. 주님께서는 우리에게도 세상을 넘어서고 자기의 소욕을 넘어서는 인격적 선택을 할 수 있기를 원하신다. "하나님의 사람으로 온전해 지고 선한 일에 쓰임받는 능력있는 사람"이 되길 바라신다. (디모데후서 3:17)

— 이 과정에서 "이는 내 생각이 너희의 생각과 다르며 내 길은 너희

의 길과 다르다"고 말씀하신다. (이사야 55:8－9) 네 생각과 내 생각
이 다름을 말하고 때로 고난을 통하여 우리를 징계하시는 것도 징계
그 자체가 목적이 아님을 말씀한다. (예레미야애가 3:33) 하나님께서
는 세상적인 것으로 보상하지 않으신다. 우리를 하나님의 자녀로 삼아
주신다. "너는 행악자들로 말미암아 분을 품지 말며 악인의 형통함을
부러워하지 말라"고 격려하신다. (잠언서 24:19)

    사 55:8 이는 내 생각이 너희의 생각과 다르며 내 길은 너희의
    길과 다름이니라 여호와의 말씀이니라

    애 3:33 주께서 인생으로 고생하게 하시며 근심하게 하심은 본
    심이 아니시로다

－ 하나님은 우리의 인격에 말씀하신다. 믿음은 하나님의 부름과 이
부름에 대한 우리의 순종으로부터 시작한다. 하나님께서는 우리가 하
나님의 사람으로 온전해지기를 바라신다. (디모데후서 3:15－17) 출애
굽의 과정에서 하나님께서는 자신을 설명해 주신다. 전 인격적인 순종
을 바라신다. "다시는 목을 곧게 하지말라"고 말씀한다. (신명기
10:12－16)

    신 10:12 이스라엘아 네 하나님 여호와께서 네게 요구하시는
    것이 무엇이냐 곧 네 하나님 여호와를 경외하여 그의 모든 도
    를 행하고 그를 사랑하며 마음을 다하고 뜻을 다하여 네 하나
    님 여호와를 섬기고

신 10:13 내가 오늘 네 행복을 위하여 네게 명하는 여호와의
명령과 규례를 지킬 것이 아니냐
신 10:16 그러므로 너희는 마음에 할례를 행하고 다시는 목을
곧게 하지 말라

- 우리는 우리의 기도에 대하여 하나님께서 응답하지 아니하신다고
투정을 부리지만 하나님께서는 우리를 오래 참고 기다리신다. (베드로
전서 3:20) 하나님께서는 약속을 이루신다. 하나님이 누구이신지 가르
치길 원하신다. (신명기 6:21 – 24)

벧전 3:20 그들은 전에 노아의 날 방주를 준비할 동안 하나님
이 오래 참고 기다리실 때에 복종하지 아니하던 자들이라 방주
에서 물로 말미암아 구원을 얻은 자가 몇 명뿐이니 겨우 여덟
명이라

신 6:21 너는 네 아들에게 이르기를 우리가 옛적에 애굽에서
바로의 종이 되었더니 여호와께서 권능의 손으로 우리를 애굽
에서 인도하여 내셨나니

d. 믿음은 하나님을 알아가는 과정이다. 신분과 수준의 두 측면이 있다.

– 믿음은 과정이다. 믿음이 오면 우리는 하나님의 구원의 은혜로 우리의 신분이 육신으로부터 하나님의 자녀와 하나님 나라의 백성으로 변한다. 한번 새로워진 신분은 변하지 않는다. 그러나 우리의 믿음의 수준은 그리스도의 장성한 분량에 이르기까지 자라난다. 신분이 일회적 사건이라면 수준은 성장 과정이다.

1) 믿음은 하나님을 알아가면서 자란다. 믿음은 하나님이 먼저 시작하신다.

– 하나님의 계심과 역사하심, 그리고 그분의 뜻을 알아야 한다. 하나님은 누구이시며 우리에게 어떤 뜻을 가지고 계시고 무엇을 기뻐하시고 무엇을 싫어하시는지 알아야 한다. 성경은 곳곳에서 하나님의 뜻과 성품을 계시하여 말씀한다. 좋은 믿음은 인격의 성숙으로 표현된다. 하나님을 수단으로 쓰려 하기 보다는 말씀에 순종하는 "의존적 존재"가 되는 것이다.[5]

> 신 8:1 내가 오늘 명하는 모든 명령을 너희는 지켜 행하라 그리하면 너희가 살고 번성하고 여호와께서 너희의 조상들에게 맹세하신 땅에 들어가서 그것을 차지하리라

---

5) 박영선, 믿음의 본질, p.409, see 박 23.

신 8:2 네 하나님 여호와께서 이 사십 년 동안에 네게 광야 길
을 걷게 하신 것을 기억하라 이는 너를 낮추시며 너를 시험하
사 네 마음이 어떠한지 그 명령을 지키는지 지키지 않는지 알
려 하심이라

신 8:3 너를 낮추시며 너를 주리게 하시며 또 너도 알지 못하
며 네 조상들도 알지 못하던 만나를 네게 먹이신 것은 사람이
떡으로만 사는 것이 아니요 여호와의 입에서 나오는 모든 말씀
으로 사는 줄을 네가 알게 하려 하심이니라

신 8:4 이 사십 년 동안에 네 의복이 해어지지 아니하였고 네
발이 부르트지 아니하였느니라

2) 믿음은 하나님이 누구이신지 가르쳐준다. 믿음은 하나님을 인식 하는 "마음의 창문"이다.

– 우리의 마음에는 보이지 않는 것을 바라보는 창문이 있다. 이 창을
"마음의 창문"이라고 불러본다. 믿음은 우리가 하나님을 인식하는 "마
음의 창문"이다. 마음의 창문에 비친 하나님의 성품과 모습이 내가 인
식하는 하나님이 된다. 우리는 각자 자기 나름으로 자기의 마음의 창
문을 통하여 바라본 하나님의 모습을 갖게 된다.

– 믿음은 성장한다. 성경을 읽는 동안, 그리고 믿음의 글을 읽어 가
는 동안 각자 자기 나름으로 하나님에 대한 인식을 세워간다. 성령의
가르쳐주심에 따라 성경의 말씀을 이해하고 믿고 자기 나름으로 깨달
게 된다. 믿음은 그리스도의 장성한 분량에 이르기까지 나아가는 것을

목표로 한다.

- 하나님을 믿는다는 것은 하나님에 대한 "나의 인식"을 갖는 것이다. "하나님에 대한 나의 인식"을 갖는 것이 하나님과 나와의 "인격적 만남"이 된다. 믿음은 우리로 하여금 "하나님을 통해서" 보고 듣고 생각하고 행동하게 한다. 믿음에 비추어서 나를 바라본다. 이 믿음을 통하여 나는 나를 돌아보고 세상을 돌아보게 된다.

- 하나님에 대한 인식은 우리가 이해한 하나님의 성품이다. 믿음의 앎은 하나님에 대한 관점을 갖는 것이다. 하나님에 대한 관점은 믿음의 출발점이 된다.[6) 믿음이 들어오면 "하나님이 누구신지"에 대한 알고 싶어진다. "하나님이 바라시는 뜻이 무엇인지?" 궁금하고 하나님의 뜻을 따라가고 싶어 한다. 하나님과 나와의 인격적 만남은 사람마다 다르고 사람 안에서도 믿음의 성숙 과정에 따라 다르다.

- 우리는 하나님을 만나 볼 수도 없고 그분의 말씀을 직접 들을 수도 없다. 하나님의 실재하심, 그 분의 성품, 그분의 약속 이 모든 것은 성경에 기록되어 있다. 그래서 믿음은 성경말씀에 대한 "들음"(로마서 10:7)에서 나고 우리는 말씀을 공부해야 한다.

　　롬 10:17 그러므로 믿음은 들음에서 나며 들음은 그리스도의
　　말씀으로 말미암았느니라

---

6) 이재철, 신실하게, p.82.

– 하나님은 어떤 분이신가? 우리는 하나님을 다 알 수 없다. 보여주시는 만큼 이해할 뿐이다. 믿음의 선진들이 경험한 바에 의지하여 하나님을 볼 수 있다. 시편은 곳곳에서 자기가 만난 하나님을 바라보고, 부르짖어 구하고 찬양한다. 많은 믿음의 글들이 믿음을 증거한다.

3) 믿음은 성화 과정이다.

– 믿음은 말씀 앞에서 나를 바라보게 하는 거울과 같다. 성경은 하나님의 영을 상실한 우리를 "육신"이 되었다고 규정한다. 믿음은 육신으로서의 우리의 모습과 상황을 보게 한다. 죄 속에 있는 죄악을 보게 한다. 믿음은 구원의 과정으로서의 "거듭남"의 은혜와 주님 안에 있는 "새로운 피조물"로서 나의 모습을 바라볼 수 있게 된다. 믿음은 나의 정체성을 구별한다.

– 사탄은 끊임없이 주님 안에 있는 새로운 피조물로서 나를 보지 못하게 방해한다. 아직도 우리가 옛사람인 것처럼 옛사람의 감정의 굴레를 씌우려고 한다. 사탄의 참소를 통하여 죄악 속에 있는 나를 보거나 믿음의 눈으로 새로워진 나를 봐야 한다. 이는 나의 정체성을 세우는 문제이다.

– 믿음을 선택하면 믿음은 나의 내면에서 깊어진다. 그리고 밖으로 들어난다. 믿음은 나의 생각과 뜻과 감정을 통제한다. 믿음은 나의 성품을 빚는다. 믿음의 행함은 순종과 자기부인을 하게 한다. 믿음이 오

면 말씀을 믿고 순종하게 된다. 육신으로 순종하는 것이 아니라 마음으로 순종한다. 말씀에 대한 순종은 하나님의 뜻과 말씀에 대한 순종함을 말한다. 순종은 말씀에 대한 순종뿐만 아니라 상황에 대한 순종까지 포함한다.

— 상황에 대한 순종은 상황을 허락하시는 "하나님의 손길"을 바라보는 관점이다. 그래서 하나님의 시선을 따라 보고, 하나님의 계산법을 따르고, 하나님의 때를 기다린다. 나의 시간표가 아니라 하나님의 시간표가 있음을 믿는 것이다. 여백을 채워주시는 하나님의 손길을 믿고 의지하게 된다. 찬송가 623장 "주님의 시간에(In His Time)"는 여백을 채워주시는 하나님의 손길이 임하시는 주님의 시간을 기다리는 믿음과 소망을 찬양한다.

— 믿음이 오면 자기부인을 하게 된다. 자기부인은 내가 주인이 됨을 부정하고 내가 기준이 될 수 없음을 받아들이는 자세를 말한다. 흔히 말하는 나를 "내려놓음"이다. 내가 "빚진 자"임을 보게 되고 "섬김"의 "거룩한 부담감"을 갖게 된다. 나는 주님의 종임을 보게 되고 의식하게 된다. 이 세상에서의 삶을 통하여 자기를 산 제물로 삼는 거룩한 제사를 드려야 함을 의식한다. 우리의 삶에서 주님의 흔적을 남기기를 소망한다. 하나님 앞에서 자기가 해야 할 일을 먼저 한다.

4) 믿음은 자기발견과 자기 가꿈

－ 인간의 타락 이후에 우리의 마음에 들어온 죄책감, 시기, 불안과 염려 등의 원초적 감정의 짐을 내려놓고 주님의 멍에를 메고 주님이 주시는 평강 속에 들어가게 된다. 먼저 그의 나라와 그의 의를 구할 수 있게 되고, 주님의 멍에를 메고 염려의 짐을 내려놓고, 범사에 감사하고 항상 기뻐하고 쉬지 않고 기도할 수 있게 되기를 소망할 수 있게 된다.

－ 시편 23편은 여호와께서 나와 함께 하시고 인도하시니 "사망의 음침한 골짜기로 다닐지라도 해를 두려워하지 않을 것"은 "주의 지팡이와 막대기가 나를 안위하시나이다"라고 증거한다. 인용 구절이 좀 길지만 천천히 읽어볼 만하다.

여호와는 나의 목자시니 내게 부족함이 없으리로다
그가 나를 푸른 풀밭에 누이시며 쉴 만한 물 가로 인도하시는
도다

내 영혼을 소생시키시고 자기 이름을 위하여 의의 길로 인도하
시는도다
내가 사망의 음침한 골짜기로 다닐지라도 해를 두려워하지 않
을 것은 주께서 나와 함께 하심이라 주의 지팡이와 막대기가
나를 안위하시나이다

주께서 내 원수의 목전에서 내게 상을 차려 주시고 기름을 내 머리에 부으셨으니 내 잔이 넘치나이다
내 평생에 선하심과 인자하심이 반드시 나를 따르리니 내가 여호와의 집에 영원히 살리로다 (시편 23장)

− 빌립보서(4:4−7)는 "주 안에서 항상 기뻐하라 내가 다시 말하노니 기뻐하라"고 하신다. "아무것도 염려하지 말고 다만 모든 일에 기도와 간구로, 너희 구할 것을 감사함으로 하나님께 아뢰라"고 하신다. 빌립보서는 그 이유로 "그리하면 모든 지각에 뛰어난 하나님의 평강이 그리스도 예수 안에서 너희 마음과 생각을 지키시리라"고 말한다. 하나님께서 그리스도 예수 안에서 우리의 마음과 생각을 지켜주신다.

− 우리를 불러 주시는 하나님을 향하여 돌아갈 때 우리와 함께 해 주시는 주님에 대한 믿음으로 기뻐할 수 있고, 관용의 너그러움을 보일 수 있고, 염려하지 않고 감사할 수 있게 된다. 빌립보서 4장은 "하나님의 평강이 그리스도 예수 안에서 너희 마음과 생각을 지키시리라"고 증거한다. 이 과정에서 의심과 염려와 절망을 넘어선다.

빌 4:4 주 안에서 항상 기뻐하라 내가 다시 말하노니 기뻐하라
빌 4:5 너희 관용을 모든 사람에게 알게 하라 주께서 가까우시니라
빌 4:6 아무것도 염려하지 말고 다만 모든 일에 기도와 간구로, 너희 구할 것을 감사함으로 하나님께 아뢰라
빌 4:7 그리하면 모든 지각에 뛰어난 하나님의 평강이 그리스

도 예수 안에서 너희 마음과 생각을 지키시리라

– 믿음은 새 사람을 입는 존재의 변화를 향하여 나아간다. 그때에 각
사람에게 하나님께로부터 칭찬이 있으리라고 주님의 판단을 제시한다.
(고린도전서 4:5) 하나님은 성공한 사람을 들어 쓰시지 않았다. 요셉,
모세, 룻, 다윗, 바울의 삶에서 볼 수 있듯이 하나님께서는 그들이 힘이
강하고 능력이 출중할 때 불러서 쓰시지 않았다. 보잘 것 없고 어려운
상황에 있을 때 불러 쓰셨다.

하나님을 바라보는 "마음의 창"
: 천명(天命)

a. 하나님의 뜻

― 하나님의 뜻을 어떻게 알 수 있을까? 성경은 하나님의 뜻을 전한다. 하나님의 뜻을 명시적으로 가리키는 몇 개의 구절을 찾을 수 있다. 데살로니가전서는 "항상 기뻐하라 쉬지 말고 기도하라 범사에 감사하라 이것이 그리스도 예수 안에서 너희를 향하신 하나님의 뜻이니라 (데살로니가전서 5:16-18)"라고 말씀을 전한다. 그러나 하나님의 역사하심의 맥락에서 성경 전체를 관통하는 하나님의 뜻을 생각할 수도 있다. "구속사의 관점"[1]이나 "기독교 세계관"[2] 연구에서는 하나님의 계획과 섭리라는 관점에서 그 기반이 되는 하나님의 뜻을 찾는다.

― 기독교 세계관 연구에서는 지금의 시기를 "회복의 시기"로 규정한다[3]. 회복은 돌아오라는 말씀이다. 돌아오라는 관점에서 하나님의 뜻을 구약에서는 "여호와를 경외하라"는 말씀으로 전한다. 신약에서는 예수님이 공생애를 시작하면서 "회개하라"고 말씀하셨다. "여호와 경외"와 "회개하라"는 말씀은 모두 우리를 회복시켜 주시기 위한 하나님의 사랑을 드러낸다.

---

1) 수잔 데 디트리히, 신인현 옮김, 성서로 본 성서, 컨콜디아사, 1999.
2) 송인배, 기독교 세계관 연구.
3) 신국원, 니고데모의 안경, pp.138-150.

1) 여호와를 경외하라

‒ 애굽에서의 노예 생활을 벗어나 가난안 땅으로 들어가는 여정은 애굽에서 홍해를 건너 바로 가면 2주일 만에 도착할 수 있는 여정이라고 한다. 이스라엘은 광야에서 40년의 시간을 보냈다. 이 기간은 하나님께서 이스라엘에게 하나님의 뜻을 공부하게 한 기간이다. 이 시기의 삶을 하용조 목사는 고난 속에 가려진 축복의 시기라고 보았다.[4]

‒ 이들은 홍해를 건너 가나안 문턱에서 38년을 머물다가 가나안에 이르렀다. (신명기 2:14) 이스라엘은 하나님께서 약속하신 젖과 꿀이 흐르는 약속의 땅, 가나안으로 가는 과정에서 하나님께서 예비하신 공부를 하였다. 사막의 광야를 무대로 하여 40년 동안 공부하였다. 이 기간동안 애굽을 출발하였던 이스라엘은 여호수아와 갈렙 두 사람만을 제외하고는 모세를 포함하여 모두가 광야에서 죽었다. 광야에서 태어난 새로운 세대가 이스라엘을 이루어 가나안으로 들어갔다.

> 신 2:14 가데스 바네아에서 떠나 세렛 시내를 건너기까지 삼십팔 년 동안이라 이 때에는 그 시대의 모든 군인들이 여호와께서 그들에게 맹세하신 대로 진영 중에서 다 멸망하였나니

‒ 하나님의 뜻은 이스라엘이 하나님의 백성으로 새로 태어나는 것이었다. 회복은 하나님의 뜻이었다.[5] 이를 위하여 하나님을 경외함을 배

---

4) 하용조, 광야학교, 고난은 축복이다.

우고, 오직 하나님만을 바라보고, 하나님만을 바라기를 원하시었다. 광야는 살기 힘든 사막이었다. 이곳에서 이스라엘은 하나님이 살아 계심을 믿고 역사하심을 기억하고, 하나님 나라를 사모하는 성품을 갖추는 공부를 하였다.

(1) 인자와 긍휼로 우리를 새롭게 하신다.

- "하나님 경외"는 하나님이 계심을 믿고 삼가 두려워하는 마음으로 하나님을 바라보는 것이다. 하나님을 사랑하며 하나님의 도를 행하고 마음과 뜻과 정성을 다하여 여호와를 섬기며 그를 의지하며 그의 명령과 규례를 지키는 것을 말한다. (신명기 10:12) 하나님은 우리의 행복을 위하여 "네게 명하는 여호와의 명령과 규례를 지킬" 수 있도록 우리에게 복 주시고 (신명기 1:11) 우리에게 믿음을 세워 주시기를 원하신다. 그리하여 우리가 하나님의 나라에 거하게 되기를 원하신다.

> 신 1:11 너희 조상의 하나님 여호와께서 너희를 현재보다 천 배나 많게 하시며 너희에게 허락하신 것과 같이 너희에게 복 주시기를 원하노라

> 신 10:12 이스라엘아 네 하나님 여호와께서 네게 요구하시는 것이 무엇이냐 곧 네 하나님 여호와를 경외하여 그의 모든 도를 행하고 그를 사랑하며 마음을 다하고 뜻을 다하여 네 하나님 여호와를 섬기고

---

5) 수잔 데 디트리히, 신인현 옮김, 성서로 본 성서, 컨콜디아사, 1999. p.140.

‑ 시편 103편은 여호와를 경외하는 자에게 인자와 긍휼을 베푸시는 하나님을 보여준다. "하나님의 인자"하심은 "우리의 죄를 따라서 우리를 처벌하지는 아니하시며 우리의 죄악을 따라 우리에게 그대로 갚지는 아니하신다"는 것을 말한다. (시편 103:10) 하나님께서는 우리의 죄와 죄악을 따라 처벌하지 아니하시고 하나님과 우리의 관계를 다시 맺어 주신다.

> 시 103:10 우리의 죄를 따라 우리를 처벌하지는 아니하시며 우리의 죄악을 따라 우리에게 그대로 갚지는 아니하셨으니
> 시 103:11 이는 하늘이 땅에서 높음 같이 그를 경외하는 자에게 그의 인자하심이 크심이로다

‑ "하나님의 긍휼"은 우리를 불쌍히 여기는 것을 말한다. 하나님께서는 우리를 불쌍히 여기신다. "아버지가 자식을 긍휼히 여김 같이 여호와께서는 자기를 경외하는 자를 긍휼히 여기시나니(시편 103:13)" 이는 "그가 우리의 체질을 아시며 우리가 단지 먼지뿐임을 기억하시고 인생은 그 날이 풀과 같다"고 보신다. 인생의 그 영화가 들의 꽃과 같아 바람이 지나가면 없어지나니 그 있던 자리도 다시 알지 못하는 (시편 103:13‑16) 풀과 같은 유한한 존재에게 "영생의 존재"로 새롭게 태어나도록 인도해 주신다는 것이다. 이것이 하나님의 긍휼이다. 하나님이 우리에게 하나님을 경외하라고 말씀하시는 이유는 하나님께서 인간들에게서 존경받기를 좋아하시기 때문이 아니다. 우리에게 인자와 긍휼을 베풀어 주시기 위한 것이다.

시 103:13 아버지가 자식을 긍휼히 여김 같이 여호와께서는 자기를 경외하는 자를 긍휼히 여기시나니
시 103:14 이는 그가 우리의 체질을 아시며 우리가 단지 먼지 뿐임을 기억하심이로다

(2) "여호와 경외"가 하나님이 주시는 복과 저주의 갈림길을 만듦

- 하나님께서는 우리를 긍휼히 여겨주시어 하나님의 의롭다 하심을 얻게 하시고 하나님의 나라에 들어오는 생명의 존재로 거듭나게 해주신다. 여호와를 경외하는 것으로 마음에 할례를 하고 목을 굳게 하지 말라고 말씀한다. 그리고 "여호와 경외"를 자녀에게 가르치고 강론하라고 말씀한다. 이 말씀으로 복과 저주를 너희 앞에 둔다고 말씀하신다. 여호와 경외가 하나님이 주시는 복과 저주의 갈림길을 만든다고 말씀한다. (신명기 11:26)

신 10:16 그러므로 너희는 마음에 할례를 행하고 다시는 목을 곧게 하지 말라
신 11:26 내가 오늘 복과 저주를 너희 앞에 두나니

2) 돌아오라

- 하나님께서는 우리가 하나님께로 돌아오기를 바라신다. 이를 위하여 하나님께서는 인간을 구원하려는 하나님의 계획을 준비하셨다. 하나님께서는 "구원의 길"을 만드시고 그 문을 열었다. 이 문으로 돌아

오는 것을 회개라고 한다. 하나님은 우리가 회개하기를 원하신다. 예수님은 "회개하고", "돌아오라"고 말씀하신다.

(1) 하나님의 구원계획

— 창세기는 하나님께서 사람을 창조하시고 복을 주신 이야기를 전한다. 그러나 인간이 하나님의 말씀을 불순종하여 타락하여 에덴동산에서 나와서 "에덴의 동쪽"으로 쫓겨난 사건을 전한다. 하나님께서는 이 땅을 홍수로 심판하시고 노아의 방주를 통하여 구원의 역사를 여시었다. 출애굽의 여정에서 하나님을 보여주시고 하나님의 뜻과 구원의 계획을 가르쳐 주시었다. 메시아의 약속과 예수님의 오심으로 회복을 위한 하나님의 구원계획은 그 문이 열렸다. 이것이 구약이고 그 약속은 이루어졌다. 지금은 하나님이 회복시켜 주시는 시간이다.

— 인간의 타락 이후로 하나님의 심판에 살아남을 자가 없기 때문에 인간을 죄를 따라 심판하지는 아니하시고 하나님께서 인간을 의롭다고 여겨주실 새로운 기준으로서 "새로운 의"를 준비하였다. 이것이 하나님의 구원계획이다. 이것이 새로운 약속 곧 신약이다. 예수님이 인간의 죄를 대신 갚아주시는 "대속"을 준비하셨다. 이것이 예수님이 이 땅에 몸으로 오신 성육신의 사건이고 십자가에서 피 흘리신 십자가 사건이다. 이 구원의 뜻과 예수님의 대속을 믿는 "믿음만으로" 의롭다고 여겨 주시는 "하나님의 의"를 준비해 주셨다. 사도 바울은 하나님의 구원계획은 "창세전에 우리를 택하여 그의 아들이 되게 하셨다(에베소 1:3-4)"고 증언한다. 이 말씀은 하나님의 창조속에 우리의 구원

계획이 세워졌다는 말씀이다.

> 엡 1:3 찬송하리로다 하나님 곧 우리 주 예수 그리스도의 아버
> 지께서 그리스도 안에서 하늘에 속한 모든 신령한 복을 우리에
> 게 주시되
> 엡 1:4 곧 창세 전에 그리스도 안에서 우리를 택하사 우리로
> 사랑 안에서 그 앞에 거룩하고 흠이 없게 하시려고
> 엡 1:5 그 기쁘신 뜻대로 우리를 예정하사 예수 그리스도로 말
> 미암아 자기의 아들들이 되게 하셨으니
> 엡 1:6 이는 그가 사랑하시는 자 안에서 우리에게 거저 주시는
> 바 그의 은혜의 영광을 찬송하게 하려는 것이라
> 엡 1:7 우리는 그리스도 안에서 그의 은혜의 풍성함을 따라 그
> 의 피로 말미암아 속량 곧 죄 사함을 받았느니라

— 이 세상은 죄 아래에 있기 때문에 우리는 죄 중에 태어난다. 하나
님께서는 우리를 죄로부터 구원하시어 이 세상에서 살더라도 하나님
안에서 감사하며 기쁘게 살기를 바라신다. 하나님께서는 우리를 보살
펴 주시고 살려 주시고 하나님의 자녀로 세워주시기를 원하신다. 그래
서 우리가 돌아오기를 바라고 돌아 올 때 기뻐하신다. 우리에게 인자
와 긍휼의 관을 씌워주시기를 바라신다. 이 사랑을 주시기 위하여 예
수님이 이 땅에 오셨다. 이것이 하나님의 사랑이시다.

(2) 출애굽의 과정은 하나님의 "광야학교"였다.

- 출애굽의 과정은 하나님께서 이스라엘 백성을 택하여 구원의 길로 인도해주신 사건이다. 출애굽 과정은 하나님을 보여 주어 알려 주시는 "하나님의 광야 학교"이다. 출애굽의 여정은 하나님의 뜻을 알려주는 하나님의 교육장이었다. 하나님의 구원계획에는 심판을 건너뛰는 유월(passover)의 역사, 대속제물, 하나님의 공의와 새로운 의, 회개의 길이 준비되어있다. 예수님이 이 세상에 오셔서 하나님의 구원계획을 완성하셨다.

- 이스라엘을 약속의 땅 가나안으로 인도하시기 전에 하나님이 이스라엘에게 예비하신 것은 애굽에서의 혹독한 노예 생활이었다. 하나님은 애급의 노예 생활로부터 구원하신 이후에 이스라엘을 바로 가나안으로 인도하지 않으셨다. 이것은 광야에서 이스라엘을 훈련시키시기 위함이었다. 하나님께서는 이스라엘 백성이 약속의 땅 가나안까지 2주간이면 갈 수 있는 광야의 길을 40년 동안 머물게 하셨다.

- 이 기간 동안 애굽에서 나온 세대는 갈렙과 여호수아를 제외하고는 모두 광야에서 죽었다. 애굽에서 나올 당시의 장년 60여만 명을 포함하여 200만 명에 이르는 이들이 다 죽고 새로 태어난 200여만 명이 가나안으로 들어가게 되었다. 이스라엘 백성은 완전히 새롭게 되었다. 가나안에서 우상숭배의 유혹으로부터 이스라엘의 정체성을 지켜나갈 수 있는 성품을 만들어 주기 위한 하나님의 계획이었다.

3) 하나님의 공의와 다른 하나님의 의

(1) 하나님의 의

- 하나님은 공의로우시다. "하나님의 공의(公義)"는 죄에 대한 하나님의 심판을 말한다. 하나님의 심판을 피할 사람은 없다. 하나님의 심판을 건너뛰게 하는 이 구원을 위하여 예수님이 이 세상에 오셔서 십자가 위에서 고난을 받으셨다. 예수님이 대신 고난을 받아 죽으심으로서 하나님의 공의도 지키며 죄에서 인간을 구원하시는 하나님의 사랑도 드러냈다.

- 이스라엘이 애굽에서 나올 때 하나님께 대항하는 바로왕의 완고한 저항을 무릎 꿇게 하기 위하여 모든 사람과 짐승의 장자를 치는 열 번째 재앙이 등장한다. 이때 어린양의 피를 문설주에 바른 이스라엘의 집에는 심판을 하지 않고 넘어갔다. 이스라엘은 이를 기념하여 유월절을 지키기 시작하였다. 이 어린양의 피가 대신 심판을 받고 십자가의 고난을 짊어지는 예수님의 대속사역을 예표한다.

- 바울은 고린도전서에서 유월절 양은 예수 그리스도이심을 증언한다. (고린도전서 5:7) 유월절에 담긴 하나님의 본심은 예수님의 피 흘리심으로 하나님의 심판을 건너뛰게 하는 길을 열어 주기 위함이다. 이것이 유월을 거쳐서 구원하신 이유이다. 예수님은 "남의 죄"를 그들을 대신하여 대속(atonement)하는 제물이 되셨다.6) 대속은 예수님이 우리의 죄와 하나가 되어 심판을 받으신 것을 의미한다. 이로써 예수

님은 심판을 건너뛰게 하는 유월의 피를 흘리는 어린양이 되셨다. 바로 왕을 다루시는 하나님의 손길을 통하여 문설주에 바르는 어린 양의 피를 표시삼아 하나님의 심판을 "건너뛰는" 대속의 길을 보여주셨다.

> 출 12:13 내가 애굽 땅을 칠 때에 그 피가 너희가 사는 집에 있어서 너희를 위하여 표적이 될지라 내가 피를 볼 때에 너희를 넘어가리니 재앙이 너희에게 내려 멸하지 아니하리라
> 출 12:14 너희는 이 날을 기념하여 여호와의 절기를 삼아 영원한 규례로 대대로 지킬지니라

― 예수님이 십자가에서 흘리신 피가 어린양의 피가 되어 하나님의 죄의 심판을 건너뛰게 하는 유월(passover)의 피가 되게 하셨다. 예수님이 우리를 대신하여 하나님께 드리는 "화목 제물"이 되시어 우리의 죄와 죄악을 대속하시었다. 이것을 믿는 믿음으로 하나님의 구원 안에 들어올 수 있게 하셨다. 이것을 하나님의 공의와 다른 "하나님의 의(義)"라고 한다. 로마서 3장은 "하나님의 의"를 설명한다.

> 롬 3:24 그리스도 예수 안에 있는 속량으로 말미암아 하나님의 은혜로 값 없이 의롭다 하심을 얻은 자 되었느니라
> 롬 3:27 그런즉 자랑할 데가 어디냐 있을 수가 없느니라 무슨 법으로냐 행위로냐 아니라 오직 믿음의 법으로니라

---

6) 이재철, 성숙자반, p.123.

(2) 우리를 기다리시는 하나님

— 우리 마음의 중심이 하나님을 향하지 않고 하나님의 뜻에 적중하지 못하고 빗나간 것을 성경은 "죄"라고 한다. 우리가 이 죄에서 돌아서는 것이 회개이다. 성경에는 아주 드라마틱한 회개의 사건이 등장한다. 누가복음에 나오는 돌아온 탕자와 이 아들을 기다리는 아버지의 이야기이다.

— 누가복음 15장에는 분배받은 재산을 들고 가출한 탕자의 이야기가 등장한다. 아버지께 돌아가는 탕자의 모습보다는 아들을 측은히 여겨 목을 안고 입을 맞추며 그의 허물을 덮어 주는 아버지의 모습이 더 크게 보인다. 렘브란트는 이 장면을 그림으로 남겼다. 흐릿한 모습 속에 무릎을 꿇고 고개를 숙인 아들을 보듬는 아버지의 구부러진 모습이 인상적이다. 돌아온 아들을 껴안는 아버지의 손가락 마디가 그의 사랑을 말하는듯하다. 팀 켈러(Keller) 목사는 돌아온 아들을 맞이하는 기쁨에 젖은 아버지를 사랑을 마음껏 베푸는 "탕부 하나님"으로 표현하였다.[7] Henry Nauwen은 St. Petersberg Heremitage 미술관에 전시되어 있는 이 그림을 보면서 아버지의 기쁨과 아버지의 환대를 원망으로 바라보는 큰 아들의 시선에서 긴장과 갈등을 느꼈다고 지적한다.[8]
— 예수님은 잃어버린 양 한 마리를 찾은 기쁨을 말씀하시면서 이 돌아 온 탕자의 비유를 말씀하시었다. "내가 너희에게 이르노니 이와 같

---

7) 팀 켈러(Keller), 탕부 하나님, p.16 − 21.
8) Henri J. M. Nouwen, The Return of The Prodigal Son, Image Books, Doubleday, p.135.

이 죄인 한 사람이 회개하면 하늘에서는 회개할 것 없는 의인 아흔아홉으로 말미암아 기뻐하는 것보다 더하리라"(누가복음 15:7) 하나님은 우리가 회개하고 돌아오는 것을 기뻐하신다.

> 눅 15:7 내가 너희에게 이르노니 이와 같이 죄인 한 사람이 회개하면 하늘에서는 회개할 것 없는 의인 아흔아홉으로 말미암아 기뻐하는 것보다 더하리라

− 회개의 본질은 우리가 하나님의 사랑에 깨어 있음이다. 겉으로 보면 아무 변화가 없는 것처럼 보여도 우리가 하나님의 사랑에 깨어 있으면 성령께서 우리를 인도하신다. 나도 모르는 중에 나를 인도하신다. 하나님은 졸지도 아니하시고 주무시지도 아니하신다. (시편 121:4) 회개는 이 역사의 출발이 된다.

> 시 121:4 이스라엘을 지키시는 이는 졸지도 아니하시고 주무시지도 아니하시리로다

b. 하나님에 대한 인식

− 하나님을 믿는다는 것은 하나님에 대한 "나의 인식"을 갖는 것이다. 이것이 내가 만난 하나님의 모습이 된다. 이 과정에서 내가 신을 만들기도 한다.[9] 이것들이 나의 우상이 된다. 하나님에 대한 인식은

---

9) 팀 켈러(Keller), 내가 만든 신, p.12.

우리가 이해한 하나님의 성품이다. 믿음이 성장하는 과정에서 하나님에 대한 인식은 변하게 된다. 성경을 읽는 동안, 그리고 믿음의 글을 읽어 가는 동안 하나님에 대한 새로운 인식을 세워갈 수 있다. 이 과정속에서 하나님과 나와의 인격적 만남이 이루어진다.

— 시편은 여호와 하나님에 대한 신앙의 고백을 곳곳에서 드러낸다. 시편의 시선을 따라가며 하나님에 대한 생각을 마음에 담을 수도 있다. 믿음의 글을 통하여 하나님이 어떤 분이신지를 생각할 수도 있다. 이재철 목사는 "새 신자반 강의"와 "참으로 신실하게"에서 하나님의 모습을 드러내고 "성숙자반 강의"에서 믿음을 정리한다. 믿음의 성장 과정에 따라 하나님에 대한 나의 이해 혹은 인식에 따라서 나와 하나님과의 관계가 형성된다.

— 이재철 목사는 "참으로 신실하게"에서 우리를 살펴주시고, 살려주시고 세워주시는 하나님의 모습을 전한다. 우리의 삶에서 역사하시는 하나님에 대한 체험이 우리의 하나님의 모습이 될 것이다.

— 하나님을 바라보는 "마음의 창문"은 사람마다 다 다르다. 또한 믿음이 자라나는 과정에서 하나님의 성품에 대한 나의 이해도 달라진다. 여기서는 하나님의 창조, 타락, 구속 그리고 회복을 중심으로 구속의 역사를 보려는 기독교 세계관의 관점에서 "인도하시는 하나님"의 모습을 생각해 보았다. 그래서 창조주 하나님, 복 주시는 하나님[10], 고

---

10) 이재철, 새신자, 1 하나님은 누구신가?, p.23 – 25.

난당하시는 하나님, 우리 삶의 여백을 채워주시는 하나님을 제시하여
보았다.

1) 창조주 하나님

— 성경은 "태초에 하나님이 천지를 창조하시니라(창세기 1:1)"는 말
씀으로 시작한다. 여기에 등장하는 4개의 단어, 태초, 하나님, 천지,
창조는 그 뜻을 짐작하기도 어렵다. 우리의 생각 너머에 있는 말씀이
다. 하나님이 천지를 어떻게 창조하셨는지 알 길이 없다. 너무 묘해서
측량할 길이 없다는 "신묘막측(神妙莫測)"하다는 고백을 할 수밖에 없
다. 그래서 "하나님은 분석의 대상이 아니라 믿음의 대상이다"라는 말
에 고개를 숙이게 된다.

> 창 1:1 태초에 하나님이 천지를 창조하시니라

(1) 우리는 그의 것

— 우리는 하나님 앞에서 "나는 누구인가?"를 생각하며 우리 자신을
돌아보게 된다. 시편 100편은 "그는 우리를 지으신 이요 우리는 그의
것이니 그의 백성이요 그의 기르시는 양이로다(시편 100:3)"라고 고백
한다. 나는 "나의 주인이 된다"고 생각하나 성경은 "우리는 그의 것"
이라고 규정한다. 우리는 그의 피조물이요 그의 백성이요 그의 양이니
그의 피조물과 백성과 양으로서 그의 규례를 순종하여야 한다. 창조주

하나님 앞에서 "나는 누구인가?"라는 질문을 생각하고, 하나님을 순종하는 길을 생각하게 된다. 우리는 감사함으로 그의 문에 들어가며 찬송함으로 그의 궁정에 들어가서 그에게 감사하며 그의 이름을 송축해야 할 것이다.

> 시 100:3 여호와가 우리 하나님이신 줄 너희는 알지어다 그는 우리를 지으신 이요 우리는 그의 것이니 그의 백성이요 그의 기르시는 양이로다

(2) 하나님의 구원의 약속: 구약과 신약 (로마서 3:21-28)

- "하나님의 의"라는 것은 하나님이 의롭다고 인정하시는 것을 말한다. 유대인들은 믿음의 가문의 후손으로 태어나거나 하나님의 말씀 즉, 율법을 지키면 하나님이 의롭다고 인정하신다고 믿었다. 사도 바울은 증거한다. "이제는 율법 외에 하나님의 한 의가 나타났으니 율법과 선지자들에게 증거를 받은 것이라" (로마서 3:21) 여기서 "이제는" 예수님이 오신 이후를 가리킨다. 율법 외에 하나님의 한 의가 나타났다고 증거한다. 예수님의 오심은 구약에서 여러 선지자들이 하나님의 약속을 전해 왔다. 성경은 이 약속을 구약이라고 한다. 메시야, 즉 구세주의 오심이 구약(舊約)이다.

- "이제는 율법 외에 '하나님의 한 의'가 나타났다"는 하나님이 의롭다고 여기는 새로운 기준이 계시되었다는 말이다. 그것은 바로 "곧 예수 그리스도를 믿음으로 말미암는" 의(義)라는 것이다. 이것은 예수님

이 십자가에서 흘리신 피로 내가 죄사함을 받았다는 것을 믿는 것이다. 내가 이것을 믿을 때 하나님이 나를 의롭다고 인정해 주신다는 것이다.

> 롬 3:21 이제는 율법 외에 하나님의 한 의가 나타났으니 율법과 선지자들에게 증거를 받은 것이라
> 롬 3:24 그리스도 예수 안에 있는 속량으로 말미암아 하나님의 은혜로 값 없이 의롭다 하심을 얻은 자 되었느니라

─ 하나님 앞에서 우리는 모두 다 죄인이다. 율법은 우리가 다 죄인임을 바라보게 해준다. 어떠한 죄도, 어떠한 죄인도 예수님의 십자가의 피를 의지하여 하나님 앞으로 나아 올 때 하나님은 우리의 죄를 사하여 주시고 우리를 새롭게 해주신다는 약속이다. 우리가 하나님 앞에서 새로운 피조물로 다시 태어날 수 있다는 것이 바로 복음이다. 거듭난다는 말이 바로 이것을 나타낸다.

─ 한번 지은 죄는 어찌할 수가 없다. 시간을 돌이켜 되돌아갈 수도 없다. 그러나 이제 예수님의 십자가 보혈에 의지하여 하나님의 약속을 믿고 나아올 때 하나님은 우리의 모든 죄를 사하여 주시고 다시 깨끗하게 해 주신다. 이때부터 나의 길은 새롭게 된다. 이것이 복음이요 이것이 하나님의 새로운 약속 즉, 신약(新約)이다.[11] 지금은 신약이 성취되는 과정에 있다.

---

11) 김동호, 믿음의 책: 로마서 이야기, 십자가가 해결 못 할 죄가 없다, p.119-129.

- 하나님의 약속은 이 구약과 신약의 두 개의 약속으로 되어 있다. 성경이 말하는 바는 이 약속에 대하여 우리가 가야 할 길은, "하나님을 경외하고 이웃을 사랑하라"는 말씀이다. "예수께서 이르시되 네 마음을 다하고 목숨을 다하고 뜻을 다하여 주 너의 하나님을 사랑하라 하셨으니, 이것이 크고 첫째 되는 계명이요. 둘째도 그와 같으니 네 이웃을 네 자신 같이 사랑하라 하셨으니, 이 두 계명이 온 율법과 선지자의 강령이니라"(마태복음 22:37 – 40)

> "하나님이 세상을 이처럼 사랑하사 독생자를 주셨으니 이는 그를 믿는 자마다 멸망하지 않고 영생을 얻게 하려 하심이라. 하나님이 그 아들을 세상에 보내신 것은 세상을 심판하려 하심이 아니요 그로 말미암아 세상이 구원을 받게 하려 하심이라"(요한복음 3:16 – 17)

2) 복 주시는 하나님

(1) 하나님의 보살핌과 하나님 경외

- 하나님은 복도 주시고 우리를 연단도 하신다. 하나님께서는 사람을 창조하신 후에 바로 복을 주셨다고 성경은 기록한다. 하나님은 인자와 긍휼로 우리의 죄를 사하여 주시고, 우리의 체질을 바꿔주신다. 복이라는 열매를 맺는 말씀의 씨앗을 주시었다. 이 말씀을 받은 사람들은 육신으로부터 영혼으로 그 품격이 올라갔다.

- 이스라엘의 광야 생활은 이 복과 연단을 보여준다. 하나님은 광야와 같은 세상에서 하나님을 바라보며 살게 해주시기 위하여 복을 주신다. 광야에서 물을 주시고, 일용할 양식으로 만나를 주시고, 구름기둥으로 그늘을 만들어 주시고 불기둥으로 인도해 주셨다. 하나님의 백성으로 세워주시기 위하여 말씀을 주셨다. 훈련을 거치게도 하신다. 창세기 1:27−28은 복 주시는 하나님을 증거한다. "하나님이 자기 형상 곧 하나님의 형상대로 사람을 창조하시되 남자와 여자를 창조하시고 하나님이 그들에게 복을 주시며 하나님이 그들에게 이르시되 생육하고 번성하여 땅에 충만하라"고 하셨다. (창세기 1:27−28) 사람이 요구해서 복을 주신 것이 아니라 하나님이 먼저 복을 주셨다. 복은 하나님이 주시는 하나님의 보살핌(after services)[12]이다.

> 창 1:27 하나님이 자기 형상 곧 하나님의 형상대로 사람을 창조하시되 남자와 여자를 창조하시고
> 창 1:28 하나님이 그들에게 복을 주시며 하나님이 그들에게 이르시되 생육하고 번성하여 땅에 충만하라,

- 하나님께서 복을 주시는 이유는 하나님과 하나님의 뜻을 드러내기 위한 것이다. 모든 피조물은 하나님의 영광을 드러내야 한다. 하나님의 영광을 드러낸다는 것은 어려운 상황에서도 하나님을 드러냄을 의미한다. 이것이 우리가 존재하는 이유이다. 하나님이 우리의 필요를 아시고 알아서 주시기 때문에 예수님은 "먼저 그의 나라와 그의 의를

---

12) 이재철, 새신자반, p.23−30.

구하라 그리하면 이 모든 것을 너희에게 더하시리라"고(마태복음 6:33) 말씀하셨다.

> 마 6:33 그런즉 너희는 먼저 그의 나라와 그의 의를 구하라 그리하면 이 모든 것을 너희에게 더하시리라

(2) 인자와 긍휼로

– 복은 우리의 행복을 위하여(신명기 10:13) 하나님이 주시는 선물이요 은혜이다. 하나님이 주시는 복은 우리의 심령을 새롭게 하는 복이다. 성경에는 심령을 새롭게 하는 복 말고 이 세상에서 우리의 삶을 풍족하게 하고 일을 형통하게 하는 복도 말씀한다. "네 몸의 자녀, 토지의 소산, 짐승의 새끼, 네 광주리와 떡 반죽 그릇이 복을 받을 것이며 "네가 들어와도 복을 받고 나가도 복을 받고", "너를 머리가 되고 꼬리가 되지 않게 하시며 위에만 있고 아래에 있지 않게 하시리라"고(신명기 28:4-6, 13) 약속하신다. 우리는 이러한 복에 마음을 뺏기기 쉽다.

– 사람들은 이러한 복을 좋아한다. 그러나 예수님은 "먼저 그의 나라와 그의 의를 구하라"고 말씀하신다. 하나님께서 우리에게 복을 주시는 가장 중요한 이유는 우리를 하나님의 나라로 인도하시기 위함이다. 하나님께서 주시는 복은 우리가 하나님 나라로 들어가기 위해 빚어 주시는 우리의 성품이다. 복은 우리를 변화시킨다. 우리를 선하게 하시고 우리를 바른 길로 인도하신다. 그래서 우리는 복을 구한다. "축

복"은 복을 비는 것을 의미한다.

– 그러나 복에 대하여 인생이 구하는 것과 하나님께서 주시고자 하는 것이 다를 때가 있다. 우리의 육신이 구하는 것과 우리의 영혼이 구하는 것이 다르다. 요한일서는 육신은 "이 세상이나 세상에 있는 것들을 사랑"한다고 지적한다. "이는 세상에 있는 모든 것이 육신의 정욕과 안목의 정욕과 이생의 자랑이니 다 아버지께로부터 온 것이 아니요 세상으로부터 온 것이라" (요한일서 2:16) 내가 원하는 세상에 있는 것들을 받기 위하여 하나님의 힘을 이용하려 들 때 "기복주의"에 빠지게 된다.[13]

> 요일 2:15 이 세상이나 세상에 있는 것들을 사랑하지 말라 누구든지 세상을 사랑하면 아버지의 사랑이 그 안에 있지 아니하니
> 요일 2:16 이는 세상에 있는 모든 것이 육신의 정욕과 안목의 정욕과 이생의 자랑이니 다 아버지께로부터 온 것이 아니요 세상으로부터 온 것이라

---

13) 이재철, 새신자, p.24–25.

(3) "산상수훈"의 팔복14)

– 예수님이 하신 최초의 설교가 바로 복에 대한 말씀이셨다. (마태복음 5:1 – 10) 예수님께서 언덕위에 올라가 하신 말씀이라고 하여 "산상수훈"이라고 알려진 말씀이다. 여기서 말씀하신 팔복은 영혼이 구하는 복을 나타낸다. 복은 우리 안에 하나님의 나라를 이루시기 위하여 하나님께서 주시는 선물이다.15) 팔복을 중심으로 복의 의미를 살펴본다.

– 언뜻 보기에 우리가 무엇을 하거나 무엇이 될 때 우리의 공로로 복을 받아서 천국을 소유하거나 위로를 받거나 땅을 기업으로 받는 것으로 읽혀진다. 우리의 행위로 복을 받는 것이 아니라 복을 받아 우리가 새롭게 되어 하나님의 나라에 있게 된다. 하나님께서 주신 복이 나의 심령을 새롭게 빚어서 "새로워진 심령"이 천국을 보게 되고 하나님을 보게 된다. 그리고 내가 변하여 하나님의 아들이라 일컬음을 받고 천국이 그들의 것이 된다. 이것이 하나님이 주시는 복이다. 하나님이 주시는 복의 출발은 하나님을 경외하는 것이다. 하나님이 주시는 복으로 우리는 "살핌"을 받고 거듭나서 새로운 "살림"을 받고 새로운 존재로 "세움"을 받는다. 하나님이 주시는 복을 구하는 것을 축복한다고 말한다. 예수님은 천국을 보게 되고 하나님을 보게 되고 하나님의 아들이라 일컬음을 받고 천국을 소유하게 되는 여덟 가지 마음을 보여주셨다. 이것은 우리를 육신에서 이끌어 영혼의 자리로 인도하시기 위함이었다.

---

14) 이재철, 성숙자반, p.70 – 90.
15) 이재철, 새신자반, p.25.

하나님만을 바라보고 의지하는 마음(심령이 가난한 자),

죄와 죄악 안에 있는 나를 보며 애통하는 마음(애통하는 마음),

하나님의 말씀에 순종하는 온유한 마음

의에 주리고 목마른 마음(하나님을 기쁘시게 하려는 열망이 가
득 찬 마음)

긍휼히 여기는 마음("살피고", "살리고", "세워주는" 마음)

하나님의 뜻을 바라보는 마음(청결한 마음)

화평케 하는 마음(자기를 버리고 비울 수 있는 마음)

의를 간구하는 마음이다(박해를 받더라도 즐겁게 견디는 마
음). (마태복음 5:1－10)

(4) 복의 결론

－ 복은 하나님이 주시는 선물이요 은혜이다. 하나님께서는 하나님의
자녀로 이 세상을 살아가는 데 하나님이 주시는 복으로 살아가기를
바라신다. 하나님께서 주시고자 하는 복은 하나님을 바라보고, 하나님
의 말씀을 좇고 하나님과 가까이 하는 것이다. 예수님이 말씀해 주신
여덟 가지 복은 하나님과의 관계에 대한 복이다. 이 복은 우리의 마음
을 빚어 주신다.

－ 즉, 하나님과의 관계를 맺는 것이다. "먼저 그의 나라와 그의 의를
구하는 것이다" 주님은 이것을 최고의 복으로 우리에게 말씀하여 주
셨다. 이 세상에서 육신적으로 잘 먹고 잘 사는 것은 이차적인 문제이
다. 우리의 기도로 먼저 하나님의 뜻 안에서 이루어지기를 구하는 것

이다. 예수님께서도 "뜻이 하늘에서 이루어진 것 같이 땅에서도 이루어지이다"라고 기도하라고 가르쳐주셨다. (마태복음 6:10)

− 죄 사함의 은혜는 세상에서 가장 큰 복"이다. (로마서 4:6−8) 사도 바울은 "불법이 사함을 받고 죄가 가리어짐을 받는 사람들은 복이 있다"고 증거한다. "허물의 사함을 얻고 그 죄의 가리움을 받은 자는 복이 있도다. 마음에 간사가 없고 여호와께 정죄를 당치 않은 자는 복이 있도다" (시편 32:1−2) 사도 바울은 다윗이 노래한 시편을 인용하고 있다.

> 롬 4:6 일한 것이 없이 하나님께 의로 여기심을 받는 사람의
> 복에 대하여 다윗이 말한 바
> 롬 4:7 불법이 사함을 받고 죄가 가리어짐을 받는 사람들은 복
> 이 있고
> 롬 4:8 주께서 그 죄를 인정하지 아니하실 사람은 복이 있도다
> 함과 같으니라

− 세상에서는 복을 재물이나, 지위나 권세를 얻는 것을 말하나 성경에서는 가장 큰 복으로 하나님 앞에 "불법이 사함을 받고 죄가 가리어짐을 받는 것"이라고 말한다. 우리의 육신의 마음으로는 세상 것을 원하나 하나님은 이것이 아니라고 말씀하신다. 이제야 이 말씀이 마음에 와 닿는다. 재물이나 지위가 있으면 좋겠으나 이것이 우리 삶의 궁극의 목적이 될 수 없다는 말씀이다.

- 이것을 가지지 못했다고 기 죽을 필요가 없다. 이것을 깨닫는 것이 지혜이다. 죄의 결과는 사망이다. 우리가 죄 중에 있을 때에는 모든 것에서 사망이 온다. "사망"은 뜻이 없어지고, 의미가 없어지고, 보람이 사라지는 것들을 가리킨다. 모두 다 사망의 모습이다. 사망은 존재의 의미가 사라짐을 의미하기도 한다.

- 성경에는 여기저기에서 금 그릇과 은 그릇, 귀히 쓸그릇과 천히 쓸 그릇 등으로 우리의 존재 모습을 말한다. 요즘 우리사회에서는 "금수저"와 "흙수저" 논란이 일기도 하였다. 어떤 사람은 금수저를 물고 나와 인생을 편하게 사는데, 나는 흙수저를 달고 나와 내 인생이 힘들다고 자조하는 말이다. 성경은 그릇이 문제가 아니고 깨끗한 그릇이 쓰임을 받는다고 말한다. (디모데후서 2:21)

- 그리고 권면의 말씀을 주신다. "또한 너는 청년의 정욕을 피하고 주를 깨끗한 마음으로 부르는 자들과 함께 의와 믿음과 사랑과 화평을 따르라" 청년의 정욕을 피하고 깨끗한 마음으로, 주를 따르라고 말씀하신다. 깨끗한 마음이 될 때 의와 믿음과 사랑과 화평이 우리 마음에 온다. 이 마음으로 세상을 살아갈 때에 주님이 책임져 주신다는 뜻으로 읽힌다.

- 하나님의 쓰임 받는 것이 가장 기쁜 일이다. "마음의 그릇"을 깨끗이 씻는 것은 죄가 가리어짐을 받는 것이다. 죄의 사함이 그래서 가장 큰 복이 된다. 우리는 새로운 존재로 거듭난다. 하나님은 죄의 사함을

구하는 간구와 기도를 기뻐하신다.

- 성경에 나오는 "복 있는 자"는 이 "하나님과의 화평"을 누리는 자이다. 이것이 하나님이 바라시는 것이다. 복 있는 사람들은 모두 이 복을 강조하고 누림을 감사한다. 하나님은 우리에게 "항상 기뻐하라, 쉬지 말고 기도하라, 범사에 감사하라 이것이 그리스도 예수 안에서 너희를 향하신 하나님의 뜻이니라(데살로니가전서 5:16－18)"고 말씀하셨다. 그러나 이렇게 되기가 쉽지가 않다. 오직 믿음으로 바라볼 때 이 평안의 복을 주신다. 우리의 마음을 부단하게 하나님을 향하여 나아가면 이 마음을 주시리라는 약속으로 이 말씀을 읽게 된다.

- 하나님은 우리를 귀하게 여기신다. 우리의 처지가 어떠하든지 간에 나 자신을 포함하여 내 주위에 있는 모든 사람들을 귀하게 여기고, 보살피고, 사랑하면 하나님과 함께하는 화평의 복을 누릴 것으로 믿는다. 다윗왕도 "주 밖에는 나의 복이 없나이다(시편 16:2)"라고 증언한다. 사탄은 우리를 주 밖으로 끌어내려 한다. 그래서 주 밖에 복이 있는 것처럼 우리가 생각하게 만들려고 한다. 우리가 육신의 편안함을 구하게 한다. 예수님이 받은 시험도 떡, 사람으로부터 받는 영광, 그리고 육신의 복을 구하는 기복의 유혹이었다.

- 나는 젊어서 우연히 성경을 읽었다. 로마서를 읽다가, 우리 주 예수 그리스도로 말미암는 은혜를 깨닫지도 못하면서 "우리가 환난 중에도 즐거워하나니 이는 환난은 인내를, 인내는 연단을, 연단은 소망

을 이루는 줄 앎이로다"는 말씀에 힘입어 어려운 상황 속에서도 마음
을 잡고 노력했던 추억을 가지고 있다. 말씀은 우리가 그 말씀의 깊은
뜻을 이해하기도 전에 우리를 주님 안으로 인도하신다. 이 빈약하고
어설픈 첫 걸음이 말씀을 사모하는 여정으로 이끌었다.

- 시편 23편은 평안함의 안식을 노래한다. 우리 자녀들에게 주님안
에 있는 평안의 복을 구한다. 평안의 복으로 이 세상에 주님의 사랑의
등불이 되고 주님의 편지가 되기를 간구한다.

> 여호와는 나의 목자시니 내게 부족함이 없으리로다
> 그가 나를 푸른 풀밭에 누이시며 쉴 만한 물가로 인도하시는도다
>
> 내가 사망의 음침한 골짜기로 다닐지라도 해를 두려워하지 않
> 을 것은
> 주께서 나와 함께 하심이라
> 주의 지팡이와 막대기가 나를 안위하시나이다
>
> 주께서 기름을 내 머리에 부으셨으니
> 내 잔이 넘치나이다
> 내 평생에 내가 여호와의 집에 영원히 살리로다(시편 23:1-6)

3) 이 땅에 오셔서 고난 당하신 하나님

– 예수님이 이 땅에 오신 이유는 십자가에서 고난을 받으시기 위함이었다. 우리의 죄를 대속하기 위하여 오셨다. 하나님의 공의 속에서 우리의 죄를 대속하는 "하나님의 의"를 세우기 위하여 십자가에서 대속제물이 되셨다. 하나님의 구원계획 속에 하나님의 공의의 심판을 건너뛰는 "유월"의 희생과 은혜가 있다. 십자가의 은혜를 보기 위해서는 먼저 내가 죄인임을 바라보아야 한다. 예수님이 그리스도이심을 밝히는 대목을 살펴본다.

(1) 세례 요한의 증언

– 요한복음은 예수님에 대한 세례요한의 증언을 전한다. (요한복음 1:19-29) 유대인들이 예루살렘에서 제사장들과 레위인들을 세례요한에게 보내어 네가 누구냐 물을 때에 요한은 "나는 그리스도가 아니라 나는 선지자 이사야의 말과 같이 주의 길을 곧게 하라고 광야에서 외치는 자의 소리로라" 하니라. 요한이 예수께서 자기에게 나아오심을 보고 이르되 "보라 하나님의 어린양이로다"고 증언하였다. (요한복음 1:29) 세례요한은 예수님을 하나님의 아들이요 그리스도시오 하나님의 어린양이라"고 증언하였다.

(2) 내가 그라: 예수님이 스스로 그리스도이심을 밝힘

- 예수님은 제자들에게 자기가 그리스도임을 밝히기 전에 세 번 자기가 그리스도이심을 스스로 밝히셨다. 밤중에 찾아 온 니고데모에게와 수가성 여인에게와 예수님 고향에 있는 나사렛 회당에서였다. 그리고 예루살렘에서 보낸 마지막 일주일중 목요일 저녁에 대제사장에게 "내가 그니라"고 대답하셨다.

수가성 여인과 니고데모

사마리아에 있는 수가성 여인과 대화 중에 수가성 여인이 예배에 관하여 질문하자, "하나님은 영이시니 예배하는 자가 영과 진리로 예배할지니라"고 대답하셨다. 여자가 이르되 "메시야 곧 그리스도라 하는 이가 오실 줄을 내가 아노니 그가 오시면 모든 것을 우리에게 알려 주시리이다"고 답하였다. 예수께서 이르시되 "네게 말하는 내가 그라" 하시니라. (요한복음 4:26) 여자가 물동이를 버려 두고 동네로 들어가서 사람들에게 이르되, "내가 행한 모든 일을 내게 말한 사람을 와서 보라 이는 그리스도가 아니냐" 하니 그들이 동네에서 나와 예수께로 오더라. (요한복음 4:24-28) 힘들게 살아가는 수가성의 여인은 예수님이 그리스도이심을 알아보았다.

     요 4:26 예수께서 이르시되 네게 말하는 내가 그라 하시니라

- 요한복음 3장에 등장하는 유대인의 지도자가 되고 이스라엘의 선

생인 니고데모는 예수님의 "내가 네게 거듭나야 하겠다 하는 말을 놀랍게 여기지 말라" 말씀을 이해하지 못 하였다. 그래서 하나님이 그 아들을 세상에 보내신 것은 세상을 심판하려 하심이 아니요 그로 말미암아 세상이 구원을 받게 하려 하심이라(요한복음 3:16)는 말씀을 바로 보지 못하였다. 니고데모는 나중에 예수님의 말씀을 이해하였다. 요한복음은 니고데모가 예수님의 무덤에 장례용품을 가지고 장례하였음을 기록한다. (요한복음 19:39-40)

> 요 3:16 하나님이 세상을 이처럼 사랑하사 독생자를 주셨으니 이는 그를 믿는 자마다 멸망하지 않고 영생을 얻게 하려 하심이라

나사렛에서 그리스도이심을 밝힘

예수께서 그 자라나신 곳 나사렛에 이르사 안식일에 늘 하시던 대로 회당에 들어가사 성경을 읽으려고 서시매, 선지자 이사야의 글을 드리거늘 책을 펴서 이렇게 기록된 데를 찾으셨다. 곧 "주의 성령이 내게 임하셨으니 이는 가난한 자에게 복음을 전하게 하시려고 내게 기름을 부으시고, 나를 보내사 포로 된 자에게 자유를, 눈 먼 자에게 다시 보게 함을 전파하며 눌린 자를 자유롭게 하고 주의 은혜의 해를 전파하게 하려 하심이라"는 말씀이었다. (이사야 61:1-2) 이것은 메시아, 곧 그리스도를 지적하는 표현이다.

– 책을 덮어 그 맡은 자에게 주시고 앉으시니 회당에 있는 자들이 다 주목하여 보더라. 이에 예수께서 그들에게 말씀하시되 "이 글이 오늘 너희 귀에 응하였느니라" 하시니, "그들이 다 그를 증언하고 그 입으로 나오는 바 은혜로운 말을 놀랍게 여겨 이르되 이 사람이 요셉의 아들이 아니냐" 하며 표적을 구하였다. 예수께서 그들에게 이르시되 "너희가 반드시 의사야 너 자신을 고치라 하는 속담을 인용하여 내게 말하기를 우리가 들은 바 가버나움에서 행한 일을 네 고향 여기서도 행하라 하리라. 또 이르시되 내가 진실로 너희에게 이르노니 선지자가 고향에서는 환영을 받는 자가 없느니라" 하시니라. (누가복음 4:16 – 24)

> 눅 4:21 이에 예수께서 그들에게 말씀하시되 이 글이 오늘 너희 귀에 응하였느니라 하시니

(3) 베드로의 그리스도이심을 고백함 (마태복음 16:15-17)

– 예수께서 제자들에게 물으셨다. 이르시되 "너희는 나를 누구라 하느냐". 시몬 베드로가 대답하여 이르되 "주는 그리스도시요 살아 계신 하나님의 아들이시니이다"라고 위대한 고백을 하였다. 예수께서 대답하여 이르시되 "바요나 시몬아 네가 복이 있도다 이를 네게 알게 한 이는 혈육이 아니요 하늘에 계신 내 아버지시니라"

– "또 내가 네게 이르노니 너는 베드로라 내가 이 반석 위에 내 교회

를 세우리니 음부의 권세가 이기지 못하리라. 내가 천국 열쇠를 네게 주리니 네가 땅에서 무엇이든지 매면 하늘에서도 매일 것이요 네가 땅에서 무엇이든지 풀면 하늘에서도 풀리리라" 하시고 이에 제자들에게 경고하사 자기가 그리스도인 것을 아무에게도 이르지 말라 하시니라.

베드로의 항변 "주여 그리 마옵소서" (마태복음 16:21-25)

- 이때로부터 예수 그리스도께서 자기가 예루살렘에 올라가 장로들과 대제사장들과 서기관들에게 많은 고난을 받고 죽임을 당하고 제삼일에 살아나야 할 것을 제자들에게 비로소 나타내시니, 베드로가 예수를 붙들고 항변하여 이르되 "주여 그리 마옵소서 이 일이 결코 주께 미치지 아니하리이다".

> 마 16:21 이때로부터 예수 그리스도께서 자기가 예루살렘에 올라가 장로들과 대제사장들과 서기관들에게 많은 고난을 받고 죽임을 당하고 제삼일에 살아나야 할 것을 제자들에게 비로소 나타내시니

- 예수께서 돌이키시며 베드로에게 이르시되 "사탄아 내 뒤로 물러가라 너는 나를 넘어지게 하는 자로다 네가 하나님의 일을 생각하지 아니하고 도리어 사람의 일을 생각하는 도다" 하시고, 이에 예수께서 제자들에게 이르시되 "누구든지 나를 따라오려거든 자기를 부인하고 자기 십자가를 지고 나를 따를 것이니라. 누구든지 제 목숨을 구원하

고자 하면 잃을 것이요 누구든지 나를 위하여 제 목숨을 잃으면 찾으리라"고 하셨다.

> 마 16:24 이에 예수께서 제자들에게 이르시되 누구든지 나를 따라오려거든 자기를 부인하고 자기 십자가를 지고 나를 따를 것이니라

(4) 예수님, 자기 목숨을 대속물로 주려 함

– 예수님께서는 섬기는 자가 되고 모든 사람의 종이 되어야 함을 말씀하셨다. "너희 중에는 그렇지 않을지니 너희 중에 누구든지 크고자 하는 자는 너희를 섬기는 자가 되고 너희 중에 누구든지 으뜸이 되고자 하는 자는 모든 사람의 종이 되어야 하리라" 인자가 온 것은 "섬김을 받으려 함이 아니라 도리어 섬기려 하고 자기 목숨을 많은 사람의 대속 물로 주려 함이니라"고 하셨다. (마가복음 10:43–45)

– 제자들과 함께 보낸 마지막 목요일 저녁에 만찬 이후에 기도하러 가셔서 이르시되 "아빠 아버지여 아버지께는 모든 것이 가능하오니 이 잔을 내게서 옮기시옵소서. 그러나 나의 원대로 마시옵고 아버지의 원대로 하옵소서. 하시었다. (마가복음 14:36)

"내가 그니라"

목요일 저녁에 대사장의 심문을 받는 자리에서 예수님이 침묵하고 아무 대답도 아니하시거늘 대제사장이 다시 물어 이르되 "네가 찬송 받

을 이의 아들 그리스도냐"하고 물으니, 예수께서 이르시되 "내가 그니 라 인자가 권능자의 우편에 앉은 것과 하늘 구름을 타고 오는 것을 너 희가 보리라 하시니" 대제사장이 자기 옷을 찢으며 이르되 우리가 어 찌 더 증인을 요구하리요 하고 예수님을 죽이기로 작정하였다. (마가 복음 14:61 – 63)

> 마 14:61 침묵하고 아무 대답도 아니하시거늘 대제사장이 다시 물어 이르되 네가 찬송 받을 이의 아들 그리스도냐
> 마 14:62 예수께서 이르시되 내가 그니라 인자가 권능자의 우 편에 앉은 것과 하늘 구름을 타고 오는 것을 너희가 보리라 하 시니
> 마 14:63 대제사장이 자기 옷을 찢으며 이르되 우리가 어찌 더 증인을 요구하리요

(5) "형제들아 우리가 어찌할꼬" (사도행전 1:38-41)

– 예수님이 승천하신 이후에 성령이 강림하셨다. 성령의 인도와 능력 으로 베드로는 예루살렘에서 최초로 설교를 하였다. 베드로는 "이스라 엘 온 집은 확실히 알지니 너희가 십자가에 못 박은 이 예수를 하나님 이 주와 그리스도가 되게 하셨느니라"고 지적하였다. 이에 그들이 이 말을 듣고 마음에 찔려 베드로와 다른 사도들에게 물어 이르되 "형제 들아 우리가 어찌할꼬" 하거늘,

> 행 2:37 그들이 이 말을 듣고 마음에 찔려 베드로와 다른 사도

들에게 물어 이르되 형제들아 우리가 어찌할꼬 하거늘

– 베드로가 이르되 "너희가 회개하여 각각 예수 그리스도의 이름으로 세례를 받고 죄 사함을 받으라 그리하면 성령의 선물을 받으리니 이 약속은 너희와 너희 자녀와 모든 먼 데 사람 곧 주 우리 하나님이 얼마든지 부르시는 자들에게 하신 것이라" 하고 또 여러 말로 확증하며 권하여 이르되 "너희가 이 패역한 세대에서 구원을 받으라" 하니 그 말을 받은 사람들은 세례를 받으매 이 날에 신도의 수가 삼천이나 더하더라고 사도행전은 기록하였다. (사도행전 2:36–41)

4) 졸지도 아니하시고 지금 여기서 일하시는 하나님

– 하나님은 우리와 항상 함께하신다. 하나님은 먼저 가셔서 준비하신다. 졸지도 아니 하시고 주무시지도 아니 하시는 하나님이시다. 지금 여기서 일하시는 하나님이시다. 아니 계신 곳이 없다. 그래서 무소부재하신 하나님이시다.

– 하나님은 모든 것을 미리 예비하신다. 하나님은 우리보다 먼저 가셔서 예비하신다. 아브라함이 이삭을 제물로 바치려 할 때에도 먼저 가셔서 어린양을 예비하셨다. (창세기 22:13–14) 하나님은 항상 우리보다 먼저 가셔서 우리의 삶에서도 하나님은 필요한 것을 예비하신다. 예수님도 하나님은 우리의 형편을 다 아신다고 하셨다. (마태복음 6:32) 없다고 절망하지 말고 두려워하지 말아야 한다. 먼저 하나님과

올바른 관계를 회복하고, 하나님께서 나머지 그 여백을 채워주실 것을 믿고 간다. 이것이 먼저 가시는 하나님, 예비하시는 하나님을 바라보는 자세이다.

> 마 6:32 이는 다 이방인들이 구하는 것이라 너희 하늘 아버지께서 이 모든 것이 너희에게 있어야 할 줄을 아시느니라

– 나를 지켜주시는 하나님의 말씀을 들을 때에는 어머니의 모습을 떠올리게 된다. 시편 121편은 졸지도 아니하시고 주무시지도 아니하시는 하나님을 증거한다. 나의 도움이 어데서 올까? 시편 121편은 "이스라엘을 지키시는 이는 졸지도 아니하시고 주무시지도 아니하시는" 하나님을 찬양하였다. 우리 집안 어른께서는 기도하실 때 늘 졸지도 아니하시고 주무시지도 아니하시는 하나님을 찾았다. 묵상하며 읽어가면 마음에 위로가 온다.

> 시 121:1 내가 산을 향하여 눈을 들리라 나의 도움이 어디서 올까
> 시 121:2 나의 도움은 천지를 지으신 여호와에게서로다
> 시 121:3 여호와께서 너를 실족하지 아니하게 하시며 너를 지키시는 이가 졸지 아니하시리로다
> 시 121:7 여호와께서 너를 지켜 모든 환난을 면하게 하시며 또 네 영혼을 지키시리로다
> 시 121:8 여호와께서 너의 출입을 지금부터 영원까지 지키시리로다

- 나는 참포도 나무에 접붙여진 작은 가지요 하나님은 농부라. 예수님의 포도나무 비유를 통하여 나와 예수님과 하나님을 보게 된다. 우리는 포도를 맺을 수 없는 가지에 지나지 않는다. 하나님은 우리 인생의 포도나무를 가꾸어 주시는 농부이시다. 참 포도나무가 되시는 예수님에 접 붙여서 우리는 하나님과 관계를 맺게 된다. 그리스도 예수를 통하여 예수 그리스도 안에서 비로소 하나님과 관계를 맺는 것이다. 하나님은 볼품없는 우리를 참 포도나무 가지로 세워주시고 열매 맺는 가지로 써 주신다. 참 포도나무 비유의 말씀을 차분하게 마음에 새길 때 포도나무의 가지가 됨을 바라본다.

요 15:1 나는 참 포도나무요 내 아버지는 농부라
요 15:2 무릇 내게 붙어 있어 열매를 맺지 아니하는 가지는 아버지께서 그것을 제거해 버리시고 무릇 열매를 맺는 가지는 더 열매를 맺게 하려 하여 그것을 깨끗하게 하시느니라

요 15:5 나는 포도나무요 너희는 가지라 그가 내 안에, 내가 그 안에 거하면 사람이 열매를 많이 맺나니 나를 떠나서는 너희가 아무 것도 할 수 없음이라

5) 여백을 채워주시는 하나님

- 신명기는 먼저 가셔서 인도하시는 하나님을 증거한다. "먼저 가시는" 하나님을 (신명기 1:30) 믿는 믿음으로 우리에게 두려워하지 말라고 권면한다. 마음을 넉넉하게 먹고 하나님의 보살펴 주심을 바라보자

고 권한다. 하나님께서 일해주시는 것은 미리는 안 보인다. 그러나 한참 후에 지나 온 뒤를 돌아볼 때 하나님께서 우리가 상상도 못한 방법으로 신묘막측하게 우리를 인도해 주신 것을 생각하게 된다.

− 돌아보면 그제야 하나님께서 인도하여 주신 궤적이 희미하게 보인다. 내일을 미리 알려고 할 때 우리는 우상숭배의 유혹에 빠진다. 우리가 할 일은 하나님의 뜻을 따라 하나의 점을 찍는 일이다. 전능하신 하나님께서 그 나머지의 여백을 채워주신다. 한 치의 오차도 없이 해주시는 하나님을 증거하는 이야기는 많다.

> 신 1:30 너희보다 먼저 가시는 너희의 하나님 여호와께서 애굽에서 너희를 위하여 너희 목전에서 모든 일을 행하신 것 같이 이제도 너희를 위하여 싸우실 것이며

− 하나님은 가꾸시고 기르시는 농부이시오 목자이시다. 우리를 살리시고 살펴주시고 세워주신고 써 주신다. 신묘막측하신 방법으로 우리 삶의 여백을 채워주시는 하나님이시다. 하나님은 내일을 주관하시는 분이시다. 우리가 그 안으로 들어가면 된다. 바라보고 나아가면 하나님께서 알아서 다 해주신다. 우리도 알 수 없는 하나님의 방법으로 우리를 빚어가고 계신다. 이 과정이 때로는 고통스럽게 느껴질 때도 있으나 돌이켜 뒤돌아 보면 나중에는 하나님이 함께 해 주셨음을 알게 된다.

− 요즘 마음에 와닿는 말씀이 "책임져 주시는 하나님"이다. 희미하게

나마 책임져주시는 하나님을 생각한다. 우리의 필요를 다 아신다. 순종에는 말씀에 대한 순종도 있고 상황에 대한 순종도 있다. 우리가 처한 상황도 하나님이 인정하시는 상황이다. 이 상황에 하나님의 뜻이 계실 것이라고 생각해 보면 마음이 넉넉해진다. 그리고 기다리게 된다.

— 하나님은 내일을 주관하신다. 마태복음은 "그러므로 내일 일을 위하여 염려하지 말라 내일 일은 내일이 염려할 것이요 한 날의 괴로움은 그 날로 족하니라(마태복음 6:34)"라고 증거한다. 내일 일은 내가 걱정하는 것이 아니라 "내일"이 걱정할 것이라고 말한다. 내일은 바로 하나님이시다. 하나님께서 우리가 내일을 감당할 수 있도록 인도해 주신다.

제3장

나는 누구인가? 하나님 앞에서 나를 바라봄
: 육신(肉身)

- "나는 누구인가?"라는 물음은 나의 정체성을 묻는 물음이다. 나의 정체성은 나라는 개체의 속성을 말하기보다는 "나는 어디에 속하고 있는가?"를 묻는다. 내가 속한 곳의 속성이 무엇인가를 묻는다.

- 인간은 흙으로부터 "사람"으로 창조되어 하나님께서 생기를 불어넣어 "생령"이 되었다. 그러나 인간의 불순종으로 인하여 죽어서 흙으로 돌아가야 하는 "육신"이 되었다. 이것이 성경이 전하는 우리 인간의 모습이다. 성경은 인간의 본성을 "육신"과 "영혼" 두 가지로 구분한다. 그래서 "나는 누구인가?"라는 질문은 나의 가문을 묻는 질문도 아니고 학력을 묻는 질문도 아니다. 나는 육신인가 아니면 영혼인가를 묻는 질문이 된다.

- 사도 바울은 로마서에서 인간을 육에 속한 사람, 영에 속한 사람으로 구분한다. (로마서 8:5) 우리가 영생을 얻기 위하여 육신에 속한 사람은 예수 그리스도와 함께 죽고 영에 속한 사람으로 거듭나야 한다. 이것이 하나님의 구원계획이다. 우리는 육신으로부터 그리스도와 함께 죽고 다시 살아나는 "거듭남"을 거친다. 그리고 그리스도 안에 있는 새로운 피조물로서 새로운 신분을 얻는다.

a. 육신이 된 인간

1) 인간, 생령에서 육신이 됨

– 창세기는 하나님이 자기 형상 곧 하나님의 형상대로 땅의 흙으로 사람을 지으시고 생기를 그 코에 불어넣으시니 사람이 "생령"이 되었다고 증언한다. (창세기 1:27; 2:7) 사람을 창조하시되 남자와 여자를 창조하시어 사람은 "인간"이 되었다.

– 창세기 3장은 인간의 불순종과 타락의 결과를 전한다. 인간에게 "너는 흙이니 흙으로 돌아갈 것이니라 땅은 저주를 받고 인간은 수고하여야 그 소산을 먹게 되리라"고 증언한다. "땅은 네게 가시덤불과 엉겅퀴를 낼 것이라 네가 흙으로 돌아갈 때까지 얼굴에 땀을 흘려야 먹을 것을 먹으리니 네가 그것에서 취함을 입었음이라 너는 흙이니 흙으로 돌아갈 것이니라 하시니라고" 말한다. (창세기 3:1–6)

– "여호와께서 이르시되 나의 영이 영원히 사람과 함께 하지 아니하리니 이는 그들이 육신이 됨이라(창세기 6:3)." 인간은 사람으로 지음을 받고 생령이 되었다가 흙으로 돌아가는 육신이 되었다. "육신"은 하나님의 영이 함께하지 않는 인간을 말한다.

> 창 6:3 여호와께서 이르시되 나의 영이 영원히 사람과 함께 하지 아니하리니 이는 그들이 육신이 됨이라 그러나 그들의 날은 백이십 년이 되리라 하시니라

2) 육신의 의미[1]

(1) "상실한 마음"이 되어 "하나님을 두려워함이 없게 됨"

— 육신은 하나님의 영과 영원히 함께할 수 없는 존재가 됨을 뜻한다. 육신이 하나님의 영과 영원히 함께할 수 없다는 것은 있는, 있어야 할 장소 즉 공간이 달라졌음을 의미한다. 육신은 하나님 안에서 하나님 밖으로 나왔다. 하나님 밖은 죄의 영역이다. 육신은 죄 속으로 들어왔다. 그래서 하나님과 관계가 단절되었다. 성경은 하나님과 관계가 단절된 이것을 죄(Sin)라고 규정한다.

— 성경은 육신이 된 우리의 실상을 우리 마음이 하나님의 영을 상실한 "상실한 마음"이 되었다고 지적한다. 로마서는 "그들이 마음에 하나님 두기를 싫어하매 하나님께서 그들을 그 상실한 마음대로 내버려 두사 합당하지 못한 일을 하게 하셨다"고 지적한다. (로마서 1:28) 이때 우리 안에 죄가 들어왔다. 죄는 우리 안에서 합당하지 못한 일을 하게한다. 죄로 인하여 악(sins)이 들어오게 된다. 성경은 죄악을 길게 열거한다.

— 곧 그들은 "모든 불의, 추악, 탐욕, 악의가 가득한 자요 시기, 살인, 분쟁, 사기, 악독이 가득한 자요 수군수군하는 자요 비방하는 자요 하나님께서 미워하시는 자요 능욕하는 자요 교만한 자요 자랑하는 자요

---

1) Dallas Willard, Renovation of Heart, pp.45－61.

악을 도모하는 자요 부모를 거역하는 자요 우매한 자요 배약하는 자요 무정한 자요 무자비한 자(로마서 1:29-31)"가 되었다. 그들은 "눈앞에 하나님을 두려워함이 없게 되었다(로마서 3:18절)" 그들의 눈앞에 하나님을 두려워함이 없게 되어 "하나님을 경외함"이 사라졌다.

> 롬 1:28 또한 그들이 마음에 하나님 두기를 싫어하매 하나님께서 그들을 그 상실한 마음대로 내버려 두사 합당하지 못한 일을 하게 하셨으니

> 롬 3:18 그들의 눈 앞에 하나님을 두려워함이 없느니라 함과 같으니라

(2) 육신이 내 마음의 주인이 되다.

- 데살로니가전서는 인간은 영과 혼과 몸으로 구성되었음을 말한다. (데살로니가전서 5:23) 영은 하나님이 주신 것이다. 하나님의 영이다. 이 영이 하나님과 소통한다. 이 영을 통하여 하나님을 바라보고, 하나님과 관계를 맺는다. 이 영을 통하여 하나님이 바라시는 것을 바라게 된다. 이 영은 하나님을 바라보는 마음과 성품을 빚어낸다. "상실한 마음"은 이 영을 상실한 마음을 가리킨다.

> 살전 5:23 평강의 하나님이 친히 너희를 온전히 거룩하게 하시고 또 너희의 온 영과 혼과 몸이 우리 주 예수 그리스도께서 강림하실 때에 흠 없게 보전되기를 원하노라

- 혼은 인간의 마음을 말한다. 마음은 지, 정, 의(知情意)의 작용을 한다. 지적인 인식과 감정의 느낌 그리고 의지적 결심을 한다. 이 마음이 "혼"이다. 혼의 작용으로 생각을 하고, 감정을 느끼고, 의지적 선택을 한다. 이 혼이 작용한 결과로 우리의 마음과 성품과 몸, 사회적 관계가 형성된다. 이러한 혼의 작용이 우리의 삶을 결정한다.

- 인간의 본성으로서 하나님의 영이 주인이 되어 움직이는 혼이 있고 육신이 주인이 되어 움직이는 혼도 있다. 하나님의 영이 주인이 되어 작동하는 혼을 "영혼"이라고 하고 육신이 주인이 되어 움직이는 혼을 영혼과 구별하기 위하여 육신(肉身)이라고 부를 수 있다. 헬라어 고어는 영혼과 육신을 Zoe와 Bios로 구분하여 불렀다고 한다.[2] 성경의 개역개정판은 육신을 가리켜 육신과 육체라는 단어를 사용한다.

- 우리의 삶이 바뀌기 위해서는 혼의 작용이 달라져야 한다. 혼의 작용이 달라지기 위해서는 혼의 주인이 되고 바탕이 되는 "나의 정체성"이 달라져야 한다. 성경은 인간이 타락한 이후에 하나님의 영이 떠난 육신이 나의 정체성이 되었다고 말한다. (창세기 6:3) 육신이 나의 정체성, 나의 본성 그리고 나의 주인이 되었다. 나의 주인 노릇을 하는 혼 즉 육신을 가리켜 성경은 "자기(自己)"라고 한다. 예수님은 자기를 부인하여야 한다고 말씀한다. (마태복음 16:24)

　　마 16:24 이에 예수께서 제자들에게 이르시되 누구든지 나를

---

2) 닐 앤더슨, 내가 누구인지 이제 알았습니다, p.27.

따라오려거든 자기를 부인하고 자기 십자가를 지고 나를 따를
것이니라

– 육신, 즉 하나님의 영이 떠난 육신의 혼은 하나님과 관계를 맺을
수 없게 된다. 예수님께서는 "누구든지 나를 따라오려거든 자기를 부
인하고 자기 십자가를 지고 나를 따를 것이니라"고 말씀하셨다. (마태
복음 16:24) 영혼이 내 마음의 주인이 된 사람도 있고, 육신이 내 마음
의 주인이 된 사람도 있다. 여기서 "영의 사람"과 "육신의 사람"이 구
별된다. "육신의 내가" 마음의 주인이 될 때 우리는 육신에 이끌리게
된다. 사탄은 육신이 우리의 주인이라고 생각하게 한다. 우리는 여기
에 속고 있다. 이 마음을 통제해야 한다.

– 육신에 속한 인간은 육신의 혼을 "나의 주인"으로 생각한다. 자기
의 마음에 솟구치는 생각과 감정과 욕구를 진정한 "나"라고 생각한다.
이 "자기 혹은 자아(自己, 自我)"가 우리의 삶을 지배하는 주인이 된
다. 하나님에 대한 경외를 잃은 혼의 모습이다. 이 육신은 언젠가 그
호흡이 끊어지면 사라질 존재이다. 나의 영원한 주인이 될 수가 없다.

(3) 하나님과의 관계가 단절됨

– 내 마음속에는 두 개의 내가 있다. 하나님과 함께하고 하나님의 뜻
을 따르는 "영혼의 내가" 있고, 내가 나의 주인이라고 생각하는 "육신
의 내가" 있다. 육신의 인간은 하나님과의 관계가 단절된다.

– 육신은 하나님의 영과 함께 하지 못한다. 하나님은 이 육신에 죄를 정하였다고 성경은 지적한다. (로마서 8:3) 죄를 정했다는 것은 육신을 죄 가운데 두었다는 의미이다. 육신이 나의 본성이 될 때 나는 "죄 중에" 거하게 되고 죄 안에 있는 사람이 된다. 그래서 육신이 나의 본성이 될 때 인간은 죄인(罪人)이 된다. 로마서 8장은 성령의 은혜로 우리가 육신으로부터 하나님의 자녀로 거듭남을 가리킨다.

> "육신을 따르는 자는 육신의 일을, 영을 따르는 자는 영의 일을 생각하나니, 육신의 생각은 사망이요 영의 생각은 생명과 평안이니라. 육신의 생각은 하나님과 원수가 되나니 이는 하나님의 법에 굴복하지 아니할 뿐 아니라 할 수도 없음이라. 육신에 있는 자들은 하나님을 기쁘시게 할 수 없느니라." (로마서 8:5–8)

> "너희 속에 하나님의 영이 거하시면 너희가 육신에 있지 아니하고 영에 있나니, 그리스도의 영이 없으면 그리스도의 사람이 아니라. 무릇 하나님의 영으로 인도함을 받는 사람은 곧 하나님의 아들이라" (로마서 8:9, 14)

(4) 죄인이 된 인간

– 창세기는 인간이 불순종하고 타락하는 과정을 설명한다. 선과 악을 알게 하는 과실을 먹은 이후에 이들은 눈이 밝아졌으나 원래 있어야 할 자리를 떠나 하나님의 눈을 피하여 동산 나무 사이에 숨었다. 하나

님께서 아담에게 "네가 어디 있느냐"고 물으신다. 성경은 인간이 하나님의 눈을 피하여 원래 있어야 할 자리를 떠났다고 지적한다. 성경은 있어야 할 자리를 떠난 이것을 죄라고 규정한다.

— 적중(的中)은 화살이 과녁을 맞히는 것을 말한다. 하나님과의 관계에서 하나님을 바라보는 것이 적중이다. 이재철 목사는 화살이 과녁을 향하지 않고 벗어난 것이 죄라고 규정한다.[3] 하나님을 바라보는 자리를 떠난 것을 바로 죄(罪)라고 한다. 하나님 밖은 모두 죄의 영역이다. 육신은 있어야 할 자리를 떠나 세상 안으로 들어가서 더 높은 자리, 더 크게 보이려는 몸짓, 더 많이 가지려는 욕심, 힘을 부리려는 마음 자리에서 하나님을 바라본다. 그래서 성경은 우리를 죄인이라고 본다. 하나님의 구원의 뜻은 죄인이 서 있는 자리, 죄인이 바라보는 시선에서 부터 출발한다.

요일 2:16 이는 세상에 있는 모든 것이 육신의 정욕과 안목의 정욕과 이생의 자랑이니 다 아버지께로부터 온 것이 아니요 세상으로부터 온 것이라

— 죄인은 자기를 바라보는 거울이 필요하다. 내가 누구인지 알기가 어렵기 때문이다. 성경은 하나님의 빛이 비치매 우리가 들어난다고 말한다. 누가복음에 나오는 "돌아온 탕자의 비유"는 많은 것을 생각하게 한다. 우리는 원래 하나님의 자녀이었다. 우리가 가출한 자식이 되었

---

3) 이재철, 새신자반, p.72, 79.

다. 가출하여 아버지와 떨어지게 된 것을 죄라고 한다. 가출한 아들이 죄인이 된다. 가출한 아들이 아버지를 생각하고 돌아가기 전부터 아버지는 자식을 그리워하며 기다리고 있었다. 이것이 하나님의 사랑이요 은혜이다.

– 그러나 사탄은 항상 우리가 하나님 앞으로 돌아가려는 것을 방해한다. 사탄은 우리에게 속삭인다. "네 삶의 주인은 바로 네 자신이다" 그리하여 모든 일이나 모든 것에 그것이 무엇이든 내가 기준이 된다. "나로 말미암는" 이것을 "자아(自我)"라고도 한다. 자아는 자기 자신에 대한 의식이나 관념을 말한다. 성경에서는 주인 노릇을 하는 이것을 자기(自己)라고 표현한다. 김동호 목사는 이것을 "사탄의 교리"[4]라고 말한다. 이 자아라는 것이 허상임을 깨닫는 것이 바로 지혜로 이르는 길이다.

– 우리의 일생은 하나님의 자녀에서 출발하여 가출하여 죄인의 자리고 갔다가, 다시 하나님 앞으로 돌아와 "의롭다" 여김을 받고, 예수님의 길을 따르게 된다. 이 구원에 이르는 길의 첫 출발은 내가 죄인임을 바라보는 것이다.

b. 가야 할 길, 거듭남

– 육신으로부터 영혼으로의 회복이 우리가 가야 할 길이다. 새로운

---

4) 김동호, 믿음의 글, p.162

피조물로 거듭나야 한다. 이것이 하나님의 뜻이고 하나님의 구원계획이기도 하다. 거듭남은 예수님의 십자가에서의 죽음과 부활에 동참하는 것이다. 예수님의 죽음과 함께 나의 옛 사람의 죽고 예수님의 부활과 함께 "새 사람"으로 부활하여 다시 태어나는 것이다. 예수님은 니고데모에게 물과 성령으로 거듭나야함을 말씀한다. (요한복음 3:3-4)

1) 거듭남의 의미: 생명과 죽음의 차이[5]

- 예수님은 자기가 구원을 위하여 오신 메시아 그리스도임을 이심을 세 번에 걸쳐 밝혔다. 니고데모에게 가장 처음 밝히셨고 다음에는 수가성의 여인에게 자기가 그리스도라고 말씀하셨다. 이후 나사렛 고향에서 회당에서 밝히셨다. 수가성 여인만이 예수님이 그리스도이심을 알아보았다. 예루살렘에서의 마지막 목요일 밤에 대제사장 가야바 앞에서 "내가 그라"고 그리스도이심을 밝혔다. (마태복음 26:64)

> 마 26:63 예수께서 침묵하시거늘 대제사장이 이르되 내가 너로 살아 계신 하나님께 맹세하게 하노니 네가 하나님의 아들 그리스도인지 우리에게 말하라
> 마 26:64 예수께서 이르시되 네가 말하였느니라 그러나 내가 너희에게 이르노니 이 후에 인자가 권능의 우편에 앉아 있는 것과 하늘 구름을 타고 오는 것을 너희가 보리라 하시니

---

5) 닐 앤더슨, 내가 누구인지 이제 알았습니다, pp.45-49.

- 요한복음 3장에는 바리새인 중에 유대인의 지도자라고 하는 니고데모가 등장한다. 예수님은 그에게 사람이 거듭나지 아니하면 하나님의 나라를 볼 수 없다고 말한다. 그는 예수님께 묻는다. 한번 태어난 사람이 어떻게 다시 거듭날 수 있겠냐는 니고데모의 질문에 예수님은 물과 성령으로 거듭나야 함을 가야 할 길로 제시한다.

- 그리스도는 우리 삶에 어떤 변화를 주는가? 그리스도를 나의 구주로 영접할 때 우리 안에 그리스도가 계신다. 그리고 내가 그리스도 안에 있게 된다. 그리스도를 나의 구주로 받아 들였을 때 다음의 역사가 일어난다.[6]

(1) 새로운 출생으로 거듭난다. 예수 그리스도를 나의 구주로 믿는 것을 고백함으로써, 우리는 육신으로부터 영혼으로 거듭난다. 영으로 사는 영생(靈生)의 길로 가게 한다. 이 영생이 영원한 생명이 삶이 되는 영생(永生)이 된다. 영적생활은 여기서 시작하여 죽음이후에도 계속된다. 구원은 현재적 변화이면서 동시에 진행형의 역사가 된다. 하나님의 나라는 이 땅에 이미 임하였다. 믿는 자의 심령안에 하나님의 나라는 세워졌다.

> 요 17:3 영생(eternal life, NIV)은 곧 유일하신 참 하나님과 그가 보내신 자 예수 그리스도를 아는 것이니이다

---

6) 닐 엔더슨, 내가 누구인지 이제 알았습니다, pp.49–51.

(2) 새로운 신분을 부여받는다. 그리스도인이 되는 것은 새로운 사람이 되는 것이고 "새로운" 존재가 되는 것이다. 여기서 존재는 우리의 변한 본성을 말한다. 육신으로부터 영혼의 존재로 변하는 것이다. 이러한 새로운 존재를 성도, 하나님의 자녀, 걸작품, 빛의 자녀, 하나님 나라의 백성등으로 부른다. 새 생명은 새 이름을 부여한다.

– 요한일서는 "하나님 아버지께서 우리에게 사랑을 베푸사 하나님의 자녀라 일컬음을 받게 하셨다"고 증거한다. "그런즉 누구든지 그리스도 안에 있으면 새로운 피조물이라 이전 것은 지나갔으니 보라 새 것이 되었도다"라고 선언한다. (고린도후서 5:17, 요한일서 3:1) 우리가 예수 그리스도의 생명 안에 거함으로써 성도가 된다. 행위가 신분을 결정하는 것이 아니라 우리의 신분이 무엇인가에 따라서 행동이 달라진다. 그래서 신분에 대한 분명한 자기인식이 매우 중요하다.

> 고후 5:17 그런즉 누구든지 그리스도 안에 있으면 새로운 피조물이라 이전 것은 지나갔으니 보라 새 것이 되었도다

> 요일 3:1 보라 아버지께서 어떠한 사랑을 우리에게 베푸사 하나님의 자녀라 일컬음을 받게 하셨는가, 우리가 그러하도다 그러므로 세상이 우리를 알지 못함은 그를 알지 못함이라

– 자기의 신분을 아는 것은 하나님을 아는 것 다음으로 중요하다. 이것은 정체성에 대한 인식의 문제이다. 이것은 중요한 메타인지의 내용이 된다. 사탄의 계략은 내가 아직도 죄 속에 있다고 우리를 정죄한다.

사탄은 거짓말로 우리를 속이려 든다. 사탄의 가장 강력한 속임수는 하나님의 자녀가 된 우리의 신분을 믿지 못하게 하는 것이다. 우리는 하나님의 아들이 되어(로마서 8:14-15, 갈라디아서 3:26, 4:6), 하나님의 자녀가 되었고, (요한복음 1:12) 하나님이 거하시는 성전이 되었다. (고린도전서 3:16, 6:19)

(3) 내가 그리스도의 안에 있기 때문에 우리는 그리스도의 기업을 물려 받았다. 그리스도의 기업이 나의 기업이 되었다. 여기서 기업은 나의 처지에서 하나님의 뜻과 계획과 일을 생각하는 것을 말한다. 하나님이 기뻐하시는 일이 나의 일이 된 것을 의미한다. 우리는 그의 일을 하도록 거듭났다. (에베소서 2:10) 우리는 의의 종이 되고 하나님께 종이 되었고(로마서 6:22) 그리스도와 함께 참여한 자가 되었다. (히브리서 3:14) 우리는 왕같은 제사장이나 (베드로전서 2:9-10), 이 세상에서의 삶을 나그네와 거류민처럼 여긴다. (베드로전서 2:11)

　　벧전 2:11 사랑하는 자들아 거류민과 나그네 같은 너희를 권하
　　노니 영혼을 거슬러 싸우는 육체의 정욕을 제어하라

- 우리는 세상의 소금이 되고(마태복음 5:13), 빛이 되고(마태복음 5:14), 열매를 맺도록 그리스도께서 택하신 참 포도나무의 가지가 되고, 그리스도의 생명의 통로가 되고(요한복음 15:1, 5) 하늘 시민으로서(빌립보서 3:20, 에베소서 2:6) 새로운 피조물로서 화목하게 하는 직책을 받았다. (고린도후서 5:18-19)

2) 거듭남의 길 "그리스도와 함께"[7]

– 이재훈 목사는 "그리스도와 함께"하는 것을 거듭남의 길로 제시한
다. "그리스도와 함께"하는 가장 중요한 뜻은 "우리의 죄를 대속하기
위하여 죽으신 그리스도와 함께 우리의 옛 사람을 죽은 것으로 여기
고, 그리스도의 부활과 함께 새 사람으로 거듭남을 믿고 그리스도를
나의 주님으로 영접하는 것"이라고 그 길을 제시한다. 그리스도와 함
께 하는 과정에서 그리스도의 영광에 참여하게 되고 그리스도의 영원
한 시간에 참여함을 제시한다.

(1) 그리스도와 함께 나의 옛 사람도 십자가에 못 박힘

– 육신의 내가 죄에서 벗어나서 자유하게 되기 위해서는 죄에 대하
여 죽어야 한다. 나의 옛사람은 죽은 자가 되어야 한다. 예수님이 십
자가에서 죽으실 때 우리의 모든 죄를 안고 가셨기 때문에 나는 주님
과 함께 죄에 대하여, 그리고 세상에 대하여 죽은 것으로 여기게 된다.
내가 죽은 것은 "나의 옛사람"이 죽은 자가 되는 것이다. 이것이 거듭
남의 시작이다. 먼저 믿고 다음에 입으로 시인하면 다음부터는 성령께
서 인도하여 주신다.

– "내가 그리스도와 함께 십자가에 못 박혔나니" 여기서 "내가"는 나
의 본성이 되는, 나의 주인 노릇을 하는 "육신의 나"를 말한다. 이 "육

---

7) 이재훈, 그리스도와 함께, pp. 62–107.

신의 나"는 내가 회개하고 돌아서서 주님을 나의 구주로 영접하는 순간 더 이상 내가 아니고 "나의 옛사람"이 된다. 그래서 예수님과 함께 나의 옛사람도 죽었다고 여긴다. "그런즉 이제는 내가 사는 것이 아니요 오직 내 안에 그리스도께서 사시는 것이라(갈라디아 2:20)"는 말씀을 믿고 이것을 나의 믿음으로 고백하게 된다. 이제 "육신의 내가" 주인으로서 이 세상에 사는 것은 아니다. 내가 또한 세상에 대하여서도 주님과 함께 십자가에 못 박히고 세상에 대하여도 죽었다고 고백한다. (갈라디아 6:14)

> 갈 2:20 내가 그리스도와 함께 십자가에 못 박혔나니 그런즉 이제는 내가 사는 것이 아니요 오직 내 안에 그리스도께서 사시는 것이라 이제 내가 육체 가운데 사는 것은 나를 사랑하사 나를 위하여 자기 자신을 버리신 하나님의 아들을 믿는 믿음 안에서 사는 것이라

> 갈 6:14 그러나 내게는 우리 주 예수 그리스도의 십자가 외에 결코 자랑할 것이 없으니 그리스도로 말미암아 세상이 나를 대하여 십자가에 못 박히고 내가 또한 세상을 대하여 그러하니라

- 십자가, 그 죽음의 자리로 우리를 부르는 예수님의 초청에는 그리스도의 속죄의 피를 믿는 믿음만으로 우리를 의롭다고 여기시는 하나님의 "구원의 계획"이 있다.[8] 하나님께서는 예수님이 나를 위해서, 나를 대신해서 죽으심을 믿는 것만으로 우리를 "의롭게" 하시는 길을 여

---

8) 이재훈, 그리스도와 함께, p.63.

셨다. 이것을 의롭다고 여긴다는 의미에서 "칭의의 사역"이라고 부른다. 이 믿는 것으로 나의 "옛 사람"을 십자가에 못 박게 된다. 나의 몸이 실제로 죽는 것이 아니라 나를 움직이는 나의 본성 즉 옛사람이 죽는 것으로 여긴다는 것이다. 더 이상 나는 나의 옛 사람과 관계가 없음을 믿게 된다. 이것이 십자가에서 그리스도와 함께 나도 죽었다는 말의 의미이다. 그리하여 우리도 십자가에 못 박힌 그리스도인이 된다. 로마서 6장은 거듭남을 증거한다.

> 롬 6:6 우리가 알거니와 우리의 옛사람이 예수와 함께 십자가
> 에 못 박힌 것은 죄의 몸이 죽어 다시는 우리가 죄에게 종 노
> 릇 하지 아니하려 함이니
> 롬 6:7 이는 죽은 자가 죄에서 벗어나 의롭다 하심을 얻었음이라

— 우리의 죽음은 혜택을 누리는 죽음이다. 주님의 십자가에 대하여 "나도 죽었다"는 고백을 함으로써 우리는 거듭남으로 나아간다. 그리스도와 함께 죽는 것은 생명을 얻기 위함이다. 우리는 못 박힌 자로 살아가게 된다. 이때 새 생명을 경험하게 된다. 성령의 능력 가운데 거듭난 삶을 살아간다는 의미이다.

(2) 그리스도와 함께 살리심을 받음

— 에베소서는 허물로 죽은 우리를 그리스도와 함께 살리셨고 또 함께 일으키사 그리스도 예수 안에서 함께 하늘에 앉히셨다고 증거한다. (에베소서 2:5-6) 예수님이 육신의 상태에서는 새 생명을 줄 수 없었

다. 예수님의 부활로 우리에게 성령이 오셨고, 성령을 받은 이후 제자들의 삶은 달라졌다. (요한복음 20:22) 그리스도와 함께 주어진 약속을 믿을 때, 믿음을 통하여 우리는 능력의 사람이 된다. 주님의 은혜로 나에게 능력이 주어짐을 체험하게 된다.

> 엡 2:5 허물로 죽은 우리를 그리스도와 함께 살리셨고 (너희는 은혜로 구원을 받은 것이라)
> 엡 2:6 또 함께 일으키사 그리스도 예수 안에서 함께 하늘에 앉히시니
>
> 요 20:22 이 말씀을 하시고 그들을 향하사 숨을 내쉬며 이르시되 성령을 받으라

- 우리의 영적 신분과 위치가 변경되었다. 우리는 세상에 대하여 죽은 자가 되고 그리스도의 생명으로 다시 사는 자가 되었다. 그릇을 비우고 새 것을 담을 수 있는 것처럼 그리스도를 살리신 하나님의 능력이 우리 가운데 새 생명의 능력을 허락하신다. 옛사람은 죽고 새 사람은 하나님의 능력을 받는 "위대한 교환"이 이루어진다. 우리의 영적 신분과 위치는 하늘에 있다. 우리는 위에 있는 것들을 추구한다. 이것은 약속에 따른 열매이다. (골로새서 3:1－2) 부활의 생명을 받은 자는 부활의 생명을 전해 줄 수 있다. 우리는 부활의 생명으로 살아가는 존재가 되고 그리스도의 중보의 능력의 통로가 된다. 우리는 그리스도와 함께 영광을 얻게 된다.

– 우리는 영적으로 죽은 자였으나(에베소서 2:1) 예수 그리스도와 연합하여 새로운 피조물로 거듭났다. 예수님의 재림 시 "그와 함께 영광 중에 나타나리라"는 영광의 약속이 있고 이에 따라 영광의 소망이 있다. 우리가 땅에 살고 있으나 우리의 시민권은 하늘에 있다. 영적 생명을 공급받는 통로(chain)가 형성되어 있다.

> 골 3:1 그러므로 너희가 그리스도와 함께 다시 살리심을 받았으면 위의 것을 찾으라 거기는 그리스도께서 하나님 우편에 앉아 계시느니라
> 골 3:2 위의 것을 생각하고 땅의 것을 생각하지 말라
> 골 3:3 이는 너희가 죽었고 너희 생명이 그리스도와 함께 하나님 안에 감추어졌음이라
> 골 3:4 우리 생명이신 그리스도께서 나타나실 그 때에 너희도 그와 함께 영광 중에 나타나리라

– 예수님은 체포되기 전에 이 세상에서 드린 마지막 기도에서 "아버지여 내게 주신 자도 나 있는 곳에 나와 함께 있어 아버지께서 창세전부터 나를 사랑하시므로 내게 주신 나의 영광을 그들로 보게 하시기를 원하옵나이다(요한복음 17:24)"고 기도하였다. 예수님의 영광에는 영적인 생명현상이 있다. 담대함, 평안함, 원수사랑, 병약함을 돕고, 긍휼히 여기고, 측은지심을 지니는 등의 영적 생명현상이 있다. 연약함을 보살피고 살리는 살림, 그리고 세워줌에서 하나님의 영광이 들어난다고 생각된다.

요 17:24 아버지여 내게 주신 자도 나 있는 곳에 나와 함께 있어 아버지께서 창세 전부터 나를 사랑하시므로 내게 주신 나의 영광을 그들로 보게 하시기를 원하옵나이다

(3) 그리스도와 함께 영원할 것

– 사탄의 계략은 우리를 눈에 보이는 것에 집착하게 한다. 사탄은 우리의 시선을 이 세상에 머무르게 하고, 우리의 시선을 속인다. 천국이 없다 하지 않고 지루하고 허무한 곳으로 생각하게 한다. 그리스도와 함께 하는 "영원의 시선"은 이 땅에서의 삶을 천국시민답게 살아가게 한다. 우리는 이 땅에서 잠시 살다 가는 나그네와 같다. 그러나 정처 없는 나그네가 아니라 정처를 알고 가는 순례자와도 같다.

– 거듭남은 우리를 "영원의 관점"으로 바라보게 한다. 우리의 영광은 "영원한 영광"이다. 그리스도와 함께 누릴 영원한 생명에 대한 믿음과 확신을 갖게 한다. 육신의 몸에 있는 우리가 생명에 삼킨 바 되기를 간구한다. "우리가 담대하여 원하는 바는 차라리 몸을 떠나 주와 함께 있는 그것이라 그런즉 우리는 몸으로 있든지 떠나든지 주를 기쁘시게 하는 자가 되기를 힘쓰노라"고 고백한다. (고린도후서 5:9)

– "우리의 겉사람은 낡아지나 우리의 속사람은 날로 새로워진다. 우리가 주목하는 것은 보이는 것이 아니요 보이지 않는 것이니 보이는 것은 잠깐이요 보이지 않는 것은 영원함이라"고 고백한다. (고린도후서 4:16–18)

고후 4:16 그러므로 우리가 낙심하지 아니하노니 우리의 겉사람은 낡아지나 우리의 속사람은 날로 새로워지도다

고후 4:17 우리가 잠시 받는 환난의 경한 것이 지극히 크고 영원한 영광의 중한 것을 우리에게 이루게 함이니

고후 4:18 우리가 주목하는 것은 보이는 것이 아니요 보이지 않는 것이니 보이는 것은 잠깐이요 보이지 않는 것은 영원함이라

c. 우리가 "존재하는 이유"가 보인다.

— 릭 워렌(Rick Warren) 목사는 "목적이 이끄는 삶"이라는 책에서[9] 삶의 목적에 대하여 "나는 왜 이 세상에 존재하는가?"라는 질문을 하였다. 막연해 보이던 이 질문에 대하여 새로운 피조물이 된 우리를 바라볼 때 그 질문에 대한 답이 보인다. 릭 워렌(Rick Warren) 목사는 삶의 목적에 대하여 성경이 제시하는 통찰을 제시한다. 에베소서 1장의 4-12절은 우리의 삶의 목적에 대하여 말씀한다. 4절부터 12절의 맥락에서 에베소서 1장 11절의 말씀이 읽힌다. 4절부터 12절을 읽어본다.

"모든 일을 그의(하나님의) 뜻의 결정대로 일하시는 이의 계획을 따라 우리가 예정을 입어 그(그리스도) 안에서 '기업이 되었으니' 이는 우리가 그리스도 안에서 전부터 바라던 '그의 영광의 찬송'이 되게 하려 하심이라." (에베소서 1:10-11)

---

9) 릭 워렌(Rick Warren), 목적이 이끄는 삶, p.21-82.

– "곧 창세전에 그리스도 안에서 우리를 택하사 우리로 사랑 안에서 그 앞에 거룩하고 흠이 없게 하시려고, 그 기쁘신 뜻대로 우리를 예정하사 예수 그리스도로 말미암아 자기의 아들들이 되게 하셨으니 이는 그가 사랑하시는 자 안에서 우리에게 거저 주시는 바 '그의 은혜의 영광을 찬송'하게 하려는 것이라" 이것은 "거듭난 자의 길"을 창세전부터 정해 놓으셨다는 말씀이다.

– 우리는 그리스도 안에서 그의 은혜의 풍성함을 따라 그의 피로 말미암아 속량 곧 죄 사함을 받았느니라. 곧 창세전에(부터) 그리스도 안에서 우리를 택하사 "그의 은혜의 영광을 찬송"하게 하려는 것이다. "은혜의 영광을 찬송하는 것"은 거듭남의 목적이 된다. 이 길이 기업이 되고 기업의 내용은 각자의 삶에서 다양하게 드러날 것이다.

– 모든 일을 그의(하나님의) 뜻의 결정대로 일하시는 이의 계획을 따라 우리가 예정을 입어 그(그리스도) 안에서 "기업이 되었으니" 이는 우리가 그리스도 안에서 전부터 바라던 "그의 영광의 찬송"이 되게 하려 하심이라. 에베소서 1장 1-12절은 천천히 묵상하며 읽어보아야 할 구절이다.

(1) 예수 그리스도와의 관계에서 삶의 목적과 내용을 생각한다. 기업은 나에 대한 하나님의 계획을 나의 일로 삼아 생각하는 것이다. 기업은 우리에게 정체성과 목적을 제시한다.
(2) 하나님의 목적은 그리스도 안에서 우리를 택하사 "그의 은혜의 영

광을 찬송"하게 하려는 것이다. 하나님의 목적 안에는 "우리에 대한 계획"이 있다. 이 계획은 하나님의 뜻에 따른 예정과 섭리를 따른다. 나에 대한 이 계획을 "데스티니"라고 부른다.[10] 세상에서는 이 데스티니를 운명이라고 생각한다.

(3) 우리의 삶의 목적은 하나님이 계획하신 큰 목적의 작은 한 부분이다.

– 우리는 하나님 안에서 하나의 기업이 되었다. 여기서 기업은 나에 대한 하나님의 계획을 물려받는 상속자라는 의미가 있다. 우리는 유업의 상속자라는 관점에서 "나는 왜 이 세상에 존재하는가?"라는 질문에 대하여 내가 존재하는 이유를 생각할 수 있다. 내가 비록 작은 "천의 조각에 지나지 않을 지라도" 존재의 의미가 있을 수 있다. 이러한 일은 우연의 산물이 아니다. 우리가 하나님의 뜻 안에 있을 때 우리의 존재의 의미가 들어난다. 이 맥락에서 삶의 의미와 성공의 의미를 생각한다.

1) 우리가 비록 작은 천 조각에 지나지 않을지라도

– 우리 자신에게만 초점을 두면 우리는 우리의 삶의 목적을 찾기 어렵다. 삶의 목적을 나로부터 출발하면 삶의 의미는 내가 추구하는 목표와 야망 사이에서 "무엇이 되기를 원하는지", "무엇을 할 수 있을까?"라는 질문 사이에서 좌절하기 쉽다.

---

10) 고성준, 데스티니 : 하나님의 계획, p.33 – 38.

- 나에게 집착할 때 막다른 골목에 이르게 되나, 하나님께 집중하면 하나님은 탁 트인 광대하고 자유로운 삶의 길로 우리를 인도하신다. 그리고 하나님은 우리를 사용하신다. 우리가 하나님을 사용하지 않는다. 하나님의 인생 사용설명서를 생각해 보아야 한다. 모든 것이 하나님으로부터 시작되었으니 하나님의 시선을 따라 바라보아야 한다.

> 엡 1:11 모든 일을 그의 뜻의 결정대로 일하시는 이의 계획을 따라 우리가 예정을 입어 그 안에서 기업이 되었으니

- 하나님은 우리를 눈여겨보셨고, 하나님이 창조하신 목적의 한 부분으로 영광스런 삶을 계획하였다. 우리는 마치 하나님이 쓰시는 큰 보자기에 쓰인 하나의 천조각과도 같다. 나 혼자 있으면 낡은 하나의 천조각에 지나지 않으나 하나님의 빛과 시선을 따라 바라볼 때 나라는 하나의 천 조각은 큰 보자기의 아름다운 한 부분이 된다. 하나님이 없이는 인생은 의미가 없다.

- 이 빛이 우리를 인도한다. 우리가 하나의 천 조각에 지나지 않을지라도 하나님 안에 있을 때 큰 그림의 한 부분이 된다. 나만 보지 않고 우리의 시선이 먼저 하나님의 뜻을 향할 때에 우리의 모든 과거와 지금의 나도 하나님 안에서 쓰임 받는 존재로 그 의미가 거듭나는 부활의 역사가 있게 된다. 우리가 작은 천조각에 지나지 않을 지라도 큰 보자기의 한 부분이 되면 우리는 작품이 된다.[11]

---

11) Warren, pp.29−34, 이재철, 신실하게, pp.86−90.

2) 우리는 우연의 산물이 아니다.

– 우리는 하나님의 자녀로 지음을 받았다. 에베소서는 우리가 지음받은 목적은 "그 기쁘신 뜻대로 우리를 예정하사 예수 그리스도로 말미암아 자기의 아들들이 되게 하셨으니 그의 은혜의 영광을 찬송하게 하려는 것이라"고 그 목적을 밝힌다. (에베소서 1:5) 하나님의 은혜의 영광을 찬송하게 하려 함이라고 말씀한다. 찬송은 은혜의 영광을 드러내는 것이다. 영광을 드러내는 길은 헤아리기 어려울 정도로 많다.

– 우리는 원인과 이에 따른 결과 간의 인과관계를 알지 못하는 상황에서 벌어지는 일을 우연이라고 여긴다. 우리가 이 세상에 태어난 것은 우연의 산물이 아니다. 성경은 "하나님이 나에 관한 모든 것을 지으셨다"고 증거한다. (에베소서 1:5) 우리 자신을 이해하는 가장 정확한 방법은 하나님이 누구시고 우리를 위하여 무엇을 하시는지를 아는 것이다. 에베소서는 "곧 창세전에 그리스도 안에서 우리를 택하사 우리로 사랑 안에서 그 앞에 거룩하고 흠이 없게 하시려고, 그 기쁘신 뜻대로 우리를 예정하사 예수 그리스도로 말미암아 자기의 아들들이 되게 하셨으니(에베소서 1:5)"라고 말씀하신다. 이 말씀은 아주 중요해서 자주 인용되는 구절이다.

– "창세전에" 즉, 이 세상을 만드시기 이전에 하나님은 "그리스도 안에서" 예수님을 통한 구원의 계획 아래, 우리를 택하사 우리로 사랑 안에서 그 앞에 거룩하고 흠이 없게 하시려고, "그 기쁘신 뜻대로 우

리를 예정하사 예수 그리스도로 말미암아 자기의 아들들이 되게 하셨으니"라고 증거한다. 하나님의 창조의 뜻은 "거듭남"에 있음을 보여준다. 우리는 하나님의 아들들이 되게 하시려고 하나님이 택하신 존재이다. 하나님은 우리에게도 하늘나라의 씨앗을 주셨다. 이 씨앗이 뿌리를 내리고 결실을 이루도록 "좋은 땅"이 되어야 한다. (누가복음 8:15) 이 것이 우리의 삶의 목적이고 우리가 이 세상에 사는 "존재의 이유"이다.

누 8:15 좋은 땅에 있다는 것은 착하고 좋은 마음으로 말씀을 듣고 지키어 인내로 결실하는 자니라

- 우리의 존재는 하나님의 아들이 되는 길로 가도록 지음 받았다는 말씀이다. 우리는 이 세상에 우연히 태어나서 살다가 죽으면 없어지는 그런 존재가 아니라 하나님의 자녀로 지음 받았다는 이야기이다. 이 세상의 삶을 위하여 엄마 뱃속에서 한 살의 세월을 보내고, 하나님의 자녀로 거듭나기 위한 이 세상에서의 또 하나의 삶을 살아간다. 이 세상에서의 우리의 삶의 목적은 각자가 처한 처지에서 각자 나름으로 하나님의 자녀로 거듭나는 것이다. 이 세상에서 "잘 먹고 잘 살다가 가는 것만이 삶의 목적이 아니다"라는 말씀이다. 우리는 하나님을 찾아가는 나의 이야기(my story)를 통하여 하나님이 쓰시는 그의 이야기(His story 즉 History)에 참여한다. 이를 통하여 나의 이야기는 역사(history)가 되어 하나님께 영광을 올려 드리게 된다. 우리의 삶은 꼭 세상적인 가치기준을 따르는 것이 아님을 알게 되었다.

– 이 세상에서 우리가 사는 이유는 하나님의 자녀로 거듭나는 것이다. 이 말씀으로 우리의 삶의 의미를 정확하게 인식할 수 있다. 이 세상에서의 우리의 삶을 계획할 때 하나님과의 관계에서 그 의미를 찾아야 한다. 나 나름으로 나의 성공방정식을 새롭게 세워야 한다.

3) 이 세상에서의 삶은 일시적인 나그네의 삶이다 (야고보 4:14)

– 성경은 여러 곳에서 인생은 코 끝에 숨과 같고(이사야 2:22), "내일 일을 너희가 알지 못하는 도다 너희 생명이 무엇이냐 너희는 잠깐 보이다가 없어지는 안개"와 같다고 표현한다. (야고보 4:14) "코 끝에 숨"은 생사가 찰나에 달려 있다는 뜻일 것이다. 들어간 숨이 나오지 않거나 나온 숨이 다시 들어가지 않으면 끝이다. 안개는 햇빛이 나면 순식간에 사라진다.

> 사 2:22 너희는 인생을 의지하지 말라 그의 호흡은 코에 있나니 셈할 가치가 어디 있느냐
> 약 4:14 내일 일을 너희가 알지 못하는도다 너희 생명이 무엇이냐 너희는 잠깐 보이다가 없어지는 안개니라
> 시 119:19 나는 땅에서 나그네가 되었사오니 주의 계명들을 내게 숨기지 마소서

– 시편은 하나님의 관점에서 우리의 삶에 대하여 고백한다. "여호와여 나의 종말과 연한이 언제까지인지 알게 하사 내가 나의 연약함을 알게 하소서". 이 땅에서의 삶이 "나는 땅에서 나그네가 되었사오니

주의 계명들을 내게 숨기지 마소서"라고 호소한다. (시편 119:19) 요즘 인간의 평균 수명이 늘어 100세 시대라고 하나 인생의 나그네와 같음과 연약함은 변함이 없다.

> 벧전 1:17 외모로 보시지 않고 각 사람의 행위대로 심판하시는
> 이를 너희가 아버지라 부른즉 너희가 나그네로 있을 때를 두려
> 움으로 지내라

> 빌 3:20 그러나 우리의 시민권은 하늘에 있는지라 거기로부터
> 구원하는 자 곧 주 예수 그리스도를 기다리노니

− 성경은 우리를 나그네와 같다고 본다. "나그네로 있을 때를 두려움으로 지내라"고 말한다. (베드로전서 1:17) 이 땅에서는 우리는 나그네와 같으나 우리는 하나님 나라의 시민임을 기억하라고 권면한다. (빌립보서 3:20) 우리의 정체성은 영생에 있고, 우리의 모국은 천국이라고 말한다. 이것을 깊이 생각하고 이 세상에서의 소유와 집착에서 벗어나라고 권한다. "진리를 알지니 진리가 너희를 자유롭게 하리라 (요한복음 8:32)라는 말씀이 생각난다.

− 이 세상의 가치관과 유혹에 빠지는 것을 성경은 "영적 간음"이라고 말한다. 이 세상 것에 우리의 마음을 빼앗기지 말자고 권한다.

> 약 4:4 간음한 여인들아 세상과 벗된 것이 하나님과 원수 됨을
> 알지 못하느냐 그런즉 누구든지 세상과 벗이 되고자 하는 자는

스스로 하나님과 원수 되는 것이니라

벧전 2:11 사랑하는 자들아 거류민과 나그네 같은 너희를 권하
노니 영혼을 거슬러 싸우는 육체의 정욕을 제어하라

고전 7:31 세상 물건을 쓰는 자들은 다 쓰지 못하는 자 같이 하
라 이 세상의 외형은 지나감이니라

– 예수님은 십자가에 못 박혀 죽으심을 당할 것을 알려주신다. 세상
적으로 보면 애통하고 근심할 일이나 하나님의 관점에서 보면 "너희
근심이 도리어 기쁨이 되리라"고 알려주신다. "이것을 너희에게 이르
는 것은 너희로 내 안에서 평안을 누리게 하려 함이라"고 알려주신다.
세상에서는 우리가 여러 가지 환난을 당하나 주님은 "내가 세상을 이
기었노라, 담대하라"고 가르쳐 주신다. 하나님을 바라보며 담대하게
나아가자고 말씀하신다.

요 16:20 내가 진실로 진실로 너희에게 이르노니 너희는 곡하
고 애통하겠으나 세상은 기뻐하리라 너희는 근심하겠으나 너희
근심이 도리어 기쁨이 되리라

요16:33 이것을 너희에게 이르는 것은 너희로 내 안에서 평안
을 누리게 하려 함이라 세상에서는 너희가 환난을 당하나 담대
하라 내가 세상을 이기었노라

– 이 세상은 영원한 가정은 아니다. 그렇다고 두 손 놓고 하늘나라만
기다리자는 것도 아니다. 이 세상에서의 어려움이나 고난에 너무 마음

뺏기지 말자는 뜻이다. 이러한 것들은 우리에게 주시는 "하나님의 숙제"이다. 영원한 상급을 기다리며 하나님의 영광을 드러내는 일에 전심전력을 다하기를 하나님은 원하신다. 믿음의 사람들에게는 죽음은 새로운 출발이 된다. 나는 이 말씀을 믿는다.

4) 모든 것이 존재하는 이유 (요한복음 1:14)

> 요 1:14 말씀이 육신이 되어 우리 가운데 거하시매 우리가 그의 영광을 보니 아버지의 독생자의 영광이요 은혜와 진리가 충만하더라

- 모든 것은 하나님을 위하여 존재한다. 존재하는 중요한 이유는 그분의 영광을 보여주기 위함이다. 영광을 보여준다는 것은 우리의 삶에서 그분을 드러내는 것이다. 나는 내 삶에서, 나무는 나무대로, 폭포는 폭포대로, 하늘의 별은 하늘의 별대로, 가난한 사람은 가난한 대로, 군인은 군인대로, 헬렌 켈러는 헬렌 켈러대로, 이태석 신부는 "울지마 톤즈"로 하나님을 들어낸다. 모든 것은 "그 있는 그대로" 존재하는 이유가 있다.

- 광대무변(廣大無邊)한 이 우주에서 하나님은 아니 계신 곳이 없다. 그래서 무소부재(無所不在)하신 하나님이라 부른다. 모든 것의 역사에는 그분의 흔적이 드러난다. 내 안에서 그분이 역사하시면 그분이 드러난다. 우리가 이 세상에 존재하는 가장 중요한 이유가 바로 나의 삶

을 통하여 그분을 드러내는 것이다. 내가 할 수 있는 것은 "지금 여기서 내게 있는 작은 일"에서부터 시작하는 것이다. 그다음 일은 하나님의 신묘막측하신 섭리에 의존할 뿐이다. 생각은 말을 만들고, 말은 행동을 이끌고, 행동은 습관이 되고 습관은 성품을 이루고 성품은 삶을 일구어 낸다. 모든 것의 출발은 하나님의 말씀으로부터 연유한 생각에서부터 시작한다. 이 생각이 근본과 바탕을 생각하는 "메타인지"를 이룬다고 본다.

— 마치 점이 선을 이루고 선이 면을 만들고, 면이 모양을 만들고 모양이 삶을 이루는 것과 같다. 모든 것에 출발은 점에서부터 시작한다. 오늘 마음에 한 점을 바르게 찍으면 이 점이 살아 움직인다. 말씀의 씨앗이 뿌려 지는 것과 같다. 결실은 하나님께 맡기고 가면 된다. 관련된 말씀 몇 구절을 살펴본다. 하나님을 생각하면 하나님이 주시는 말씀을 내 안에 품게 된다.

고후 4:6 어두운 데에 빛이 비치라 말씀하셨던 그 하나님께서 예수 그리스도의 얼굴에 있는 하나님의 영광을 아는 빛을 우리 마음에 비추셨느니라

— 어떻게 하나님께 영광을 돌릴 수 있을까? 하나님이 창조하신 존재의 목적대로 살아갈 때 하나님의 영광을 드러낸다. 우리가 이 세상에 존재하는 뜻은 하나님께 영광을 올리는 것이다. 우리가 주인이 되어 살아온 삶에서 새로운 존재가 된 이제는 하나님을 들어내는 삶으로 전환하게 된다. 이 믿음으로 오늘의 한 날을 만들어 가기를 서원한다.

하나님이 주시는 말씀이 씨앗이 되어 한 점이 되어 새로운 삶을 만들어 가는 역사가 시작될 수 있다. 도덕(道德)은 도(道)를 바른 마음으로 (德) 들어내는 것이다. 길이요 진리요 생명 되시는 주님을 드러내는 것이 믿음의 사람들이 가는 길이다.

요 14:6 예수께서 이르시되 내가 곧 길이요 진리요 생명이니 나로 말미암지 않고는 아버지께로 올 자가 없느니라

제4장

일차적 소명을 찾아가는 길
: 적중(的中)

― 이 장이 제기하는 "어떻게 살 것인가?"라는 질문은 나의 삶을 살아가는데 "육신으로 살 것인가? 아니면 영혼으로 살 것인가?"를 묻는다. 육신에 속하였으면 "세상의 길"을 가고 나의 본성이 거듭남을 통하여 영혼에 속하였으면 "믿음의 길"을 가게 된다. "믿음의 길"은 거듭남의 길이요 영혼으로 사는 길이다. 이 길은 하나님의 뜻에 순종하고 굴복하여 자기를 부정하고 주님의 멍에를 메고 주님을 따르는 순종과 의탁의 길이다.

― 이 길은 하나님의 뜻을 과녁삼아 화살이 날아가듯 하나님의 뜻을 향하여 나아가는 "적중(的中)의 길"이다. 우리는 새로운 선택과 결단을 통하여 하나님의 뜻을 바라보며 찾으며 구하고 나아간다. Dallas Willard는 이 길을 "마음의 혁신"[1]이라고 불렀다. 새로운 관점으로 생각과 감정과 의지의 선택을 새롭게 하여 관계를 조절하는 과정을 제시한다. 관점이 바뀌면 생각이 달라지고, 생각이 달라지면 감정을 다스리게 되고, 감정을 다스리면 관계가 달라진다. 이재철 목사는 이 과정을 "매듭짓기"[2]라고 부른다. 예수의 길을 따라가는 마음의 변화를 추구한다. "하나님의 뜻에 적중하는 매듭짓기"가 제1부 4장의 주제가 된다.

---

1) Dallas Willard, Renovation of Heart, p.77－158.
2) 이재철, 매듭짓기, p.4－5.

− 적중은 화살이 과녁을 향하여 날아가 과녁을 명중하는 것을 말한다. 여기서 과녁은 하나님의 뜻, 하나님의 나라를 말한다. 과녁의 밖은 죄의 영역이다. 적중은 우리의 생각과 감정과 뜻을 하나님의 뜻에 명중함을 의미한다. 하나님은 "나를 바라보고" 부르짖어 구하기를 원하신다. 하나님이 주시는 것을 바라기를 원하신다. 창세기는 타락 이후에 인간은 육신으로 전락했다고 지적한다. 육신의 상태에서는 하나님의 뜻을 향하여 적중할 수 없다. 우리가 육신으로부터 영혼으로 회복하기 위해서는 비뚤어진 생각의 틀을 바로잡고, 어두운 감정을 넘어서 감정에 휘둘리지 않아야 한다. 회복의 드라마를 쓰기 위하여 의지의 매듭짓기를 제시한다. 이 일은 나의 노력만으로 되는 일은 아니다. 그렇다고 나의 노력이 없이 되는 일도 아니다.3) 나의 노력의 첫 걸음은 하나님을 바라보는 것이다. 이것이 믿음의 "한 점 찍기"와 "여백을 의지"하는 마음으로 가서 "공부하는 마음"의 문을 연다.

a. 생각의 틀을 바로 잡아야 한다.

1) 육신의 생각 vs 영의 생각

− 우리는 생각하는 존재이다. 우리는 생각을 통하여 사물을 인식한다. 생각은 행동의 방향을 정하고, 감정을 유발하고 동기를 결정한다. 생각이 감정을 통제하기도 하고 감정이 생각을 유도하기도 한다. 마음의 변화는 생각에서부터 시작한다. 하나님이 주시는 생각이 있고, 사탄으로부터 오는 생각이 있다. 사탄은 생각을 타고 들어온다. 하나님

---

3) 리차드 포스터, 영적훈련과 성장, pp. 24−26.

의 말씀으로 오는 생각으로 나를 붙들어야 한다. 이 일을 위하여 하나님은 우리에게 능력을 주시고 성령께서는 도와주신다.

– 골로새서는 "새 사람"은 지식에까지 새롭게 하심을 입은 자라고 규정한다. (골로새서 3:9-10) 마음의 변화는 새로운 생각을 요한다. 우리의 지식이 달라져야 한다. 우리의 새로운 삶이 하나님의 은혜임을 바라보고 육신의 생각과 하나님의 뜻을 분별할 수 있어야 한다.

> 골 3:10 새 사람을 입었으니 이는 자기를 창조하신 이의 형상
> 을 따라 지식에까지 새롭게 하심을 입은 자니라

– 시편 119편은 "내가 주께 범죄하지 아니하려 하여 주의 말씀을 내 마음에 두었나이다"라고 증거한다. (시편 119:11) 시편 19편은 하나님의 말씀과 교훈을 찬양하는 한편의 장엄한 시이다. "날은 날에게 말하고 밤은 밤에게 지식을 전하니 언어도 없고 말씀도 없으며 들리는 소리도 없으나 여호와의 율법은 완전하여 영혼을 소성시키며 여호와의 증거는 확실하여 우둔한 자를 지혜롭게 하며 여호와의 교훈은 정직하여 마음을 기쁘게 하고 여호와의 계명은 순결하여 눈을 밝게 하시도다"고 찬송한다. (시편 19:2-3, 7-8)

> 시 119:11 내가 주께 범죄하지 아니하려 하여 주의 말씀을 내
> 마음에 두었나이다
> 시 19:7 여호와의 율법은 완전하여 영혼을 소성시키며 여호와
> 의 증거는 확실하여 우둔한 자를 지혜롭게 하며

시 19:8 여호와의 교훈은 정직하여 마음을 기쁘게 하고 여호와의 계명은 순결하여 눈을 밝게 하시도다
시 19:9 여호와를 경외하는 도는 정결하여 영원까지 이르고 여호와의 법도 진실하여 다 의로우니
시 19:10 금 곧 많은 순금보다 더 사모할 것이며 꿀과 송이꿀보다 더 달도다

"육신의 관점"과 "성경적 관점"

– 우리는 무엇인가를 통하여 본다. 관점은 현실을 들여다보는 생각의 틀이다. 현실을 해석하는 틀이 된다. 우리는 "관점의 안경"을 통하여 인생과 세상과 나를 본다. 육신의 관점으로는 육신의 일을, 믿음의 관점에서는 영의 일을 생각하게 된다. 우리의 심령을 새롭게 하기 위해서는 생각의 틀을 바꾸어야 한다.

– 나의 본성을 반영하여 이 관점을 "육신의 관점"과 "성경적 관점"으로 크게 구분할 수 있다. "육신의 관점"은 육신의 본성에 따라 인생과 세상과 나를 보는 관점이다. "성경적 관점"은 하나님의 구원계획과 예수 그리스도의 구속의 은혜를 통하여 세상을 바라보는 믿음의 관점이다. "육신의 관점"과 "성경적 관점"은 제1부 3장 "나는 누구인가?"에서 살펴 본 바와 같이 나의 정체성을 반영한다. 우리는 세상적(육신의) 관점과 성경적 관점 중에서 선택해야 한다. 내가 육신에 속해 있을 때에는 육신적 관점이 나의 생각과 감정을 이끈다. 우리는 성경적 관점으로 생각의 틀을 새롭게 세울 수 있다.

– 육신의 관점은 "세상으로부터 온 것을 바라보는 관점"이다. 요한일서는 "이 세상이나 세상에 있는 것들을 사랑하지 말라 누구든지 세상을 사랑하면 아버지의 사랑이 그 안에 있지 아니하니 이는 세상에 있는 모든 것이 육신의 정욕과 안목의 정욕과 이생의 자랑이니 다 아버지께로부터 온 것이 아니요 세상으로부터 온 것"임을 지적한다. (요한일서 2:15-16) 성경은 육신의 생각은 악하다고 규정한다. 이는 하나님의 법에 굴복하지 아니할 뿐 아니라 할 수도 없다. (로마서 8:7) 육신에 있는 자들은 하나님을 기쁘시게 할 수 없다. 우리 속에 하나님의 영이 거하시면 우리가 육신에 있지 아니하고 그리스도의 영에 있게 된다. 로마서 8장(9-14절)은 영으로 인도받는 길을 설명한다.

> 롬 8:7 육신의 생각은 하나님과 원수가 되나니 이는 하나님의
> 법에 굴복하지 아니할 뿐 아니라 할 수도 없음이라
> 롬 8:14 무릇 하나님의 영으로 인도함을 받는 사람은 곧 하나
> 님의 아들이라

– 기독교 세계관은 성경 말씀 안에 담겨 있는 하나님의 뜻을 탐구한다. 기독교의 세계관은 "성경적 관점"을 탐구한다. 기독교 세계관은 "회복"을 가장 핵심이 되는 하나님의 뜻으로 지적한다.[4] 회복은 우리를 죄로부터 속량하는 것이다. 구원은 예수님이 십자가에 못 박히심으로써 우리를 죄로부터 구원하여 다시 영원한 생명의 자리로 옮기어 하나님 자녀로 회복하는 것이다. 골로새서는 이것을 "우리를 흑암의

---

4) 신국원, 니고데모의 안경, p.38-51.

권세에서 건져내사 그의 사랑의 아들의 나라로 옮기셨으니 그 아들 안에서 우리가 속량 곧 죄 사함을 얻었도다”고 증거한다. “그는 보이지 아니하는 하나님의 형상이시요 모든 피조물보다 먼저 나신 이시라”고 그리스도 되시는 예수님을 증거한다. (골로새서 1:13−15)

> 골 1:14 그 아들 안에서 우리가 속량 곧 죄 사함을 얻었도다
> 골 1:15 그는 보이지 아니하는 하나님의 형상이시요 모든 피조물보다 먼저 나신 이시니

2) 세상과 나를 보는 관점: “하나님 없이” vs “하나님을 통하여”

− 이 세상과 나를 볼 때 “하나님 없이” 보는 사람도 있고 “하나님을 통하여” 보는 사람도 있다. 시편은 “악인은 그의 교만한 얼굴로 말하기를 여호와께서 이를 감찰하지 아니하신다 하며 그의 모든 사상에 하나님이 없다”고 말한다고 증언한다. (시편 10:4) 그러나 로마서는 “창세로부터 그의 보이지 아니하는 것들 곧 그의 영원하신 능력과 신성이 그가 만드신 만물에 분명히 보여 알려졌나니 그러므로 그들이 핑계하지 못할것이라”고 지적한다. (롬 1:20)

− 고린도 후서는 “하나님께서는 하나님의 영광을 아는 빛을 우리 마음에 비추셨느니라. 우리는 이 보배를 질그릇에 가졌다”고 증언한다. (고린도후서 4:6−7, 10) 우리는 “하나님 없이” 나와 세상을 볼지 아니면 “하나님을 통하여” 세상을 바라볼지를 선택해야 한다. 우리는 이 보배를 우리의 삶에서 들어내야 한다. 우리가 항상 예수의 죽음을 몸

에 짊어짐은 예수의 생명이 또한 우리 몸에 나타나게 하려 함이다.
(고린도후서 4:10)

시 10:4 악인은 그의 교만한 얼굴로 말하기를 여호와께서 이를
감찰하지 아니하신다 하며 그의 모든 사상에 하나님이 없다 하
나이다

고후 4:6 어두운 데에 빛이 비치라 말씀하셨던 그 하나님께서
예수 그리스도의 얼굴에 있는 하나님의 영광을 아는 빛을 우리
마음에 비추셨느니라

고후 4:7 우리가 이 보배를 질그릇에 가졌으니 이는 심히 큰 능
력은 하나님께 있고 우리에게 있지 아니함을 알게 하려 함이라

3) "하나님의 일"과 "사람의 일"

— 예수님이 "이르시되 너희는 나를 누구라 하느냐" 하는 질문에 시몬
베드로가 "주는 그리스도시요 살아 계신 하나님의 아들이시니이다"라
고 답하였다. (마태복음 16:16) 베드로는 예수님이 그리스도이심을 보
았음에도 불구하고 예수 그리스도께서 자기가 예루살렘에 올라가 장
로들과 대제사장들과 서기관들에게 많은 고난을 받고 죽임을 당하고
제삼일에 살아나야 할 것을 제자들에게 비로소 나타내시니 "베드로
는" 주여 그리 마옵소서 이 일이 결코 주께 미치지 아니하리이다"라고
항변하였다. (마태복음 16:16, 21)

– 이에 "예수께서 돌이키시며 베드로에게 이르시되 사탄아 내 뒤로 물러 가라 너는 나를 넘어지게 하는 자로다 네가 '하나님의 일'을 생각하지 아니하고 도리어 '사람의 일'을 생각하는도다 하시고 제자들에게 이르시되 누구든지 나를 따라오려거든 자기를 부인하고 자기 십자가를 지고 나를 따를 것이니라"고 하셨다. (마태복음 16:22–24) 예수님은 베드로에게 "하나님의 일"을 생각하지 아니하고 도리어 "사람의 일"을 생각한다고 꾸짖으셨다. 베드로는 예수님이 누구신지 "주는 그리스도시요 살아 계신 하나님의 아들이시니이다"라고 그 유명한 신앙고백을 하였음에도 불구하고 예수님의 사역을 잘못 보았다.

> 마 16:23 예수께서 돌이키시며 베드로에게 이르시되 사탄아 내 뒤로 물러가라 너는 나를 넘어지게 하는 자로다 네가 하나님의 일을 생각하지 아니하고 도리어 사람의 일을 생각하는도다 하시고

– 하나님께서는 "우리의 생각과 하나님의 생각은 다르다"고 말씀하신다. (이사야 55:7–8) "이 세대를 본받지 말고 오직 마음을 새롭게 함으로 변화를 받아 하나님의 선하시고 기뻐하시고 온전하신 뜻이 무엇인지 분별하여(로마서 12:2)" 따라가기를 권유한다. 골로새서는 "새사람"은 지식에까지 새롭게 하심을 입은 자라고 규정한다. (골로새서 3:9–10) 마음의 변화는 새로운 생각을 요한다. 우리의 지식이 달라져야 한다. 우리의 새로운 삶이 하나님의 은혜임을 바라보고 육신의 생각과 하나님의 뜻을 분별할 수 있어야 한다.

사 55:8 이는 내 생각이 너희의 생각과 다르며 내 길은 너희의
길과 다름이니라 여호와의 말씀이니라
롬 12:2 너희는 이 세대를 본받지 말고 오직 마음을 새롭게 함
으로 변화를 받아 하나님의 선하시고 기뻐하시고 온전하신 뜻
이 무엇인지 분별하도록 하라

b. 감정에 휘둘리지 말아야

1) 감정은 나의 정체성을 따라 움직인다.

- 감정은 우리를 움직이는 에너지를 제공한다. 감정을 잘 쓰면 좋은
결과를 만들지만 감정에 휘둘리면 문제를 일으킨다. 우리는 감정 없이
살 수 없고 그렇다고 감정에 이끌려 살수도 없다. 감정을 나타내는 영
어의 emotion은 e-motion으로 움직이게 한다는 의미를 지니고 있
다. 감정을 움직이는 지능을 "감성지능(emotional intelligence)"이라
고 부른다.5) 감성에 지능을 연결하여 "감성지능"이라는 개념을 생각
해 냈다. 요즘에는 이 감성지능을 우리가 가진 지능 중에서 중요한 역
할을 수행하는 지능으로 간주한다.

- 우리 혼의 지정의(知情意)의 작용 중에서 정(情)이 일으키는 작용
이 감정이다. 우리가 육신에 속하면 육신이 죄의 감정을 일으키고, 영
혼에 속하면 영혼이 영의 감정을 일으킨다. 우리의 본성에 따라 마음
의 변화를 일으키는 감정이 일어난다. 우리의 본성에 따라 감정의 성

---

5) Daniel Coleman, Emotional Intelligence, A Bantam Book, 2006.

품이 결정된다.6)

- 나의 주인이 누구인가에 따라서 나의 감정도 달라지고 나의 마음도 달라진다. 그래서 나의 정체성(identity)이 중요한 문제가 된다. 그래서 "나는 누구인가?"가 중요한 질문이 된다. 성경은 육신이 주인이 되는 경우와 하나님을 구주로 모시는 두 가지 길을 제시한다. "그리스도 예수의 사람들은 육체와 함께 그 정욕과 탐심을 십자가에 못 박았다. 만일 우리가 성령으로 살면 또한 성령으로 행할지니, 헛된 영광을 구하여 서로 노엽게 하거나 서로 투기하지 말지니라"고 권면한다. (갈라디아서 5:24 – 26)

> 갈 5:24 그리스도 예수의 사람들은 육체와 함께 그 정욕과 탐
> 심을 십자가에 못 박았느니라

- 우리의 육신은 육신의 감정을 일으킨다. 분노, 두려움, 성적 끌림, 식욕, 멋진 외모, 열등감 등의 "상처의 흔적" 등의 감정이 나를 흔들어 댄다. 우리가 육신으로 있을 때에 몸에 밴 감정을 우리 자신으로 알고 있다. 우리는 몸에 밴 감정과 생각을 일으키는 자기를 "참된 나"라고 착각한다. 이것은 허상이다. 예수님은 "제자들에게 이르시되 누구든지 나를 따라오려거든 자기를 부인하고 자기 십자가를 지고 나를 따를 것이니라"고 말씀한다.

---

6) 로버트 그린, 이지연 역, 인간본성의 법칙, 위즈덤하우스, 2019.

마 16:24 이에 예수께서 제자들에게 이르시되 누구든지 나를 따라오려거든 자기를 부인하고 자기 십자가를 지고 나를 따를 것이니라

하나님을 자기의 중심에 모신 자는 "성령이 이끄는 감정"으로 삶의 길을 선택한다. 로마서 14장은 성령이 이끄는 감정으로 하나님을 기쁘시게 하는 일, 화평의 일과 서로 덕을 세우는 일을 제시한다. 여기서 말하는 덕은 우리의 삶에서 그리스도가 들어나는 것을 말한다.

- "그리스도를 섬기는 자는 하나님을 기쁘시게 하며 사람에게도 칭찬을 받느니라. 그러므로 우리가 화평의 일과 서로 덕을 세우는 일을 힘쓴다" (로마서 14:18-19) "예수께서 자기를 믿은 유대인들에게 이르시되 너희가 내 말에 거하면 참으로 내 제자가 되고 진리를 알지니 진리가 너희를 자유롭게 하리라"고 말씀하셨다. (요한복음 8:31-32)

롬 14:17 하나님의 나라는 먹는 것과 마시는 것이 아니요 오직 성령 안에 있는 의와 평강과 희락이라
롬 14:18 이로써 그리스도를 섬기는 자는 하나님을 기쁘시게 하며 사람에게도 칭찬을 받느니라
롬 14:19 그러므로 우리가 화평의 일과 서로 덕을 세우는 일을 힘쓰나니

2) 어떤 감정으로 살아야 하는가? 원초적 감정 vs 새로워진 감정

(1) 원초적 감정

- 인간이 불순종함으로써 죄 속으로 들어갔을 때 "원초적 감정"이 인간 속으로 들어왔다. 원초적 감정이라는 것은 인간의 타락 이후에 최초로 인간에게 들어온 감정이라는 점에서 원초적이라는 이름을 붙인다. 아담과 하와는 "죄책감"으로 하나님의 눈을 피하여 숨었다. 이들은 "수치심"으로 벌거벗은 몸을 가렸다. 불순종의 이유로 "남의 탓"을 하였다. 하나님께서 아벨의 제사를 즐거이 받으시는 것을 "시기하여" 가인은 아벨을 죽였다. 가인은 앞으로 살 것을 "염려"하였다. 인간이 타락한 이후에 순간적으로 들어온 죄책감, 수치심, 시기와 미움, 분노, 원망과 남 탓하기, 그리고 염려가 육신이 된 인간의 마음속에 들어왔다. 이러한 감정은 죄와 함께 원초적으로 들 온 감정으로 인간의 마음속에 자리를 잡았다.

- 감정은 확산한다. 원초적 감정은 깊이 뿌리를 내리고 확장된다. 죄와 악의 감정은 삶의 곳곳에 퍼진다. 부정적 사고가 미치는 악의 영향은 매우 크다. 감정이 주인노릇을 한다. 감정의 배후가 되는 생각에 대한 검토가 필요하다. 자기감정을 비판적으로 검토해야 한다. 감정의 나락에 빠지지 않도록 자기를 다스리는 노력이 필요하다. 예수님의 빛이 비추이면 감정에 이끌려 다니는 나의 모습을 보게 된다.

(2) 새로워진 감정 : 믿음으로, 기뻐하고, 너그럽고 인자와 긍휼로, 감사함

- 수치심은 죄책감으로 확산되고 시기심은 분노로 확산된다. 내가 나의 주인이 됨으로써 염려가 들어왔다. 원초적 죄의 감정은 이렇게 확산된다. 이것을 "감정의 부정적 확산"이라면 "감정의 긍정적 수렴"이라는 것을 생각할 수 있다. 하나님 나라의 "오직 성령 안에 있는 의와 평강과 희락"으로 들어가는 문은 새로워진 감정의 문을 여는 것이다. 그 첫 문이 "기뻐함"이 되지 않을까 생각한다. 문을 계속하여 열어 나가면 주님의 안으로 들어가는 문이 나온다. "기쁨"을 지나 모든 것을 "긍휼히 여기는 마음"에 이르게 된다. 이것을 "ㄱ"자 표시되는 "항상 기뻐하고", "쉬지 말고 기도하고", "범사에 감사하는" 주님 안에 있는 평강이 주는 선물로 삼고 싶다. 데살로니가전서는 이 점을 하나님의 뜻이라고 지적한다. 우리는 육신의 성격을 넘어서 주님을 닮아가는 품격을 이루게 된다. [7]

> 롬 14:17 하나님의 나라는 먹는 것과 마시는 것이 아니요 오직 성령 안에 있는 의와 평강과 희락이라
>
> 살전 5:16 항상 기뻐하라
> 살전 5:17 쉬지 말고 기도하라
> 살전 5:18 범사에 감사하라 이것이 그리스도 예수 안에서 너희를 향하신 하나님의 뜻이니라

---

7) 로버트 케슬런·마이클 매슈스·마틴 셀리그먼, 오수원 옮김, 인성의 힘, 리더스북, 2021. p.25.

3) "은혜에 대한 감사로 사는 길" vs "권리로 사는 길"

− 우리가 은혜로 받은 믿음이 "새로워진 감정"을 일으킨다. 하나님이 베풀어 주신 은혜가 우리 감정의 기초가 된다. 이때부터 모든 것을 은혜로 바라보기 시작한다. 은혜는 감사를 불러일으킨다. 데살로니가전서 5장은 "항상 기뻐하라 쉬지 말고 기도하라 범사에 감사하라 이것이 그리스도 예수 안에서 너희를 향하신 하나님의 뜻이니라"고 전한다.

− 상황이 좋을 때에는 기뻐할 수 있다. 그러나 항상 기뻐하기는 어렵다. 환란과 시험도 오기 때문이다. 그러나 로마서 5장은 증거한다. "그러므로 우리가 믿음으로 의롭다 하심을 받았으니 우리 주 예수 그리스도로 말미암아 하나님과 화평을 누리게 된다." (로마서 5:1) 우리가 은혜로 하나님과 화평을 누리기 때문에 "환난 중에도 즐거워하나니 이는 환난은 인내를, 인내는 연단을, 연단은 소망을 이루는 줄 앎이로다"고 찬송한다.

− 은혜에 더하여 소망이 스며든다. 하나님의 사랑이 역사하시어서 믿음과 은혜와 소망의 눈으로 환란과 시련을 보게 하신다. (로마서 5:3−4) 그래서 어려운 상황에서도 다시 일어서는 힘을 얻는다. 그리고 성령께서는 사랑이 충만한 삶으로 우리를 인도하신다. 야고보서도 "내 형제들아 너희가 여러 가지 시험을 당하거든 온전히 기쁘게 여기라 이는 너희 믿음의 시련이 인내를 만들어 내는 줄 너희가 앎이라"고 (야고보 1:2−3) 권면의 말씀을 전한다.

롬 5:3 다만 이뿐 아니라 우리가 환난 중에도 즐거워하나니 이
는 환난은 인내를
롬 5:4 인내는 연단을, 연단은 소망을 이루는 줄 앎이로다

약 1:2 내 형제들아 너희가 여러 가지 시험을 당하거든 온전히
기쁘게 여기라
약 1:3 이는 너희 믿음의 시련이 인내를 만들어 내는 줄 너희
가 앎이라
약 1:4 인내를 온전히 이루라 이는 너희로 온전하고 구비하여
조금도 부족함이 없게 하려 함이라

— 영적으로 변화된 사람에게는 새로운 감정이 일어난다. 영적으로 변
화된 사람의 경건한 감정은 은혜에 대한 감사로부터 시작한다. 감사,
기쁨, 평안, 긍휼, 기도는 성령의 열매이다. 감사로부터 시작하여 갈라
디아서가 말하는 성령의 열매가 맺힌다. "오직 성령의 열매는 사랑과
희락과 화평과 오래 참음과 자비와 양선과 충성과 온유와 절제니 이
같은 것을 금지할 법이 없느니라" (갈라디아서 5:22-23)

갈 5:22 오직 성령의 열매는 사랑과 희락과 화평과 오래 참음
과 자비와 양선과 충성과
갈 5:23 온유와 절제니 이같은 것을 금지할 법이 없느니라

— 감사할 수 있는 것도 큰 은혜이다. 내가 한 것이 아무것도 없는 것
을 바라볼 때 내가 받은 것에 대하여 감사가 나온다. 내가 받을 자격
이 없고 권리가 없다고 여길 때, 받은 것에 더욱 감사하게 된다. 마태

복음 20장에 등장하는 예수님의 포도원 품꾼들 비유에서 포도원에 일꾼으로 초청받은 사람들은 자기들이 일한 시간과 상관없이 한 데라리온씩 받았다. 아침부터 일한 사람은 저녁에서부터 일한 사람보다 더 많은 시간 동안 일을 했기 때문에 더 많은 임금을 받을 권리가 있을 것으로 생각했다. 그러나 맨 나중에 저녁에 초청받은 사람들은 한 데나리온의 임금에 진정으로 감사하였다. 이 돈으로 그들은 하루의 삶을 영위할 수 있었다. (마태복음 20:1－16) 감사가 있으면 하나님을 의지하고 의탁하게 된다. 삶의 방식이 "은혜로 사는 길"과 "권리로 사는 길"로 갈리게 된다. 내가 당연히 받을 권리가 있다고 생각하는 사람들은 은혜를 바라보기가 참 어렵다.

4) 사랑 vs 교만

－ 사랑은 하나님의 속성이다. 하나님은 인자와 긍휼로 우리를 바라보신다. 사랑은 선의, 선을 향한 의지, 상대의 선을 추구하는 기쁨을 수반한다. 하나님과 분리된 사람은 세상에 있는 육신의 정욕과 안목의 정욕을 추구한다. (요한일서 2:16) 욕망은 자기만족만을 추구한다. 교만은 다른 사람은 보지 못하고 내 욕망의 충족만을 바라본다. 교만은 사랑의 반대이다.

> 요일 2:16 이는 세상에 있는 모든 것이 육신의 정욕과 안목의
> 정욕과 이생의 자랑이니 다 아버지께로부터 온 것이 아니요 세
> 상으로부터 온 것이라

－ 고린도전서 13장은 사랑을 전한다. "사랑은 오래 참고 사랑은 온유하며 시기하지 아니하며 사랑은 자랑하지 아니하며 교만하지 아니하며, 무례히 행하지 아니하며 자기의 유익을 구하지 아니하며 성내지 아니하며 악한 것을 생각하지 아니하며 불의를 기뻐하지 아니하며 진리와 함께 기뻐하고 '모든 것을 참으며' 모든 것을 믿으며 모든 것을 바라며 모든 것을 견디느니라" (고린도전서 13:4－7) 사랑은 "오래 참는" 데서부터 시작하여 "모든 것을 참는 데"까지 이른다. 오래 참는 것이 얼마나 중요한지 생각하게 된다.

－ 좋은 감정을 취하도록 노력해야 한다. 감정이 나의 주인이 되면 재앙을 일으킨다. 감정은 종이 되어야 한다. 경주에 여주 이 씨와 월성 손 씨의 두 집안의 집성촌인 "양동마을"이 있다. 양동마을은 조선시대에 훌륭한 인재를 많이 배출한 마을로 알려졌다. 이곳에 "서백당"이라는 건물이 있다. 서백당은 마을 학생들이 마음공부를 하는 인성교육 교실이다. "서백당(書百堂)"이라는 당호는 "참을 인(忍)"자를 백번을 쓰면서 마음을 잡는 공부를 했다는 뜻으로 붙인 이름이다. 양동마을의 인성교육은 "오래 참는 것"으로부터 시작하여 모든 것을 참는 것으로 인성교육의 기본을 삼았다.

> 고전 13:4 사랑은 오래 참고 사랑은 온유하며 시기하지 아니하며 사랑은 자랑하지 아니하며 교만하지 아니하며
> 고전 13:5 무례히 행하지 아니하며 자기의 유익을 구하지 아니하며 성내지 아니하며 악한 것을 생각하지 아니하며

고전 13:6 불의를 기뻐하지 아니하며 진리와 함께 기뻐하고

고전 13:7 모든 것을 참으며 모든 것을 믿으며 모든 것을 바라며 모든 것을 견디느니라

5) 기쁨: 하나님의 기쁨 vs 나의 쾌락

- 하나님이 기뻐하실 때, 우리도 기뻐하게 된다. 하나님의 사랑 안에 있을 때 기쁨이 뒤따른다. 그 기쁨은 우리의 삶이 하나님 사랑의 큰 그림 안에서 연결될 때에 더욱 깊고 넓게 그리고 높게 퍼진다. 이 기쁨이 우리의 내적 변화와 외적 생활의 기본요소가 된다. 하나님의 뜻과 계획과 예정과 섭리가 나의 기업이 될 때 우리는 기쁨 안에 있게 된다. 재물을 섬기면 재물이 있을 때만 기뻐하게 되지만 하나님을 섬기면 하나님과 연결될 때 기뻐할 수 있다.

- 성경은 빌립보서와 데살로니가전서에서 "주 안에서 항상 기뻐하라 내가 다시 말하노니 기뻐하라(빌립보서 4:4)"고 말씀한다. "항상 기뻐하라(데살로니가전서 5:16)"고 말씀한다. 우리는 잠깐씩 기뻐할 수는 있어도 항상 기뻐할 수는 없을 것이다. 성경은 주안에서 "항상 기뻐하라"고 말씀한다. 주님이 기뻐하실 때에 우리도 기뻐할 수 있다. 주님의 뜻을 먼저 따를 때에 주안에서 기쁨이 온다. "주 안에서 주님의 기쁨"이 우리의 기쁨의 근거가 되면 우리는 항상 기뻐할 수 있다. 그러나 "나의 쾌락"이 기쁨의 근거가 되면 상황에 따라 잠시 즐거울 수는 있어도 어려운 상황에서는 기뻐할 수 없을 것이다.

빌 4:4 주 안에서 항상 기뻐하라 내가 다시 말하노니 기뻐하라
살전 5:16 항상 기뻐하라

6) 평안: 넉넉히, 느긋, 너그럽게

- 우리의 육신은 편안(便安)함을 추구한다. 편안함은 우리가 원하는 "편익(benefits)을 확보하는 데 문제가 없는 안심"에서 온다. 그래서 "편안"이라고 한다. 이때 편익은 물질적인 이익이 대부분이다. 누가복음에 나오는 다음 날 죽는 줄도 모르고 곡식을 보관할 창고를 지으려는 부자는 편안함을 구하였다. (누가복음 12:20-21) 김동호 목사는 편안은 진짜 복이 아니라고 역설한다.[8] 하나님은 "주를 신뢰하는 심지가 견고한 자를 평강하고 안심하도록 지키시리"라고(이사야 26:3) 약속하신다. "평안(平安)"은 "평강에 대한 안심"이 평안이다.

사 26:3 주께서 심지가 견고한 자를 평강하고 평강하도록 지키시리니 이는 그가 주를 신뢰함이니이다
롬 5:2 또한 그로(우리 주 예수 그리스도로) 말미암아 우리가 믿음으로 서 있는 이 은혜에 들어감을 얻었으며 하나님의 영광을 바라고 즐거워하느니라

- 평안은 평강을 책임져 주신다는 믿음에서 온다. 우리가 들판에 홀로 서 있는 것이 아니고 "주님의 품 안에 있음을 믿고 나아갈 때" 평

---

8) 김동호, Faith; Book 믿음의 책: 로마서 이야기, 규장, 2019. p.140.

안을 얻게 된다. 이것은 은혜로서만 가능하다. 내가 염려하는 문제를 하나님 앞에 내려놓을 때 나는 평안해진다. 평안의 비결은 하나님께 의지하는 것이다. 내 삶을 책임져 주시는 하나님을 신뢰하는 자에게 "견고한 성읍"으로 들어오게 하신다. 견고한 성읍이 평안이다. "주를 신뢰하는 심지가 견고한 자를 평강하고 평강하도록 지키시리"라고 약속하신다. (이사야 26:3) 모든 것을 합력하여 선을 이루시는 하나님 (로마서 8:28)의 평강이 너희 마음과 생각을 지키시리라는 것을 바라고 나아간다. (빌립보서 4:7) 좀 길지만 관련된 말씀의 구절을 읽어 보면 평안을 느끼게 된다.

사 26:3 주께서 심지가 견고한 자를 평강하고 평강하도록 지키시리니 이는 그가 주를 신뢰함이니이다

롬 8:28 우리가 알거니와 하나님을 사랑하는 자 곧 그의 뜻대로 부르심을 입은 자들에게는 모든 것이 합력하여 선을 이루느니라

빌 4:6 아무것도 염려하지 말고 다만 모든 일에 기도와 간구로, 너희 구할 것을 감사함으로 하나님께 아뢰라
빌 4:7 그리하면 모든 지각에 뛰어난 하나님의 평강이 그리스도 예수 안에서 너희 마음과 생각을 지키시리라

— 욥은 하나님을 뵙고 나서 내가 왜 이 고난을 당해야 하는지 따지는 질문을 더 이상 던지지 않았다. 그는 광대무변한 이 우주와 세상에 무

소부재하신 하나님의 충족을 보고, 자기가 주인이 될 수 없음을 단숨에 알아보았다. 하나님이 주시는 사랑과 기쁨과 평안이 그에게 단번에 찾아 들었다.9) 이 주님이 주시는 주님안에서의 평안을 "ㄴ"자로 정리해 보았다. 시간차원에서 느긋하고, 관계차원에서 너그럽고, 나의 마음의 공간차원에서 넉넉하게 있기를 소망한다.

c. 회복의 드라마가 쓰여짐

1) 의지의 매듭짓기

— Willard 목사는 마음의 혁신에서 "성품의 변화는 가능하다"는 길을 제시한다. 우리를 부르시는 하나님을 바라보고 나아가면 된다. 하나님은 우리와 화목을 원하신다. 그리하여 예수님은 화목제물이 되셨다. 주님을 의지하여 우리가 돌아서면 그다음 일은 하나님께서 책임져 주신다. 회복의 드라마가 쓰여 진다. 이재철 목사는 이 과정을 "회복의 신앙"으로 정리한다.10)

— 하나님의 부르심에 응하여 하나님께로 돌아서는 "작은 매듭짓기"를 통하여 나아간다. 생각을 새롭게 하여 새로운 관점으로 생각의 틀을 바로 잡고 감정을 통제하는 의지의 매듭짓기를 통하여 회복의 길로 나아갈 수 있다. 내가 나의 주인이 아님을 인식하고 주님을 나의 구주로 영접함으로써 회복의 문을 열어간다. 내가 하는 것은 "작은 매

---

9) 100주년기념교회, 새벽묵상 욥기, 100주년기념교회, 2018. p.358-359.
10) 이재철, 회복의 신앙, 홍성사, 2009.

듭짓기”일 뿐이다. 하나님의 뜻과 말씀에 굴복하고 그의 뜻을 향하여 화살이 과녁을 적중하듯 그의 뜻을 바라고 나아간다.

‒ 이때 새로운 나의 의지가 세워진다. 이것은 내가 세우는 것이 아니다. 성품을 다루시는 하나님 안에서 지족(知足)함과 자족(自足)함을 인식하고 감사와 기쁨과 기도로 나아갈 때 하나님께서는 우리를 새로운 피조물로 빚어주신다. 이것이 회복의 드라마의 큰 틀이다. 지족에서 시작하여 자족에 이르러야 한다. 이것은 하나님이 하시는 “큰 매듭짓기”이다. 이 “매듭짓기”는 공부하는 마음으로 연결된다.

(1) 의지의 선택

‒ 하나님은 우리에게 의지를 주셨다. 의지는 인격형성의 핵심요인이다. 하나님은 인간의 자유로운 선택을 허락하셨다. 하나님이 주신 이 “자유선택의 의지”가 인간존엄성의 기초가 된다. 하나님은 우리의 의지를 성품을 만드는 기제로 허용하셨다. 하나님은 타율적으로 인간의 성품을 다듬어 가시지 않는다. 하나님께서는 회복의 과정을 통하여 역사하신다.

‒ 우리가 육신에 속해 있을 때 육신의 의지로 선택한다. 그 결과로 우리는 “육신의 감정”의 노예가 된다. 하나님은 우리를 죄악으로부터 회복시켜 주시기 위하여 구원의 은혜를 베푸신다. 우리를 부르시는 하나님은 우리가 회복되기를 원하신다. 새로운 피조물로서 마음도 새로

워지고 성품도 새로워진다. 우리의 성품은 변화할 수 있다. 우리의 새로운 성품으로 변화되어 우리의 삶은 회복의 드라마를 연출한다. 이재철목사는 이 과정을 "매듭짓기"로 이름붙였다.[11]

– 하나님의 은혜와 선함을 좇는 의지로서 감정을 극복할 수 있는 힘을 얻게 된다. 에베소서는 이것을 "은혜의 영광"이라고 말한다. "이는 그가 사랑하시는 자 안에서 우리에게 거저 주시는 바 그의 은혜의 영광을 찬송하게 하려는 것이라" (에베소서 1:6). 우리는 노력해야 한다.

(2) 내 뜻을 하나님의 뜻에 동화시킴 (요한복음 8:29, 갈라디아서 2:20)

– "새 사람의 의지"는 우리를 하나님의 뜻에 매듭짓는 결단을 하게 한다. 매듭짓기가 이에 해당한다. 성품은 의지에서 파생된다. 나의 결단과 선택이 나의 성품을 결정한다. 성경은 두가지 길을 제시한다. "육신의 길"과 "여호와의 길"이다. "무릇 사람을 믿으며 육신으로 그의 힘을 삼고 마음이 여호와에게서 떠난 그 사람"의 길과, "무릇 여호와를 의지하며 여호와를 의뢰하는 그 사람"의 길이다. (예레미아 17:5–8) 이 두 길 사이에 복과 저주가 갈린다.

> 렘 17:5 여호와께서 이와 같이 말씀하시니라 무릇 사람을 믿으
> 며 육신으로 그의 힘을 삼고 마음이 여호와에게서 떠난 그 사

---

11) 이재철, 매듭짓기, pp.189–245.

람은 저주를 받을 것이라

렘 17:7 그러나 무릇 여호와를 의지하며 여호와를 의뢰하는 그
사람은 복을 받을 것이라

－ 하나님은 우리의 마음의 중심을 보신다. 마음은 하나님이 우리를
감찰하시고 상대하시는 곳이다. 하나님이 원하시는 것은 마음에서만
나올 수 있기 때문이다. 하나님은 그의 뜻을 이루시기 위하여 경건한
성품을 찾으신다. 우리 마음의 미세한 움직임에도 하나님은 민감하시
다. 하나님은 주의 이름을 부르는 자를 찾으신다. 예레미야는 하나님
의 말씀을 전한다. "만물보다 거짓되고 심히 부패한 것은 마음이라.
하나님은 심장을 살피며 폐부를 시험하고 각각 그의 행위와 그의 행
실대로 보응하신다. "

렘 17:10 나 여호와는 심장을 살피며 폐부를 시험하고 각각 그
의 행위와 그의 행실대로 보응하나니

2) 회복의 드라마

(1) 굴복으로 시작하는 드라마

－ 내 뜻대로 살면서 하나님의 뜻에 굴복할 수 없다. 하나님의 뜻에
굴복하는 자에게 하나님은 그 뜻을 계시하여 주신다. "항상 복종하여
두렵고 떨림으로 너희 구원을 이루라"고 (빌립보서 2:12) 권면한다.
"너희 안에서 행하시는 이는 하나님이시니 자기의 기쁘신 뜻을 위하
여 너희에게 소원을 두고 행하게 하시나니 모든 일을 원망과 시비가

없이 하라(빌립보서 2:13-14)"고 말씀한다. 구원을 이루기 위하여 하나님의 뜻을 공부해야 한다. 영의 양식이 되는 말씀을 먹어야 한다. 우리가 매일 성경을 읽어야 할 이유가 여기에 있다.

> 빌 2:12 그러므로 나의 사랑하는 자들아 너희가 나 있을 때뿐 아니라 더욱 지금 나 없을 때에도 항상 복종하여 두렵고 떨림으로 너희 구원을 이루라
> 빌 2:13 너희 안에서 행하시는 이는 하나님이시니 자기의 기쁘신 뜻을 위하여 너희에게 소원을 두고 행하게 하시나니
> 빌 2:14 모든 일을 원망과 시비가 없이 하라

(2) 나를 맡기는 의탁의 단계

— 회복의 드라마는 굴복으로 시작하여 하나님의 뜻에 의지하고 나를 맡기는 의탁의 단계로 나아간다. 계명을 넘어 삶의 모든 상황에서 하나님을 의지하는 마음으로 나아간다. 착한 이들에게 나쁜 일도 벌어질 수 있음을 수용한다. 신묘막측하신 그분의 계획과 "하나님의 때"를 받아들인다. "오직 성령이 말할 수 없는 탄식으로 우리를 위하여 친히 간구하심을" 믿는다. (로마서 8:26) "하나님을 사랑하는 자 곧 그의 뜻대로 부르심을 입은 자들에게는 모든 것이 합력하여 선을 이루느니라"는 (로마서 8:28) 로마서 8장의 회복의 약속을 믿는다. "또 미리 정하신 그들을 또한 부르시고 부르신 그들을 또한 의롭다 하시고 의롭다 하신 그들을 또한 영화롭게 하셨느니라"는 (로마서 8:30) 약속의 말씀을 따른다.

126

롬 8:26 이와 같이 성령도 우리의 연약함을 도우시나니 우리는 마땅히 기도할 바를 알지 못하나 오직 성령이 말할 수 없는 탄식으로 우리를 위하여 친히 간구하시느니라

롬 8:28 우리가 알거니와 하나님을 사랑하는 자 곧 그의 뜻대로 부르심을 입은 자들에게는 모든 것이 합력하여 선을 이루느니라

(3) 하나님의 뜻에 자족하는 단계

– 하나님이 인도하시는 질서에 만족하는 단계로 들어간다. 모든 일에 하나님의 뜻하신 바와 인도하심이 있음을 믿게 된다. 믿을 뿐만 아니라 하나님의 역사하시는 손길을 바라보며 먼저 감사하고 기뻐하게 된다.

– 하나님의 역사하시는 손길을 보기 때문에 감사와 기쁨이 삶의 기류가 된다. 데살로니가전서의 "항상 기뻐하라 쉬지 말고 기도하라 범사에 감사하라 이것이 그리스도 예수 안에서 너희를 향하신 하나님의 뜻이니라"는 (데살로니가전서 5:16, 18) 말씀을 이해하고 이 말씀이 마음에 와닿게 된다. 책임져 주시는 하나님을 바라보게 된다. 하나님에 대한 믿음으로 불평과 불만이 사라진다.

– 그리하여 "너희끼리 서로 화목하고, 게으른 자들을 권계하며 마음이 약한 자들을 격려하고 힘이 없는 자들을 붙들어 주며, 모든 사람에

127

게 오래 참으라. 누가 누구에게든지 악으로 악을 갚지 말게 하고 서로 대하든지 모든 사람을 대하든지 항상 선을 따르라"는 말씀에 자족하게 된다. (데살로니가전서 5:13-15) "살펴줌", "살림", 그리고 "세워줌"의 "ㅅ"자로 요약되는 하나님의 뜻을 생각한다.

> 살전 5:14 또 형제들아 너희를 권면하노니 게으른 자들을 권계하며 마음이 약한 자들을 격려하고 힘이 없는 자들을 붙들어 주며 모든 사람에게 오래 참으라
> 살전 5:15 삼가 누가 누구에게든지 악으로 악을 갚지 말게 하고 서로 대하든지 모든 사람을 대하든지 항상 선을 따르라

(4) 하나님의 뜻을 이루는데 동참하게 된다: 새로운 출발

> 계 22:5 다시 밤이 없겠고 등불과 햇빛이 쓸데없으니 이는 주 하나님이 그들에게 비치심이라

— 하나님의 뜻을 이루는 데 동참하게 된다. 상황이 비록 비참하더라도 수용한다. 비록 무화과나무가 무성하지 못하며 포도나무에 열매가 없으며 감람나무에 소출이 없으며 밭에 먹을 것이 없으며 우리에 양이 없으며 외양간에 소가 없을지라도 "나는 여호와로 말미암아 즐거워하며 나의 구원의 하나님으로 말미암아 기뻐하리로다"고 고백하게된다. (하박국 3:17-18)

합 3:17 비록 무화과나무가 무성하지 못하며 포도나무에 열매
가 없으며 감람나무에 소출이 없으며 밭에 먹을 것이 없으며
우리에 양이 없으며 외양간에 소가 없을지라도
합 3:18 나는 여호와로 말미암아 즐거워하며 나의 구원의 하나
님으로 말미암아 기뻐하리로다

― 이 "없을지라도" 믿음 위에 서서 우리 자신을 넘어서 하나님의 능력으로 하나님의 뜻을 이루는 일에 동참한다. 우리가 비록 육신의 한계 속에 있다 할지라도 "이제는 내가 사는 것이 아니요 오직 내 안에 그리스도께서 사시는 것이라 이제 내가 육체 가운데 사는 것은 나를 사랑하사 나를 위하여 자기 자신을 버리신 하나님의 아들을 믿는 믿음 안에서 사는 것이라"(갈라디아서 2:20)는 믿음으로 나아가게 된다.

― 영원을 내다보며, 하나님이 일하시는 드라마의 힘으로 나아간다. 의를 실현하는데 헌신한다. 이것이 "내 안에 그리스도께서 사신다"는 뜻이다. 나는 사라지고 주님의 빛만 들어나니 "다시 밤이 없겠고 등불과 햇빛이 쓸데없으니 이는 주 하나님이 그들에게 비치심이라 그들이 세세토록 왕 노릇 하리로다(요한계시록 22:5)"고 기대하게 된다.

계 22:5 다시 밤이 없겠고 등불과 햇빛이 쓸데없으니 이는 주
하나님이 그들에게 비치심이라 그들이 세세토록 왕 노릇 하리
로다

3) 단순함을 추구함: 삶이 달라진다.

― 우리의 의지가 말씀에 굴복하는 여정은 타락한 성품과 싸우는 길을 걷는 것과 같다. 타락한 성품에 젖은 나의 육신의 감정, 생각, 의지 그리고 나의 "옛 사람의 속성"을 버리고 새로운 피조물과 "새로운 속 사람"으로 거듭나는 것을 향하여 나아간다.

(1) 순결한 마음으로

― 우리의 마음에 두 마음을 품지 않고 마음의 중심이 하나님의 뜻에 적중하도록 노력한다. 감정에 끌려다니는 "겉 사람"을 벗고 "속 사람"이 하나님의 뜻을 바라본다. "순결한 마음"이란 한 가지에만 뜻을 두는 마음이다. 심령이 가난한 사람을 말한다. 때로는 우리의 욕심과 탐심으로 인하여 우리 삶은 뒤얽힌다. "오직 각 사람이 시험을 받는 것은 자기 욕심에 끌려 미혹됨이기 때문이다"라고 말씀한다. (야고보 1:14) 이런 사람은 두 마음을 품어 모든 일에 정함이 없는 자들이다. 욕심의 미혹을 넘어서야 한다. 너희 영혼을 능히 구원할 바 마음에 심어진 말씀을 온유함으로 받으라. 너희는 말씀을 행하는 자가 되고 듣기만 하여 자신을 속이는 자가 되지 말라(야고보 1:21－22)"는 말씀을 따르도록 노력한다. 하나님 아버지 앞에서 정결하고 더러움이 없는 경건은 곧 고아와 과부를 그 환난 중에 돌보고 또 자기를 지켜 세속에 물들지 아니하는 그것이니라. "끝까지 온전하게 하나님 앞에서의 경건을 이루는 것이 중요하다.

130

약 1:21 그러므로 모든 더러운 것과 넘치는 악을 내버리고 너희 영혼을 능히 구원할 바 마음에 심어진 말씀을 온유함으로 받으라
약 1:22 너희는 말씀을 행하는 자가 되고 듣기만 하여 자신을 속이는 자가 되지 말라

(2) 욕심의 미혹을 넘어

– 욕심을 습관적으로 따르면 욕심의 위력은 커진다. 욕심이 우리의 의지가 되고 욕심의 위력은 더 커진다. 우리의 의지와 사고는 욕심의 노예가 된다. 인간이 어떻게 저럴 수 있을까라는 탄식이 나오게 되는 일이 발생한다. 우리의 마음에서 거짓과 악을 제거해야 한다. 하나님의 뜻을 기준으로 의지의 선택으로 악의 길을 벗어나야 한다. 이를 위하여 간구하는 기도가 있어야 한다.

롬 13:10 사랑은 이웃에게 악을 행하지 아니하나니 그러므로 사랑은 율법의 완성이니라

– 교활함과 악의를 버리는 것은 작은 일에서부터 시작한다. 작은 선택으로부터 우리의 삶과 현실이 달라진다. 영적 훈련은 나의 육신과 영혼 사이에 있는 나의 이중적 실체를 바라보는 데서부터 시작한다. 나를 바라보고 하나님 앞에서는 고독과 금식, 예배와 섬김으로 나아간다. 고독을 통하여 하나님과 단 둘이 있게 되고, 하나님을 독대하고, 금식으로 하나님이 먹여 주시는 영의 양식을 먹고, 예배를 통하여 하

나님을 높여 드리고 섬김으로서 내 욕심과 이익을 포기한다. 이 과정은 장기간의 노력을 요하는 과정이다. 하나님은 이 과정에서 우리를 바로 잡아 주신다.

(3) 주님의 징계하심에 참여

— 회복의 길에서 "믿음의 주요 또 온전하게 하시는 이인 예수를 바라보자(히브리서 12:1－2)" 주님의 징계하심을 통하여 주님의 거룩하심에 참여하자고 권면한다. "내 아들아 주의 징계하심을 경히 여기지 말며 그에게 꾸지람을 받을 때에 낙심하지 말라 우리의 유익을 위하여 그의 거룩하심에 참여하게 하시느니라."고 권한다. (히브리서 12: 5, 10) "주께서 인생으로 고생하게 하시며 근심하게 하심은 본심이 아니시로다"라고 위로하신다. (예레미야 애가 3:33)

> 히 12:10 그들은 잠시 자기의 뜻대로 우리를 징계하였거니와 오직 하나님은 우리의 유익을 위하여 그의 거룩하심에 참여하게 하시느니라
> 히 12:11 무릇 징계가 당시에는 즐거워 보이지 않고 슬퍼 보이나 후에 그로 말미암아 연단 받은 자들은 의와 평강의 열매를 맺느니라

(4) 하나님의 평강 안에서

- 이 과정을 통하여 "새로운 피조물로서 나의 의지"를 갖게 된다. 선하고 옳은 쪽으로 반응할 준비와 능력을 갖추게 된다. 이러한 의지와 성품을 갖는 것은 은혜의 선물이다. 예수님의 가르침대로 "나를 위하여 자기 목숨을 잃는 자는 얻으리라"는 말씀처럼 자기목숨을 잃어 나를 찾은 자들이다.[12]

> 마 10:39 자기 목숨을 얻는 자는 잃을 것이요 나를 위하여 자
> 기 목숨을 잃는 자는 얻으리라

---

12) 유기성 목사 - 마음의 상처에서 벗어나는 길
   (YouTube https://www.youtube.com/watch?v=XPbImmldQNE)

제2부

소명의 끈을 찾아서: 이차적 소명

- 이 세상 만물 중에 하나님의 작품이 아닌 것이 없다. 이 세상의 잎사귀 하나에도 하나님의 손길이 담겨 있다. 하나님의 손안에서 이루어지는 수고는 그것이 아무리 사소한 것일지라도 선하고 영원무궁한 가치를 지닌다. 큰 그림 안에 있는 작은 점은 큰 그림의 일부가 되어 큰 그림이 된다.

- 일(Work)에는 창조 본연의 하나님의 질서가 담겨 있다. 일은 하나님의 뜻을 드러내고 하나님의 기쁨을 나타낸다. 하나님은 창조의 기쁨을 보여주셨다. 하나님은 하나님이 만드신 이 세상의 관리를 인간에게 위임하시었다. 그리고 인간이 이 일을 감당할 수 있도록 복을 주시었다. 일에는 하나님의 위임과 하나님이 주신 복이 들어 있다. 일은 중요하다. 일은 저주가 아니다. 우리는 일을 통하여 나를 표현하고 나의 삶을 이루고 일을 통하여 우리는 유익하고 선한 존재가 된다.

- 하나님은 인간을 통하여 일하신다. 인간은 그의 동반자가 되기 위하여 하나님의 사람으로 성품을 갖추고 선한 일에 쓰임 받는 능력을 구비해야 한다. 이를 위하여 일을 하고 공부해야 한다. 우리는 일을 통하여 공부한다. 그것도 평생에 걸쳐 공부해야 한다.

제1장

일에 겉과 속
: 職과 業(직과 업)

a. 모든 일에는 겉이 있고 속이 있다.

- 모든 일은 직업이라는 모양을 갖는다. 일은 "하는 일"의 측면이 있고 "일하는 뜻"의 측면이 있다. 하는 일은 겉으로 드러나고 일하는 뜻은 속에 자리잡는다. 일의 겉을 외재적이라고 하고 일의 뜻을 내재적이라고 부른다. 하는 일은 세상의 필요를 반영한다. 일을 하는 사람이 자기를 그 일에 맞추어야 한다. 하는 일의 가치는 보수, 명예, 권력, 책무 등으로 객관적으로 정해진다. 하는 일의 가치는 이 직무로부터 파생한다. 겉으로 드러나는 가치라고 해서 이것을 "일의 외재적 가치"라고 한다.

- 일 속에 들어있는 일하는 뜻의 측면은 하나님의 뜻과 부름을 반영한다. 하나님이 주시는 복을 안고 있다. 일 속에 들어있는 하나님의 뜻과 계획, 하나님의 기쁨, 하나님의 섭리와 위임, 하나님이 주시는 복과 같은 이 모든 것을 합하여 고성준 목사는 이것을 데스티니, 나를 향한 하나님의 계획이라고 부른다.[1] 이 데스티니를 "우리를 불러 보여주신 해야 할 일"이라는 의미에서 "업(業)"이라고 부를 수 있다.

---

1) 고성준, 데스티니, p.33.

– 일의 업을 가리켜 vocation이라고 부른다. Vocation은 일의 속에 들어 있는 "소명의 부름"을 반영한다. 소명은 하나님의 뜻으로부터 온다. 소명은 하나님의 부르심이다. 소명은 우리에게 무언가를 요구한다. 부름을 받았다고 느끼면 그때부터 소명은 일하신다. 소명은 하나님이 우리 안에 심어두신 것의 일부이기도 하다. 소명은 한번 씨를 뿌리면 해마다 살아나 꽃을 피우는 다년생 식물처럼, 소명은 우리 안에서 표출되기를 기다리고 있다. "하는 일"로서의 일의 그 의미나 조건 등은 잘 보이나 일의 소명적 측면은 잘 보이지 않는다. 우리가 하나님을 바라볼 때 "일의 업"을 볼 수 있다. 육신의 눈으로는 일의 겉을 바라보고 믿음의 마음으로는 일의 뜻을 바라본다. "하는 일"로서의 일을 occupation이라고 부르고 "부름의 뜻"을 따르는 일을 vocation이라고 부른다.

– 직업은 없어도 소명은 있어야 한다. 소명은 존재가 되는 것이다. 하나님의 뜻에 따라 내 존재를 가지고, 섬기려 하고, 베풀려하고, 도와주려하고, 나누려 할 경우에 내가 해야 할 일이 보이고, 가야 할 길이 보인다. 나를 향한 이 일에 먼저 전념할 때 "할 일이 보이고" 할 일이 생긴다. 예수님께서는 "먼저 그의 나라와 그의 의를 구하라"고 말씀하신다. (마태복음 6:33)

> 마 6:33 그런즉 너희는 먼저 그의 나라와 그의 의를 구하라 그리하면 이 모든 것을 너희에게 더하시리라

1) 소명의 길

- 소명을 생각하는 것은 "믿음의 눈"으로 세상을 보는 방식이다. "소명의 길"은 우리가 예수그리스도를 통하여 하나님의 뜻을 추구하는 길이다. 하나님은 모든 사람들을 동원하여 그분의 목적을 이루신다. 불신자도 소명의 공동선에 참여하여 기여한다.

- 소명의 길로 인도 받은 사람들은 더 높은 목표의식을 갖고 더 큰 그림을 본다. 모든 일은 이해하는 방식에 따라서 그 일이 중요하게 되고 의미 있게 된다. 그들은 관계를 회복하고 깨어진 세상을 고친다. 소명은 이 땅의 삶에 적용된다. 소명은 하나님이 만든 세상에 긍정적으로 기여함으로써 그분을 높인다. 소명은 종교적 직업을 가진 사람들만의 몫은 아니다. 하나님 관점에서는 모든 것이 귀하다. 의미 없는 잡초 같은 인생은 없다

(1) 성경은 모든 일에 두 측면이 있음을 말한다. 히브리서는 "믿음으로 모든 세계가 하나님의 말씀으로 지어진 줄을 우리가 아나니 보이는 것은 나타난 것으로 말미암아 된 것이 아니니라"고 지적한다. (히브리서 11:3) 이 세상에는 보이는 것이 있고 나타나지 않은 보이지 않는 것이 있음을 지적한다. 보이는 것은 "나타나지 않은 보이지 않는 것"으로 말미암아 된 것이라고 지적한다. 이것은 믿음의 눈으로 볼 수 있다. 하나님의 말씀은 보이지는 않으나 창조의 근원이시다.

히 11:3 믿음으로 모든 세계가 하나님의 말씀으로 지어진 줄을 우리가 아나니 보이는 것은 나타난 것으로 말미암아 된 것이 아니니라

— 사도 바울은 로마서에서 "보이는 것의 거짓됨"과 "보이지 않는 것의 참됨"을 "표면적인" 것과 "이면적인" 것으로 나누어 구분하였다. (로마서 2:28—29) 참된 것은 눈에 보이는 표면적으로 드러나지 않는다. "오직 이면적 유대인이 유대인이며 할례는 마음에 할지니 영에 있고 율법 조문에 있지 아니한 것이라"고 지적한다. "우리의 겉 사람은 낡아지나 우리의 속 사람은 날로 새로워진다"고 말하여(고린도후서 4:16) 겉 사람과 속 사람을 구분하였다. 우리가 하는 일도 겉으로 보이는 부분과 보이지 않는 속 부분으로 구분된다. 성경은 보이는 것과 보이지 않는 것 그리고 겉과 속이 있음을 보여준다.

롬 2:28 무릇 표면적 유대인이 유대인이 아니요 표면적 육신의 할례가 할례가 아니니라
롬 2:29 오직 이면적 유대인이 유대인이며 할례는 마음에 할지니 영에 있고 율법 조문에 있지 아니한 것이라 그 칭찬이 사람에게서가 아니요 다만 하나님에게서니라

고후 4:16 그러므로 우리가 낙심하지 아니하노니 우리의 겉사람은 낡아지나 우리의 속사람은 날로 새로워지도다

2) 일의 속에는 하나님의 뜻이 있다.

― 에베소서 1장 10−12절의 말씀은 존재하는 모든 것들의 이유와 목적을 제시하고 우리가 하는 일의 속에 있는 것을 보여준다. 차분하게 읽어 볼 필요가 있다. 의미를 이해하는 데 도움이 되도록 필요한 단어를 넣어본다.

― "하늘에 있는 것이나(카이로스, 하나님의 시공간) 땅에 있는 것이(크로노스, 이 세상의 물질세계의 시공간) 다 그리스도 안에서 통일되게 하려 하심이라. 모든 일을 그의(하나님의) 뜻의 결정대로 일하시는 이의(예수 그리스도의) 계획을 따라 우리가 예정을 입어 그 안에서 기업(하나님의 뜻을 유업으로 받음2))이 되었으니, 이는 우리가 그리스도 안에서 전부터 바라던 "그의 영광의 찬송"이 되게 하려 하심이라. (에베소서 1:10−12)

> 엡 1:10 하늘에 있는 것이나 땅에 있는 것이 다 그리스도 안에서 통일되게 하려 하심이라
> 엡 1:11 모든 일을 그의 뜻의 결정대로 일하시는 이의 계획을 따라 우리가 예정을 입어 그 안에서 기업이 되었으니
> 엡 1:12 이는 우리가 그리스도 안에서 전부터 바라던 그의 영광의 찬송이 되게 하려 하심이라

---

2) 하용조, 에베소서강해: 하나 됨의 열망, 제23권, p.47.

- 중요한 요점을 제시하면 다음과 같다.

(a) (하나님께서는) 곧 창세전에 그리스도 안에서 우리를 택하사 자기의 아들들이 되게 하셨다. 이는 그가 사랑하시는 자 안에서 우리에게 거저 주시는 바 "그(하나님)의 은혜의 영광을 찬송하게" 하려는 것이다. 우리를 하나님의 자녀가 되게 하셨다. 이것은 하나님의 은혜의 영광을 찬송하게 하기 위한 것이다.

(b) 우리가 그리스도 안에서 그의 피로 말미암아 속량 곧 죄 사함을 받은 것은 우리에게 모든 지혜와 총명을 주사, 그(하나님)의 뜻의 비밀을 우리에게 알리신 것이요 그리스도 안에서 예정하신 것이다. 우리를 구원하는 것은 하나님의 계획이다.

(c) 모든 일을 그(하나님)의 뜻의 결정대로 일하시는 이(예수 그리스도)의 계획을 따라 우리가 예정을 입어 그 안에서 기업(하나님의 뜻을 유업으로 받음)이 되었다. 나를 향한 하나님의 계획 안에 나의 일이 있다.

- 모든 일의 속에는 일의 바탕이 있다. 일의 바탕에는 하나님의 뜻과 계획이 있다. 그리고 하나님의 뜻과 계획에 따라 내가 유업으로 받은 일 즉 "나의 기업"이 있다. 기업이 되었다는 것은 내가 "하나님의 뜻을 유업으로 받는 것"을 의미한다. 기업은 하나님의 뜻을 유업으로 받는다는 의미에서 내가 해야 할 일에 대한 나의 인식으로도 볼 수 있다. 나의 기업은 나의 정체성을 들어낸다. 기업에 대한 의식에서 "나의 사명"을 세울 수 있다. 나를 향한 하나님의 뜻과 계획은 나의 일과 서로 연결되어 있다.

– 성경은 이것을 "질그릇에 담겨진 보배"라고 표현한다. "예수 그리스도의 얼굴에 있는 하나님의 영광을 아는 빛"을 질그릇에 담긴 보배라고 부른다. 보배는 하나님의 뜻을 비롯하여 여러 가지를 포함할 수 있다. 일의 속에는 하나님의 뜻이 있다.

> 고후 4:6 어두운 데에 빛이 비치라 말씀하셨던 그 하나님께서 예수 그리스도의 얼굴에 있는 하나님의 영광을 아는 빛을 우리 마음에 비추셨느니라
> 고후 4:7 우리가 이 보배를 질그릇에 가졌으니 이는 심히 큰 능력은 하나님께 있고 우리에게 있지 아니함을 알게 하려 함이라

3) 하나님은 속의 중심을 보신다.

사무엘 선지자는 사울왕 다음에 왕이 될 사람으로 이새의 아들 중에서 엘리압을 찾았다. 그러나 하나님은 그에게 말씀하신다. "그의 용모와 키를 보지 말라 내가 이미 그를 버렸노라 내가 보는 것은 사람과 같지 아니하니 사람은 외모를 보거니와 나 여호와는 중심을 보느니라 하시더라" (사무엘상 16:7) 하나님은 속의 중심을 보신다. 사도 베드로도 하나님은 사람의 외모를 보지 아니하신다고 증언한다.

> 삼상 16:7 여호와께서 사무엘에게 이르시되 그의 용모와 키를 보지 말라 내가 이미 그를 버렸노라 내가 보는 것은 사람과 같지 아니하니 사람은 외모를 보거니와 나 여호와는 중심을 보느니라 하시더라

행 10:34 베드로가 입을 열어 말하되 내가 참으로 하나님은 사
람의 외모를 보지 아니하시고

— 성경은 토기와 토기장이의 비유를 통하여 하나님과 우리와의 관계
를 설명한다. 하나님은 토기장이로서 우리를 빚으신다. 우리는 토기와
도 같다. (이사야 64:8) 우리가 질그릇이라도 그 안에 보배를 담고 있
다. (고린도후서 4:7) 디모데후서는 "큰 집에는 금 그릇과 은 그릇뿐
아니라 나무 그릇과 질그릇도 있어 귀하게 쓰는 것도 있고 천하게 쓰
는 것도 있나니 그러므로 누구든지 이런 것에서 자기를 깨끗하게 하
면 귀히 쓰는 그릇이 되어 거룩하고 주인의 쓰심에 합당하며 모든 선
한 일에 준비함이 되리라"고 말씀을 전한다. 우리는 귀한 그릇이 되고
저 하나 성경은 "귀히 쓰는 그릇"이 되라고 권면한다. 자기를 깨끗하
게 하여 귀히 쓰는 그릇이 되라고 권면한다. 하나님께서는 겉으로 보
이는 그릇보다는 그릇 속에 담긴 보배를 보신다.

사 64:8 그러나 여호와여, 이제 주는 우리 아버지시니이다 우리
는 진흙이요 주는 토기장이시니 우리는 다 주의 손으로 지으신
것이니이다

딤후 2:20 큰 집에는 금 그릇과 은 그릇뿐 아니라 나무 그릇과
질그릇도 있어 귀하게 쓰는 것도 있고 천하게 쓰는 것도 있나니
딤후 2:21 그러므로 누구든지 이런 것에서 자기를 깨끗하게 하
면 귀히 쓰는 그릇이 되어 거룩하고 주인의 쓰심에 합당하며
모든 선한 일에 준비함이 되리라

b. 일의 크기보다는 연결이 중요하다.

- 모든 일에는 겉과 속이 있다. 일의 겉을 "하는 일"이라고 한다면 일의 속은 "업"이 된다. 겉은 잘 보이고 속은 잘 보이지 않는다. 일의 속이 과정상의 특성을 나타낸다면 일의 겉은 일의 결과적 측면을 드러낸다. 일의 속에는 하나님의 소명의 부르심과 나를 향하는 하나님의 계획(destiny)과 주신 재능과 복이 들어있다. 일의 속에는 일의 과정과 나의 정체성이 들어있다. 소득, 사회적 지위, 권력과 영향력 등의 가치 등은 일의 결과로서 드러난다.

- 모든 일은 하나님과 세상을 섬길 수 있는 기회가 된다.[3] 켈러(Keller) 목사는 일에 대한 성경적 관점으로, 일은 하나님의 뜻과 연결되어야 하고 하나님을 섬기는 기회가 되어야 함을 제시한다. 우리는 내 자신만을 위하여 일하지 않고 하나님과 세상을 위해 땀을 흘린다. 이 일을 위하여 하나님께서는 우리에게 복과 달란트를 주시고 우리는 이를 활용한다. 사도 바울은 "오직 주께서 각 사람에게 나눠 주신 대로 하나님이 각 사람을 부르신 그대로 행하라(고린도전서 7:17)"고 명한다. 사도 바울은 우리를 부르시고 나눠 주신 달란트와 은사를 모두에게 유익이 되도록 보살펴주고, 살리고 그리고 세워주는 일에 사용할 것을 권한다. 우리나라의 홍익인간의 교육이념은 이러한 "살핌, 살림, 세움"의 의미를 포함하고 있다.[4]

---

3) 팀 켈러(Keller), 일과 영성, pp.78−101(ch.4).
4) 박남기, 실력의 배신, p.237.

고전 7:17 오직 주께서 각 사람에게 나눠 주신 대로 하나님이
각 사람을 부르신 그대로 행하라 내가 모든 교회에서 이와 같
이 명하노라

- 일에 귀천이 없다는 말이 있다. 아무리 작은 일이라도 하나님의 뜻
과 연결이 되면 하나님이 쓰시는 일이 된다. 비록 하찮아 보이는 일을
하더라고 주님의 사랑으로 이 일을 한다면 이 일은 모두 성스러운 일
이 된다. 모든 일에는 하나님의 소명이 있다. 루터는 교회와 관련된
일만이 "하나님의 뜻에 연결되는 특별한 가치가 있는 일이다"는 생각
을 부정한다.

- 하나님은 우리 모두를 일의 세계로 동등하게 부르셨다. 하나님의
뜻 안에서 우리가 하는 이 모든 일 안에 주님이 계신다. 그래서 우리
가 하는 일을 우리가 하는 것 같아도 실은 주님이 하시는 일임을 보게
된다. 그 일 안에 주님이 계신다. 마치 주님이 사람들의 가면을 쓰고
일하시는 것처럼 생각된다. 모든 일은 하나님을 향하는 예배가 된다.
이때 일은 주님을 기쁘시게 하는 순종이 된다. 모든 일을 통하여 영광
에 휩싸인 하나님의 세계를 볼 수 있다. 일을 통하여 이웃사랑과 하나
님을 섬김은 하나님께 영광을 돌리는 목적에 연결된다. 일을 성실하게
능숙하게 하여 말씀을 이루어 그 열매를 맺게 할 때 일은 우리의 기도
가 된다. 그 일을 완벽하게 해내면 감자껍질을 벗기는 일도 주님의 사
역이 된다. 일을 돈벌이 수단으로만 보게 하는 것은 사탄의 계략이다.

- 우리는 받은 달란트와 재능을 사용하며 일해야 한다. 달란트를 활

용하여 훌륭하게 일을 잘 해야 한다. 그때 그 일은 하나님의 뜻을 안는 일이 된다. 탑승객 155명을 태운 1549편 여객기를 조종하여 이륙하던 설리 기장은 충분한 고도를 확보하지 못한 상황에서 새들과 충돌하여 양쪽 엔진이 모두 힘을 잃고 만다. 절체절명의 순간, 설리 기장은 850미터 상공에서 208초의 시간 동안 위험을 무릅쓰고 허드슨강으로의 수상 착륙을 시도한다. 설리 기장은 "승객을 위해 잠깐 기도하고 일에 집중했다"고 증언하였다. 그의 일은 기도가 되었다. 이 이야기는 "설리: 허드슨강의 기적"이란 영화로 만들어 졌다.

c. 세상에 하찮은 일은 없다.[5]

― 성경이 말하는 직업관은 "모든 직업은 주님의 뜻을 실현하기 위한 도구가 된다"는 관점이다. 직업의 주체는 주님이시다. 이 관점에서는 뜻과 연결이 된다면 모든 직업이 다 성직이 된다. "나의 직업을 통하여 진리의 빛을 전하는가?" 생명의 사역이 이루어지는가? 이것이 문제일 뿐이다.[6]

― 우리는 성공이라는 우상을 안고 산다. 최고와 최대를 추구하는 세상 논리의 끝자락에서 우리는 서로를 비교한다. 내게 있는 것이 조금 크면 교만해지고 조금 작으면 열등감을 갖는다. 그러나 크고 작은 모든 것들은 세월 속에서 사라진다. 해변가에 몰려오는 파도의 힘없는

5) 팀 켈러(Keller), 일과 영성, p.63.
6) 이재철, 신실하게, p.228 – 252.

물거품처럼 그 어떤 위대한 직업도 그 종국에는 힘없는 물거품으로 끝나고 사라질 뿐이다. 전도서는 하나님 없이 벌어지는 모든 노력을 "헛되고 헛되다"고 지적한다.

전 1:2 전도자가 이르되 헛되고 헛되며 헛되고 헛되니 모든 것이 헛되도다

— 이 과정에서 진정 사라져야 할 것은 내가 모든 것의 기준이 된다는 자기중심의 생각이다. 이 허망한 생각은 우리 삶의 끝자락에서 물거품처럼 사라질 뿐이다. 이 허망한 생각이 나일 수 없다. 우리는 여기에 속고 산다. Timothy Keller 목사의 "내가 만든 신(Counterfeit Gods)"은 성공을 포함하여 우리가 안고 사는 여러 가지 우상을 내가 만든 신이라고 지적한다.[7]

— 참된 나는 주님 안에 있는 "나"이다. 내게 있는 모든 것이 은혜이다. 삶을 살아가는 것도 은혜로 살아간다. 삶의 의미는 주님의 영광을 드러내기 위한 것이다. 개인적인 성공과 실패를 넘어서 그 중심에 내가 있지 않고 주님이 있으면 성공이다. 성공은 그 "크기"에 있지 않고 "연결"에 있다. 하나님의 성공계산방식은 세상의 성공계산방식과는 다르다. 세상의 성공계산방식은 "많이, 높게"를 추구한다. 주님은 이 반대로 가라고 하신다. "적게, 낮은 곳을 향하여 좁은 길"로 가라 하신다. 지금 여기 이 순간에 있는 영원의 은혜를 받으라고 하신다.

---

7) 팀 켈러(Keller), 윤종석 옮김, 내가 만든 신, 두란노, 2017

- 우리는 일을 통하여 이웃과 세상을 섬기고 하나님으로부터 은혜를 받는다. 우리가 받는 은혜는 일의 기쁨이며 일할 수 있음에 대한 감사이며 헌신의 소망이다. 일에서의 성공은 그 "크기"에 있지 않고 "연결"에 있다. 인도의 빈민촌에서 빈민을 섬기는 일에 인생을 바친 테레사 수녀는 "나는 작은 일을 큰 뜻으로 한다"는 말을 남겼다. 성경은 모든 일은 하나님의 뜻과 관계만 있다면 일은 종류에 상관없이 모두 귀중하다고 본다. 세상에 하찮은 일은 없다.8)

- 우리는 일을 통하여 하나님의 창조사역에 동참하게 된다. 일은 사람을 존귀하게 만든다. 우리가 하는 일이 하나님 안에서라면 모든 일이 귀중한 일이 된다. 떡 다섯 조각과 물고기 두 마리라도 주님이 쓰셨을 때에는 오병이어의 기적을 일으키는 데 쓰임 받는 귀중한 존재가 된다.

- 남을 위하는, 남을 살리는, 공동체를 위하는 공심(公心)을 지키는 "작은 밑가지"가 되면 성공이다. 국방, 납세, 교육 등에서 나 자신만을 위하기보다는 빚진 자로서 그 빚을 갚는 섬기는 길로 가면 하나님의 은혜 중에 의미있는 성취를 이룩할 수 있다. 이재철 목사는 이 밑가지가 되는 것을 중요한 매듭으로 설정한다. 9) 나의 성공방정식을 돌아보고 새로 설정할 수 있어야 한다.

---

8) 팀 켈러(Keller), 일과 영성, p.59.
9) 이재철, 매듭짓기, p.223 – 252.

d. 일도 중요하지만 쉼도 중요하다.[10]

– 일을 통하여 추구하는 가치는 일의 "하는 일"의 측면과 "일하는 뜻"의 측면에서 서로 다르다. "하는 일"의 측면은 일의 성과가 만들어 내는 가치이다. 세상적으로 시장에서 평가하는 가치들이다. 소득, 사회적 인정, 명예, 권력 등이 "하는 일"에 대한 대가로서의 가치에 포함된다. 이러한 가치는 "일의 겉"으로 드러난다고 생각하여 "일의 외재적 가치"라고 부른다. "하는 일"이 측면은 일의 외재적 가치를 최대로 성취하는 것을 추구한다. 시장의 논리를 반영한다. 일의 외재적 가치만을 목표로 삼을 경우에 일은 우리의 우상이 된다.

– "일하는 뜻"의 측면에서는 하나님의 뜻과 소명을 따라가는 "일의 의미"를 추구한다. 하나님의 뜻을 반영하고, 하나님의 창조의 기쁨을 내포한다. 업에는 하나님의 부름이 들어 있고 하나님이 주시는 복을 안고 있다. 이 업으로부터 나오는 일의 의미와 보람은 "일을 하는 기쁨"과 "일을 하게 됨에 따르는 감사"를 선사한다. 은혜에 대한 반응으로 헌신하게 된다. 이러한 가치는 일 그 자체로부터 나온다는 의미에서 "일의 내재적 가치"라고 한다. 일의 내재적 가치의 근원은 일이 내포하고 있는 "일하는 뜻"이다. 일할 수 있는 기쁨과 은혜에 대한 감사로 일하는 방식이 성립한다. 마태복음의 "포도원 품꾼 비유"는(마태복음 20:1 – 16) 은혜로서 일하는 기쁨을 설명한다. "일하는 뜻"에 대한 의식이 없을 경우에 직업의 내재적 가치를 잃게 된다.

---

10) 켈러(Keller), 일과 영성, p.40.

- "하는 일"을 제대로 수행하지 못하면 "일하는 뜻"의 의미도 추구할 수 없다. 그래서 "일하는 뜻"도 중요하고 "하는 일"도 중요하다. 우리가 일을 할 때 일자리와 일거리를 통하여 얻을 것으로 기대하는 외재적 가치에 관심을 갖는다. 그러나 외재적 가치를 넘어서 일 그 속을 보게 될 때 우리는 일을 통하여 세상을 섬기고 일을 통한 기쁨과 은혜에 대한 감사로 헌신할 수 있는 기회를 얻는다. 외재적 가치만으로서 일의 가치를 높이는 데는 한계가 있다. 일의 내재적 가치를 통하여 일을 통한 행복을 높일 수 있다. 일의 가치는 외재적 가치와 내재적 가치의 합이다.

- 일에 대한 성경의 관점은 외재적 가치와 내재적 가치 간에 균형을 추구한다. "하는 일"로서 일은 일의 결과를 바라보고 그 외재적 결과적 가치를 추구한다. 일의 소명적 측면은 "일하는 뜻"을 바라보고 일의 과정상에 있는 일의 의미를 드러내고 일의 내재적 가치를 바라본다. "하는 일"을 통하여 일의 외재적 가치를 먼저 바라보지만 "쉼"은 일의 내재적 가치를 돌아보는 공간을 만든다. 일을 바라보는 우리의 삶에서 일과 쉼 간의 균형이 있어야 한다. "하는 일"만이 삶의 유일한 의미가 되어서는 안 된다. 일에 병행하여 "쉼"도 있어야 한다. 하나님도 일하신 후에 쉼을 가지셨다.

- 쉼은 우리의 삶에 창조의 질서와 소통하는 마음의 공간이다. 쉼은 눈앞의 이익을 넘어서 사물을 묵상하고 즐길 수 있는 마음을 잡는 시간이다. 쉼은 일의 과정을 주목한다. 일의 과정에는 일의 기쁨. 즐거

움, 보람, 감사가 들어있다. 그리고 일을 감당할 수 있도록 하나님이 주신 재능과 복이 있다. 이러한 가치들은 일의 속에 들어있다고 하여 "일의 내재적 가치"라고 부른다. 일의 내재적 가치를 보는 것을 일에 대한 "은혜의 관점"이라고 할 만하다. 은혜의 관점은 일에 담겨 있는 소명을 바라보고 하나님이 주신 재능과 복을 바라보고 이 바탕 위에서 일의 기쁨. 즐거움, 보람을 감사하게 된다.

e. 여백을 주관하시는 하나님의 인도하심을 믿고 나아간다.

– 여백(餘白)은 남은 공간을 말한다. 우리의 삶과 일의 공간에는 내가 채울 수 없는 많은 여백의 공간이 있다. 우리가 일하는 시간과 공간은 "지금 그리고 여기서"뿐이다. 그리고 "내게 있는 것"[11])으로 일을 하게 된다. 지금 이 순간 화살이 과녁을 맞히듯 내가 하는 일을 하나님의 뜻에 "적중(的中)"하여 나아갈 때 그 일의 나머지 여백은 신묘막측하신 하나님의 섭리로 채워주심을 믿고 나아간다. 지금 여기서 이 일의 속에 있는 하나님의 뜻에 집중할 때 하나님의 인도를 받게 됨을 믿는다. 우리는 나의 시간과 공간을 나의 생각과 계획으로 채우려하고 이것이 채워지지 않으면 불안해한다. 나의 생각으로 채우고 나면 염려와 걱정이 파도처럼 밀려 온다.

– 잠언서는 분명하게 말씀을 전한다. "여호와를 경외하는 것이 지혜의 근본이요 거룩하신 자를 아는 것이 명철이니라", "사람이 마음으로

---

11) 이재철, 내게 있는 것, p.223, p.269.

자기의 길을 계획할지라도 그의 걸음을 인도하시는 이는 여호와시니라" 사람이 그의 장래 일을 능히 헤아려 알지 못하게 하셨다. 지혜와 명철이 없이는 되는 일이 없음을 전한다. 우리가 여백을 만들면 하나님께서 여백을 주관하신다.

> 잠 9:10 여호와를 경외하는 것이 지혜의 근본이요 거룩하신 자를 아는 것이 명철이니라
> 잠 16:9 사람이 마음으로 자기의 길을 계획할지라도 그의 걸음을 인도하시는 이는 여호와시니라
>
> 전 7:14 형통한 날에는 기뻐하고 곤고한 날에는 되돌아 보아라 이 두 가지를 하나님이 병행하게 하사 사람이 그의 장래 일을 능히 헤아려 알지 못하게 하셨느니라

— 그래서 일터에서 "주님이 주신 매뉴얼"을 생각하고 그 취지를 따라서 일하게 된다.[12] 일을 하는 과정에 주님을 닮아가게 된다. 우리가 하는 일은 지금 여기서 하나님의 뜻을 지향하는 한 점을 찍는 것이다. 그리고 나머지의 여백을 채워주시는 것은 하나님의 신묘막측하신 섭리임을 바라보며 나아가는 것이다.

— 하나님의 뜻을 바라보며 일에 집중할 때 하나님의 인도를 받게 됨을 믿는다. 하나님께서는 이 일을 위하여 우리에게 먼저 복을 주신다.

---

12) 팀 켈러(Keller), 일과 영성, p.74.

하나님께서는 사람에게 복을 주신 이후에 모든 생물을 다스리라 하시었다. 하나님께서는 능력보다도 "복 있는 자"의 믿음의 성품을 먼저 주시었다. 창세기 1장 28절은 "하나님이 그들에게 복을 주시며 모든 생물을 다스리라 하시었다."고 전한다.

> 창 1:28 하나님이 그들에게 복을 주시며 하나님이 그들에게 이르시되 생육하고 번성하여 땅에 충만하라, 땅을 정복하라, 바다의 물고기와 하늘의 새와 땅에 움직이는 모든 생물을 다스리라 하시니라

– 예수님께서 산상수훈에서 하나님 나라를 볼 수 있는 성품을 복으로 말씀하셨다, 심령이 가난한 자, 애통하는 자, 온유한 자, 의에 주리고 목마른 자, 긍휼히 여기는 자, 마음이 청결한 자, 화평하게 하는 자, 의를 위하여 박해를 받은 자는 복이 있다고 하시었다. (마태복음 5:1 – 12) 이 복은 하나님 나라를 볼 수 있는 "새로운 마음"과 같다.[13] 믿음의 안경과도 같다.[14] 일에 대한 성경의 관점은 이 믿음으로 일에 먼저 집중하기를 권한다.

f. 가정은 믿음을 드러내는 삶의 현장이다.[15]

– 가정에서부터 진정한 일이 시작된다. 가정은 하나님이 주신 유업의

---

13) 이재철, 새신자반, 289 – 338.
14) 신국원, 니고데모의 안경, Ivp, 2018.
15) 이재철, 신실하게, p.253 – 273.

현장이다. 가정에서부터 사랑이 시작된다. 사랑과 믿음은 구별되지 않는다. 가정은 관계를 맺는 일이 시작되는 첫 현장이다. 가정을 통하여 사람은 관계속에 있는 사람으로서 인간(人間)이 된다. 동양에서는 사람을 "사람 사이 속에" 있는 존재, 즉 인간으로 보았다.

－ 가정은 믿음을 드러내는 삶의 현장이다. 가정을 주신 하나님의 뜻은 가정 안에서 서로 믿고, 신뢰하는 관계, 섬기는 공부, 나를 희생하는 공부를 하라는 것이다.16) 남편과 아내는 배필로 서로 합하여 세워져 가야 한다. 때로는 서로에게 정(釘)이 되어 상처를 주기도 하지만 하나님 앞에서 아름답게 다듬어가는 일을 해야 한다. 남편과 아내 사이에는 순종과 사랑으로 그 관계를 세우고 부모와 자식 간에는 공경과 자애로, 이웃 간에는 하나님 안에서 하나가 되는 역사가 있어야 한다.

－ 우리는 하나님 안에서 한 가족이다. 한 몸의 지체이다. 이 지체라는 생각이 매우 중요하다. 내가 발이면 다른 사람은 머리도 되고 팔이 되기도 한다. 머리가 발을 우습게 여기면 안 되듯이 서로가 서로를 존중해야 한다. 나의 유익을 구하기 전에 상대를 위하는 배려가 있으면 된다. 자기를 내려놓는 마음의 공부가 있어야 한다. 서로 존중하고 상대에 대한 배려, 그리고 자기를 내려놓는 이 세 가지만 마음에 담아두어도 충분하리라 생각한다.

---

16) 이재철, 신실하게, p.253.

g. 일이 목적이 되어 우상이 될 때 일의 속에 있는 열매를 맺기 어렵다.

─ 일이 어려운 난경에 봉착하기도 하고 일의 의미를 상실할 때도 있다. 일의 열매가 만들어지지 않을 때가 있다. 일은 언제 추락하는가? 일의 의미를 찾지 못하고 일이 우리의 탐욕의 수단이 될 때 일은 추락한다. 일이 우상이 될 때 일이 추락하는 현상이 발생한다.[17]

─ 일의 성과에서 좌절과 성취를 경험하게 된다. 내가 일의 주인이 되어 일을 탁월하게 성취하면 교만하게 되고 일의 좌절에 낙망한다. 일의 성취가 나의 우상이 될 때 내가 하는 일의 노력과 의미는 일의 성과를 내기 위한 도구가 된다. 우리 자녀들의 공부의 성과가 우상이 되고 있다. 일이 우상이 되어 일의 성과를 목적으로 여길 때는 일의 과정은 의미를 상실한다.

─ 열매가 맺히지 않아도 우리는 이 상황을 하나의 과정상의 일로 받아들일 수 있다. 좌절은 새로운 기회를 탐색하게도 한다. 삶의 과정에서의 좌절은 지극히 정상적인 현상이다. 가시덤불이 생겨도 희망을 찾는 노력을 해야 한다. 일의 결과적 성과에 너무 집착하여 일하는 과정에서 일의 의미를 잃거나 찾지 못할 때가 있다. 우리의 삶에서 일이 목적이 되어서 일과 쉼의 균형이 깨지고 일의 결과적 성과에 열중하는 경우가 생긴다. 일의 내적 의미를 찾아내지 못하고 일의 외재적 가

---

17) 팀 켈러(Keller), ch 5. 일과 영성, 102 – 191.

치만을 따라갈 때 우리의 일은 고단해진다.

− 전도서는 "자기 일에 즐거워하는 것을 하나님의 선물"로 본다. (전도서 3:13) "그러므로 나는 사람이 자기 일에 즐거워하는 것이 그의 몫이기 때문이라(전도서 3:22)"고 말한다. 또한 전도서 4:5−6은 과욕보다는 지족과 평안을 노래한다. "두 손에 가득하고 수고하며 바람을 잡는 것보다 한 손에만 가득하고 평온함이 더 나으니라"고 보았다. 일과 쉼의 조화가 깨질 때에 일의 의미가 사라짐을 보았다.

> 전 3:13 사람마다 먹고 마시는 것과 수고함으로 낙을 누리는 그것이 하나님의 선물인 줄도 또한 알았도다
> 전 3:22 그러므로 나는 사람이 자기 일에 즐거워하는 것보다 더 나은 것이 없음을 보았나니 이는 그것이 그의 몫이기 때문이라 아, 그의 뒤에 일어날 일이 무엇인지를 보게 하려고 그를 도로 데리고 올 자가 누구이랴

제2장

소명이란 무엇인가
: 소명(召命)

a. 소명이란

1) 소명은 하나님의 부르심이다.[1]

― 성경적 관점은 우리의 삶이 우연의 결과만은 아니라고 본다. 여기에는 하나님의 뜻과 우리의 삶을 인도해 주시는 "하나님의 은혜와 섭리의 지도"가 있다고 본다. 우리가 미처 은혜와 섭리의 지도를 보지 못하더라도 성령께서 우리의 삶을 인도해 주실 것을 믿는다. Oz Guines의 소명에 대한 정의를 참고하여 소명의 의미를 구성하는 중요한 뜻을 내 나름대로 정리하면 다음과 같다.

- 소명은 하나님의 부르심이다.
- 신실하신 하나님의 부르심에 대하여 우리는 열정을 가지고 헌신적으로 순종한다.
- 소명에 대한 나의 헌신과 나의 삶을 이끌어 가는 헌신의 역동성은 진리이다.
- 간단하게 소명의 뜻을 정리한다면 "소명은 하나님의 부르심이고 이 부르심에 대하여 우리는 순종하고 헌신한다"는 것이다.

---

[1] 오스 기니스, 홍병룡 옮김, 소명, Ivp, 2006. pp.15-39.

- 제2부 1장 "일의 겉과 속"에서 검토한 것처럼, 우리는 하나님의 뜻에 의한 부름으로서 소명과 하나님의 계획과 섭리로서의 데스티니(destiny)를 바라보게 된다. 소명과 데스티니를 고려하여 나의 사명(mission)을 설정한다. 그의 부르심의 은혜와 섭리에 대한 나의 반응을 사명이라고 한다. 소명은 하나님께 속한다. 소명은 세상에서 하나님의 일을 하나님의 방법으로 하라고 부르시는 하나님의 초청장이다. 우리가 광대한 하나님의 계획의 일부가 될 때 노예라는 일마저도 하나님의 일로 승화된다. 테레사 수녀는 나는 작은 일을 큰 뜻으로 한다고 말했다. 한국의 테레사 수녀라는 별명을 듣는 서서평 수녀는 광주에서 여성교육을 위하여 헌신하였다. 그는 좌우명으로 "Not success but Services(나는 성공이 아니라 봉사를 간구한다)"라는 말을 남겼다.

2) 소명은 은혜로의 부르심이다.[2]

- 소명은 구원 받은 자에게 주어지는 은혜와 같다. 하나님의 구원은 그의 인자하심과 긍휼하심이 우리를 새로운 피조물로 세워주신다. 죄악으로부터 우리를 살펴주시고 우리를 살려 주시고 새로운 존재로 우리를 세워주신다. (시편 103:8) 기니스(Guines)는 소명은 빛과 같이 모든 사람에게, 모든 곳에, 모든 것에 비추이는 "은혜의 빛"과 같다고 보았다. 믿음으로 구원받은 사람에게는 소명으로 가는 문이 열린다. 소명이 그에게 임하고 그가 소명의 문을 열고 들어가면 소명은 그에게 하나님의 계획으로서의 그의 데스티니(destiny)로 연결하는 정체성

---

2) 오스 기니스, 소명,(ch. 4, 5, 6), pp.56-63.

을 부여한다. 해야 할 일로서 "업"을 부여한다. 업은 그에게 기업이 되어 그의 일을 이끌어 간다. 이렇게 하여 "소명"은 "소명의 길"을 전개해 간다. 이 점에서 소명은 구원 받은 자에게 주어지는 은혜와 같다. 몇가지 중요한 요점을 정리한다.

(1) 소명은 구원과 동의어이다. 구원을 받으면 먼저 새롭게 회복되고 하나님과 화목하게 된다. 하나님과의 새로운 관계 속에서 하나님께서 먼저 우리를 구원으로 부르시고 소명의 길로 나아가는 문을 열어주신다. 이 후에 나를 움직이는 힘은 내 안에 계신 주님이시다. 구원은 하나님과 관계를 맺는 것이다. 이 맥락에서 믿음과 구원은 "일차적 소명"이 된다.

(2) 하나님의 부름은 우리에게 새로운 정체성을 부여한다. 소명은 우리의 정체성을 들어내고 "그를 만드시는 길"과 "새롭게 존재하게" 하는 길로 인도하신다. 하나님의 인도하심은 너무도 다양하고 신묘막측하여 그 형태를 규정할 수 없다. 세상에서 만남도 하나님의 인도하심 안에서 이루어지는 것으로 보기 때문에 만남과 인연을 소중하게 바라본다.

(3) 소명은 그에 합당한 반응을 이끌어낸다. 소명에 대한 나의 반응이 "해야 할 일로서의 업"을 우리의 마음에 두어 기업으로 삼게 되고 나의 일차적 보편적 사명(mission)을 형성한다. 주님의 제자, 주님의 종, 주님의 증인, 주님의 향기 등은 소명에 대한 우리의 반응을 나타낸다.

골로새서는 "무슨 일을 하든지 마음을 다하여 주께 하듯 하고 사람에게 하듯 하지 말라"고 권면한다.

> 골 3:23 무슨 일을 하든지 마음을 다하여 주께 하듯 하고 사람에게 하듯 하지 말라
> 골 3:24 이는 기업의 상을 주께 받을 줄 아나니 너희는 주 그리스도를 섬기느니라

(4) 소명은 일차적 소명과 "이차적 소명"으로 전개된다. 일차적 사명은 그분에 의한, 그분을 위한, 그분을 향한 것이다. 일차적으로 그분에게 부름을 받은 것이다. 소명은 믿음의 삶 그 자체이다. 부름을 받은 자, 그의 도를 따르는 자들은 예수님에 대한 사랑으로 반응한다.

― 일차적 소명이 먼저 온다. 그리고 일차적 소명은 이차적 소명으로 전개된다. 이차적 소명은 반드시 일차적 소명과 연결되어야 한다. 일차적 소명의 토대 위에 이차적 소명이 전개된다. 이차적 소명은 나를 향한 하나님의 계획을 반영한다. 이차적 소명을 고성준 목사가 말하는 데스티니(destiny)라고 볼 수 있다. 이 데스티니에 의하여 하는 일을 "업"이라고 볼 수 있다.

― 소명은 주인 되시는 하나님을 기억하고, 모든 곳, 모든 것에서, 전적으로 그분을 위하여 바라보고 생각하고 말하고, 행동하기를 원하는 쪽으로 우리를 인도한다. 소명의식을 가지고 사는 것은 믿음으로 사는 것이고, 믿음으로 사는 것은 하나님의 은혜 속으로 들어가는 길이 되기도 하다.

(5) 소명에 대한 그릇된 생각이 있다. 모든 일을 세속적인 일과 성스러운 영적인 일로 구분하고 성스러운 일만 소명을 따르는 일로 규정하는 왜곡이다.3) 역사적으로 보면, 소명의 범위를 성직으로 축소 왜곡하는 일이 발생하였다. 이렇게 구분하는 것을 소명에 대한 "이원론적(dualism)"인 구분이라고 말한다. 루터는 종교개혁을 통하여 소명의 의미를 회복하였다. 하나님을 기쁘시게 하는 것은 모든 것이 소명에 대한 반응이라고 소명에 대한 의식을 바로 설정하였다. 하나님에 의한, 하나님을 향한, 하나님을 위한 것이면 모두가 다 소명에 대한 반응이다. 그리하여 소명은 일상적인 일에도 "일의 존엄성과 영적인 중요성"을 부여한다. 소명에 대한 인식은 일의 계층적 구조를 깨뜨리고 모든 일을 다 귀중하게 여긴다. 직업에 귀천이 없게 된다. Max Weber는 서구 사회의 자본주의의 기초에는 일과 직업에 대한 소명으로서의 직업의식이 있다고 지적하였다.

― Guines는 William Wilberforce를 예로 든다.4) 그는 원래 성직자가 되기를 꿈꾸었다. 찬송가 Amazing Grace를 작사한 John Newton은 William Wilberforce에게 성직자의 길로 가기보다는 억압받는 자의 자유를 옹호하기 위하여 그에게 정치에서 일하기를 권유하였다. 하나님께서는 John Newton을 통하여 Wilberforce를 성직자의 길에서 사회제도를 개혁하는 정치가의 길로 불렀다. 그는 1787년에 영국의 노예제도를 폐지하는 법안을 제출하였다. 그는 영국의 노예제도를 폐지하

---

3) 오스 기니스, 소명, p.63.
4) 오스 기니스, 소명, p.59.

는데 결정적으로 기여하였다.

(6) 소명은 교만과 나태[5]를 극복할 수 있게 한다. 소명은 교만을 일으키기도 한다. 소명의 의미를 깨닫고 사명감을 세우기도 전에 소명의 경이감은 우리의 마음에 교만과 자만심을 자라게 한다. 교만은 자기 자신의 능력을 과신하고 하나님의 은혜를 가린다. 교만은 모든 죄악으로 가는 첫 문이 된다. 교만은 정직하지 않게 자신을 꾸미는 허영과 통한다.

— 하나님께서 구원의 역사를 이루시기 위하여 이스라엘을 선택한 것은 세계 모든 인류를 살리기 위한 하나님의 뜻이었다. 그러나 이스라엘은 하나님의 계획을 이해하지 못하였다. 유대인은 하나님의 선택받음에 대한 오해와 교만으로 예수님이 그리스도이심을 보지 못하였다. 하나님께서는 교만에 대한 보호망으로 이스라엘에게 고난을 주셨다. 은혜를 바라볼 때 교만은 치유된다.

— 현대세계는 편리함과 편안함을 추구하는 소비주의의 기반 위에 서 있다. 일의 외재적 안락함과 편안함을 우선시하여 일의 내재적 가치와 동기를 고갈시킨다. 목숨을 바칠 가치에 대한 의식이 없는 세대가 등장하게 되었다. 안락함과 편안함 속에서 열정을 일으키기 어렵게 되었다. 다윗왕도 군대를 전선에 보내고 궁궐에서 한가롭게 쉬고 있을 때에 유혹이 찾아 왔다. 밧세바가 보였다. (사무엘하 11장)

---

5) 오스 기니스, 소명, p.230.

— 나태(sloth)함은 기독교에서 말하는 "일곱 가지 죄" 중에 네 번째 죄가 된다. 나태는 육체적인 일이나 특히 영적인 일을 하지 않으려는 태도이다. 나태는 또한 영적인 문제로서 이것은 하나님을 바라보고 찾는 것을 포기한 하나님에 대한 믿음을 상실한 상태이다. 나태는 마음에 하나님 두기를 싫어하는 "상실한 마음(로마서 1:28)"에서 온다. 영적인 낙담(disenchantment)은 우리가 소명에서 벗어나 세상만을 바라보는 세속화 과정으로 갈 때 발생한다. 세속화 과정에서 우리의 삶에서 어느 순간에 가치에 대한 의미를 잃고, 실패할 때 다시 일어서지 못하고 절망으로 빠질 때가 있다. 소명은 이때 내 삶에서의 의미를 찾게 해 준다. 소명은 죽음에 이르는 죄악이 되는 나태함에 대한 최고의 해독제이다. 소명은 두 번째 산[6]에 오르게 한다.

3) 소명은 우리를 궁극적인 존재의 이유로 이끈다.[7]

— 세상적으로 볼 때 성공한 사람이나 실패한 사람이나 모두 인생의 어느 단계에서 "나는 왜 여기 있는가?"라고 하는 내가 존재하는 이유를 묻는 질문과 만난다. 우리는 모두 자기의 삶의 의미와 존재의 목적을 생각하기 때문이다.

— 이 문제가 풀리지 않는 한 세속적으로 성취하는 부, 권력, 사회적 지위, 지식, 사회적 관계등의 모든 것이 그 의미를 잃고 허무하게 여겨지게 된다. 우리의 인생길에서 많은 사람들이 스스로 묻는다. "나는

---

6) 데이비드 브룩스, 이경식옮김, 두 번째 산, 부키, 2000.
7) 오스 기니스, 소명, 1장, p.15.

무엇을 해야 하는가?", "나 같은 흙 수저가 무엇을 할 수 있을까?", "이 것이 사는 것인가?", "이 일을 계속해야 할 것인가? 말아야 할 것인가?" 다른 한편으로는 인생의 전환기나 황혼기에, "――을 했었더라면", "―― 그리할 걸" 하는 후회와 회한이 밀려온다.

― 쇠렌 키에르케고르는 각자에게 다가오는 진정한 존재 목적이 있음을 말했다. "존재 목적은 나 자신을 이해하는 것이요, 하나님이 진정 내가 무엇을 하기 원하는지를 아는 것이다. 그것은 나에게 참된 진리를 발견하게 하는 것이며 내가 그것을 위하여 살기도 하고 죽을 수도 있는 이념을 찾는 것이다."[8] 소명은 바로 이와 같은 "존재의 목적"이 된다. 우리가 부름 받은 목적을 발견할 때에만 우리는 비로소 우리가 존재하는 이유와 목적을 발견하게 된다. 소명은 우리를 존재의 이유와 근거로 이끈다.

4) 소명은 마음의 중심을 잡게 한다.

― 일에는 소명이 담겨 있다. 소명은 하나님 앞에서[9] 나를 보게 한다. 하나님은 아시고, 나를 살펴보시고 아시는 분이시다. (시편 139:1, 에베소서 6:5, 7) "육체의 상전에게도 주께 하듯" 하면 우리는 주님의 인도를 받는 길을 걷게 된다. 소명은 한 분 앞에서 모든 일을 그분께 하듯 하도록 우리를 인도한다.

---

8)오스 기니스, 소명, p.19.
9)오스 기니스, 소명, p.121.

시 139:1 여호와여 주께서 나를 살펴보셨으므로 나를 아시나이다

엡 6:5 종들아 두려워하고 떨며 성실한 마음으로 육체의 상전에게 순종하기를 그리스도게 하듯 하라

엡 6:7 기쁜 마음으로 섬기기를 주께 하듯 하고 사람들에게 하듯 하지 말라

– 소명을 의식하기 위해서는 일 가운데 내재하는 "부르는 자"를 회복하고, 소명의 일차적 부름의 우선순위를 회복하는 것이다. 이것은 모든 일에서 하나님에 의한, 하나님을 향한, 하나님을 위한 "하나님 중심"을 회복하는 것이다. 이렇게 할 때, 우리는 인도를 받는다. 먼저 하나님께 부름 받고, 여기에 내가 반응한다. 이때 이차적 소명이 등장하고 사명에 대한 의식이 싹튼다. 하나님의 것이 되고자 하는 열정은 소명에 응답하는 에너지를 불러일으킨다.

– 모세는 이스라엘 가정에서 출생하여 애굽 공주의 양자가 되어 왕궁으로 들어가고, 동족을 돌보려다가 살인을 하고 40년 동안 사막에서 양치기를 하였다. 80세를 지난 노인이 되어 하나님의 부름을 받고, 이스라엘을 애굽으로부터 인도해 냈다. 모세는 그의 출생부터 시작하여 그의 죽음에 이르기까지 하나님의 사람으로 그의 인생의 고비 고비가 다듬어져 갔다. 그의 삶은 이스라엘 민족을 애굽에서 이끌어내는 일을 위하여 준비되었다. 그러한 모세도 처음에는 "내가 누구이기에 바로에게 가며 이스라엘 자손을 애굽에서 인도하여 내리이까"라고 머뭇거렸다.

출 3:11 모세가 하나님께 아뢰되 내가 누구이기에 바로에게 가며 이스라엘 자손을 애굽에서 인도하여 내리이까

- 소명을 따라간 사람들은 불꽃 같은 인생을 살아간다.[10] 소명을 따라간 사람들의 이야기는 우리에게 감동을 준다. Guines는 처칠의 예를 든다. 영국의 윈스턴 처칠은 1940년 5월 10일에, 조지 6세의 부탁을 받고 전시 내각을 구성하였다. 그때 그는 "마치 나에게 주어진 운명의 길을 걷고 있는 느낌을 받았다. 내 모든 과거는 바로 이 시간 이 시련을 위한 준비로만 느껴졌다"고 회고한다. 그의 과거는 하나님이 부르시는 소명 앞에서 부활하였다. 그는 나치의 위협으로부터 영국을 지켜냈고 제2차 세계대전을 승리로 이끌었다. 전쟁 이후 그는 국민의 지지를 받지 못하여 정계를 떠나게 된다. 이 이야기는 영화 "The darkest hours"로 제작되었다.

- 하나님의 소명은 우리의 삶에서 가장 깊은 성찰과 열정을 불러일으키며 우리를 구별한다. 우리를 끌어 올리어 예수를 본받는 과정과 연결한다. 하나님께서는 우리가 이렇게 헌신할 수 있도록 도와주시고 세워주신다. 이 일은 우리가 하는 것이 아니다. 내가 하려고 해서 되는 것이 아니다. 내 안에 오신 주님이 하시는 것이다.

- 요셉은 그가 섬기는 주인 보디발의 아내가 유혹하자 "이 집에는 나보다 큰 이가 없으며 주인이 아무것도 내게 금하지 아니하였어도 금한 것은 당신뿐이니 당신은 그의 아내임이라 그런즉 내가 어찌 이 큰 악을 행하여 하나님께 죄를 지으리이까(창세기 39:9)"라는 말로 유혹을 물리쳤다. 요셉은 보디발의 아내가 유혹하는 상황에서 하나님을 바라보았다.

---

10) 오스 기니스, 소명, 10, p.133.

창 39:9 이 집에는 나보다 큰 이가 없으며 주인이 아무것도 내게 금하지 아니하였어도 금한 것은 당신뿐이니 당신은 그의 아내임이라 그런즉 내가 어찌 이 큰 악을 행하여 하나님께 죄를 지으리이까

‒ 믿음 안에서 하나님께만 전적인 충성을 바치며 말씀에 순종할 때에 책임을 지는 것이 가능하다. 우리가 부름을 받았을 때, 희생할 수 있는 믿음의 준비가 되어 있을 때, 이것이 책임성의 근거와 보루가 된다. 소명의 배후에 있는 약속의 말씀에 대한 믿음이 책임의 근거를 만든다.

b. 소명은 과정이다.

1) 소명은 작은 한 점으로부터 시작하는 과정이다.

(1) 소명의 모호함 속에서 소명의 길을 걷는다.

‒ 소명은 결과적 목표지점을 제시하지 않는다. 오히려 소명의 길을 가도록 격려한다. 소명은 설정된 목표에 도달하라는 명령이 아니라 소명의 모호함 속에서 소명의 길을 걷게 한다. 소명은 삶에 새로운 방향을 제시하고, 그 방향에 따라 길을 걸어가도록 하루하루를 살아가라는 격려이며 지혜의 말씀이다. 소명은 긴 호흡으로 앞을 바라보고 "순례자의 길"을 걷기를 요구한다.

‒ 우리가 선택해야 할 인생의 앞길에서 하나님의 뜻을 찾고자 할 때

하나님의 뜻은 쉽게 보이지 않는다. 특히 인생의 앞길을 바라보려 할 때 하나님의 뜻은 안개에 가려진 듯 잘 보이지 않는다. 그러나 지나온 길을 뒤돌아 볼 때 하나님의 뜻을 좀 더 분명하게 이해하게 된다.

- 소명의 길은 하나님의 부르심에 특별한 헌신과 역동성으로 응답하는 삶이다. 일의 실패를 통하여 소명을 발견할 수도 있다. 수많은 시행착오 속에서 그려지는 소명의 괘적을 발견하기도 한다. 소명의 도전이 우리 삶에서 끝없이 반복되는 변주곡을 연주한다. 소명은 인생을 여정으로 보게 한다.

(2) 소명에 대한 의식은 믿음과 함께 형성되어 간다.

- 소명에 대한 의식은 믿음과 함께 그리스도 안에서 자라간다. 소명의식은 특별한 계시가 아닌 믿음의 과정 속에서 내가 지각하는 하나님의 부르심에 대한 의식으로 이해할 수 있다. 믿음과 함께 자라가는 깨달음이다. 세속적 일터 속에서 하나님의 부르심에 순종하기 위해 고민하고 노력할 때 말씀 안에 드러나는 하나님의 부르심에 대한 의식이 자라간다.

- "일차적이고 보편적 소명의식"은 사랑이다. 예수님께서는 하나님 사랑과 이웃사랑을 가장 큰 계명이라고 말씀하셨다. (마태복음 22:37-40) 고린도전서 13장은 사랑을 규정한다. 사람마다 자기 나름의 하나님에 대한 인식과 믿음에 대한 인식을 가질 수 있다. 마찬가지

로 일차적이고 보편적 소명에 대해서도 사람마다 나름의 인식을 세울 수 있다. 일차적이고 보편적 소명은 우리 이웃에 있는 피조물을 "세워 줌"이다. 이들을 세워주기 위해서는 먼저 이들을 보살피고 살려주어야 한다. 사랑은 상대를 포용하는 데서부터 시작한다. 사랑은 내가 먼저 다가간다.

> 마 22:37 예수께서 이르시되 네 마음을 다하고 목숨을 다하고
> 뜻을 다하여 주 너의 하나님을 사랑하라 하셨으니
> 마 22:38 이것이 크고 첫째 되는 계명이요
> 마 22:39 둘째도 그와 같으니 네 이웃을 네 자신 같이 사랑하
> 라 하셨으니
> 마 22:40 이 두 계명이 온 율법과 선지자의 강령이니라

– 일터에서의 소명은 일회적인 신앙고백이나 하나님의 계시, 신앙적 경험을 통하여 순간적으로 획득되지 않는다. 자기부인과 말씀에 대한 순종으로 자아가 추구하는 세상가치와의 싸움을 거친다. 소명은 그리스도안에서 성령의 도움으로 하나님의 말씀에 순종하려는 믿음의 사람에게 주어지는 삼위일체 하나님의 특별한 선물이다.

(3) 소명은 종말론적 소망 안에서 인내하며 자란다.

– 소명은 종말에 대한 소망 안에서 믿음과 함께 자라간다. 종말론적 관점은 보이는 세계를 넘어서 하나님 나라에서의 일터의 모습을 생각하게 한다. 종말론적 소망은 우리에게 동기를 부여하여 선한 삶을 위

해 노력하게 한다. 하나님 나라는 이미 세상에 드러났으나(already) 아직(yet) 완성되지 않았다.11) "이미와 아직"은 하나님 나라의 종말론적 실존상황을 나타낸다. 우리의 소명은 종말론적 실존 안에서 부분적으로 실현되는 한계 속에 있다.

– "소명의 길"에서는 자기를 부인해야 하고 손해 보아야 한다. 이 길은 소망, 수고, 인내의 길로 가게 한다. 성령께서는 우리가 모르는 가운데 선을 이루어 주신다. 성령은 "합력하여 선을 이루신다". (로마서 8:28) 하나님은 신묘막측하신 방법으로 일하신다. 타협은 우리의 윤리적 절충이 아니라 하나님의 심판과 용서의 대상일 뿐이다. 하나님의 용서안에서 자유를 누릴 수 있다.

(4) 종말론적 소망으로 일하기 위한 몇가지 지침들

– **종말의 관점으로 일하라.** 이사야서는 모든 생명이 서로 사랑하고, 존중하며 배려하는 평화가 실현되기를 바라는 하나님의 소망을 표현한다. "그 때에 이리가 어린양과 함께 살며 표범이 어린 염소와 함께 누우며 송아지와 어린 사자와 살진 짐승이 함께 있어 어린 아이에게 끌리며, 젖 먹는 아이가 독사의 구멍에서 장난하며 젖 뗀 어린 아이가 독사의 굴에 손을 넣을 것이라"고 찬송한다. (이사야 11:6)

---

11) 크레이그 바르톨로뮤, 마이클 고힌, 김명희 옮김, Craig G. Barthomuew, Micheal W. Goheen, The Drama as Scripture, 성경은 드라마다, IVP, 2009.

사 11:6 그때에 이리가 어린양과 함께 살며 표범이 어린 염소
와 함께 누우며 송아지와 어린 사자와 살진 짐승이 함께 있어
어린 아이에게 끌리며

— 종말은 미래에서 현재의 현실을 바라본다. 지금 하는 일에 대한 하
나님의 심판적 결재를 받는 것과 같다. 소명의 길에서는 "우리가 하는
일의 현재진행형"과 "미완성"을 받아들여야 한다. 소명의 결과를 바로
기대하지 말아야 한다. 소명의 길은 결과적으로 미완성이다. 소명의
길은 비록 나는 열매를 수확하지 않을지라도(하박국 3:17) 씨를 뿌리
며 나아가는 길이다. 결과에 집착하기보다는 구별되어 한 점을 찍는
한 점 찍기와 같다.

— **쉽게 떠나지 마라. 그러나 떠나야 할 직장은 빨리 떠나라.** 우리는
죽기 전에 직장을 떠난다. 소명을 찾고 소명의 자리를 향하여 한 걸음
이라도 나아가는 것이 중요하다. 전문성을 함양하고, 섬김, 학습, 고단
함과 난관을 이겨내야 한다. 개선의 여지를 확인해야 한다. 직장의 관
행과 문화가 생명훼손, 거짓, 건강을 해치는 작업관행, 시간 박탈, 하
나님께 영광을 드리는 일을 방해하는 것 등으로 타협의 여지가 없는
직장은 빨리 떠나는 것이 좋다. 퇴사 이후에도 인연의 소중함을 가꾸
고 계속 기도하고 축복을 해야 한다.

— **야곱은 하나님의 약속을 믿고 인내하며 때를 기다렸다.** 야곱이 견
딜 수 있었던 요인은 하나님의 약속이었다. (창세기 28:13, 15) 하나님
의 약속을 바라보고 야곱은 주저하지 않고 이삭에게 돌아갈 믿음을

지녔다. 돌아갈 날을 철저하게 준비하였다. 하나님께서 앞과 뒤를 지켜주시어 야곱을 이스라엘 족장의 우두머리로 세우셨다.

> 창 28:15 내가 너와 함께 있어 네가 어디로 가든지 너를 지키며 너를 이끌어 이 땅으로 돌아오게 할지라 내가 네게 허락한 것을 다 이루기까지 너를 떠나지 아니하리라 하신지라

— 우리는 인내하여야 할 "주님의 종"들이다. 소명, 사명, 현실은 모순되고 충돌한다. 믿음은 성장 과정에 있고 우리는 연약한 질그릇과도 같다. 종말론적 소망으로 일해야 한다. 종말이 기준이요 목적이다. 종말이 우리를 견디게 하는 동기가 된다. 우리가 현실의 벽이 되는 악의 유혹을 견딜 때 세상을 이긴다. (요한계시록 3:10) 소명의 길은 인내를 요구한다. 불이익을 감수하고 사랑으로 십자가의 길을 걸어갈 때, 나의 유익이 아니라 타인의 유익을 배려하는 사랑으로 일할 때 우리의 힘은 커진다.

일터에서 분투하는 그리스도인들에게[12]

— 소명은 심대한 신학적 개념이다. 그러나 현실과 접목되지 못할 때 신학적 잡학지식으로 전락한다. 소명의 삶은 일상적이어야 한다. 교회 안에서의 신앙을 교회 밖으로 드러내는 믿음의 내면화와 외향화를 이루어야 한다. 우리는 복음을 전하는 삶을 살도록 파송된 자들이다. 일

---

12) 이효재, 일터신앙: 소명, 사랑, 기도 그리고 인내, TOBIA, 2018. p.226.

상적 삶에서 하나님의 부르심에 합당하게 살도록 파송받았다. 우리도 선교사이다. 소명으로 살기 원한다면 매일의 일상적 삶 안에서 신학적 의미를 발견하고 실천하는 습관이 있어야 한다.

— 소명은 일상적이면서 동시에 새로운 일상을 만들어 내는 힘이다. 창조적 긴장이 있어야 한다. 소명의 삶은 과정이요 여기에는 꾸준한 노력이 필요하다. 믿음으로 일상을 한 땀 한 땀 수놓는 과정이다. 그러다 보면 구별된 다른 길을 걷고 있는 자신을 발견하게 된다. 소명으로 살아가기 위해 가장 필요한 것은 "사랑의 은사"이다. "일은 사랑이다"

— 소명의 길에서는 내가 하나님께 무엇을 할 수 있다고 자만하지 않는다. 오히려 내 힘만으로는 아무것도 할 수 없음을 고백하고 하나님의 은혜와 도움을 간구한다. 소명의 삶은 일상의 일터에 은혜의 단비를 뿌리는 것과 같다. 은혜를 깨닫고 이웃의 종이 되어 사랑의 마음으로 섬기고자 하는 것이다. 소명으로 은혜를 받는 것이 아니라 은혜를 받아야 소명으로 살아갈 수 있음을 인식해야 한다.

— 세상이 교회를 위하여 존재하지 않는다. 오히려 교회가 세상을 위하여 존재해야 한다. 나를 먼저 내어 주어야 한다. 교회는 일터로 선교사를 파송하는 선교단체와 비슷하다. 교회는 위로와 힘을 줄 수 있어야 한다. 예수님이 성육신하신 것처럼 교회도 세상 속으로 나와야 한다. 탐욕주의에 의하여 나아가는 세상에서 거룩한 소명을 지향하는 삶을 보여 주는 등대의 역할을 해야 한다. 세상은 그리스도로 인하여

창조되었고 그리스도를 위하여 존재한다. (요한복음 1:3) 그리스도인들은 세상에서 일터에서 자기 자신을 그리스도에게 내어 드려야 한다. 이것이 소명으로 살아가는 길이다.

> 골 1:16 만물이 그에게서 창조되되 하늘과 땅에서 보이는 것들과 보이지 않는 것들과 혹은 왕권들이나 주권들이나 통치자들이나 권세들이나 만물이 다 그로 말미암고 그를 위하여 창조되었고

－ 일터와 일은 이웃을 향한 사랑의 봉사다. 여기서 그리스도인들은 세상을 변혁시키는 하나님 나라 사역에 동참하게 된다. 여기에 목회자의 격려와 관심과 필요하다. 돈보다 사람이 우선이다. 일터 신앙은 교회의 본질에 관한 주제이다.[13]

2) 소명은 인생을 여정으로 보게 한다.[14]

－ 소명은 인생을 여정으로 보게 한다. 이 관점에서 소명은 믿음의 길을 강조한다. 그리스도인들은 목적지에 이미 도달한 사람들이 아니다. 그리스도의 도를 따르는 자로서 목적지를 향하는 길 위에 서 있는 사람이다. 순례의 여정에 있는 사람들이다. 그들의 마음의 중심이 그리스도로부터 기독교로 옮겨지면서 교회가 타락하기 시작하였다.

---

13) 이효재, 일터신앙: 소명, 사랑, 기도 그리고 인내, TOBIA, 2018., p.65.
14) 오스 기니스, 소명 p.173.

(1) 소명의 진리는 "순례의 과정"을 강조한다. 우리의 믿음은 하나님의 도성을 찾아가는 순례자의 신앙이다. 그리스도인은 순례자이다. 그도를 따르는 그리스도의 제자들은 인생을 하나의 여정으로 본다. 인간 최고의 오디세이는 우리가 가야하는 여정의 목적과 의미를 그리스도에서 찾고 하나님 나라에서 종착지와 본향을 추구하는 삶이다. 소명은 우리에게 사람들이 모두 다른 위치에 있음을 상기시켜 준다. 우리는 미완성의 존재이나 그 길을 함께 걸어가고 있다.

(2) 소명은 또 다른 세계로 향하는 창문을 열어 놓는다.[15]

– 예수님은 우리를 이 세상과 다른 초자연적인 나라로 부르셨다. 예수님은 세상과 다른 "하나님 나라"의 실재를 보여주셨다. 이것을 보는 속성을 "영성"이라고 볼 수 있다. 사탄은 세상을 가리킨다. 교회의 세속화는 우리의 관점을 "초월적 세계"로부터 "창문이 닫힌 세상"으로 이끌고 간다. 예수 그리스도를 따르는 소명은 세속화에 대항한다. 소명은 영적 훈련으로 우리를 부른다. 소명을 위한 영적 훈련은 고독, 한적한 곳, 마음의 쉼, 구별된 거룩한 날(holy day)로서의 쉬는 날(holiday)로 인도한다.

– 인생은 다원화된 세상에서 과중한 짐을 지고 간다. 소명은 일편단심으로 사는 인생으로 이끈다.[16] 소명은 우리의 삶에 초점을 제시한다. 삶을 살아가는 데 필요한 우선순위와 관점을 제공한다. 우리를 향

---

15) 오스 기니스, 소명, p.243.
16) 오스 기니스, 소명, 20, p.269.

하는 하나님의 소명을 향하여 나아 갈 때 나를 제물 삼아 나의 십자가를 지고 나아 갈 수 있다. 이 과정에서 주님의 사랑이 드러난다. 우리를 책임져 주시는 하나님께서 인도해 주실 것을 믿고 나아간다. 이 과정에서 소명은 우리 인생에서 나의 이야기를 쓸 줄거리를 제공한다. 소명은 일편단심의 자세를 갖도록 도와준다.

c. 소명의 계산법

- "소명의 계산법"은 우리의 삶을 소명의 관점에서 바라봄을 의미한다. "소명의 관점"은 하나님의 시선을 따라 바라보는 것을 의미한다. 소명의 관점 반대편에는 세상에서 내가 기준이 되어 가치를 바라보는 "세상의 관점"이 있다. 소명의 관점은 우리를 시장의 논리를 넘어서 "은혜에 대한 감사"로 인도한다. 일의 속으로 들어가 "내재적" 즐거움을 바라보게 하신다. "하나님의 시간"을 바라보며 참고 기다리게도 하신다. 마음속에 하나님의 뜻을 생각하는 기업을 유업으로 받게 하신다. 계산보다는 구별된 거룩함을 택하게 하신다.

1) "계산"보다는 "구별된 거룩함"을 택하게 하신다.[17]

(1) 소명은 은혜와 감사를 바라본다.

- 사도 바울은 고린도 교회에 보낸 편지에서 "우리는 그리스도 때문

---

17) 오스 기니스, 소명, 24, p.330.

에 어리석으나 너희는 그리스도 안에서 지혜롭고 우리는 약하나 너희는 강하고 너희는 존귀하나 우리는 비천하여, 바로 이 시각까지 우리가 주리고 목마르며 헐벗고 매 맞으며 정처가 없고, 또 수고하여 친히 손으로 일을 하며 모욕을 당한즉 축복하고, 박해를 받은즉 참고, 비방을 받은즉 권면하니 우리가 지금까지 세상의 더러운 것과 만물의 찌꺼기 같이 되었도다(고린도전서 4:10-13)"고 자기를 돌아본다. "그리스도 때문에" 세상적으로 어리석은 것이 바로 거룩한 어리석음이다.

- "그리스도의 바보"가 된 소명의 사람들은 많다. 그래서 소명의 계산법을 "거룩한 어리석음"[18]으로 부른다. 소명의 가장 큰 도전은 자기를 부인하고 예수님의 길을 따라가는 것이다. 성경에 등장하는 거룩한 어리석은 자들은 많다. 요셉, 다윗, 룻, 에스더, 바울 이들은 예수님의 길을 따랐다. 그들은 모두 거룩한 어리석음을 지녔다.
- "네가 가지고 있는 것 중에서 받지 아니한 것이 무엇이냐?"는 질문에 소명은 은혜와 감사를 바라본다. 우리가 그 가치를 잘 몰라서 그렇지 감사하지 못할 것이 없다. 판소리 한마당, 윤동주 시인의 서시, 빈센트 고흐의 그림, 셰익스피어의 희곡, 저녁 석양의 모습, 좋은 영화, 책, 국화 한 송이, 인생, 황혼의 너그러움 등으로 감사의 대상은 많다. 그러나 감사의 대상을 보지 못하는 사람들이 많다. 데살로니가전서 5장은 기뻐함과 기도함과 감사함을 그리스도 예수 안에서 너희를 향하신 하나님의 뜻이라고 말씀한다.

---

18) 오스 기니스, 소명. 24.

- 우리의 전통문화에서는 사람을 인간(人間)으로 본다. 인간은 "상호 의존적"인 관계 속에서 살아가야 하는 존재임을 인식하게 된다. 수많은 관계에서 받는 은혜 속에 살고 있는 나를 봄으로써 도덕적으로 "빚진자"라는 의식을 갖게 된다. 현대문화는 공동체 문화로부터 개인을 강조하는 개인주의 문화로 이동하였다. "빚진 자"라는 도덕적 의식을 "권리와 자격의식"으로 바꾸어 놓았다. 독립적 개인을 강조하는 현대사회에서는 "빚진 자"의식과 "쓰임 받는" 청지기 의식이 약화되었다. 마치 나는 잘 살아야 하는 권리가 있는 존재처럼 생각하고 행동하게 한다. 우리가 가진 것 중에서 받지 아니한 것은 무엇인가? 아무것도 없다. 모든 것을 은혜로 받았다.

- 도스토옙키는 처형 직전에 사형을 면했다고 한다. 솔제니친은 1954년에 암으로부터 치유를 받았다. 이후 이들은 내 인생은 내 것이 아니라는 믿음으로 살아왔다고 한다. 알버트 아인슈타인은 1932년에 "나의 신조"라는 글에서 선진들의 수고 위에서 자기의 학문적 성취를 이룩한 "나는 빚진 자"라고 썼다.

- 소명은 그리스도를 따르는 자들에게 삶의 모든 것이 은혜임을 알게 한다. 그리하여 모든 것을 감사함으로 받아야 함을 상기시켜 준다. 나에게 임하는 소명이 무엇인지 잘 모르고 궁금한 사람은 "은혜를 베푸는 자가 되어야 한다"는 것을 소명으로 이해해도 된다. 사랑으로 자기에게 가장 가까이 있는 사람부터 (보)살피고, 살려주고, 세워주는 일을 하면 된다. 나는 이것을 하나님의 뜻을 드러내는 세 개의 "ㅅ자" 핵심단어로 이해한다. 우리는 빚진 자이다.

- 다윗은 소명의 부름에 경탄하여 기도하는 시를 남겼다. 자기 아버지조차 다윗을 사무엘 선지자에게 소개하지 않았다. 그러한 다윗을 왕으로 세우신 하나님께 다윗이 묻는다. "주 여호와여 나는 누구이오며 내가 무엇이관데 나로 이에 이르게 하셨나이까?" (시편 8:4) 다윗은 하나님의 은혜를 바라보고 하나님 앞에서 신실한 예배자로 인정받았다.

> 시 8:4 사람이 무엇이기에 주께서 그를 생각하시며 인자가 무엇이기에 주께서 그를 돌보시나이까

- 소명은 하나님이 베풀어 주시는 은혜에 대한 우리의 반응은 감사임을 상기하게 한다. 17세기 영국의 성공회 조지 허버트의 시인은 많은 명언을 남겼다. 그의 기도문이다.[19]

> "당신은 제게 너무나 많은 것을 주셨나이다
> 제게 한 가지만 더 주십시오
> 감사하는 마음을"

2) 일을 하는 동기가 "이익"에서 "은혜에 대한 감사"로 바뀐다.

(1) 일을 하는 동기가 바뀐다: 시장을 넘어서[20]

- 현대사회는 일의 가치를 소득 혹은 "돈벌이"로 환원하는 경향이 있

---

19) 이 기도문은 미국의 기독교사이트 www.godspacelight.com에서 가져옴.
20) 팀 켈러(Keller), 11장, 일과 영성, 11.

다. 돈은 인간의 욕망과 집착을 상징적으로 나타낸다. 성경에서는 돈을 재물로 표시한다. 우리는 재물을 얻기 위하여 우리의 삶을 상품화하고 재물을 얻는 것을 성공이라고 본다. 이 과정을 성공신화로 만들어 이에 열광한다. 모든 것을 사고 팔 수 있다고 생각할 때 우리는 돈에 집착하게 되고 돈을 우상으로 섬기게 된다. 그래서 돈은 가장 유효한 동기유발요인이 된다. 그래서 돈에 관한 문제는 마음의 문제이면서 영적인 문제가 된다.

- 그러나 소명의 관점에서는 일을 하는 동기가 이익을 추구하는 동기로부터 "은혜에 대한 감사"로 바뀌게 된다. 높은 보수나 칭찬을 위하여 일을 하지 않게 된다. 일을 하는 동기는 "시장을 넘어" "소명의 일"로 나아가게 된다.[21] 마태복음 20장에 등장하는 포도원 품꾼의 비유는 은혜에 대한 감사로 일하는 사람을 상징적으로 나타낸다. (마태복음 20:1 - 16)

- 이 비유의 이야기는 그 다음 날 누가 일하러 올 것인지를 생각하게 한다. 하루의 삶을 꾸릴 일할 기회를 주신 포도원 주인의 은혜에 감사하여 나중에 온 자가 먼저 일하러 올 것으로 기대된다. 일을 하는 동기가 변하게 된다. 마치 하나님 나라에서 어떤 마음으로 일하게 될지를 보여주는 듯하다. 포도원 주인은 품꾼의 가족이 하루의 생계를 영위할 수 있는 한 데나리온의 품삯을 구하는 기회를 주려했고 포도원 품꾼은 은혜에 대한 감사로 일하러 올 것으로 기대된다.

---

21) 오스 기니스, 소명, P.216.

(2) 일을 통하여 하나님의 일에 동참하게 된다.

– 소명적 관점은 일을 통하여 하나님의 뜻에 동참하게 한다. 하나님의 일에 동참하는 것은 우리가 하는 모든 일에서 하나님이 기뻐하시는 방향으로 일을 하는 것이다. 하나님을 바라보며 모든 피조물을 보살피고, 살려주고, 세워주는 주님의 종으로서 은혜에 대한 감사로 항상 기뻐하며 기도하며, 주님이 주시는 평강 속에서 넉넉하고 너그럽게 포용하는 것이다.

– 소명적 관점은 외형적인 금식보다는 하나님의 "내가 기뻐하는 금식"을 따른다. 하나님이 기뻐하는 금식은 "흉악의 결박을 풀어 주며 멍에의 줄을 끌러 주며 압제당하는 자를 자유하게 하며 모든 멍에를 꺾는 것이 아니겠느냐. 또 주린 자에게 네 양식을 나누어 주며 유리하는 빈민을 집에 들이며 헐벗은 자를 보면 입히며 또 네 골육을 피하여 스스로 숨지 아니하는 것이 아니겠느냐(이사야 58:6-7)"고 말한다. 보살피고, 살리고 세워주는 것을 원하신다.

> 사 58:6 내가 기뻐하는 금식은 흉악의 결박을 풀어 주며 멍에의 줄을 끌러 주며 압제 당하는 자를 자유하게 하며 모든 멍에를 꺾는 것이 아니겠느냐
> 사 58:7 또 주린 자에게 네 양식을 나누어 주며 유리하는 빈민을 집에 들이며 헐벗은 자를 보면 입히며 또 네 골육을 피하여 스스로 숨지 아니하는 것이 아니겠느냐

- 일터에 적용해야 할 성경적 윤리로서 "하나님이 바라시는 금식"을 생각하며 나아간다. 공정과 다른 사람의 유익을 끊임없이 질문한다. 관계의 회복을 중시한다. 눈앞의 이익을 넘어서 모든 것을 상품으로 보는 이해관계를 넘어서 "관계의 소중함"을 바라본다.

(3) 내면의 헌신으로 일을 하게 된다.

- 소명의 길에서는 온전한 성품으로 일에 임한다. "무슨 일을 하든지 마음을 다하여 주께 하듯 하고 사람에게 하듯 하지 말라(골로새서 3:23)"는 기준을 제시한다. 사람의 시선을 넘어 하나님 앞에서 하듯이 책임을 지고 성실하게 노력하며 자기 스스로 자기가 한 일에 대하여 책임을 묻고 답하는 "내적 책무성"의 주인이 된다. 하나님과의 관계에서 우리가 하는 일과, 일을 하는 동기, 나의 정체성, 나의 감정까지도 하나님의 사랑을 드러내는 도구가 되어 "디딤돌"이 됨을 인식한다.

- "내면의 헌신"이 가리키는 새로운 방향은 다음과 같다. 교만과 악의, 시기, 분을 멀리하게 된다. 반듯하고 따뜻하며 헌신, 긍휼, 용서, 화해를 구한다. 직장에서 기독교 신자로서, 예수님의 십자가를 지고 간다는 의미에서 남들의 짐을 내가 지고 간다는 마음으로 나아간다. 살핌, 살림과 세움의 역사를 추구한다. 난관과 실패에도 불구하고 평온하고 침착하게 인격적 품성을 계발하며 나간다.

- 에베소서 6장의 말씀처럼, 일꾼은 온 마음을 다하여 섬기는 마음으

로 일하고(6:5), 일하는 동기를 은혜에 대한 감사로 삼고, 주께 하듯 일하고(골로새서 3:23-24), 주님과의 관계에서 기쁨으로(6:7), 경외심, 사랑의 존경심, 겸허한 자신감으로 일에 임한다. 성실한 마음은 일편단심으로 사람의 눈을 의식하지 않고, 오직 하나님만을 바라보고 나아간다.[22)]

> 엡 6:6 눈가림만 하여 사람을 기쁘게 하는 자처럼 하지 말고
> 그리스도의 종들처럼 마음으로 하나님의 뜻을 행하고
> 엡 6:7 기쁜 마음으로 섬기기를 주께 하듯 하고 사람들에게 하듯 하지 말라

3) "외재적 결과"보다는 "내재적 만족"을 바라보며

– 일에는 외적으로 드러나는 보상과 내재적인 보람과 기쁨이 있다. "소명의 관점"은 외형적 보상으로 일하기보다는 일의 내재적 만족을 바라보게 한다. 일에는 그 일을 하는 보람과 기쁨과 즐거움이 있다. 우리는 그러한 일을 해야 한다. 날마다 하고 있는 일로 인하여 하나님께 감사드리는 일이 있어야 한다. 우리가 하는 일이 상품으로만 축소될 수는 없다. 내재적 관점에서는 사람을 소중하게 여기고 보살피고 살리고 세워주려고 노력한다. 우리의 실존이 은혜로 맺어지는 "상호의존적 존재"임을 인식한다. 자아의 거품을 빼고 주님이 주시는 성령의 기품으로 일하기를 소망한다.

---

22) 오스 기니스, 소명, p.152.

(1) **사람에 대한 관점이 달라지게 된다.** 효용과 효율을 중시하는 시장
적 관점은 인간을 재능과 능력의 존재로 보았다. 인간을 역량(Human
doing)의 관점으로 본다. 이에 반하여 사람에 대한 성경적 관점은 "사
람은 하나님의 형상을 따라 지음 받은 존재"라고 본다. (창세기 1:26)
사람을 하나님의 형상을 내포한 존재로(Human being)로 본다. 인간
의 내면에 있는 사랑을 베푸시는 하나님의 형상을 보려고 한다. 사람
을 중시하고 사람을 세워줌을 위하여 노력한다.

(2) **우리의 관계가 달라지고 성품이 변한다.** (에베소 6:1－11)
－ 나와 하나님과의 관계가 모든 관계의 출발이 된다. 나와 하나님과
의 올바른 관계를 맺으면, 여기에서부터 시작하여 부모에 대한 순종과
공경, 자녀에 대한 사랑과 자애의 가르침의 관계를 새롭게 형성한다.
이웃과 일과 세상과의 관계에서 우리 안에 예수 그리스도가 부각되고,
주님이 주시는 자비, 겸손, 담대함, 만족, 용기가 우리를 끌고 간다. 하
나님을 경외하는 것을 지혜의 근본으로 삼는다. (잠언 23:17)

> 잠 23:17 네 마음으로 죄인의 형통을 부러워하지 말고 항상 여
> 호와를 경외하라

－ 우리는 누구를 의식하며 일하는가? 사도 바울은 "무슨 일을 하든지
마음을 다하여 주께 하듯 하고 사람에게 하듯 하지 말라. 자녀들아 주
안에서 너희 부모에게 순종하라 이것이 옳으니라. 네 아버지와 어머니
를 공경하라 이것은 약속이 있는 첫 계명이니, 또 아비들아 너희 자녀

를 노엽게 하지 말고 오직 주의 교훈과 훈계로 양육하라. 종들아 두려워하고 떨며 성실한 마음으로 육체의 상전에게 순종하기를 그리스도께 하듯 하라"고(에베소서 6:1-4) 권면한다. "눈가림만 하여 사람을 기쁘게 하는 자처럼 하지 말고 그리스도의 종들처럼 마음으로 하나님의 뜻을 행하고 기쁜 마음으로 섬기기를 주께 하듯 하고 사람들에게 하듯 하지 말라(골로새서 3:23)"는 말씀을 권면한다.

골 3:23 무슨 일을 하든지 마음을 다하여 주께 하듯 하고 사람에게 하듯 하지 말라
엡 6:7 기쁜 마음으로 섬기기를 주께 하듯 하고 사람들에게 하듯 하지 말라

- 우리 안에 있는 "사람의 거품"을 제거하고 "하나님이 주시는 기품"으로 채워 갈 수 있기를 권유한다. 사람의 거품은 주인과 고용인의 입장에서 사람을 대하는 것이다. "하나님이 주시는 기품"에서는 모든 사람들은 다 그리스도의 종이다. (에베소서 6:9) 종이 주인 대하듯 대한다. 하나님 앞에서는 누구나 공평하다. 위협을 그치고, 유익을 줄 것을 도모하고, 오직 하나님만을 바라본다. 이것이 세상적 거품을 빼는 길이 된다. 기품은 성령이 인도하여 주는 품격이다.

엡 6:8 이는 각 사람이 무슨 선을 행하든지 종이나 자유인이나 주께로부터 그대로 받을 줄을 앎이라
엡 6:9 상전들아 너희도 그들에게 이와 같이 하고 위협을 그치라 이는 그들과 너희의 상전이 하늘에 계시고 그에게는 사람을

외모로 취하는 일이 없는 줄 너희가 앎이라

— 질투는 소명을 공격한다.[23] 영화 "아마데우스"에 등장하는 살리에르는 대단한 재능을 소유한 음악인이었다. 그러나 그는 모차르트의 비범한 작품을 보고나서 질투와 시기에 빠졌다. 그 공허감에서 그는 기도한다. "열정을 주시고 재능을 주시었으나 그 섬김이 부끄러움이 되게 하셨습니다. 제가 무엇을 잘못하였습니까?" 질투는 다른 사람이 잘되는 것을 싫어한다. 교만은 상대적 경쟁에 더 관심을 갖게 한다.

— 예수님은 요한은 앞으로 어떻게 되겠느냐고 묻는 베드로에게 "네게 무슨 상관이냐?"고 말씀하신다. 비교는 부질없다. 우리가 주변을 두리번거릴 때 "네게 무슨 상관이냐?"고 말씀하신 예수님의 말씀을 생각해 보아야 한다. (요한복음 21:8) 오직 그분만으로 나아가야 한다.

— 질투는 소명을 공격한다. 가인과 아벨, 사울과 다윗의 이야기는 우리가 질투의 노예가 되었을 때 소명을 잊어버림을 보여준다. 가인은 아벨을 죽였고 사울은 "여인들이 뛰놀며 노래하여 이르되 사울이 죽인 자는 천천이요 다윗은 만만이로다 한지라 사울이 그 말에 불쾌하여 심히 노하여 이르되 다윗에게는 만만을 돌리고 내게는 천천만 돌리니 그가 더 얻을 것이 나라 말고 무엇이냐 하고" 다윗을 죽이고자 하였다. 질투는 지나친 "자기애"로부터 나온다. 질투를 안 하기는 어렵겠지만 그렇다고 질투의 노예가 될 수는 없다.

---

23) 오스 기니스, 소명, 15, p.203

삼상 18:7 여인들이 뛰놀며 노래하여 이르되 사울이 죽인 자는 천천이요 다윗은 만만이로다 한지라

삼상 18:8 사울이 그 말에 불쾌하여 심히 노하여 이르되 다윗에게는 만만을 돌리고 내게는 천천만 돌리니 그가 더 얻을 것이 나라 말고 무엇이냐 하고

4) 소명, 평범한 작은 것에서 하나님의 광채를 보게 한다.[24]

- 소명은 일상의 작은 평범한 일에도 광채를 부여한다. 수많은 하찮은 일의 틈바구니 속에서도 소명의 빛과 광채를 보는 것은 행복한 일이다. 현대는 사람을 살리고 관계를 회복하는 일의 내재적 중요성보다는 일의 외재적 가치를 더 크게 본다. 그러나 소명은 일의 가치를 새롭게 보게 한다. 아무리 단조로운 일이라도 하나님을 위한 일이면 높임을 받고 변화된다. Hudson Taylor는 "작은 일은 작은 일이다. 하지만 작은 일에도 신실하면 이것은 큰 일이 된다"고 말했다. 테레사 수녀는 "나는 작은 일을 큰 사랑으로 한다"고 말했다.[25]

- 그리스도를 따르는 이에게 너무 힘든 일도, 너무 평범한 일도 없다. 하나님을 위해 하는 일이면 하지 못할 일이 없고, 하나님을 바라보고 하는 일은 단조로운 일도 없기 때문이다. 문제는 우리가 일을 할 때 하나님을 바라보며 일하는가에 여부에 따라 결정된다. 우리는 오병

---

24) 오스 기니스, 소명, 22장, p.307.
25) 오스 기니스, 소명, p.306.

이어(五餅二魚)와 같다. 떡 다섯 덩이와 물고기 두 마리에 불과하다. 그러나 쓰임 받을 때에는 오천 명 이상을 먹이는 "오병이어의 기적"을 이루어 낸다. 소명은 우리의 삶에 비치는 "하나님의 빛의 파편"을 보게 한다. 소명은 하나님의 시선을 따라 보게 하고 하나님의 관점을 알게 하고 그분 안으로 우리를 인도한다.

(1) 누구를 위하여 일하는가를 상기함으로써 "우리가 하는 작은 일"을 큰 사랑으로 알게 하여 세상을 변혁할 수 있게 한다.

(2) 소명은 초점과 시각을 제공한다. 소명은 하나님의 시선을 따라 일 본연의 기쁨과 가치를 보게 하고 외재적 가치에 대한 도구적 역량을 이차적으로 보게 한다. 소명은 일의 속을 볼 수 있게 한다. "아마추어"는 일의 속을 "사랑하는 자"를 뜻한다. 아마추어 정신으로 일에 몰두할 때 그 일을 사랑하게 된다.

(3) 평범한 일상의 보통의 모습에서 "하나님의 빛의 파편"을 보게 한다. 늘어 선 양배추, 농장의 고양이, 어머니의 얼굴에 패인 주름살, 책을 읽다가 우연히 발견한 문장 등에서 하나님의 손길과 하나님의 빛의 파편을 보게 한다.

(4) 하나님께서는 그분께 순종하기를 요구하신다. 소명은 작은 일과 단조로운 일들이 하나님의 부름과 연결되어 있음을 보게 함으로써 작은 일에 충성할 수 있도록 인도한다.

5) 소명은 하나님의 때를 바라보게 한다.[26]

- 소명은 하나님의 시공간(Kairos)을 바라본다. 하나님의 말씀에 의존하고 자기의 뜻을 포기한다. 하나님의 때를 준비하고 기다린다. 결단의 시기에 움직인다. 소명은 부적절한 방법을 포기하고 하나님께 의존한다. 성경에는 노아가 겪은 홍수와 노아의 때를 기다리는 이야기가 나온다. 노아는 500세 때에 방주를 지으라는 말씀을 듣고 600세에 홍수가 쏟아지기까지 100년을 기다리며 배를 만들었다. 다른 동물과 함께 배 속에 들어간 지 7일 후에 홍수가 땅에 덮였다. 소명은 준비하고 기다리기를 요구한다. 이것이 최고의 순종이다.

- 소명이 인생의 말년에 주는 의의를 다음과 같이 정리한다.
(1) 소명은 인생의 마지막까지 목적 의식을 갖고, 성장 성숙하는 가운데 인생 여정을 걸어가도록 박차를 가한다. 인생은 과정이다. 직업에는 은퇴가 있으나 소명에는 은퇴가 없다. 공동체적 소명에서 퇴진할 수 없다.

(2) 소명은 직업의 종결과 소명의 종결을 혼동하지 않도록 해준다. 직과 업은 서로 연결되어 있다. 하나님의 뜻이 소명이 된다. 직과 업이 연결되는 경우도 있고 직과 업이 연결되지 않은 경우도 있다. 직의 수고와 업의 생애가 일치하는 것은 행운이다. 우리는 소망을 향하여 나아갈 뿐이다. 업을 완전히 알고 나아갈 수는 없다. 믿음으로 갈 뿐이

---

26) 오스 기니스, 소명, p.361.

다. 소명을 얻기 위해서는 믿음에 의해 구원을 받아야 한다. 그래서 "여호와를 아는 것이 지혜의 근본이 된다"는 말씀만이 홀로 우리를 소명으로 인도하는 근본이 된다.

(3) 소명은 인생의 모든 결과를 하나님께 맡기도록 우리를 격려함으로써 유종의 미를 거두도록 돕는다. 우리는 천국에 가서야 모든 것을 확실하게 알게 될 것이다. 오직 하나님만이 "우리의 존재가치"를 평가하실 것이다. 소명을 발견하는 것과 진정한 자아를 성취하는 것이 간단한 문제가 아니다. 우리는 부름 받은 존재일 뿐이다. 그리고 이 부름을 따라서 나아 갈 뿐이다. 뒤돌아 볼 때 희미한 모습을 보게 될 뿐이다.

6) 최후의 부르심, 사명을 받드는 일이다.

— 바울은 주님의 부르심의 소명을 좇아 "자기를 부인하고 주님의 종과 증인으로" 그의 사명을 받드는 길을 걸어갔다.

— 사울(나중에 바울로 이름 바꿈)은 예수님을 따르는 유대인들을 체포하기 위하여 다메섹으로 가는 도중에 예수님을 만났다. 이후 아라비아 사막에서 3년 반 동안 지냈다. 다소에서 천막을 지으며 13년을 보냈다. 세계에서 최초로 안디옥에 교회를 설립한 바나바의 초청으로 안디옥교회 사역에 동참하였다. 안디옥 교회가 바나바와 함께 복음 전도자로 파송하여 3차에 걸치는 전도여행과 제3차 전도여행 이후에 예루살렘에서 체포되어 로마로 호송되는 마지막 여정을 지났다. 그 후 로마에서 순교하였다.

- 바울의 생애는 예수님이 찾아오신 이전의 삶과 그 이후의 삶으로 구분된다. 예수를 따르는 자들을 박해하던 권력자에서 예수님의 복음을 전하는 이방인의 사도로 살았다. 그 변곡점에서 그의 이름이 사울에서 바울로 바뀌었다. 이후 배교자의 낙인과 유대인으로부터 살해의 위협 속에서 예수님의 종과 증인으로 살았다.

- 바울은 그리스도의 복음을 전하는데 아무 장애가 없게 하려고 그는 선교 사역에서 복음 선포와 천막 짓는 그의 생업을 병행하였다고 증거한다. 아무에게도 폐를 끼치지 않으려고 밤낮으로 일하면서 복음을 전하였다. (데살로니가후서 3:7-9) 받기보다는 주기 위하여 노력하였다. (사도행전 20:34-35), 그는 권리를 누리는 것을 거부하였다. (고린도전서 9:18)

> 고전 9:18 그런즉 내 상이 무엇이냐 내가 복음을 전할 때에 값 없이 전하고 복음으로 말미암아 내게 있는 권리를 다 쓰지 아니하는 이것이로다
> 고전 9:19 내가 모든 사람에게서 자유로우나 스스로 모든 사람에게 종이 된 것은 더 많은 사람을 얻고자 함이라

- 만인 제사장 교리는 모든 사람을 교회의 기관으로 만든다는 것이 아니라 모든 일을 거룩한 소명으로 받든다는 의미이다.

- 바울은 영원한 일을[27] 지향하였다. 예수님의 성육신 사건, 죽음,

---

27) 릭 워렌, 목적이 이끄는 삶, 37, p.377.

부활, 오순절 성령강림은 현재에서의 미래의 통치가 "이미" 시작된 것이다. 하나님 나라의 시간적 틀은 이 세상에 "영원"이 들어왔다. 이미 들어왔으나 아직 완성되지 않은 "이미 그러나 아직(already but yet)"의 시간적 틀이다. 예수님의 몸의 상처는 현재와 미래의 통치를 연결하는 역사적 연결고리가 되었다. 바울이 규정한 영원한 것은 길이요, 진리요, 생명 되시는 예수 그리스도이시다. (고린도전서 15:5, 8)

> 고전 15:5 게바에게 보이시고 후에 열두 제자에게와
> 고전 15:8 맨 나중에 만삭되지 못하여 난 자 같은 내게도 보이셨느니라

제3장

소명의 길을 걷는 첫 걸음
: 한 점 찍기(一點)

− 소명은 일차적 소명과 이차적 소명으로 구분된다. 일차적 소명이 믿음으로의 부름이라면 이차적 소명은 "나를 향한 하나님의 계획으로의 부름"이다. 믿음으로 구원받는 믿음의 길은 일차적 소명을 향하는 첫걸음이다. 나의 생각과 감정과 뜻을 거룩하게 구분하는 한 점 찍기는 이차적 소명을 향하는 첫걸음이 된다. 소명의 길을 걷는 첫걸음은 이차적 소명의 길을 걷는 첫걸음을 의미한다.

− "구원의 은혜"는 소명을 바라보는 기반이다. 구원의 은혜를 받게 되면 은혜의 관점에서 나와 상황을 다르게 바라볼 수 있다. 하나님의 인자와 긍휼로 "새로워진 나는" 소명의 길에 들어선다. 후회와 집착, 원망을 버리고 "지금 여기에서" "내게 있는 것으로" 주님의 말씀을 따라가는 "주님의 길"에 들어가게 되고 소명으로 인도받는 길에 들어선다. 이 과정에서 때로는 고난도 온다. 고난의 고통을 견디면 언젠가는 고난의 고통이 내 삶의 증거가 되는 날이 온다. 내가 진정 바라는 삶을 인식하는 것이 소명의 핵심이 된다.[28]

− 현실을 긍정적으로 수용하고 견디고 나아가다 보면 우리 인생은 뜻밖의 수많은 일들로 가득 채워짐을 보게 된다. 믿음의 관점에서는

---

28) 제프 고인스, 윤종석 옮김, 일의 기술, CUP, 2016. p.1.

이러한 일들을 "우연"이라고 보기보다는 "구원 속에 있는 필연의 섭리"라고 본다. 삶의 여정은 마치 한 폭의 캔버스와 같다. 내가 그린 그림 너머에 있는 여백의 공간에 우연이라고 할 수 없는 그림이 그려지는 캔버스와도 같다.

‑ 소명은 우리가 계획할 수 있는 것은 아니다. 소명에 대한 나의 반응으로서 사명(Mission)을 세우는 것은 가능하다. 사명은 소명과 "나의 일"을 연결하는 것이고, 일을 수행하는 원칙의 매듭을 짓는 것이다. 우리 삶의 바탕에 소명이 있을 때 일에 대한 열정과 믿음이 자라난다.

‑ 소명이란 "참 자아"를 찾아가는 여정이다. 소명의 길은 내가 참 자아가 되어가는 과정이다.1) 자기다워지는 것이다. 부름을 받은 것만으로 소명의 삶을 형성하지는 못한다. 우리의 삶이 사명을 통하여 소명에 반응하여야 한다. 그러려면 "소명의 부름"에 반응해야 한다. 소명을 찾아가는 첫걸음은 "위대한 것"을 찾아서 도약하기보다는 지금 여기서 내게 있는 작은 것으로부터 시작하는 것이다.

‑ "소명의 길"은 내가 만들어 가기보다는 인도를 받는 길이다. 나는 작은 한 점을 찍을 뿐이다. 소명은 자신보다 큰 이야기 속에서 당신이 맡은 역할을 그냥 받아들이는 것이다. 소명은 우리가 하는 일의 성공을 성취의 크기나 높이로 보지 않고 하나님의 뜻에 "적중하고 연결된

---

1) 제프 고인스, 일의 기술, CUP, 2016, pp.21 – 22.

관계"에서 찾는다. 소명은 목적지가 아니고 특별한 일을 하는 것만이 아니다. 소명의 길은 우리 삶에서 "구별된 자세와 거룩하게 살아가는" 방법이다. 이 길은 죽을 때까지 가야 하는 정체성을 세워가야 하는 여정이다.

– 싯처(Sittser) 목사는 "지금 여기서 내게 있는 것으로"[2] 하나님의 기업에 참여하는 "매듭짓기"를 소명의 첫걸음으로 제시한다. 과거의 죄의 무게와 내일에 대한 염려와 불안에서 벗어나 "지금 여기 이 자리에서 내게 있는 것"으로 감사하며 기쁘게 시작한다. 나의 그릇을 남의 그릇과 비교하고 탓하고 움츠러들기보다는 내 비록 질그릇이라도 그릇을 깨끗하게 하고 주님을 담는 그릇으로 준비한다. "주님 아래서 지금 내게 있는 것으로" 새롭게 나아가는 것을 소명의 길을 걷는 첫걸음의 주제로 삼는다.

a. 소명을 듣게 되는 계기[3]

– 우리의 삶과 일에서도 겉이 있고 속이 있다. 소명의 길은 걷는 것은 일의 속으로 들어가 일 속에 있는 내면의 의미를 생각하는 것이다. 이때 삶이 주는 내면의 소리를 듣게 된다. 우리 "삶의 변곡점"을 만나게 된다. 특히 실패와 고난 중에 그 소리는 크게 들린다. 어떤 일에 몰입하여 즐거움과 기쁨 속에 감사의 마음으로 하나님을 올려볼 때 일

---

2) 제럴드 싯처, 하나님의 뜻, pp.271－293, 297－315.
3) 제프 고인스, 윤종석 옮김, 일의 기술, CUP, 2016. p.35.

의 성질이 변하는 "임계치"를 지나게 된다. 일의 겉에서 일의 속으로 들어가게 된다. 이때 삶이 주는 새로운 소리를 듣게 된다. 주님을 만나 구원의 "거듭남"의 은혜속에서 나의 삶을 다시 보게 된다. 하나님께서는 그 사랑하는 자녀들에게 말씀하신다. 삶의 변곡점에서 성령께서 말씀을 생각나게도 하시고 우리의 생각을 인도하시기도 한다.

1) 삶이 주는 내면의 소리

— 삶이 주는 내면의 소리는 우리를 소명으로 부른다. "소명의 부름"이 있다는 것에 대한 인식을 가질 때 우리는 염려와 근심을 하게 하는 상황 그 너머에 있는 "하나님의 뜻"을 바라보게 된다. 삶이 주는 내면의 소리를 듣게 될 때 특히 실패와 좌절의 고난 중에 있을 때 나의 "내면의 소리"는 좀 더 크게 들린다. 삶의 내면의 소리를 듣는 사람은 "소명의 부름"을 바라보는 기회를 갖는다.

— 문득 우리 인생의 목적을 생각할 때가 있다. 먼저 내가 바라는 삶을 생각할 때 소명을 생각하게 된다. 소명은 특정의 일자리나 사업을 뜻하는 것이 아니다. 소명은 우리가 찾아서 거기에 도달할 수 있는 목표지점도 아니다. 소명은 마치 북극성과 같아서 우리가 결코 도달할 수는 없으나 그것을 의지하여 항해의 방향을 잡아가게 한다. 소명은 방향을 가리키는 빛으로 우리의 항해를 잡아준다. 소명을 바라보고 나가는 중에 무언가 나를 이끄는 것이 있다. 이렇게 이끄는 과정에서 소명은 우리의 존재를 빚어간다.

- 우리의 삶에서 실패와 고난은 우리를 소명으로 이끈다. 삶은 하나의 직선 위를 달리는 것이 아니라 우여곡절의 곡선 위를 달린다. 삶의 순간순간에서 한 점과 같은 삶의 조각들이 모여서 선을 이루고 선이 모여 면을 이루고 면이 모여 삶을 구성한다. 소명과 연결되는 한 점을 찍을 때 우리는 소명의 길에 들어선다. 우리 삶의 바탕에 소명이 있을 때 일에 대한 열정과 믿음이 자라난다. 우리의 삶에는 고난과 위기상황이 항상 등장한다. 실패와 고난은 우리의 삶이 부패하지 않도록 쓰이는 방부제와도 비슷하다. 우리의 삶에서 위기는 왔다가 지나가고 우리는 어둠의 터널을 빠져나오게 된다. 이것이 소명과 고난이 우리를 이끄는 공식이 된다.

- 소명의 길은 꼭 눈앞의 성공만을 향하여 나가는 것만은 아니다. 소명은 성공이 아니라 때로는 고통을 택하게도 한다. 그러나 의미 있는 삶으로 인도한다. 바울도 그의 3차 전도여행을 마치는 지점에서 예루살렘에서의 자기를 죽이고자하는 유대인의 살해의 위협을 바라보면서도 로마로 바로 가지 않고 예루살렘을 향하여 나아갔다. 이 일이 그를 로마 군인들의 호송 속에 로마로 가게 된다. 그의 죽으러 들어가는 것 같은 "예루살렘행"은 이방세계에 복음을 전하는 로마에서의 전도의 문을 열었다. 그리고 그는 로마에서 순교하였다.

- 우리 인생에는 낭비되는 것이 없다. 실패, 좌절, 시련도 우리의 여정을 확인하는 이정표가 될 수 있다. 실패는 항상 걸림돌이 되는 것만은 아니다. 소명은 처음에는 불분명하나 뒤를 돌아보면 소명을 향하여

198

한 걸음을 떼면 이 이후부터는 소명의 궤적이 점차 눈에 선명하게 들어온다. 그리고 걸림돌이 디딤돌로 보이게 된다.

2) 고난을 만났을 때

– 소명은 인생을 되돌아보게 한다. 소명을 통한 만남과 "인생의 조율 과정"이 이루어진다. 소명은 우리를 "새로운 존재"로 이끌어 간다. 때로는 어둠 속을 더듬어 나가기도 하지만 가다 보면 바른 방향으로 가고 있음을 알려주는 이정표를 만나게 된다. 이 이정표를 바라보고 나아 갈 뿐이다. 나머지는 하나님께 의지하고 간다.

– 소명은 우리 자신의 삶의 과정에 있다. 이 소명은 아주 서서히 오랜 시간에 걸쳐 그 모습을 드러낸다. 소명은 나 밖에서 나에게 던져주는 명령이나 강령이나 위대한 일이 아니다. 소명의 길은 개별화되어 있다. 소명의 길은 "나의 소명의 길"이다. "소명의 길"은 아주 특별한 기획이나 과제(project)가 아니라 수많은 사람들과의 관계 속에서 알 수 없는 미래를 향해 가는 여정과도 같다. 이 과정에서 나의 욕망을 소명으로 착각하기도 한다. 소수의 사람만이 소명을 바라보는 은혜를 받는다.

– 우리 주위에는 장애아를 둔 부모들이 있다. 장애에도 불구하고 그들은 포기하지 않고 순간 순간에 최선을 다하는 과정을 거쳐 장애자녀를 새로운 존재로 "세워주는" 일을 통하여 새로운 존재로 태어난 이

야기를 듣는다. 고난이 새로운 길로 인도하는 경우를 많이 보게 된다.

— 우리나라 등산인 엄홍길은 8000m 이상의 에베레스트 고봉 14좌를 등정하는 과업을 삶의 목표로 삼고 등정을 시작하였으나 재난 사고로 동료 네팔인을 잃고 난 후, 네팔 어린이를 위하여 학교를 세워주는 교육후원자의 일로 그의 사명을 삼았다. 그는 새로운 존재로 태어났다. 이것도 영적인 거듭남이다.

3) 일과 공부에 몰입할 때

— 삶은 일과 공부를 요구한다. 우리는 평생에 걸쳐서 공부해야 하고 실력을 길러야 한다. 자기 나름의 연단의 내공(內功)이 있어야 한다. 우리가 몰입할 때의 경험이 나의 일을 형성하는 계기가 된다. 나를 이끌어줄 즐기는 활동과 "감화의 불꽃"이 있을 때 일과 공부는 고통과 연단을 넘어 내공(內功)을 이룬다. 즐기는 활동은 고통이 기쁨으로 바뀌는 임계치를 건너게 한다. 이때 우리는 일의 속을 보게 된다. 소명은 그냥 알 수 있는 것이 아니다. 실제로 무언가를 해볼 때 우리의 가슴을 뛰게 하는 일을 찾게 된다. 열정을 주는 일에 귀를 기우릴 필요가 있다. 그래서 즐기는 일이 있어야 한다. 자원봉사는 여러 가지 일을 해 볼 수 있는 기회를 제공한다. 이를 위해서 평소에 놀이처럼 즐기는 활동이 있어야 한다. 즐거움과 기쁨 속에 일에 몰입하고 있을 때 감사의 마음으로 하나님을 올려본다.

b. 소명의 길

1) 소명의 길은 하나님이 인도하시는 과정이다.

- 우리의 일뿐만 아니라 우리의 삶에도 겉이 있고 속이 있다. 삶의 겉에는 세상적으로 사는 삶의 모습이 드러난다. 우리가 이 세상에서 하는 일은 "땅에 있는 것"으로서 세상에 속한다. 삶의 속에는 하나님의 뜻과 우리를 향한 하나님의 계획이 담겨 있다. 에베소서는 우리가 하는 일의 속에는 하나님의 뜻이 있고 나를 향한 주님의 계획이 있음을 말한다. (에베소서 1:11) 하나님의 뜻과 나를 향한 하나님의 계획에 따라 "하고 싶어 하는 일을 마음에 두게 된다". 성경은 이것을 기업이 되었다고 표현한다. 성경은 이것을 "하늘에 있는 것"이라고 표현한다.

- 하나님께서는 "하늘에 있는 것이나 땅에 있는 것이 다 그리스도 안에서 통일되게 하려" 하신다. (에베소서 1:10) 우리가 하는 일과 하나님의 뜻과 계획이 하나가 되기를 바라신다. 이를 위하여 우리를 부르시고 말씀하신다. 우리 삶의 여러 측면에서 삶이 주는 내면의 소리를 들을 때 우리는 하늘로부터 오는 소명을 바라본다. 이 바라봄은 지금 우리가 하고 있는 일에서부터 시작한다. 예수님도 주기도문에서 "아버지의 뜻이 하늘에서 이루 진 것처럼 땅에서도 이루어지이다"라고 (마태복음 6:10) 기도의 틀을 제시하셨다.

엡 1:10 하늘에 있는 것이나 땅에 있는 것이 다 그리스도 안에

서 통일되게 하려 하심이라

엡 1:11 모든 일을 그의 뜻의 결정대로 일하시는 이의 계획을
따라 우리가 예정을 입어 그 안에서 기업이 되었으니

엡 1:12 이는 우리가 그리스도 안에서 전부터 바라던 그의 영
광의 찬송이 되게 하려 하심이라

마 6:10 나라가 임하시오며 뜻이 하늘에서 이루어진 것 같이
땅에서도 이루어지이다

– "소명의 길"은 하나님이 인도하시는 과정이다. 소명의 길은 "하나
님의 부르심"을 마음에 품어 나의 기업으로 삼아 뜻을 세우는 입지(立
志)의 길이다. 이 길은 거룩한 삶을 향하는 과정이고 삶의 여정이 된
다. 하나님의 부르심을 듣는 것은 하나님의 은혜이다. 소명의 길은 하
나님의 은혜로 이끄는 길이다.

– 소명의 길을 걷는 첫걸음은 내게 있는 작은 것으로 지금 여기서부
터 하나님의 임재를 구하는 것이다. 이것이 "먼저 그의 나라와 그의
의를 구하는 것"이다. "무엇(어떠한 일로, 과업)"으로 나의 사명을 삼
기보다는 "어떻게" 일에 임해야 할 것인가라는 정체성의 문제로 반응
하게 한다. 나의 생각, 감정, 의지의 매듭짓기를 통하여 나의 삶의 틀
이 변하면 나의 일도 변하고 나의 인생도 변한다. 소명의 길은 소명을
향하는 일로 계속하여 문이 열린다. 소명의 자리는 새로운 무엇을 만
드는 창조의 순간이 아니고 부름을 듣고 돌아서는 회개의 자리이다.

⑴ 하나님의 부르심을 따라가는 길

‐ 소명의 길은 "나에게 정해진" 나의 소명을 찾아가기보다는 하나님의 부르심을 따라가는 길이다. 소명의 길은 우리를 하나님의 뜻에 부합하는 방향으로 "구별된 삶"으로 살아가도록 인도하는 길이다. 소명의 길은 목표지점에 도달하기보다는 일을 수행하는 과정이 구별되고 우리의 삶이 바뀐 "새로운 삶"의 여정이다.

‐ 소명의 부르심에 하나님의 뜻과 나를 향한 하나님의 계획을 바라본다. 나의 삶의 여정을 되돌아본다. 나를 향한 하나님의 뜻과 계획을 하나님께 여쭈어본다. 나의 삶과 나의 일에서 하나님의 임재를 구한다. 하나님의 것을 바라게 된다.

⑵ 소명은 우리를 한 단계씩 이끌어 간다.

‐ 나를 향한 하나님의 뜻과 계획을 내 마음속에 담아 나의 기업으로 삼는 것이 소명을 찾아가는 첫걸음이다. 이것은 나의 정체성과 사명(mission)을 세우는 것이다. 나의 정체성을 이루는 원칙의 매듭을 짓는 길이다. 이 매듭짓기는 일로서 구별하기보다는 일에 임하는 자세와 삶을 영위하는 원칙을 세움으로써 먼저 구별된다. 이것이 소명을 찾아가는 중요한 첫걸음이다.

2) 소명의 길은 구별된 삶을 향하는 여정이다.

(1) 소명의 길은 우리를 어떤 결과적 목표에 도달하게 하기보다는 삶을 살아가고 일을 수행하는 자세를 새롭게 한다. "어떻게(how) 살 것인가?"라는 질문을 통하여 생각과 감정과 의지의 매듭짓기를 통하여 우리 삶의 변화로 인도한다. 소명의 길에서 내가 할 수 있는 것은 주님이 주시는 힘과 능력으로 최선의 노력을 다하는 것이고 나머지의 여백은 주님께 의지하고 나아간다.

(2) 소명의 길을 걸어가는 첫걸음은 테레사 수녀가 말한 것처럼 "작은 일이라도 큰 뜻으로 한다"는 관점이다. 하나님의 뜻과 계획을 바라보며 주님 아래서(under) 지금 여기서 새로운 피조물로 내게 있는 작은 것으로 하나님의 뜻과 나를 향한 하나님의 계획을 바라보며 "작은 한 걸음"을 걷는 것이다. 다음 걸음을 주님께 의지하면서 나아간다. 주님은 "지극히 작은 자 하나에게 한 것이 내게 한 것이라고 하여"(마태복음 25:40) 작은 것을 귀중하게 보는 눈을 열어주셨다.

c. 지금 여기서 내게 있는 작은 것으로

– 교통사고로 어머니와 아내 그리고 딸을 잃은 싯처(Sittser) 목사는 그의 저서 "하나님의 뜻"[4]에서 그의 상실의 고통과 회복의 과정을 증언한다. 그는 모든 의욕을 잃은 이 고통의 자리에서 남은 자녀들을 돌

---

4) 제럴드 싯처, 하나님의 뜻, pp.1-8.

보고 목회에 전념함으로써 다시 일어 설 수 있었다. 싯처 목사는 "지금, 여기, 이 고통의 현장에서 작은 일에 충실하는 것"을 자기를 향한 하나님의 뜻으로 보았다. 작은 일에서 "보살핌, 살림, 세워줌"의 하나님의 뜻을 따르는 한 점을 찍고서 기다려 본다. 이때부터 내 삶의 궤적이 하나님의 인도를 따르는 궤적을 그려가기 시작하는 것을 보게 될 것이다.

1) 지금 여기서

– 소명은 하나님의 부르심이다. 하나님의 부르심에는 하나님의 뜻이 들어있다. 하나님의 뜻은 구원이다. 소명을 찾아가는 길은 구원을 찾아가는 길이다. 주님을 영접하는 길이다. 이것이 소명을 찾아가는 첫걸음이 된다.

– 하나님의 구원은 지금 여기서부터 시작한다. "여기서"는 하나님이 주시는 은택의 자리이다. "지금 여기서"는 하나님의 구원 계획에 의지하여 가는 길을 말한다. 과거의 무거운 죄의 짐을 벗고 내일의 어둠을 뚫고 나아가는 길이다. 하나님께서는 인자와 긍휼로 우리를 새롭게 하신다. (시편 103편) 하나님의 인자하심으로 과거의 죄악의 짐을 벗고 하나님의 긍휼로 새로운 존재로 다시 태어난다. 주님 안에서 내일의 두려움과 염려로부터 벗어난다.

(1) 과거의 짐을 벗고[5]

- 우리의 과거를 바꿀 수 없다. 과거에 대한 후회와 원한은 우리를 단지 파멸로 끌고 갈 뿐이다. 과거에 대하여 우리가 할 수 있는 것은 과거를 구속하시는 하나님을 믿고 나아가는 것이다. 예수님의 십자가 보혈은 우리 과거의 후회와 자책감, 원한을 흰 눈과 같이 깨끗하게 씻어 준다. 이 약속의 말씀에 의지하여 과거의 굴레를 헤치고 나아간다.

- 하나님을 우리의 삶 속에 모셔 들이면, 하나님은 우리의 과거를 구속하신다. 악을 취하여 선으로 바꾸시고, 우리의 삶 속에 은혜의 사역이 일어나게 하신다.

- 우리는 회개하고 하나님의 용서를 구하여야 한다. 자신의 연약함과 실패를 벗어나는 이 회개가 우리를 회복하여 "자존감"을 갖게 한다. 참된 자존감은 하나님의 긍휼로 우리가 하나님의 자녀로서 새로워진 존재가 될 때 세워진다.

- 원한은 사람을 산 채로 뒤집어 삼킨다. 그러나 용서는 상처를 떨치고 앞으로 나아가게 한다. 용서는 하나님의 주권을 인정하는 것이다. 용서는 사건이 아니라 과정이다. 종착점이 분명하지 않는 여행길에 오르는 것과 같다. 용서는 하나님의 은혜가 그 삶 속에 흘러 들어가는

---

5) 제랄드 싯처, p.217.

통로의 역할을 담당한다. 용서는 하나님의 나라로 들어가는 문이다, 여수 예향원에 계신 손양원 목사는 자기 두 아들을 살해한 범인을 용서하고 자기 아들로 입양하였다.

- 하나님이 합력하여 선을 이루시도록 기다려야 한다. 하나님의 치유는 천천히 이루어지며 때로는 고통을 수반한다. 구속의 길에서는 우여곡절의 곡선을 그린다. 하나님이 활동하는 시공간은 인간의 시공간과는 다르다. "인간의 시력"으로는 이러한 하나님의 신묘막측한 세계를 보지 못한다. "믿음의 시력"으로 보아야 한다.

(2) 새로운 피조물로 내일을 준비함6)

- 우리는 미래를 생각할 수는 있으나 우리의 뜻대로 미래를 통제할 수는 없다. 미래에 대하여 인간은 두려워하고 염려한다. 성경에서 두려움은 창세기부터 등장한다. 동생 아벨을 죽인 가인은 땅에서 저주를 받아 에덴의 동쪽 놋 땅에 거주한 이후 두려움으로 성을 쌓았다. (창세기 4:14, 16-17) "에덴의 동쪽" 놋은 "유리 방황" 하는 정처 없이 헤메는 땅을 의미한다. 하나님의 품을 떠난 세상을 의미한다. 두려움을 극복하는 것은 하나님의 복을 받고 하나님의 임재안으로 들어가는 것이다.

창 4:12 네가 밭을 갈아도 땅이 다시는 그 효력을 네게 주지 아

---

6) 제럴드 싯처, pp.253-270.

니할 것이요 너는 땅에서 피하며 유리하는 자가 되리라
창 4:16 가인이 여호와 앞을 떠나서 에덴 동쪽 놋 땅에 거주하더니
더니
창 4:17 아내와 동침하매 그가 임신하여 에녹을 낳은지라 가인
이 성을 쌓고 그의 아들의 이름으로 성을 이름하여 에녹이라
하니라

— 예수님은 우리가 "육신의 상태"에서 재물을 목적으로 삼을 때 염려
하게 된다고 지적한다. 우리가 육신의 상태에서 육신의 필요를 생각하
여 재물의 소유를 목적으로 하면 염려하게 된다.

— "공중의 새를 보라 들의 백합화가 어떻게 자라는가 생각하여 보라
수고도 아니하고 길쌈도 아니하느니라. 그러므로 염려하여 이르기를
무엇을 먹을까 무엇을 마실까 무엇을 입을까 하지 말라. 이는 다 이방
인들이 구하는 것이라 너희 하늘 아버지께서 이 모든 것이 너희에게
있어야 할 줄을 아시느니라. 그러므로 내일 일을 위하여 염려하지 말
라 내일 일은 내일이 염려할 것이요 한 날의 괴로움은 그날로 족하니
라"고 말씀한다. (마태복음 6:24–34)

마 6:24 한 사람이 두 주인을 섬기지 못할 것이니 혹 이를 미워
하고 저를 사랑하거나 혹 이를 중히 여기고 저를 경히 여김이
라 너희가 하나님과 재물을 겸하여 섬기지 못하느니라
마 6:32 이는 다 이방인들이 구하는 것이라 너희 하늘 아버지
께서 이 모든 것이 너희에게 있어야 할 줄을 아시느니라

2) 기도는 염려를 극복한다.

- "아버지가 자식을 긍휼히 여김 같이 여호와께서는 자기를 경외하는 자를 긍휼히 여기신다. 하나님의 긍휼은 우리를 새롭게 하신다. 새로운 존재로 만드신다. 이는 그가 우리가 단지 먼지뿐임을 기억하시고"(시편 103:13 − 14) 하나님께서는 먼지뿐인 우리를 흙으로 만드사 질그릇으로 빚어주신다. 여기에 예수 그리스도의 보배를 넣어 주신다. 우리는 보배를 지닌 질그릇이다. (고린도후서 4:7) 하나님께서는 내일의 결과를 염려하기보다는 "먼저 그의 나라와 그의 의를 구하라"고 말씀하신다. (누가복음 12:7) 즉, 기도하라고 말씀한다.

시 103:14 이는 그가 우리의 체질을 아시며 우리가 단지 먼지 뿐임을 기억하심이로다

고후 4:7 우리가 이 보배를 질그릇에 가졌으니 이는 심히 큰 능력은 하나님께 있고 우리에게 있지 아니함을 알게 하려 함이라

- 기도는 염려를 극복한다. 바울은 빌립보 4:6 − 7에서 "아무것도 염려하지 말고 다만 모든 일에 기도와 간구로, 너희 구할 것을 감사함으로 하나님께 아뢰라"고 권면한다. 우리의 삶 속에서 일하시는 하나님을 보기를 기도한다. 그리고 하나님이 이루어주시는 때를 기다린다.

빌 4:6 아무것도 염려하지 말고 다만 모든 일에 기도와 간구로, 너희 구할 것을 감사함으로 하나님께 아뢰라

빌 4:7 그리하면 모든 지각에 뛰어난 하나님의 평강이 그리스
도 예수 안에서 너희 마음과 생각을 지키시리라

벧전 5:7 너희 염려를 다 주께 맡기라 이는 그가 너희를 돌보
심이라

– 기도는 겸손과 끈기와 인내가 요구한다. 하나님은 우리를 사용하시
어 변화를 이끌어내기를 원하신다. 기도의 과정에서 우리가 변한다.
모세는 너를 애굽왕 바로에게 보낸다는 하나님의 말씀에 처음에는
"내가 누구이기에 바로에게 가며 이스라엘 자손을 애굽에서 인도하여
내리이까"라고 주저하였다 (출애굽기 3:11) 그러나 출애굽의 과정에서
하나님께 기도하는 과정에서 그는 이스라엘을 이끌고 가는 위대한 인
도자로 세워졌다.

출3 :10 이제 내가 너를 바로에게 보내어 너에게 내 백성 이스
라엘 자손을 애굽에서 인도하여 내게 하리라
출 3:11 모세가 하나님께 아뢰되 내가 누구이기에 바로에게 가
며 이스라엘 자손을 애굽에서 인도하여 내리이까

3) 희망을 품고 살아야 한다.

– 우리는 이 땅에서 살도록 지음을 받았으나 또한 천국에서 살도록
구속된 존재이다. (로마서 8:31 – 32) "자기 아들을 아끼지 아니하시고
우리 모든 사람을 위하여 내주신 이가 어찌 그 아들과 함께 모든 것을

우리에게 주시지 아니하겠느냐"는 말씀에 대한 믿음으로 천국의 희망을 바라본다.

> 고전 15:51 보라 내가 너희에게 비밀을 말하노니 우리가 다 잠
> 잘 것이 아니요 마지막 나팔에 순식간에 홀연히 다 변화되리니
> 고전 15:53 이 썩을 것이 반드시 썩지 아니할 것을 입겠고 이
> 죽을 것이 죽지 아니함을 입으리로다

— 하나님의 뜻은 지금, 여기서 그분을 위하여 결단하기를 원하신다. "거룩한 지금" 속에서 영원을 발견해 나가기를 원하신다. 하나님은 모든 일에서 당신을 섬기며 영화롭게 할 수 있음을 보여주신다. 우리가 하는 범사에서 하나님의 임재가 이루어져 일을 하고 있다. "하늘에 있는 것이나 땅에 있는 것이 다 그리스도 안에서 통일되게 하려 하심이다"(에베소서 1:10)

> 엡 1:10 하늘에 있는 것이나 땅에 있는 것이 다 그리스도 안에
> 서 통일되게 하려 하심이라

— 기도로써 "먼저 그의 나라와 그의 의를 구할 때"에 하나님 나라가 임한다. 먼저 하늘에서 이루어져야 하기 때문이다. "거룩한 지금"을 끌어안으며 현 순간의 경이를 누릴 수 있다.

4) 내게 있는 작은 것으로

- 내게 있는 것을 말하면 우리는 내게 있는 것 중에서 내세울만한 것을 먼저 생각한다. 집안, 학력, 스펙(specs), 경력, 돈, 권력, 명예, 영향력 등을 내세운다. 또한 나의 외모를 꾸미기도 한다.

- 하나님의 뜻은 "무엇"의 맥락에서도 중요하지만 "어떻게"의 맥락에서 더 중요하다. 무슨 일을 하더라도 하나님의 뜻에 부합하게 나아가는 것이 중요하기 때문이다. 작은 것이라도 주님과 연결되면 큰 것이 된다. 하나님과 연결이 되면 나의 모습은 하나님의 계획과 하나님의 뜻에 연결된 큰 그림의 일부가 된다. 이때 내게 있는 것이 "그리스도의 향기"와 "그리스도의 편지"와 "그리스도의 대사(大使)"가 된다.

- 여백을 책임져 주시는 하나님의 손길 안에서 우리는 하나님의 심포니의 한 소절이 되거나 멜로디의 한순간이거나 쉼표의 한순간이 될 수 있다. 나의 모습이 금 그릇과 은 그릇이 아니더라도 깨끗하게 하면 귀히 쓰이는 그릇이 된다. 먼저 나를 거룩하게 구분하여 자기비하와 열등감을 넘어서 신묘막측하신 하나님의 은혜의 손길에 의지하고 나아간다.

- 일을 하는 동기가 하나님의 영광을 위하는 일이면 모든 일은 귀한 의미를 띨 수 있다. 일을 하는 이유가 일의 속성과 정체성을 결정한다. 그래서 일도 중요하지만 일을 하는 동기가 중요하다. 일 그 자체에서

소명의 끈을 잡게 된다면 일 그 자체가 고귀하기 때문에 일하는 과정에서 범사에 기쁨을 누릴 수 있다. 우리가 하는 일의 과정에서 "거룩한 지금"을 끌어안을 수가 있다면 현재의 순간의 경이를 누릴 수 있다. 소명도 작은 일에서부터 성장한다. 내가 하는 일에서 소명이 그려지기도 한다.

－소명과의 만남은 "내게 있는 것"으로 만난다. 겉으로 보이는 꾸며진 모습이 아니다. 초라한 모습이라 하더라도 그 모습 그대로 의미가 있다. 현재의 나의 모습에는 하나님의 피조물로서 필연적인 존재의 이유가 있다고 믿는다.

(1) 나는 하나님을 섬기기 위하여 지금 모습으로 지음 받은 존재: 우리는 예수 안에서 선한 일을 위하여 지으심을 받은 자니

－ 소명을 따라서 일하기 위해서는 먼저 나에 대한 "하나님의 부르심과 섭리"가 있음을 받아들인다. 나는 우연의 산물이 아니고 나에 대한 하나님의 뜻과 계획에 따라 지음 받은 "필연적 존재"임을 받아들인다. 예배소서는 "우리는 그가 만드신 바라 그리스도 예수 안에서 선한 일을 위하여 지으심을 받은 자니 이 일은 하나님이 전에 예비하사 우리로 그 가운데서 행하게 하려 하심이니라"고 말씀한다. (에베소서 2:10)

    엡 2:10 우리는 그가 만드신 바라 그리스도 예수 안에서 선한

일을 위하여 지으심을 받은 자니 이 일은 하나님이 전에 예비
하사 우리로 그 가운데서 행하게 하려 하심이니라

– 우리는 하나님을 섬기기 위하여 지금의 모습으로 지으심을 받은
존재이다. 우리를 지으신 하나님의 뜻과 계획이 있음을 받아들이는 것
이 목적이 이끄는 삶의 길로 가는 첫걸음이 된다. 고성준 목사는 나에
대한 하나님의 선하신 뜻에 따른 계획을 "나에 대한 데스티니
(destiny)"로 구별하고 "나를 향한 하나님의 계획"이라고 그 의미를
규정한다.[7]

엡 1:11 모든 일을 그의 뜻의 결정대로 일하시는 이의 계획을
따라 우리가 예정을 입어 그 안에서 기업이 되었으니
엡 1:12 이는 우리가 그리스도 안에서 전부터 바라던 그의 영
광의 찬송이 되게 하려 하심이라

– 나의 모습이 어떠하든지 우리는 하나님의 뜻 안에서 섬김을 위하
여 하나님이 지으신 존재이다. 우리가 하나님의 선하신 뜻에 따라 우
리가 섬기는 존재가 되면 우리가 하는 일이 무엇이든지 간에 우리는
하나님의 사역자가 된다. 교회의 일만이 하나님의 사역이 되는 것은
아니다. 농부는 농사로서, 과학자는 과학으로서, 작가는 글 쓰는 자로
서 하나님의 사역가가 된다. 그의 기업은 "주 그리스도를 섬기는 것"
이요, 마음을 다하여 주께 하듯 하고 사람에게 하듯 하지 않는 것이다.

---

7) 고성준, 데스티니: 나를 향한 하나님의 계획, 규장, p.33 – 38.

- "베드로전서는 하나님이 우리를 어두운 데서 불러내어 그의 기이한 빛에 들어가게 하신 것은 "하나님의 아름다운 덕을 선포하게 하려 하심이라(베드로전서 2:9)"는 말씀을 전한다. 우리의 일에 예수님을 들어내는 것이 덕(德)이다.

벧전 2:9 그러나 너희는 택하신 족속이요 왕 같은 제사장들이요 거룩한 나라요 그의 소유가 된 백성이니 이는 너희를 어두운 데서 불러내어 그의 기이한 빛에 들어가게 하신 이의 아름다운 덕을 선포하게 하려 하심이라

(1) "하나님이 주신 모습으로 섬기기"8) (로마서 12:5)

롬 12:5 이와 같이 우리 많은 사람이 그리스도 안에서 한 몸이 되어 서로 지체가 되었느니라

- 우리는 주님 안에서 "한 지체"이다. 주님 안에서는 "다 같은 존재"라는 뜻이다. 단지 하는 역할이 다를 뿐이다. 우리는 하나님을 섬기기 위하여 지금의 모습으로 지음을 받았다. 우리가 해야 할 일은 지금 여기에서부터 시작하는 것이다. 시작은 항상 늦지 않다. 워렌(Warren) 목사는 하나님이 주신 모습으로 섬기기 위해서 우리가 해야 할 일에 대하여 몇 가지 권면한다.

---

8) 릭 워렌, 목적이 이끄는 삶, p.325－334.

- 첫째, 우리 삶의 형식을 "섬기는 삶"으로 세우는 것이다. 내가 하는 일에서, 내가 만나는 사람을 대할 때, 섬기는 자세로 대하는 것이다. 섬기는 삶을 통하여 하나님이 나에게 주신 은사와 능력을 찾게 된다. 내가 가진 은사와 능력을 알아보기 위하여 여러 가지 검사를 받아보거나 영적 은사가 있다는 사람을 찾아가 자문을 받는 사람도 있다. 섬기는 경험을 해보는 것이 더 중요하다. 이 과정에서 나에게 주어진 은사와 능력을 발견한다.

- 둘째, 감사하는 마음으로 나의 삶을 살펴보면 내가 가진 것을 보게 된다. 내가 좋아하는 일, 내가 하고 싶어 하는 일, 나에게 활기를 주는 것을 생각하고 적어본다. 하나님의 뜻 안에서 내가 이런 것들을 어떻게 할 수 있을지 생각해 보면 내가 가진 것을 보게 된다. 먼저 하나님이 나에게 해주신 일을 생각해 보는 것이다. 한 해가 끝나는 연말에 하나님이 해 주신 일을 적어본다. 시작할 때에는 아무 생각도 안 나지만 적어가다 보면 하나님이 해 주신 여러 가지 일이 금방 생각난다. 그러면 이 다음에 해야 할 일이 생각난다. 잠언서는 "사람이 마음으로 자기의 길을 계획할지라도 그의 걸음을 인도하시는 이는 여호와시니라"고 지적한다.

> 잠 16:9 사람이 마음으로 자기의 길을 계획할지라도 그의 걸음을 인도하시는 이는 여호와시니라

- 자신의 현재의 모습을 용납하고 감사해야 한다. 우리의 현재의 모

습에 감사하는 것이 중요하다. 자기비하와 열등의식을 극복하고 나의 나 됨을 감사하고 나에게 일하실 하나님의 인도하심을 기다려 보는 것이 중요하다. 쉽지 않은 일이겠으나 나를 통하여 일하실 하나님의 계획이 궁금하지 않은가!

— 사탄은 하나님의 계획을 방해하려고 한다. 우리 마음에 다른 사람과 비교하여 우리의 기쁨을 빼앗으려고 한다. 하나님은 획일성 속에서 경쟁을 통하여 최고를 찾기보다는 다양성 속에서 개성을 세워주시기를 원하신다. 그렇지 않으면 이 세상을 이렇게 다양하게 만드실 이유가 없을 것이다. 우리는 하나님 안에서 나의 나 됨, 너의 너 됨을 인정하고 서로 존중하고 격려하고 키워주고 세워주어야 한다.

— 셋째, 먼저 나를 거룩하게 구별한다. 디모데후서는 귀한 말씀을 전한다. "큰 집에는 금 그릇과 은 그릇뿐 아니라 나무 그릇과 질그릇도 있어 귀하게 쓰는 것도 있고 천하게 쓰는 것도 있나니, 그러므로 누구든지 이런 것에서 자기를 깨끗하게 하면 귀히 쓰는 그릇이 되어 거룩하고 주인의 쓰심에 합당하며 모든 선한 일에 준비함이 되리라"고 증거한다. (디모데후서 2:20 – 21) 자기를 깨끗하게 하여 귀히 쓰는 그릇이 되는 것이 더 중요한 문제가 된다. 그릇의 재료에 따라 귀한 그릇이 되는 것이 아니라 쓰임 받기에 합당하게 준비되는 것이 더욱 중요하다.

딤후 2:20 큰 집에는 금 그릇과 은 그릇뿐 아니라 나무 그릇과

질그릇도 있어 귀하게 쓰는 것도 있고 천하게 쓰는 것도 있나니

딤후 2:21 그러므로 누구든지 이런 것에서 자기를 깨끗하게 하면 귀히 쓰는 그릇이 되어 거룩하고 주인의 쓰심에 합당하며 모든 선한 일에 준비함이 되리라

– 넷째, 자신의 모습을 계속하여 꾸준하게 계발하여야 한다. 바울은 빌립보 교회가 "너희 사랑을 지식과 모든 총명으로 점점 더 풍성하게 하기를" 기도하였다. 디모데전서에서 "모든 일에 전심전력하여 너의 성숙함을 모든 사람에게 나타나게 하라"고 바울은 권한다. 마태복음은 받은 한 달란트를 사용하지 않은 게으른 종을 꾸짖으시는 예수님의 말씀을 전한다. (마태복음 25:26, 28)

빌 1:9 내가 기도하노라 너희 사랑을 지식과 모든 총명으로 점점 더 풍성하게 하사
빌 1:11 예수 그리스도로 말미암아 의의 열매가 가득하여 하나님의 영광과 찬송이 되기를 원하노라

딤전 4:15 이 모든 일에 전심 전력하여 너의 성숙함을 모든 사람에게 나타나게 하라

– 하나님은 우리가 모든 것에 감사하는 존재가 되기를 바라신다. 이순신 장군은 아직도 배가 13척이 남아있음을 감사하고 싸우다 죽었다.9) 하나님께서 주신 이 모습으로 오늘 여기에서 하나님의 뜻을 바

218

라보고 한 점을 찍는 것이 우리가 해야 할 일이다. 나머지 여백을 채워주시는 것은 하나님이 하실 몫이다. 우리는 신묘막측하신 하나님의 손길에 의지하고 이 여백으로 나아간다.

(2) 작은 것에 충실한 삶

- 우리가 하는 일이 하나님 앞에서 얼마나 대단하겠는가? 하나님께서는 우리가 하는 작은 일을 통하여 우리를 부르신다. 우리가 하나님의 말씀에 순종하고, 자녀를 사랑하고, 부부간에 서로 존중하고, 이웃의 친구가 되며, 정직하게 살며, 가난한 자를 섬기고, 하나님을 먼저 구하는 작은 일상의 삶에서 우리를 부르신다.

- 하나님께서는 평범한 순간 속에서 마음의 중심을 보신다. 야곱이 장자의 명분을 팥죽과 바꾸어 얻고 장자가 받을 복을 아비 이삭을 속여 받았을 때 그는 형 에서를 피하여 도망가야 했다. 그는 필요한 조건을 갖추었을 때 하나님의 말씀을 듣지 못했다. 그는 도망가는 길에서 하나님의 약속을 보았다. 모세도 애굽 왕궁의 공주의 양자로서 용모와 능력이 출중한 40대에 살인을 하고 사막의 광야에서 80세가 되었을 때 하나님의 부르심을 받았다. 하나님은 비범한 사람이나 비범한 일을 할 때 우리를 부르시기보다는 평범한 일상 속에서 하나님을 바라볼 때 우리를 부르신다.

---

9) 김종대, 이순신, p.336.

기초를 튼튼하게

─ 어린 학생이 자기의 소명을 찾아가기 위하여 심각하게 고민하며 하나님의 뜻을 발견하려 노력하는 경우도 있을 수 있다. 그러나 이미 알고 있는 하나님의 뜻을 따르고, 하나님의 인도하심을 기다리는 것이 중요하다. 일상생활에서의 단순한 일에 헌신하는 것이 미래의 사명을 감당하는 기초가 된다. 소명을 찾고 탐색하는 데 시간을 보내기보다는 날마다 하는 작은 일에 충실하는 것이 더욱 중요하다. 기초를 튼튼하게 하는 것이 중요하다. 하나님의 뜻은 어디에서나 실현할 수 있다. 분야의 문제보다는 일을 하는 이유와 자세가 하나님의 소명에 연결한다. 선교의 일을 하는 것만이 하나님의 일을 하는 것만은 아니다.

(3) 평범한 삶의 의미

─ 평범한 삶은 하나님의 뜻을 실현할 수 있는 최적의 장소가 된다. 지금 이 자리에 심겨진 나의 존재를 보는 것이 중요하다. 하나님은 부엌의 그릇들 중에서도 일하신다. 예수님은 평범한 사람들과 그의 대부분의 시간을 보내셨다. 예수님은 모든 사람의 종이 되는 섬기는 삶을 가르쳤다.

─ 사도 바울은 권면한다. 평범한 삶에서도 "기쁜 마음으로 섬기기를 주께 하듯 하고 사람들에게 하듯 하지 말라" (에베소서 6:7, 골로새서 3:23) 우리가 일상의 삶을 하나님의 뜻에 적중하려 할 때 하나님은 주목하신다. 우리가 일상의 의미를 깨우치려면 "믿음의 눈"과 "사랑의

마음"이 있어야 한다. 평범한 것의 영적 의미를 깨달을 때 하나님이 주시려는 놀라운 선물을 알아볼 수 있다. 여기에 하나님의 사랑이 임재한다.

> 엡 6:7 기쁜 마음으로 섬기기를 주께 하듯 하고 사람들에게 하
> 듯 하지 말라
> 골 3:23 무슨 일을 하든지 마음을 다하여 주께 하듯 하고 사람
> 에게 하듯 하지 말라

- 일상의 평범함 속에서 하나님께서는 우리를 일하는 자로 세우신다. 하나님의 영광과 인류를 위한 선을 이루려 할 때, 우리의 일은 고귀하고 선한 것이 된다. 이 세상에서 그분의 신성한 목적을 위하여 일할 때 우리는 하나님의 뜻을 행한다. 하나님은 우리를 도와 우리를 통하여 역사하신다. 길 잃은 영혼을 예수 그리스도에게 인도할 때만이 아니라 여러 가지 유용한 일을 행할 때에도 우리는 하나님의 동역자가 된다.

- 모든 것이 하나님의 일이다. 로렌스 형제는 평범한 노동 중에서도 하나님을 높이는 것이 가능함을 믿고 실천하였다. 그는 수도원의 식당에서 일했다고 한다. 같은 일을 하더라도 그 일을 하는 태도, 즉 동기와 이유를 바꿈으로서 하나님의 사역에 동참할 수 있게 된다. 진정 우리의 일상의 일은 그분에게 의미가 있다.

(4) 결과만이 아닌 삶의 과정

− 서로 도와가며 더불어 살아가는 것이 얼마나 신나는 일인가? 살아
가는 그 과정이 소중하다. 에베레스트(Everest) 정상에 속하는 지대는
해발 7900m 이상의 지역으로서 한 시간 이상 체류할 수 없는 죽음의
공간이다. 정상에 도착하는 결과도 중요하다. 그러나 정상에 이르는
그 과정은 더욱 소중하다. 한 송이 국화꽃을 피우기 위한 전 과정이
모두 중요하다. 일을 하는 진정한 기쁨은 일을 성취하는 그 과정에 있
다. 작은 일의 중요성을 여기서 찾을 수 있다. 우리의 삶을 뒤돌아보
면 우리가 해온 일들이 지금 하나님이 주시는 선한 일을 하는 데 모두
다 의미가 있음을 보게 된다.

− 이 시대의 "작은 영웅"은 단순히 자기의 할 일을 알고 그대로 행하
는 자이다. 시종여일하게 삶의 과정을 즐기며 꾸준히 제 길을 가는 자
이다. 직원들의 성공을 위하여 노력하는 경영자, 기록 못지않게 선수
들을 중시하는 코치, 자신의 일에 자부심을 느끼는 경비원, 회의에 정
시에 출석하는 동료 교수. 이 모든 것은 작은 일들에 충실하는 우리의
태도로부터 시작된다.

− 예수님이 비유로 말씀하시기를, "인자가 자기 영광으로 모든 천사
와 함께 올 때에 모든 민족을 그 앞에 모으고 각각 구분하기를 목자가
양과 염소를 구분하는 것같이 하였다. 그때에 임금이 그 오른편에 있
는 자들에게 이르시되, 내 아버지께 복 받을 자들이여 나아와 창세로

부터 너희를 위하여 예비된 나라를 상속받으라 하고, 내가 주릴 때에 너희가 먹을 것을 주었고 목마를 때에 마시게 하였고 나그네 되었을 때에 영접하였고 헐벗었을 때에 옷을 입혔고 병들었을 때에 돌보았고 옥에 갇혔을 때에 와서 보았느니라"라고 말하였다.

— 이에 의인들이 대답하여 이르되, 주여 우리가 어느 때에 주께서 주리신 것을 보고 음식을 대접하였으며 목마르신 것을 보고 마시게 하였나이까 하리니, 임금이 대답하여 이르시되 "내가 진실로 너희에게 이르노니 너희가 여기 내 형제 중에 지극히 작은 자 하나에게 한 것이 곧 내게 한 것이니라" 하셨다. (마태복음 25:31 – 45) 하나님의 계산법은 우리의 것과 다르다.

— 가장 중요한 것은 공부하고 연습하고, 일하고 봉사하고, 희생하는 데 들이는 시간이다. 날마다 작은 일들을 감당할 때 우리는 하나님의 뜻을 이루는 궤도에 서 있을 것이다. 마음과 정성과 뜻을 다하여 하나님의 뜻에 적중하여 나아가는 한 점을 찍고, 그 이후의 여백을 책임져 주시는 하나님을 바라본다. 이때 우리의 삶은 예배가 되고 소명으로 인도받는다.

"소명의 끈을 찾아서"의 결론

— 우리의 소명은 단순히 존재하는 것이 아니라 하나님과 협력하여 우리 자신의 삶과 정체성과 운명을 만들어 가는 것이다. 우리는 자유로운 존재이며 하나님의 자녀이다. 우리 삶의 매 순간마다 하나님의

뜻을 향하는 선택을 함으로써 하나님이 주신 "창조적 자유"에 능동적으로 참여한다.

— 시간이 지나 우리의 삶을 되돌아 볼 때, 하나님이 우리와 함께 하셨으며, 우리의 삶을 향한 그분의 불가해한 뜻을 이루어 오셨음을 보게 될 것이다. 그분이 써 오신 구속의 이야기가 보일 것이다. 하나님은 우리를 사용하여 당신의 나라를 세우고 계신다. 모든 것이 합력하여 선을 이루고 계신다. 성공하든 실패하든 우리가 잊지 말아야 할 것이 있다. 우리는 은혜 아래 살고 있으며 하나님의 주권을 믿는다.

— 결국, 우리는 하나의 길, 오직 하나의 뜻, 오직 하나의 목적만이 있었음을 알게 될 것이다. 바로 우리가 선택한 길이요, 걸어온 길이다. 그것이 곧 하나님이 성취하신 계획이요, 당신의 영광과 우리의 유익을 위해 이루신 큰 뜻이기도 하다.

제3부
고난은 하나님의 교육방법
: 삼차적 소명

– 하나님께서는 우리가 변화되기를 바라신다. 누가복음 15장에 나오는 "돌아 온 탕자"처럼 다시 돌아오기를 바라신다. 하나님은 고난을 통하여 "잃어버린 자를 찾아 구원하려 하시고(누가복음 19:10)", "마음이 상한 자를 가까이 하시고 충심으로 통회하는 자를 구원하시"기를 원하신다. (시편 34:8) 이를 위하여 하나님께서는 고난을 통하여 우리를 부르신다. "회복, 다시 돌아옴, 변화"라는 회개의 이 큰 뜻 안에서 고난의 의미를 찾을 수 있다. 고난을 삼차적 소명이라고 본다.

– 하나님께서는 고난을 통하여 우리가 하나님을 바라보게 하신다. 우리를 인도하시어 믿음을 깨닫게 하시고 우리를 연단하시어 "정금 같은" 새로운 존재로 만드신다. (욥기 23:10) 고난을 통하여 우리의 삶에서 하나님의 영광을 드러내게 하신다. 이것이 고난 속에 담겨진 하나님의 뜻이다. "고난을 통한 연단"이 공부의 바탕이 된다. 제4부 "고난 앞에서"는 타락한 우리를 회복하고 새로운 존재로 거듭나게 하시려는 하나님의 뜻과 계획에 비추어 고난 속에 담긴 뜻과 고통을 다루시는 하나님의 손길을 살펴본다. 그리고 고난 속을 걸어가는 우리의 "고난 공부"를 찾아본다. 고난은 우리를 죄의 현장에서 돌아서게 한다.[1] 고난의 숲속에서 하나님이 쓰시는 고난의 의미를 찾아가는 실낱 같은 좁은 길을 걸어간다.

> 눅 19:10 인자가 온 것은 잃어버린 자를 찾아 구원하려 함이니라
> 시 34:18 여호와는 마음이 상한 자를 가까이 하시고 충심으로 통회하는 자를 구원하시는도다

---

[1] 이재철, 청년아 울더라도 뿌려야 한다, p.122 – 133.

- 고난은 나를 바라보라는 하나님의 부르심이다. 우리가 하나님을 바라보지 않을 때 하나님은 우리를 부르신다. 하나님을 바라볼 때 하나님을 알게 되고 나를 알게 된다. 그리고 어떻게 인생을 살아가야 할지를 생각한다. 고난은 우리의 믿음을 세워주시기 위한 하나님의 부르심이다. 주님은 고난을 통하여 우리를 연단(鍊鍛)하신다.

- 그리하여 우리가 주님을 나의 구주로 모시고 주님을 나의 기업으로 삼고, 종의 자세로 주님 앞에 나아갈 때 주님은 우리를 품어주시고 우리는 주님 안에 있게 된다. 주님의 십자가에서 죽으심과 함께 우리의 "옛사람"은 죽고 주님의 부활과 함께 우리는 "새 사람"으로 태어난 것으로 여긴다. 이렇게 믿을 때 하나님은 우리를 의롭다고 여겨주신다. 주님 안에서 우리는 "새로워진 피조물"로서 거듭난다. "주님의 재활치료"로 우리는 새롭게 빚어진다. 이때부터 주님과 함께 감사와 기쁨으로 고난 속으로 나아가게 된다.

- 우리가 고난 속으로 걸어갈 때 주님은 우리와 동행(同行)하여 주신다. 이 동행의 출발을 이루는 계기가 바로 고난이다. 고난 앞에서 고난 그 자체에 대한 공부뿐만 아니라 고난을 통하여 믿음을 세우는 공부를 하게 된다. 겉만 보다가 속을 보는 공부를 하게 된다. 제3부는 1장에서 "고난 속에 담긴 뜻"을 보고, 2장에서는 "고통을 다루시는 하나님의 손길"을 살펴본다. 3장에서는 "고난 속으로 걸어가는 나의 고난공부"를 살펴본다.

제1장

고난 속에 담긴 뜻
: 연단(鍊鍛)

a. 고난은 "나를 바라보라"는 하나님의 부르심이다.[2]

1) 하나님은 우리가 회복되기를 원하신다.

― 인생 길에는 형통한 날과 곤고한 날이 있다. 하나님께서는 평안도 짓고 환난도 창조하신다. (이사야 45:7) 우리는 나에게 왜 고난이 왔는지 알기 어렵다. 전도서는 "형통한 날에는 기뻐하고 곤고한 날에는 되돌아 보아라 이 두 가지를 하나님이 병행하게 하사 사람이 그의 장래 일을 능히 헤아려 알지 못하게 하셨느니라"고 지적한다. 인생이 내일의 주인이 되려할 때 그의 장래 일을 능히 헤아려 알지 못하게 하기 위하여 곤고한 날을 주셨다. 팀 켈러(Keller) 목사는 고난은 풀기 어려운 수수께끼와 같다고 말한다.[3]

> 사 45:7 나는 빛도 짓고 어둠도 창조하며 나는 평안도 짓고 환난도 창조하나니 나는 여호와라 이 모든 일들을 행하는 자니라 하였노라
> 전 7:14 형통한 날에는 기뻐하고 곤고한 날에는 되돌아 보아라 이 두 가지를 하나님이 병행하게 하사 사람이 그의 장래 일을 능히 헤아려 알지 못하게 하셨느니라

---

2) 옥한흠, 고통을 다루시는 하나님의 손길, ch1.
3) 팀 켈러(Keller), 고통에 답하다, p.25.

- 하나님께서는 고난 그 자체에 마음을 뺏기기보다는 고난 속에 담긴 뜻을 살피고 고통을 다루시는 하나님의 손길을 바라보기를 바라신다. 내가 기준이 되어 세상만을 바라보았던 "세상의 상황"을 먼저 바라보는 "자아중심의 시선"을 거두고 하나님을 바라보기를 바라신다. 문제의 상황을 해소하고 고통을 진정하는 진통제를 찾기보다는 고통을 다루시는 하나님의 손길을 바라보고 하나님께 부르짖어 구하고 고난속에 담긴 하나님의 뜻을 묵상하여 하나님께서 바라시는 것을 먼저 구하기를 바라신다. 고난 앞에서 우리가 변하기를 바라신다.

- 고난을 대하는 방식에 따라서 고난이 어떤 사람에게는 나를 단련하는 연단의 기회가 되지만 어떤 사람에게는 고통으로 다가온다. 연단의 기회이거나 혹은 고통의 아픔을 거쳐서 고난은 결국에는 우리를 하나님 앞으로 인도한다. 하나님과 새롭게 관계를 맺고 주님과 함께 고난속으로 나아간다. 그래서 고난은 우리에게 유익이 된다. 하용조 목사는 "광야의 삶은 축복이다"고 말한다.[4] 옥한흠 목사는 고난에는 "고난으로 변장한 하나님의 축복이 들어있다"고 증거한다.[5]

2) 하나님은 고난을 사용하여 나를 바라보라고 우리를 부르신다.

- 세상이 너무 좋고 이 세상에서 내가 주인 노릇을 하는데 아무 문제

---

4) 하용조, 광야의 삶은 축복이다, 두란노서원, 2010.
5) 옥한흠, 고통을 다루시는 하나님의 손길, 두란노 서원, 1987. ch.1.

가 없을 때 우리는 하나님을 바라보지 않는다. 하나님께서는 우리를 회복시켜 주시려 할 때 먼저 하나님을 바라보기를 원하신다. 하나님께서는 고난으로 우리를 부르시고 하나님을 바라보기를 기대하신다.

– 고난은 하나님의 섭리 안에 있다. 고난은 하나님의 뜻과 계획 안에 있다. 하나님께서는 고난을 사용하시어 그 뜻을 이루신다. 하나님은 우리를 보살피고 살리고 세워주시기 위하여 고난을 사용하신다. 시편 119편은 "주의 손이 나를 만들고 세우셨사오니 내가 깨달아 주의 계명들을 배우게 하소서. 여호와여 내가 알거니와 주의 심판은 의로우시고 주께서 나를 괴롭게 하심은 성실하심 때문이니이다(시편 119:73 – 75)" 나를 다루시는 하나님의 마음을 알게 되었다고 고백한다. 고난 속에는 축복이 들어있다. 그래서 시편은 "고난당하기 전에는 내가 그릇 행하였더니 이제는 주의 말씀을 지키나이다. "고난당한 것이 내게 유익이라"고 고백한다. (시편 119:71)

> 시 119:67 고난 당하기 전에는 내가 그릇 행하였더니 이제는
> 주의 말씀을 지키나이다
> 시 119:71 고난 당한 것이 내게 유익이라 이로 말미암아 내가
> 주의 율례들을 배우게 되었나이다

– 우리의 인생길에서 때로는 "바다의 광풍"을 만나고 우리는 "절망의 바다"에 빠질 때가 있다. 우리가 절망의 바다 가운데 있을 때 하나님은 우리를 부르신다. 고난 속에 담긴 하나님의 뜻은 " 절망의 바다 가운데서 상황만을 바라보지 않고 나를 바라보라"는 것이다. 모든 것을

책임져 주시는 하나님을 바라보며 믿음으로 "절망의 바다"를 건너가기를 말씀해 주신다.

– 하나님은 고난의 주인이시다. 예수님은 말씀하신다. "어찌하여 무서워하느냐, 믿음이 적은 자들아"(마태복음 8:26) 고난은 오직 주님만이 해결해 주신다. 성경은 고난이 왔을 때 그 상황을 인정하고 문제를 해결해 주시는 하나님을 인식하고 의지할 때 문제가 해결됨을 보여준다. 주님이 동행하실 때에는 우리는 풍랑 속에서도 "하늘의 별"을 세며 힘차게 전진한다.

– 우리가 고난의 상황만을 주목하여 상황만을 먼저 해결하려고 시도하는 것은 하나님의 뜻을 따르는 길이 되지 못한다. 고난을 통하여 하나님께로 돌아오게 하는 것은 하나님이 사용하는 공식이다. 하나님이 원하시는 뜻이 이루어졌을 때 고난은 더 이상 그 의미를 갖지 못한다.

3) 고난은 우리를 말씀 앞으로 인도한다.[6)]

(1) "내 생각은 너희의 생각과 다르다"

– 우리의 인생길에서 많은 생각을 하고 결정을 한다. 좋게 생각을 할 때도 있고 잘못 생각을 할 때도 있다. 잘못된 생각은 후회를 만든다. 우리는 악인의 길을, 불의한 자의 생각을 따르는 경향이 있다. 눈앞의

---

6) 옥한흠, 고통을 다루시는 하나님의 손길, 두란노 서원, 1987. ch.12.

이익을 중심으로 생각하기 쉽다. 내가 기준이 되고 내가 주인이 되어 자기중심적으로 생각을 한다. 우리가 특히 안하무인의 교만의 자세에 빠져 있을 때 고난은 찾아온다.

– 고난은 성경 말씀을 생각나게 하고 말씀으로 인도한다. 말씀은 하나님의 관점과 시선에 비추어 상황과 나 자신을 보게 한다. 고난은 "하나님 앞에서 우리를 보게 하시고 우리를 하나님의 뜻으로 인도한다. 하나님은 " 내 생각이 너희의 생각과 다르며 내 길은 너희의 길과 다름이니라"고 말씀한다. (이사야 55:8) 하나님의 생각은 무엇이며 그가 마련하신 길은 어떤 길일까?

> 사 55:7 악인은 그의 길을, 불의한 자는 그의 생각을 버리고 여호와께로 돌아오라 그리하면 그가 긍휼히 여기시리라 우리 하나님께로 돌아오라 그가 너그럽게 용서하시리라
>
> 사 55:8 이는 내 생각이 너희의 생각과 다르며 내 길은 너희의 길과 다름이니라 여호와의 말씀이니라

– 왜 우리의 생각은 하나님의 생각과 다를까? 성경은 상실한 마음과 육신이 된 인간에서 그 답을 찾는다. 인간의 타락 이후에 인간은 그 마음에 하나님을 잃어버렸다. 하나님을 잊어버린 "상실한 마음(로마서 1:28)"에서 생각한다. 인간은 육신이 되어 세상적으로 땅의 일을 생각하는 존재되었다. 생각의 길이가 짧아지고 높이가 낮아지고 넓이가 좁아지고 생각의 시간이 짧아졌다.

– 하나님의 생각은 무엇일까? 하나님의 뜻은 우리를 "새로운 피조물"로 거듭나게 하시겠다는 것이다. 죄와 지옥으로부터 그리고 이에 대한 심판으로부터 우리를 구원하시어 우리를 하나님의 자녀로 세워주시고 우리를 하나님 나라의 백성답게 만들어 보겠다는 뜻이다. 하나님께서는 우리를 열매 맺는 삶으로 축복해주시기를 원하신다.

– 이를 위하여 구별된 삶의 훈련을 하게 하신다. 하나님을 향하는 길을 걷게 하기 위하여 우리를 부르고 우리를 연단하신다. 하나님께서는 헌신을 요구하신다. "하나님이 우리를 구원하사 거룩하신 소명으로 부르셨다". (디모데후서 1:9) 그러나 우리가 하나님의 뜻과 포부로부터 벗어날 때 "불순종에서 오는 고통"이 발생한다.

> 딤후 1:9 하나님이 우리를 구원하사 거룩하신 소명으로 부르심은 우리의 행위대로 하심이 아니요 오직 자기의 뜻과 영원 전부터 그리스도 예수 안에서 우리에게 주신 은혜대로 하심이라

– 하나님께서는 우리의 눈을 감겨서라도 우리를 이끌고 가신다. 하나님께서는 우리의 생각이 무너진 그곳에 당신의 집을 세우신다. 이것이 하나님의 뜻 안에서 살아가는 우리의 인생길이다. 그러나 이 길에는 형통함이 있다. 하나님의 역사하심은 마치 개울 물 소리처럼 맑고 듣기에 아름답다.

(2) 어두운 밤 길에 주님은 말씀의 빛으로 주님을 비추어주신다.

— 어두운 밤길은 고난의 시간을 상징한다. 어두운 밤길은 보이지 않는다. 그러나 어두운 밤길은 주님을 보게 한다. 이 "고난의 시간"은 하나님과 독대하는 시간이 되고 말씀을 들을 수 있는 시간이 된다. 고난은 우리에게 믿음으로 하나님을 바라보고 부르짖어 구하게 하신다. 성경은 우리의 영혼을 구원받는 "영생의 길"로 인도한다. "영생(永生)은 곧 유일하신 참 하나님과 그가 보내신 자 예수 그리스도를 아는 것이다" (요한복음 17:3) 말씀은 구원의 복음이 되는 예수 그리스도와 "십자가의 도"를 가르쳐 준다.

> 요 3:16 하나님이 세상을 이처럼 사랑하사 독생자를 주셨으니 이는 그를 믿는 자마다 멸망하지 않고 영생을 얻게 하려 하심이라
> 요 17:3 영생은 곧 유일하신 참 하나님과 그가 보내신 자 예수 그리스도를 아는 것이니이다

— 에베소서 1장 4-5절은 하나님의 구원계획을 장엄하게 말한다. "곧 창세전에 그리스도 안에서 우리를 택하사 우리로 사랑 안에서 그 앞에 거룩하고 흠이 없게 하시려고 그 기쁘신 뜻대로 우리를 예정하사 예수 그리스도로 말미암아 자기의 아들들이 되게 하셨으니"

— 곧 창세전부터 그리스도 예수 안에서 우리를 택하시고 구원하시기로 작정하셨다. 예수 그리스도로 말미암아 (우리를) 자기의 아들들이

되게 하셨다. 우리는 그리스도 안에서 그의 은혜의 풍성함을 따라 (은혜로) 그의 피로 말미암아 속량 곧 죄사함을 받았다. 그의 기뻐하심을 따라 그리스도 안에서 때가 찬 경륜을 위하여 예정하신 것이다.

− 하나님께서는 우리에게 예수님의 대속의 죽음을 "믿는 것만으로" 하나님께서 우리를 "의롭다고 여겨주겠다"고 구원의 약속을 하셨다. 우리는 아무 한 것도 없이 은혜로 구원을 받음을 믿는다. 마르틴 루터(Martin Luther)는 하나님의 은혜로, 약속의 말씀으로, 이 약속을 믿음으로, 구원받는다는 것을 원칙으로 삼는 종교개혁을 제시하였다. 하나님께서는 오직 믿음으로 구원받는 길을 열어주셨다. 구원 이후 하나님께서는 우리를 새로운 존재로 세워주시는 긍휼을 베푸신다.

> 엡 1:4 곧 창세 전에 그리스도 안에서 우리를 택하사 우리로 사랑 안에서 그 앞에 거룩하고 흠이 없게 하시려고
> 엡 1:7 우리는 그리스도 안에서 그의 은혜의 풍성함을 따라 그의 피로 말미암아 속량 곧 죄 사함을 받았느니라

(3) 주님을 나의 구주 삼고: 주님의 종, 증인의 길로

− "말씀의 빛"은 이 세상을 바르게 사는 지혜를 가르쳐준다. 성경에서 말하는 세상을 바르게 사는 지혜는 "주님을 기업으로 삼는 길"이다. 이 길은 주님을 나의 구주 삼고 이 세상에서 주님의 뜻을 이루기 위하여 청지기로서 섬기는 삶을 살아가는 것이다. 종의 자세로 증인의 삶을 사는 것이다. 증인의 삶은 예수님을 들어내는 삶을 말한다. 이 과정에서 고난을 통하여 인도하심을 받게 된다. 주님을 바라보며 말씀을 따라 바라는 것을 추구함으로써 나의 가치관에 변화를 갖게 된다.

b. 하나님은 광야에서 우리를 연단하여 세워주심[7]

- 고난은 "먼저 나를 바라보라"는 하나님의 부르심이다. 하나님께서 우리를 부르실 때 잘 안 들릴 때가 있다. 특히 우리가 교만에 빠져 있을 때에 하나님의 부르심은 잘 안 들린다. 하나님께서 크게 부르실 때 우리는 고난이 왔다고 한다. 연단은 쇠붙이를 불에 달구어 두드려 단단하게 다듬어가는 과정이다. 연단은 주님이 빚어주시는 과정이다. 연단은 하나님의 재활치료와 같다. 하나님께서는 고난을 통하여 말씀으로 인도하신다. 하나님의 뜻을 바라게 하시고 주인이 된 나를 내려놓고 주님을 나의 기업으로 삼게 하신다.

- "하나님의 시간"에는 "은혜의 시간"이 있고 "시험의 시간"이 있다. 위대한 사역의 바탕에는 고통스러운 준비의 시간이 있다.[8] 하나님께서는 이러한 일들을 잘 감당할 수 있도록 우리를 단련하신다. 이 단련을 통하여 여호와를 경외하게 하시고, 부르짖어 구하게 하시고, 정금처럼 깨끗하게 세워주신다. 연단이 하나님의 양육방법임을 보여주신다. 고난에 감사하고 하나님을 바라보고 담대하게 나아가게 하신다. 베드로후서는 "사랑하는 자들아 너희를 연단하려고 오는 불 시험을 이상한 일 당하는 것 같이 이상히 여기지 말라고" 권면한다.

---

7) 옥한흠, 고통에는 뜻이 있다, ch.3.
8) 하용조, 마태복음강해 1, p.141.

벧전 1:6 그러므로 너희가 이제 여러 가지 시험으로 말미암아 잠깐 근심하게 되지 않을 수 없으나 오히려 크게 기뻐하는도다
벧전 4:12 사랑하는 자들아 너희를 연단하려고 오는 불 시험을 이상한 일 당하는 것 같이 이상히 여기지 말고

1) 연단은 여호와를 경외하게 하심

– 우리의 처지가 만사형통할 때에는 하나님을 바라보지 않는다. 그래서 하나님께서는 고난을 통해서 하나님을 바라보게 하신다. 우리의 죄과를 멀리하고 우리의 체질을 바꿔주기 위함이다. 시편 103편은 여호와를 경외하는 자에게 인자와 긍휼을 베풀어 주시는 하나님을 찬송한다. 여호와의 인자는 우리의 죄과를 우리에게서 멀리 옮기신다. 여호와의 긍휼은 우리가 단지 먼지뿐임을 기억하시고 우리를 새로운 피조물로 만드신다. 우리를 "육신"으로부터 "영적 존재"로 만드신다. 이를 위하여 우리가 여호와를 경외하기를 바라신다.

– 바울은 하나님께서 모든 사람을 순종하지 아니하는 가운데 가두어 두심은 우리를 새로운 존재로 만드시려는 하나님의 섭리라고 보았다. 바울은 찬송한다. "깊도다 하나님의 지혜와 지식의 풍성함이여, 그의 판단은 헤아리지 못할 것이며 그의 길은 찾지 못할 것이로다" (로마서 11:32−33) 이것을 한자로 "신묘막측(神妙莫測)"이라고 쓴다.

롬 11:32 하나님이 모든 사람을 순종하지 아니하는 가운데 가두어 두심은 모든 사람에게 긍휼을 베풀려 하심이로다

롬 11:33 깊도다 하나님의 지혜와 지식의 풍성함이여, 그의 판
단은 헤아리지 못할 것이며 그의 길은 찾지 못할 것이로다

2) 부르짖어 구하게 하심

- 요한복음은 21개의 장으로 기록되었다. 이 중에서 12장부터 20장
까지는 예수님이 예루살렘으로 가신 이후의 일주일 동안에 있었던 일
을 기록하고 있다. 12장에서 예루살렘으로 가셨고, 13장에서 최후의
만찬에서 제자들의 발을 씻기셨고, 14장부터 16장까지 강론을 하셨고,
17장에서 마지막 중보기도를 하셨고, 18장에서 잡히셨고, 19장에서 십
자가에 못 박히셨고, 20장에서 부활하셨다. 21장에서 제자들에게 찾아
가셨다.

- 요한복음 16장에서 주님은 말씀하신다. "그날에는 너희가 아무것
도 내게 묻지 아니하리라 내가 진실로 진실로 너희에게 이르노니 너
희가 무엇이든지 아버지께 구하는 것을 내 이름으로 주시리라"고 약
속하신다. 다음 말씀은 16장에 나오는 말씀이다. "그날은" 예수님이
승천하신 날을 의미한다. 그날 이후에는 성령께서 강림하셔서 우리를
도우신다는 약속을 주셨다. 이제는 "이 약속에 의거하여 구하라"고 말
씀하셨다.

요 16:23 그날에는 너희가 아무것도 내게 묻지 아니하리라 내
가 진실로 진실로 너희에게 이르노니 너희가 무엇이든지 아버
지께 구하는 것을 내 이름으로 주시리라

요 16:24 지금까지는 너희가 내 이름으로 아무것도 구하지 아
니하였으나 구하라 그리하면 받으리니 너희 기쁨이 충만하리라

－ 예수님은 제자들에게 고별설교를 통하여 "근심하지 말 것과 무엇
이든지 구하라 아버지께 구하는 것을 내 이름으로 주시리라"고 약속
하였다. "무엇이든지 구하라"는 말씀을 생각해 본다. 하나님의 사랑과
예수님의 중보기도를 생각하게 한다.

(1) 무엇이든지

－예수님의 이 말씀은 마음에 상처를 입은 자들을 위로하며 이들이
"간절히 구하는 기도"의 문을 열어주셨다. 상처 입은 사람은 아프다.
이들은 먼저 하나님께 구하여야 한다. 우리는 살기 위하여 보살핌을
받고, 살기 위하여 구하여야 한다. 예수님은 우리에게 다급하고 절실
한 "간구하는 기도의 문"을 열어주셨다. 이것은 예수님의 은혜이다.

－ 우리는 기도로 구할 뿐 이루시는 분은 하나님이시다. 하나님의 이
루심은 신묘막측하여 우리의 상상을 뛰어넘는다. 우리의 기도가 하나
님의 뜻에 어긋나면 기도하는 중에 우리의 기도의 내용이 달라짐을
발견하게 된다. 우리는 먼저 기도로 시작해야 한다. 성경에 간구하는
절절한 기도가 많이 등장한다. 그 기도가 무엇을 이룰지는 아무도 모
른다. 무엇이든지 구하라는 예수님의 말씀은 우리에게 위로와 감동을
주는 말씀이다. 놀라운 자비의 은혜의 말씀이다. 우리에게 하나님의

은혜 속에서 기도할 수 있는 문을 열어 주셨다. 한나는 원통함과 격분됨이 많아서 그저 아들을 달라고 기도하였다. (사무엘상 1:16) 그러나 하나님께서는 이러한 한나의 기도를 통하여 사무엘이 하나님의 사자로 역사에 등장하고 그를 통하여 다윗왕국이 세워졌다. 한나는 분에 서러워 간구하였다.

삼상 1:10 한나가 마음이 괴로워서 여호와께 기도하고 통곡하며
삼상 1:11 서원하여 이르되 만군의 여호와여 만일 주의 여종의 고통을 돌보시고 나를 기억하사 주의 여종을 잊지 아니하시고 주의 여종에게 아들을 주시면 내가 그의 평생에 그를 여호와께 드리고 삭도를 그의 머리에 대지 아니하겠나이다

요 11:22 그러나 나는 이제라도 주께서 무엇이든지 하나님께 구하시는 것을 하나님이 주실 줄을 아나이다
요 14:14 내 이름으로 무엇이든지 내게 구하면 내가 행하리라
요 15:7 너희가 내 안에 거하고 내 말이 너희 안에 거하면 무엇이든지 원하는 대로 구하라 그리하면 이루리라
요 16:23 그날에는 너희가 아무 것도 내게 묻지 아니하리라 내가 진실로 진실로 너희에게 이르노니 너희가 무엇이든지 아버지께 구하는 것을 내 이름으로 주시리라

(2) 구하라

- "구하라"는 간절히 구하는 행태를 말한다. 다윗도 매달리는 기도를 드렸다. (시편 69:3) 우리는 상처투성이의 인생길을 걸어간다. 잃어버

240

림, 헤어짐, 이별, 사고, 배신 등으로 점철된 인생길을 걸어간다. 우리
는 기도해야 한다. 순전한 어린이처럼 하나님께 매달려 기도해야 한
다. 예수님은 인자와 긍휼로 간절히 구하는 기도의 문을 열어주셨다.

> 시 69:1 하나님이여 나를 구원하소서 물들이 내 영혼에까지 흘
> 러들어 왔나이다
> 시 69:3 내가 부르짖음으로 피곤하여 나의 목이 마르며 나의
> 하나님을 바라서 나의 눈이 쇠하였나이다

— 나무에게는 나이테가 있다. 이 나이테에는 나무의 상처가 남아있
다. 우리의 인생에도 내면의 "마음의 나이테"가 남아있다.9) 주님께 의
지하고 마음의 상처를 치유하여 주시기를 예수님의 이름으로 하나님
께 구할 때 치유의 역사가 일어난다. "너희가 무엇이든지 아버지께 구
하는 것을 내 이름으로 주시리라"는 약속의 말씀에 의지하여 기도하
는 것이다. 하나님과의 관계가 회복되고 이 치유의 힘을 믿을 때에 치
유의 역사가 일어난다.10)

3) 순금같이 되어 나오리라(욥기 23:10)

— 하나님은 모세에게 40세 이후의 인생의 절정기를 사막의 광야에서
양치기로 보내게 하셨다. 예수님도 공생애를 시작하시기 전에 사탄으

---

9) 옥한흠, 고통을 다루시는 하나님의 손길, 6.
10) 팀 켈러(Keller), 기도, p.126.

로부터 "광야의 시험"을 받았다. (마태복음 4:1－11) 바울도 전도의 길을 나서기 전에 아라비아의 광야로 나갔다. 그리고 다소에서 13년의 칩거의 시간을 통하여 단련을 받았다. (갈라디아서 1:17)

> 갈 1:17 또 나보다 먼저 사도 된 자들을 만나려고 예루살렘으로 가지 아니하고 아라비아로 갔다가 다시 다메섹으로 돌아갔노라

－ 이 광야와 연단의 시험을 통과하면 고난이 은혜가 된다. 고난이 은혜로 느껴지는 임계치의 지점이 있다. 애벌레가 고치를 지어 번데기가 되고 이 번데기가 나방이 되어 하늘을 날기 위해서는 고치를 뚫고 나와야 한다. 작은 구멍을 내고 그 구멍을 넓혀 가면서 몸부림치고 나와야 한다. 그 몸부림치는 모습이 안타까워 어떤 사람이 작은 구멍을 내주었더니 나방은 쉽게 고치를 뚫고 나왔으되 무거워진 자기의 몸을 가누지 못하고 날지 못했다고 한다. 긴 시간의 몸부림 끝에 자기의 덩치를 줄여야 날게 된다. 고생이 사람을 만든다는 이치와 통하는 이야기이다. "좁은 문"을 지날 수 있기 위해서는 "비대해진 나의 자아"를 다듬는 연단의 과정을 거쳐야 한다.

> 마 7:13 좁은 문으로 들어가라 멸망으로 인도하는 문은 크고 그 길이 넓어 그리로 들어가는 자가 많고
> 눅 13:24 좁은 문으로 들어가기를 힘쓰라 내가 너희에게 이르노니 들어가기를 구하여도 못하는 자가 많으리라

－ 출애굽기는 하나님의 교육과정과 양육방법을 보여준다. 광야는 하나님께서 우리를 영적으로 연단하는 공간이요 시간이다. 광야의 고난은 "하나님의 풀무불"이다. 이 불로 불순물을 제거하여 "순금처럼" 우리를 빚어주신다. (욥기 23:10) 광야에서 나를 바라보고 하나님을 바라보게 하신다. 하나님께서는 이 광야에서 사탄의 지배 아래 있는 이 세상의 우상을 깨뜨리신다. 여기에서 새로운 가치관을 세우게 된다. 이 광야에서의 공부를 잘하면 우리의 성품이 바뀌게 된다. 하나님은 이것을 바라신다. 이 책에서는 이 바탕 위에서 하는 공부를 "마음으로 하는 공부"라고 부른다.

> 욥 23:10 그러나 내가 가는 길을 그가 아시나니 그가 나를 단련하신 후에는 내가 순금같이 되어 나오리라

－ 하나님은 광야에서 우리를 연단하신다. 이스라엘은 홍해바다를 건넜다. 우리가 영화 "십계"에서 본 홍해의 바다가 갈라지는 기적을 그들은 현장에서 직접 보았다. 모세는 이들을 "수르광야"로 인도하였다. 그곳은 마실 것과 먹을 것을 구할 수 없는 광야였다. 거기서 이들은 사흘 길을 걸었으나 물을 얻지 못하고 마라에 이르렀더니 그곳 물이 써서 마시지 못하겠으므로 그곳 이름을 "마라"라 하였다.

－ 하나님께서는 이스라엘을 애굽의 "종 노릇"했던 노예의 신분에서 하나님의 선택된 백성으로 새롭게 탄생하기 위하여 이들을 광야로 인도하였다. 홍해바다를 건넌 것은 세례를 받은 것과 같다. 세례는 예수

그리스도의 보혈로 십자가에서 죽으신 예수님과 함께 나의 옛사람도 죽었음을 선언하는 것이다. 세상의 길과 결별을 선언하는 것이다. 이스라엘은 이 엄청난 기적을 보고서도 물이 없자 불평을 시작하였다.

— 출애굽기 15장은 "백성이 모세에게 원망하여 이르되 우리가 무엇을 마실까 하매, 모세가 여호와께 부르짖었더니 여호와께서 그에게 한 나무를 가리키시니 그가 물에 던지니 물이 달게 되었더라. (출애굽기 15:23 – 25) 거기서 여호와께서 그들을 위하여 법도와 율례를 정하시고 그들을 시험하셨다"고 증거한다.

> 출 15:25 모세가 여호와께 부르짖었더니 여호와께서 그에게 한 나무를 가리키시니 그가 물에 던지니 물이 달게 되었더라 거기서 여호와께서 그들을 위하여 법도와 율례를 정하시고 그들을 시험하실새

— 하나님의 시험은 "너희가 너희 하나님 나 여호와의 말을 들어 순종하고 내가 보기에 의를 행하며 내 계명에 귀를 기울이며 내 모든 규례를 지키는 것"을 보는 것이다. 하나님께서는 이들이 순종하는지를 보기 위하여 이들을 광야로 인도하셨다. 우리가 인생길에서 광야를 만나는 것은 "하나님의 시험" 앞에 서기 위한 것이다.

— 광야에서 얻은 영적 유익이 크다. 고난은 우리를 기도하게 한다. "영적 눈"을 뜨게 한다. 십자가를 발견하게 한다. 인생길에 쓴물이 단물로 변하는 체험을 하게 된다. 시련 뒤에 오는 하나님의 위로와 보상

을 받는다. 광야의 시험 이후에 이스라엘은 "엘림의 오아시스"로 갔다. 욥은 고난 중에 하나님을 뵈올 수 없는 그 힘든 고난의 과정과 친구의 비난을 "그러나 내가 가는 길을 그가 아시나니 그가 나를 단련하신 후에는 내가 순금같이 되어 나오리라"는 믿음으로 견디며 나아갔다. (욥기 23:10) 하나님은 광야에서 두 마음을 제거하여 오직 하나님만을 의지하는 가난한 심령으로 세워 주신다.

> 욥 23:10 그러나 내가 가는 길을 그가 아시나니 그가 나를 단련하신 후에는 내가 순금 같이 되어 나오리라

4) 믿음의 단련은 하나님의 양육방법이다.[11]

– 우주에 밤이 있듯이 인생에도 밤이 있다. 하나님은 이 모든 것을 지으신다. 선지자 이사야는 모든 것을 창조하시고 행하셨다고 말씀하시는 하나님을 전한다. 여호와 하나님은 "빛도 짓고 어둠도 창조하며 평안도 짓고 환난도 창조하시고 모든 일들을 행하는 자니라"고 말씀하신다. (이사야 45:7)

> 사 45:7 나는 빛도 짓고 어둠도 창조하며 나는 평안도 짓고 환난도 창조하나니 나는 여호와라 이 모든 일들을 행하는 자니라 하였노라

---

11) 옥한흠, 고통에는 뜻이 있다, 국제제자훈련원, 2019(개정판 62쇄), ch.4.

– 왜 하나님은 고난과 환란의 밤을 주시는가? 하나님은 환란의 밤중에도 우리를 노래하게 하신다. 하나님은 우리를 연단하시되 우리에게 지혜도 주신다. 만사형통을 넘어서 하나님만으로, 한 밤을 지나 아침의 기쁨을 맛보게 하신다. 새롭게 준비하게 하신다. 우리를 새롭게 다듬으신다. 이것이 고난을 통하여 양육하시는 하나님의 양육방식이다. 하나님의 양육방식은 견디게 단련하시고, 단단하게 하시고 정금처럼 깨끗하게 하신다. 12)

– 솔로몬 왕은 밤이 없는 인생을 살았다. 그는 요즘 사람들이 많이 이야기하는 "금수저"만을 입에 물고 살았다. "금수저"는 세상의 논리일 뿐 "하나님의 양육하시는 방법"은 아니다. 하나님께 쓰임 받는 사람은 모두 어두운 밤을 지났다. 요셉, 모세, 다윗, 엘리야, 그리고 바울도 그랬다. 예수님도 칠흑같이 어두운 밤을 지나셨다. 하나님은 밤을 이용하시고 밤에 역사하신다. 밤이 올 때 아멘으로 받는 것이 하나님께서 원하시는 길이다.

– 욥을 비난하는 친구들에게 엘리후는 지적한다. 고난 중에 하나님께서는 "밤중에 노래하게" 하신다. 이것이 욥과 그 친구들에게 엘리후가 소개하는 하나님이었다. 칠흑 같은 어둠, 처연한 외로움, 실패와 눈물, 바로 이 자리에서 하나님은 우리를 노래하게 하신다. 하나님은 밤중에 우리에게 마중물과 같은 힘을 주신다. 어둔 밤의 상황에서도 하나님의 영광을 찬양하게 하시려는 것이 하나님의 뜻이다. 하나님의 영광은 어

---

12) 이재철, 참으로 신실하게, p.145.

려운 상황에서도 하나님을 들어내는 것이다.

> 욥 35:10 나를 지으신 하나님은 어디 계시냐고 하며 밤에 노래
> 를 주시는 자가 어디 계시냐고 말하는 자가 없구나
> 욥 35:11 땅의 짐승들보다도 우리를 더욱 가르치시고 하늘의
> 새들보다도 우리를 더욱 지혜롭게 하시는 이가 어디 계시냐고
> 말하는 이도 없구나

— 고난은 나를 먼저 바라보라는 하나님의 부르심이다. 하박국 선지자는 밤중에 노래하는 찬송의 고전을 보여준다. "비록 무화과나무가 무성하지 못하며 포도나무에 열매가 없으며 감람나무에 소출이 없으며 밭에 먹을 것이 없으며 우리에 양이 없으며 외양간에 소가 없을지라도 나는 여호와로 말미암아 즐거워하며 나의 구원의 하나님으로 말미암아 기뻐하리로다"라고 증거한다. 이것이 영광을 드러내는 것이다. (하박국 3:16 – 19)

> 합 3:17 비록 무화과나무가 무성하지 못하며 포도나무에 열매
> 가 없으며 감람나무에 소출이 없으며 밭에 먹을 것이 없으며
> 우리에 양이 없으며 외양간에 소가 없을지라도
> 합 3:18 나는 여호와로 말미암아 즐거워하며 나의 구원의 하나
> 님으로 말미암아 기뻐하리로다

— 다윗은 "내가 사망의 음침한 골짜기로 다닐지라도 해를 두려워하지 않을 것은 주께서 나와 함께 하심이라 주의 지팡이와 막대기가 나

를 안위하시나이다" 오직 하나님 한 분만을 의지하리라고 찬양한다.
(시편 23:4)

> 시 23:4 내가 사망의 음침한 골짜기로 다닐지라도 해를 두려워
> 하지 않을 것은 주께서 나와 함께 하심이라 주의 지팡이와 막
> 대기가 나를 안위하시나이다

– 인간은 만사형통에 마음을 뺏기지만 하나님은 밤중에 하나님을 바라보기를 원하신다. 시편 30편 4−5절은 "아침의 기쁨"을 노래한다. 밤은 반드시 지나가고 아침은 밝아온다. 이 소망으로 부르는 노래가 "밤중의 노래"이다. 하나님께서는 고난의 이 밤을 지나며 "밤중을 노래하는 사람"이 되도록 빚어주신다. 터널의 끝은 있다는 마음으로 우리에게 오는 고난을 견디어 왔다. 구원의 하나님을 바라보고 어둔 밤에도 노래하게 하시고 하나님 아버지께서 주시는 힘으로 "어둠의 터널"을 나아가게 해주신다.

> 시 30:4 주의 성도들아 여호와를 찬송하며 그의 거룩함을 기억
> 하며 감사하라
> 시 30:5 그의 노염은 잠깐이요 그의 은총은 평생이로다 저녁에
> 는 울음이 깃들일지라도 아침에는 기쁨이 오리로다

5) 고난에 감사하고 하나님 앞으로 담대하게 나아가게 하심[13]

- 시편(31:1-24)은 고난에 처한 사람이 하나님께 드리는 간절한 기도를 담고 있다. 기도하는 중에 그는 하나님의 위로를 받는다. 소망의 인도를 받고, 강하고 담대하게 나아가라고 격려를 받는다. 그의 상황이 "깨진 그릇"과 같을 지라도, "나는 주께 의지하고 말하기를 주는 내 하나님이시라 하였나이다"고 고백한다. "주께 피하는 자를 위하여 인생 앞에 베푸신 은혜가 어찌 그리 큰지요" 주님의 은혜를 바라본다. 주께 피하는 자를 주의 은밀한 곳에 숨기시고, 나를 원수의 수중에 가두지 아니하셨고 내 발을 넓은 곳에 세우셨다고 찬송한다. "여호와를 바라는 너희들아 강하고 담대하라"고 권면한다.

> 여호와여 내가 고통 중에 있사오니 내게 은혜를 베푸소서 내가 근심 때문에 눈과 영혼과 몸이 쇠하였나이다. 내가 잊어버린 바 됨이 죽은 자를 마음에 두지 아니함 같고 깨진 그릇과 같으니이다 (시편 31:9, 12)

> 여호와여 그러하여도 나는 주께 의지하고 말하기를 주는 내 하나님이시라 하였나이다 주를 두려워하는 자를 위하여 쌓아 두신 은혜 곧 주께 피하는 자를 위하여 인생 앞에 베푸신 은혜가 어찌 그리 큰지요 (시편 31:14, 19)

---

13) 옥한흠, 고통에는 뜻이 있다, 국제제자훈련원, 2019,(개정판 62쇄), ch.5.

주께서 그들을 주의 은밀한 곳에 숨기사 사람의 꾀에서 벗어나
게 하시고, 비밀히 장막에 감추사 말다툼에서 면하게 하시리이
다. 나를 원수의 수중에 가두지 아니하셨고 내 발을 넓은 곳에
세우셨음이니이다 (시편 31:20)

여호와를 바라는 너희들아 강하고 담대하라 (시편 31:24)

– 고난에 대한 성경적 관점은 고난을 "죄의 심판"이나 "마귀의 장난"
으로만 단정하지는 않는다. 죄의 용서를 받은 하나님의 백성에게도 고
난은 임한다. 고통에 대한 신앙적 반응을 세 가지로 정리한다. (1) 상
황 너머에 계시는 하나님을 바라보는 시선이다. (2) 주님의 은혜를 바
라본다. (3) 믿음으로 어떠한 상황에서든 감사하며 담대하게 나아가는
반응이다.

"그러하여도", "없을지라도"

– "그러하여도"는" 나의 처지와 상황이 전혀 개선이 되지 않는다" 하
더라도 이다. "내가 잊어버린 바 됨"이 죽은 자를 마음에 두지 아니함
같고 "깨진 그릇과 같을지라도"라는 반응이다. (시편 31:12) 상황이
아무리 어렵더라도 주를 바라보며 의지하고 나아간다. "내가 근심 때
문에 눈과 영혼과 몸이 쇠하여지고, 내 기력이 나의 죄악 때문에 약하
여지며 나의 뼈가 쇠하여지고, 죽은 자를 마음에 두지 아니함 같고 깨
진 그릇과 같이 여겨진다 하더라도", "나는 주께 의지하고 말하기를
주는 내 하나님이시라 하였나이다"라고 고백한다. 하박국 선지자의

250

"우리에 양이 없으며 외양간에 소가 없을지라도 나는 여호와로 말미암아 즐거워하며 나의 구원의 하나님으로 말미암아 기뻐하리로다"는 믿음과 상통한다.

- **주의 은혜에 감사한다.** "주를 두려워하는 자를 위하여 쌓아 두신 은혜 곧 주께 피하는 자를 위하여 인생 앞에 베푸신 은혜가 어찌 그리 큰지요"라고 은혜에 대하여 감사한다. 넓은 곳과 은밀한 곳에 하나님의 은혜를 "쌓아 두었다". "넓은 곳"은(시편 31:8) 소망의 자리로서 비전을 바라보는 자리이다. "은밀한 곳"(시편 31:20)은 하나님의 면전, 주님께 깊이 기도하는 곳이다. 하나님께서 상한 심령을 치료하는 곳이다. 고난을 감사로 바꾸는 하나님의 능력을 체험하는 자리이다. 믿음의 소망을 바라보는 자리이다. 바울은 이 소망의 자리에 섰다. (고린도후서 6:9 - 11)

> 시 31:8 나를 원수의 수중에 가두지 아니하셨고 내 발을 넓은 곳에 세우셨음이니이다
> 시 31:12 내가 잊어버린 바 됨이 죽은 자를 마음에 두지 아니함 같고 깨진 그릇과 같으니이다
> 시 31:19 주를 두려워하는 자를 위하여 쌓아 두신 은혜 곧 주께 피하는 자를 위하여 인생 앞에 베푸신 은혜가 어찌 그리 큰지요
> 시 31:20 주께서 그들을 주의 은밀한 곳에 숨기사 사람의 꾀에서 벗어나게 하시고 비밀히 장막에 감추사 말 다툼에서 면하게 하시리이다

시 31:23 너희 모든 성도들아 여호와를 사랑하라 여호와께서
진실한 자를 보호하시고 교만하게 행하는 자에게 엄중히 갚으
시느니라
시 31:24 여호와를 바라는 너희들아 강하고 담대하라

고후 6:9 무명한 자 같으나 유명한 자요 죽은 자 같으나 보라
우리가 살아 있고 징계를 받는 자 같으나 죽임을 당하지 아니
하고
고후 6:10 근심하는 자 같으나 항상 기뻐하고 가난한 자 같으
나 많은 사람을 부요하게 하고 아무 것도 없는 자 같으나 모든
것을 가진 자로다

- **"여호와를 바라는 너희들아 강하고 담대하라"**(시편 32:24). 주님을
사랑하는 자리, 비겁하지 않고 담대하게 나아가는 자리이다. 고난을
각오하고 사는 삶이다. 우리의 삶에서 형통함과 고난도 함께 있어야
함은 인정하는 삶이다. 하나님을 바라보는 자이다. (요한복음 16:33)
넓은 곳과 은밀한 곳을 향하여 나아간다.

요 16:33 이것을 너희에게 이르는 것은 너희로 내 안에서 평안
을 누리게 하려 함이라 세상에서는 너희가 환난을 당하나 담대
하라 내가 세상을 이기었노라

제2장

고통을 다루시는 하나님의 손길
: 동행(同行)

- 고난을 견디는 것이 아픔이 될 때 고난은 고통이 된다. 고난은 때로 고통이 된다. 우리는 고난의 상황을 당장 해소하는 것을 바라게 된다. 고난은 뜻이 있어 주어진 것으로 믿고 바라볼 때에는 오히려 고난을 견디는 과정에서 우리가 변하고 성장하는 것을 구하게 된다. 이 길을 가는 여정에서 우리는 고통을 다루시는 주님의 손길을 바라보고 의지하게 된다. 주님의 말씀은 우리를 지켜주신다.

- 히브리서는 믿음의 길에서 고난을 만날 때에 "고난의 큰 싸움을 견디어 낸 것을 생각하라"고 권한다. 우리에게는 믿음의 증거가 있으며 그것을 생각하라고 권한다. "너희 담대함을 버리지 말라 이것이 큰 상을 얻게 하느니라"고 격려한다. "담대함"은 어려움에 처할지라도 원칙과 정체성을 지켜나가는 것을 의미한다. 고난의 상황에서 때로는 원칙을 포기하게 되고 품위를 버리게도 된다. 하나님의 뜻을 행한 후에 약속하신 것을 받기 위하여 "인내가 필요함"을 지적한다. (히브리서 10:32-36) 고난을 참고 견디고 인내하고 담대함을 버리지 않기 위해서는 하나님의 도움과 보살핌이 필요하다.

> 히 10:32 전날에 너희가 빛을 받은 후에 고난의 큰 싸움을 견디어 낸 것을 생각하라
> 히 10:33 혹은 비방과 환난으로써 사람에게 구경거리가 되고

혹은 이런 형편에 있는 자들과 사귀는 자가 되었으니

히 10:34 너희가 갇힌 자를 동정하고 너희 소유를 빼앗기는 것
도 기쁘게 당한 것은 더 낫고 영구한 소유가 있는 줄 앎이라
히 10:35 그러므로 너희 담대함을 버리지 말라 이것이 큰 상을
얻게 하느니라
히 10:36 너희에게 인내가 필요함은 너희가 하나님의 뜻을 행
한 후에 약속하신 것을 받기 위함이라

ㅡ 고통을 다루시는 하나님의 손길은 문제가 되는 상황을 해소해 주
시기도 하지만 우리가 고난의 상황을 견디게 하시고 "담대함"을 버리
지 않게 하시고 인내하게 하신다. 하나님의 손길을 정형화할 수는 없
으나 여기에서는 인도하시는 하나님, 주님의 품 안으로 품어주시는 하
나님, 그리고 우리 삶의 여백을 채워주시는 하나님을 생각한다.

　　빌 4:7 그리하면 모든 지각에 뛰어난 하나님의 평강이 그리스
　　도 예수 안에서 너희 마음과 생각을 지키시리라

ㅡ 고난 속에서 말씀 안으로 들어갈 때 우리는 주님 안으로 거하게 된
다. 주님 안에서 주님을 통하여 모든 것을 주님의 시선으로 바라보게
된다. 이때 하나님의 손길은 하나님의 은혜를 바라보게 하신다. 그리
고 은혜에 감사하게 하신다. 모든 것이 먼저 은혜로 주어진 것을 보게
된다. 사도 바울은 "주 안에서 항상 기뻐하고, 너희 관용을 모든 사람
에게 알게 하고, 모든 일에 기도와 간구로, 너희 구할 것을 감사함으
로 하나님께 아뢰라"고 권한다. (빌립보서 4:4-7) 사도 바울은 그러

면 하나님의 평강이 "그리스도 예수 안에서 너희 마음과 생각을 지키시리라"고 말씀을 전한다. 눈에 보이는 상황만을 보지 않고 우리 삶의 여백을 채워주시는 하나님의 손길을 바라보며 범사에 감사하게 된다. 이때부터 주님과 함께 고난의 길을 걷게 된다. 주님의 멍에를 메고 주님과 발걸음을 같이 하며 걸어간다. 주님은 동행(同行)하여 주신다. 주님의 은혜에 감사함으로서 주님의 동행이 시작된다.

a. 하나님의 인도하심

– 하나님께서는 우리를 은혜를 바라보는 자리로 인도하신다. 그리하여 은혜를 보게 하시고 모든 것이 하나님의 은혜임을 깨닫게 하신다. 그리고 감사하게 하신다. 감사할 줄 아는 것은 큰 축복이다. 하나님이 주시는 평강 속에 우리의 마음과 생각을 지켜가게 하신다.

1) 은혜를 보게 하심14)

(1) 포도원 품꾼 이야기

– 마태복음 20장에는 예수님이 말씀하신 천국 비유가 등장한다. 포도원의 품꾼 이야기에서 천국의 모습을 말씀한다.

– "천국은 마치 품꾼을 얻어 포도원에 들여보내려고 이른 아침에 나간 집 주인과 같으니 그가 하루 한 데나리온씩 품꾼들과 약속하여 포

---

14) 옥한흠, 뜻, ch.7 가시와 함께 온 기쁨.

도원에 들여보내고 또 제삼시에 나가 보니 장터에 놀고 서 있는 사람들이 또 있는지라. 그들에게 이르되 너희도 포도원에 들어가라 내가 너희에게 상당하게 주리라 하니 그들이 가고,

— 제육시와 제구시에 또 나가 그와 같이 하고 제십일시에도 나가 보니 서 있는 사람들이 또 있는지라 이르되 너희는 어찌하여 종일토록 놀고 여기 서 있느냐 이르되 우리를 품꾼으로 쓰는 이가 없음이니이다 이르되 너희도 포도원에 들어가라 하니라.

— 저물매 포도원 주인이 청지기에게 이르되 품꾼들을 불러 나중 온 자로부터 시작하여 먼저 온 자까지 삯을 주라 하니 제십일시에 온 자들이 와서 한 데나리온씩을 받거늘 먼저 온 자들이 와서 더 받을 줄 알았더니 그들도 한 데나리온씩 받은지라. 받은 후 집 주인을 원망하여 이르되 나중 온 이 사람들은 한 시간밖에 일하지 아니하였거늘 그들을 종일 수고하며 더위를 견딘 우리와 같게 하였나이다.

— 주인이 그중의 한 사람에게 대답하여 이르되 친구여 내가 네게 잘못한 것이 없노라 네가 나와 한 데나리온의 약속을 하지 아니하였느냐 네 것이나 가지고 가라 나중 온 이 사람에게 너와 같이 주는 것이 내 뜻이니라. 내 것을 가지고 내 뜻대로 할 것이 아니냐 내가 선하므로 네가 악하게 보느냐. 이와 같이 나중 된 자로서 먼저 되고 먼저 된 자로서 나중 되리라"고 말씀하셨다.

- 당시 한 데라리온은 한 가족이 하루를 지낼 수 있는 금액이라고 한다. 다음 날 그 포도원에 누가 일하러 왔을까? 아침 일찍 왔던 일꾼은 어제처럼 일찍 오지 않았을 것이다. 제십일시에 온 일꾼은 일할 수 있는 기회를 주신 것에 감사하여 아마 일찍부터 일하러 오지 않았을까 생각이 든다.

- 여기에 등장하는 천국 비유는 천국은 모든 것을 "은혜를 바라보고" 감사하는 마음으로 나아가는 곳이라는 의미를 보여준다. 천국은 자기가 주인이 되어 자기가 성취한 실적에 따라 권리로써 나아가는 곳은 아니다. 주님은 은혜를 보게 한다. 주님을 통하여 보면 은혜로 보인다. 은혜를 보는 것은 쉬운 일은 아니다. 바울은 육체의 고통속에서도 하나님의 은혜를 바라보았다.

(2) 바울의 몸의 가시

- 바울은 자기 몸에 있는 "이 가시를 내게서 떠나가게 하기 위하여 내가 세 번 주께 간구하였다"고 밝힌다. (고린도후서 12:8) 사람들은 이 가시를 바울이 앓고 있는 병으로 추정한다. 바울은 자기 몸에 있는 가시를 지닌 것을 하나님의 관점에서 바라보았다. "여러 계시를 받은 것이 지극히 크므로 너무 자만하지 않게 하시려고 내 육체에 가시 곧 사탄의 사자를 주셨으니 이는 나를 쳐서 너무 자만하지 않게 하려 하심이라 약한 데서 온전해지고 그리스도의 능력으로 내가 약할 때 강해지는 것이라"고(고린도후서 12:7) 보았다. 바울은 자기 몸에 있는 가시

의 고난 속에서도 그리스도의 능력으로 강해지는 하나님의 은혜를 보았다. 자기가 하는 이 엄청난 사역을 자기의 힘과 능력으로 하는 것이 아님을 바라보았다. 하나님의 시선을 따라서 자기 자신을 본 것이다.

> 고후 12:7 여러 계시를 받은 것이 지극히 크므로 너무 자만하지 않게 하시려고 내 육체에 가시 곧 사탄의 사자를 주셨으니 이는 나를 쳐서 너무 자만하지 않게 하려 하심이라
> 고후 12:8 이것이 내게서 떠나가게 하기 위하여 내가 세 번 주께 간구하였더니
>
> 고후 12:9 나에게 이르시기를 내 은혜가 네게 족하도다 이는 내 능력이 약한 데서 온전하여짐이라 하신지라 그러므로 도리어 크게 기뻐함으로 나의 여러 약한 것들에 대하여 자랑하리니 이는 그리스도의 능력이 내게 머물게 하려 함이라
>
> 고후 12:10 그러므로 내가 그리스도를 위하여 약한 것들과 능욕과 궁핍과 박해와 곤고를 기뻐하노니 이는 내가 약한 그 때에 강함이라

– 바울은 이것이 내게서 떠나가게 하기 위하여 세 번 주께 간구하였으나 그는 구한 것을 받지 못했다. 주님은 가시를 주시는 이유가 "내 능력이 약한 데서 온전하여짐이라"고 하셨다. "그러므로 도리어 크게 기뻐함으로 나의 여러 약한 것들에 대하여 자랑하리니 이는 그리스도의 능력이 내게 머물게 하려 함이라. 그러므로 내가 그리스도를 위하여 약한 것들과 능욕과 궁핍과 박해와 곤고를 기뻐하노니 이는 내가

약한 그때에 강함이라"는 믿음을 갖게 되었다. 바울은 자기 육체의 연약함으로 인한 여백을 채우시는 하나님의 큰 그림을 보았다. 그 큰 그림 속에서 약한 것으로 강해지는 신묘막측한 하나님의 손길을 보았다.

－ 인간은 모두 약점을 지니고 있고 고통을 안고 산다. 누구나 몸에 가시를 지니고 있다. 하나님께서는 우리에게도 가시를 주신다. 가시를 주시는 이유는 우리에게도 해당한다. 사탄은 가시를 가지고 우리를 시험한다. "가시의 고난"을 원망하고 비관하고 이로 인하여 절망하게 한다. 하나님께서는 우리가 "교만의 죄"에 빠지지 않게 하기 위하여 가시를 주신다. 바울은 "나의 가시"는 나의 교만을 막기 위한 하나님의 처방으로 보았다. 가시에서 하나님의 은혜를 보았다.

－ 바울은 가시를 "나의 약한 데서 내가 강해지는 하나님의 능력을" 체험하게 하는 하나님의 사랑으로 보았다. 나를 의지하지 않고 하나님을 의지할 때 "능력이 약한 데서 우리가 온전하여"진다. 내가 약할 바로 그때가 하나님의 은혜가 드러나는 때로 보았다. 바울은 캄캄한 밤하늘의 별을 헤면서 낙망하지 않고 하나님이 채워주시는 이 능력을 체득하였다. 이것이 바울에게는 "가시와 함께 찾아온 기쁨"이었다. "세상의 뺄셈"이 영적 세계에서는 덧셈으로 등장한다. 많은 사람들이 가시를 안고 가는 중에 놀라운 기쁨과 평안을 주시는 하나님의 은혜와 능력을 체험한다. 가시에 대한 불평과 원망을 넘어서 내가 약할 때, 그때가 강해질 수 있는 때임을 지각한다.

2) 범사에 감사하게 하심[15]

— 우리가 주님 밖에 있을 때에는 나의 기준에 따라서 일을 구분한다. 우리는 상황을 먼저 바라보고 일을 바라는 일과 바라지 않는 일로 구분한다. 바라는 일에는 감사할 수 있어도 바라지 않는 일에는 감사할 수 없게 된다. 범사 즉, 모든 일에 감사하기는 어렵다. 그러나 감사하기 어려운 상황에서도 감사할 때 하나님께서 개입해 주신다.

— 범사에 항상 감사한다는 것은 정말 어려운 일이다. 에베소서는 우리가 주님 안에 있을 때에 범사에 항상 감사할 수 있음을 시사한다. 감사가 이루어지기 위해서는 먼저 주님을 나의 구주로 영접하는 역사가 있어야 한다. 그리고 주님을 나의 기업으로 삼는 역사가 있어야 한다. 소명의 부름에 따라오는 나의 걸음이 있어야 한다.

— 에베소서(5:20−21)는 "범사에 우리 주 예수 그리스도의 이름으로 항상 아버지 하나님께 감사하며 그리스도를 경외함으로" 피차 복종하기를 권면한다. 감사는 우리 영혼이 찬양하는 것이다. 감사는 하나님께서 받으시는 찬양 중에서 가장 중하게 여기시는 찬양이다. 범사에 감사하는 것은 나에게 좋은 일뿐만 아니라 싫은 일까지도 감사하는 것이다. 범사에 대한 감사는 내가 주인이 아님을 인식할 때 가능하다. 우리가 주님 안에 있을 때에는 주님이 주시는 감사와 기쁨과 평안 안에 있게 된다. 먼저 내가 주님 안에 있어야 한다.

---

15) 옥한흠, 고난을 다루시는 하나님의 손길, 11.

– 성경은 하나님의 뜻을 말하지만 이것이 하나님의 뜻이라고 명시하여 말씀한 곳은 드물다. 데살로니가전서는 "항상 기뻐하라 쉬지 말고 기도하라 범사에 감사하라 이것이 그리스도 예수 안에서 너희를 향하신 하나님의 뜻이니라"고 말씀한다. 빌립보서는 "주 안에서 항상 기뻐하라. 너희 관용을 모든 사람에게 알게 하라. 아무것도 염려하지 말고 다만 모든 일에 기도와 간구로, 너희 구할 것을 감사함으로 하나님께 아뢰라"고 권유한다. "그리하면 하나님의 평강이 그리스도 예수 안에서 너희 마음과 생각을 지키시리라"고 증거한다. 기뻐하는 것과 범사에 감사하는 것이 고통을 다루시는 하나님의 품에 들어가는 첫 번째 문이 된다. 고난의 고통이 아픔으로 다가올 때 먼저 감사할 일이다. 그러면 고통이 감사와 기쁨으로 변하는 변곡점을 향하여 나아가게 된다. 에베소서와 데살로니가전서 그리고 빌립보서의 말씀은 한 묶음으로 기도와 감사 그리고 기쁨과 평강을 연결해 준다.

> 엡 5:20 범사에 우리 주 예수 그리스도의 이름으로 항상 아버지 하나님께 감사하며
> 엡 5:21 그리스도를 경외함으로 피차 복종하라
>
> 살전 5:16 항상 기뻐하라
> 살전 5:17 쉬지 말고 기도하라
> 살전 5:18 범사에 감사하라 이것이 그리스도 예수 안에서 너희를 향하신 하나님의 뜻이니라
> 빌 4:4 주 안에서 항상 기뻐하라 내가 다시 말하노니 기뻐하라
> 빌 4:5 너희 관용을 모든 사람에게 알게 하라 주께서 가까우시니라

빌 4:6 아무것도 염려하지 말고 다만 모든 일에 기도와 간구로,
너희 구할 것을 감사함으로 하나님께 아뢰라
빌 4:7 그리하면 모든 지각에 뛰어난 하나님의 평강이 그리스
도 예수 안에서 너희 마음과 생각을 지키시리라

– 추수감사절의 유래에는 감사에 대한 깊은 사연이 담겨있다.[16]
1620년 메이플라워호가 미국의 신대륙에 도착한 이후에 청교도의 반
이상이 추위 속에 굶어 죽었다. 102명이 출발하여 50명만이 살아남았
다. 흉년의 고통 중에서 금식기도를 드리기로 할 때 한 사람이 감사기
간을 정하고 하나님께 감사기도를 드리기로 제안한 것이 계기가 되었
다고 한다. 감사할 만큼 추수를 해서 감사기도를 드린 것이 아니었다.
그들은 먼저 감사하였다.

– 바울은 하나님의 사랑과 은혜의 진정한 가치를 보게 될 때에 범사
에 감사가 나오게 됨을 지적한다. 그의 눈은 하나님을 향하여 열려 있
었다. (로마서 8:18) 에베소 교인을 위해 진리와 계시의 영이 함께 해
주시기를 간구하였다. (에베소서 1:5) 환경의 변화를 간구할 때 먼저
자신이 변화해야 되고 범사에 감사할 수 있는 능력의 소유자가 되어
야 한다.

롬 8:18 생각하건대 현재의 고난은 장차 우리에게 나타날 영광
과 비교할 수 없도다

---

16) 크리스천투데이, https://www.chrisiantoday.co.kr/nwews/326745

엡 1:5 그 기쁘신 뜻대로 우리를 예정하사 예수 그리스도로 말
미암아 자기의 아들들이 되게 하셨으니

- 사도 바울의 선교의 종점은 당시 세계의 수도 로마에서의 선교였
다. 당시에 땅끝으로 생각했던 서바나(스페인)까지 복음을 전하는 것
이었다. 바울의 일생을 돌아볼 때 잘 나가던 바울이 예수님을 만난 이
후로 세상적으로는 "종 친 인생"과도 같게 되었다. 그는 예수님을 만
난 이후 매 맞고 굶주리고 산을 넘고 배가 부서지는 난파의 광풍 속에
서 유럽으로 건너 간 최초의 기독교인이 되었고 유럽선교의 문을 열
었다. 그는 "신묘막측하신 하나님의 인도해 주시는 손길"로 그려 진
인생 항로를 따라갔다. 그가 갔던 인생의 행로는 우리에게도 똑같이
적용된다. 이 하나님의 섭리를 믿을 때 우리는 범사에 감사하게 된다.
나도 미처 모르는 하나님의 손길이 항상 나와 함께 있기 때문이다.

- 어거스틴은 회고한다. 기독교 교회는 추후 300년 이상의 박해를 받
았다. 이들은 "절대 빈자"들로서 노예가 중심이었다. 그들이 헤어질 때
"데오 그라티스"라고 인사하였다고 한다. 이 말의 의미는 "하나님께 감
사드립니다"라는 인사라고 한다. 박해의 소식을 듣고 내일 일을 알 수
없는 상황에서 헤어지며 나누었던 인사가 "데오 그라티스"이었다.

- 현대인들은 초대교회 교인들과 비교할 수 없는 좋은 상황에 있음
에도 불구하고 감사함을 잊어버렸다. 감사는 상황의 문제가 아니고 마
음의 문제이다. 우리가 세상에서의 현실적 이해관계에서 자기가 중심
이 되어 볼 때에는 권리에 의지하게 된다. 하늘의 축복에 대해서 눈이

가려졌기 때문이다. 진정 감사할 것을 볼 수 있고 보아야 한다. 하나님나라의 영광과 은혜, 인자와 긍휼로 우리를 보듬어 주시는 하나님의 손길, 이것을 보는 눈이 있어야 한다.

3) 주님 안으로 불러 평안의 멍에를 메게 하신다.[17)]

> 마 11:28 수고하고 무거운 짐 진 자들아 다 내게로 오라 내가 너희를 쉬게 하리라
> 마 11:29 나는 마음이 온유하고 겸손하니 나의 멍에를 메고 내게 배우라 그리하면 너희 마음이 쉼을 얻으리니
> 마 11:30 이는 내 멍에는 쉽고 내 짐은 가벼움이라 하시니라

– 우리는 내가 바라는 것을 이루고 나서 "쉼을 얻는다"는 생각을 한다. 그래서 더 많이, 더 좋은 것을 더 빨리 얻기 위하여 질주한다. 마치 다람쥐 쳇바퀴를 돌듯 한다. 예수님은 마태복음에서 "수고하고 무거운 짐 진 자들아 다 내게로 오라 내가 너희를 쉬게 하리라"고 말씀하신다. 주님은 주님의 품안으로 우리를 부르신다. 내게로 오라. 내가 너를 쉬게 하리라(11:28-30) 나를 의지하라. 내 안에서 평안을 받으라고 하신다. 마음의 쉼을 얻으라고 하신다. 주님은 나의 죄악의 짐을 주님 앞에 내려놓게 하신다.

---

17) 옥한흠, 고난을 다루시는 하나님의 손길, 5, 6, 7.

－ 예수님은 주님과의 관계를 회복하고, 죄악의 무거운 짐을 주님 앞에 내려놓고 영원을 바라보며 걸어가는 새로운 삶의 길로 오라고 하신다. 이것은 주님을 바라보고 구하면 이루어지는 것이다. 하나님은 우리가 주님 안에서 평강을 누리기를 원하신다. 쉼을 누리기를 바라신다. 예수님이 주시는 안식은 일시적 심리현상이 아니라 우리의 심령이 느끼는 "내적인 영적 평안"이다. 주님을 나의 구주로 영접하고, 주님을 의지하고 그의 말씀에 순종할 때 우리는 "주님 안에" 있게 된다. 이때 주님의 평안이 우리에게 임한다.

> 요 14:27 평안을 너희에게 끼치노니 곧 나의 평안을 너희에게
> 주노라 내가 너희에게 주는 것은 세상이 주는 것과 같지 아니
> 하니라 너희는 마음에 근심하지도 말고 두려워하지도 말라

－ 우리가 주님의 "온유와 겸손의 걸음"을 따라갈 때 "주님의 걸음" 안으로 들어간다. 온유하고 겸손하신 그분의 멍에를 맬 때 주님과 동행하게 된다. 그리스도를 따를 때 오는 기쁨과 안식은 우리의 행위의 결과로 오지 않는다. 그분의 임재와 그 분의 통치에서 온다. 주님의 멍에를 멜 때 우리는 자기를 부인하게 되고 하나님의 뜻에 순종하게 된다. 순종은 말씀을 따르는 말씀에 대한 순종뿐만 아니라 상황에 대한 주님의 주권을 인정하는 "상황에 대한 순종"도 포함한다. 이때 그리스도 안에서 우리는 쉼을 얻는다.

－ 쉼의 원천은 주님을 따르며 주님 안에 있는 것이다. 주님의 평안은 "내가 너희에게 주는 것은 세상이 주는 것과 같지 아니하니라 너희는

265

마음에 근심하지도 말고 두려워하지도 말라" (요한복음 14:27) 이 평안은 "두려워할 것도 없고 근심할 것도 없는 평안"이다. 이때 주님이 주시는 쉼의 원천이 되는 평안을 얻는다.

4) 염려를 넘어서게 하심

> 마 6:30 오늘 있다가 내일 아궁이에 던져지는 들풀도 하나님이
> 이렇게 입히시거든 하물며 너희일까보냐 믿음이 작은 자들아
> 마 6:31 그러므로 염려하여 이르기를 무엇을 먹을까 무엇을 마
> 실까 무엇을 입을까 하지 말라
> 마 6:32 이는 다 이방인들이 구하는 것이라 너희 하늘 아버지
> 께서 이 모든 것이 너희에게 있어야 할 줄을 아시느니라
> 마 6:33 그런즉 너희는 먼저 그의 나라와 그의 의를 구하라 그
> 리하면 이 모든 것을 너희에게 더하시리라

— 인간이 타락한 이후 가인은 에덴동산을 나와 놋땅에 유리방황하면서부터 두려움 때문에 성을 쌓았다. 인간들의 마음에 두려움이 들어왔다. 인간은 육신에 속하여 이 세상에 살면서 자기 삶의 주인이 되었다. 인간은 나의 삶의 주인이 되었으나 "내일 일을 위하는 먹고 사는 문제에 대한 염려"가 인간의 삶의 한 조건이 되었다.

— 하나님께서는 우리가 염려를 넘어서기를 바라신다. 마태복음 6장은 염려에 대하여 중요한 말씀을 전한다. "내일 일을 위하여 염려하지 말라"는 말씀이다. (마태복음 6:34). 우리가 재물을 섬길 때에 "내일

일을 위하여 염려하게 된다." 염려의 바탕에는 내일 일을 위하여 우리가 재물을 우상으로 섬기는 마음이 있다. 예수님은 "한 사람이 두 주인을 섬기지 못할 것이니 우리는 하나님과 재물을 겸하여 섬기지 못하느니라"고 말씀하신다. 예수님이 산상수훈에서 말씀하신 복 있는 사람으로서 "심령이 가난한 자"는 한 주인만을 섬기는 사람을 말한다. 염려의 원인은 우리가 재물을 우상으로 섬기는 데 있다.

> 마 6:24 한 사람이 두 주인을 섬기지 못할 것이니 혹 이를 미워하고 저를 사랑하거나 혹 이를 중히 여기고 저를 경히 여김이라 너희가 하나님과 재물을 겸하여 섬기지 못하느니라

> 마 6:25 그러므로 내가 너희에게 이르노니 목숨을 위하여 무엇을 먹을까 무엇을 마실까 몸을 위하여 무엇을 입을까 염려하지 말라 목숨이 음식보다 중하지 아니하며 몸이 의복보다 중하지 아니하냐

- "염려하지 말라"는 말씀은 우리가 가야 할 길에 대한 선택을 묻는다. 마태복음 6장의 말씀은 하나님과 재물을 겸하여 섬기지 못한다고 말씀한다. "세상의 길"은 내가 주인이 되어 재물을 섬기는 길이다. "믿음의 길"은 하나님을 의뢰하고 먼저 그의 나라와 그의 의를 구하는 길이다. 시간과 일의 여백을 채워주시는 하나님을 믿고 의지하는 길이다. 염려하지 말라는 말씀은 세상의 길에서 믿음의 길로 돌아서라는 말씀이다. 염려를 넘어서는 길은 하나님과 재물을 섬기는 길에서 하나님만을 섬기는 길로 돌아올 때 가능하다.

– 염려를 넘어서는 길은 여호와를 경외하고 먼저 그의 나라와 그의 의를 구하는데서 부터 시작한다. 예수님은 주기도문을 통하여 하늘에서 먼저 이루어지고 그리고 나서 땅에서 이루어지기를 기도하라고 말씀한다. "내일 일은 내일이 염려할 것이다"라는 말씀에서 내일은 하나님을 가리킨다. 우리가 하는 일은 먼저 그의 나라와 그의 의를 구하고 여백을 채워주시는 하나님을 믿고 의지함으로써 두려움과 염려로부터 우리의 생각과 감정을 지킬 수 있다.

> 마 6:34 그러므로 내일 일을 위하여 염려하지 말라 내일 일은 내일이 염려할 것이요 한 날의 괴로움은 그 날로 족하니라

– 주님께서는 믿음으로 염려를 넘어서기를 바라신다. 예수님은 염려하는 자를 "믿음이 작은 자들"이라고 불렀다. "그리하면"은 "하나님만을 섬기고 그 하나님만이 자신의 생명과 행복의 원천이라고 믿고, 먼저 그의 나라와 하나님의 뜻을 먼저 구하면"을 의미한다. "그리하면" 이 모든 것을 더 해주시겠다고 약속하신다. 이 약속이 고난을 만나는 우리를 쓰다듬어 주시는 하나님의 손길이다.

b. 하나님은 고난 속에서 당신을 지켜주시고 세워주신다.

– 하나님께서는 고난 속에서 우리를 보호하시고 고난을 통하여 우리를 훈련하시고 세워주신다. 모세는 하나님의 말씀을 듣고 움직인 사람이다. 신명기는 이스라엘 백성에게 행한 모세의 강론이다. 신명기

(32:9-14)에서 모세는 자기가 이해한 하나님의 모습을 증언한다. 모세가 광야 길 40년 동안에 터득한 하나님은 "지켜주시는 하나님", "인도해 주시는 하나님", 그리고 "책임져 주시는 하나님"이시다.

> – 여호와의 분깃은 자기 백성이라 야곱은 그가 택하신 기업이로다. 여호와께서 그를 황무지에서, 짐승이 부르짖는 광야에서 만나시고 호위하시며 보호하시며 자기의 눈동자 같이 지키셨도다. (신명기 32:9-10)

> 마치 독수리가 자기의 보금자리를 어지럽게 하며 자기의 새끼 위에 너풀거리며 그의 날개를 펴서 새끼를 받으며 그의 날개 위에 그것을 업는 것 같이, 여호와께서 홀로 그를 인도하셨고 그와 함께 한 다른 신이 없었도다(신명기 32:11-12)

> 여호와께서 그가 땅의 높은 곳을 타고 다니게 하시며 밭의 소산을 먹게 하시며 반석에서 꿀을, 굳은 반석에서 기름을 빨게 하시며, 소의 엉긴 젖과 양의 젖과 어린양의 기름과 바산에서 난 숫양과 염소와 지극히 아름다운 밀을 먹이시며 또 포도즙의 붉은 술을 마시게 하셨도다. (신명기 32:13-14)

1) 보호하시고 훈련하시는 하나님

– 성경은 하나님께서는 자기 백성으로 삼은 야곱을 그가 택하신 기업으로 삼았다고 증거한다. 여호와께서 그들을 짐승이 부르짖는 광야에서 만나시고 호위하시며 보호하시며 자기의 눈동자같이 지키주셨다.

269

– 성경은 훈련하시는 하나님을 독수리 어미에 비유하여 묘사한다. 독수리 어미는 어린 새끼가 날아오를 수 있도록 둥지에서 끌어내기 위하여 "독수리가 자기의 보금자리를 어지럽게 하며 자기의 새끼 위에 너풀거리며 그의 날개를 펴서 새끼를 받으며 그의 날개 위에 그것을 업는 것 같이 "하신다는 것이다. 하나님께서도 우리가 날아오르도록 시련의 과제를 주신다. 이것을 "연단"이라고 한다.

– 이러한 하나님의 손길을 "하나님의 징계"라고 말하기도 하고, "하나님의 손길"로 보기도 한다. 독수리 어미가 새끼를 죽이려고 둥지에서 밀어내는 것은 아닌 것처럼, 하나님께서도 하나님 앞으로 더 가까이 나오라는 손길로 우리를 어루만져 주신다. 하나님께서는 우리가 "믿음의 날개"를 만들어 갈 때까지 반복하여 시련을 주신다. 그리하시면서 하나님께서는 이것이 "그가 비록 근심하게 하시나 그의 풍부한 인자하심에 따라 긍휼히 여기실 것임이라. 주께서 인생으로 고생하게 하시며 근심하게 하심은 본심이 아니시로다"고 위로도 해주신다. (예레미야애가 3:33)

> 애 3:24 내 심령에 이르기를 여호와는 나의 기업이시니 그러므로 내가 그를 바라리라 하도다
> 애 3:25 기다리는 자들에게나 구하는 영혼들에게 여호와는 선하시도다
> 애 3:26 사람이 여호와의 구원을 바라고 잠잠히 기다림이 좋도다
>
> 애 3:32 그가 비록 근심하게 하시나 그의 풍부한 인자하심에

270

따라 긍휼히 여기실 것임이라

애 3:33 주께서 인생으로 고생하게 하시며 근심하게 하심은 본
심이 아니시로다

－ 여기에 두 가지 분명한 사실이 있다. 하나님은 우리를 구해 주신
다. 우리에게는 언젠가는 반드시 "믿음의 날개"가 생긴다. 골로새서
(3:1－2)는 "위에 것"을 생각하라고 권면한다. "위에 것"은 하나님의
일하심으로 볼 수 있다. "위에 것"까지 날아갈 수 있는 "믿음의 날개"
를 노래한다. 높은 창공에는 폭풍이 미치지 못한다. 믿음의 강한 날개
로 "높은 창공에 오를 수 있는 축복"을 받게 된다.

골 3:1 그러므로 너희가 그리스도와 함께 다시 살리심을 받았
으면 위의 것을 찾으라 거기는 그리스도께서 하나님 우편에 앉
아 계시느니라
골 3:2 위의 것을 생각하고 땅의 것을 생각하지 말라

2) "없을지라도": 절망을 넘어서게 하시는 하나님

－ 하나님께서는 우리가 믿음의 날개로 힘차게 오르기 전에 절망하지
말 것을 알려주신다. 당장 아무것도 이루어지지 않았을지라도 절망하
지 말고 하나님을 바라보고 "짐승이 부르짖는 광야에서 만나시고 호
위하시며 보호하시며 자기의 눈동자 같이 지키시는 하나님"을 앙망하
기를 원하신다. 하박국 선지자는 비록 "밭에 먹을 것이 없으며 우리에
양이 없으며 외양간에 소가 없을지라도"라는 "없을지라도"의 믿음으

로 기도하며 나아감을 증거한다. (하박국 3:17-18)

> 합 3:17 비록 무화과나무가 무성하지 못하며 포도나무에 열매
> 가 없으며 감람나무에 소출이 없으며 밭에 먹을 것이 없으며
> 우리에 양이 없으며 외양간에 소가 없을지라도
> 합 3:18 나는 여호와로 말미암아 즐거워하며 나의 구원의 하나
> 님으로 말미암아 기뻐하리로다

— 고난 중에 하나님이 던져주시는 "소망의 닻줄"[18]을 바라본다. 여기에 인용하는 "예레미야 애가"는(3:17-33) 좀 길지만 차분하게 읽어 볼 만하다. 의미 있는 구절을 포함하고 있다. 절망 중에서도 여호와의 인자와 긍휼로 다시 일어서게 되었다는 고백이 등장한다. 그래서 "사람이 여호와의 구원을 바라고 잠잠히 기다림이 좋도다. 사람은 젊었을 때에 멍에를 메는 것이 좋으니"라고 고백한다.

— 예레미야애가(3:17-33)는 "내 고초와 재난 곧 쑥과 담즙을 내 마음이 그것을 기억하고 내가 낙심이 되오나 이것을 내가 내 마음에 담아 두었더니 그것이 오히려 나의 소망이 되었다고 증거한다. 고난 속에 담긴 하나님의 인자와 긍휼과 사랑을 보았다.

— 우리는 고난 중에 쉽게 절망한다. 우리 "스스로 이르기를 나의 힘과 여호와께 대한 내 소망이 끊어졌다 하였도다"고 탄식한다. 그러나

---

18) 옥한흠, 고통을 다루시는 하나님의 손길, 8.

고초와 재난을 내 마음이 그것을 기억할 때에는 낙심이 되오나 이것을 내가 내 마음에 담아 두었더니 그것이 오히려 나의 소망이 되었다고 고백한다. "육신의 눈"으로 볼 때에는 낙심이 되오나 "마음의 눈"으로 볼 때 소망이 된다. 주 여호와를 나의 기업으로 삼을 때에 여호와의 인자와 긍휼을 회상하니 주님이 던져주시는 "소망의 닻줄"을 바라본다. 이 소망이 "아침마다 새로우니" "주의 성실하심이 크시도소이다"라고 찬양한다. 여호와를 나의 기업 삼고, 주님의 인자와 긍휼에 의지하여 나아간다.

－ 이어서 이 소망이 아침마다 새로우니 사람은 젊었을 때에 멍에를 메는 것이 좋다고 권한다. 참으로 지당한 말씀이다. 하나님께서 그가 비록 우리를 근심하게 하시나 그의 풍부한 인자하심에 따라 우리를 긍휼히 여기신다. 하나님께서는 "인생으로 고생하게 하시며 근심하게 하심은 본심이 아니시로다"고(3:33) 위로한다. 하나님께서 이것은 본심이 아니라고 말씀하시니 참 멋있다. 예레미야애가는 참 대단하다. 어떻게 이런 표현이 등장할 수 있을까?

> 애 3:31 이는 주께서 영원하도록 버리지 아니하실 것임이며
> 애 3:32 그가 비록 근심하게 하시나 그의 풍부한 인자하심에 따라 긍휼히 여기실 것임이라
> 애 3:33 주께서 인생으로 고생하게 하시며 근심하게 하심은 본심이 아니시로다

－ 우리 인생길에는 슬픔과 고난, 불행이 있다. 우리는 "인생의 고해"

속에 살고 있다. 예수 믿는 자에게도 고난은 온다. 고난이 더 올 수도 있다. 하나님이 사랑하는 백성에게는 사랑하시기 때문에 고난이 더 올 수 있다. 그러나 고난에 대응하는 방법은 믿는 자와 믿지 않는 자 간에는 판연하게 다르다.

— 예레미야서 3장을 통하여 본 대응방법을 살펴본다. 예레미야는 시험을 받고(3:1−17), 절망의 밑바닥에서(3:18−20)에서, 믿음의 자리(3:21−23)로 돌아온 선지자이다. 유대에 임할 하나님의 진노로 인하여 예레미야의 믿음은 뿌리째 흔들린다. 3년 기근, 잔인한 살인, 어린 아이까지의 죽임, 성전의 불길, 기물의 약탈을 보고 하나님을 원망하고 불평을 하지 않을 수 없었다.

— 그 절망의 늪에서 죄악의 상처를 기억한다. 마귀는 이 기억을 가지고 등장한다. 마귀는 이 기억으로 우리를 조종하려고 든다. 그러나 이때 "그 중심에 회상한즉, 내가 낙심이 되오나 이것을 내가 내 마음에 담아 두었더니 그것이 오히려 나의 소망이 되었다"고 생각한다. (예레미야애가 3:20−21)

> 애 3:20 내 마음이 그것을 기억하고 내가 낙심이 되오나
> 애 3:21 이것을 내가 내 마음에 담아 두었더니 그것이 오히려
> 나의 소망이 되었사옴은

— 여기서 "이것을"은 중심에 이것을 회상한즉, 이것은 하나님의 자비와 긍휼을 생각한즉 어찌 절망만을 하고 있겠는가?라는 자각을 하게 된다. 이것은 하나님이 던져주시는 "소망의 닻줄"이다. 이것이 절망을

이기는 전환점이 된다. 하나님께서는 죄 짓고 도망하는 야곱에게도 함께 하셨다. 예레미야는 믿음을 회복하고(3:23−24, 32−33) 우리를 붙들어 일으켜 세우시는 하나님 그 은혜를 체험하며 살아가는 길을 향하여 나아갔다.

> 애 3:22 여호와의 인자와 긍휼이 무궁하시므로 우리가 진멸되지 아니함이니이다
> 애 3:23 이것들이 아침마다 새로우니 주의 성실하심이 크시도소이다
> 애 3:24 내 심령에 이르기를 여호와는 나의 기업이시니 그러므로 내가 그를 바라리라 하도다

3) 고난 속에 핀 신념, 고난 속에 신념을 세워나가고 지켜나간다.[19)]

− 사도 베드로는 고난을 하나님이 주시는 연단이라고 보았다. 고난을 통하여 믿음을 세워나가고 하나님께 의지하는 자리로 나아가자고 권한다. 사도 베드로는 "불 시험을 즐거워하라. 선을 행하는 가운데 그 영혼을 미쁘신 하나님께 부탁할지어다"라고 권면한다.

> 벧전 4:12 사랑하는 자들아 너희를 연단하려고 오는 불 시험을 이상한 일 당하는 것 같이 이상히 여기지 말고
> 벧전 4:13 오히려 너희가 그리스도의 고난에 참여하는 것으로 즐거워하라 이는 그의 영광을 나타내실 때에 너희로 즐거워하

---

19) 옥한흠, 고통에는 뜻이 있다, 국제제자훈련원, 2019,(개정판 62쇄), ch.12.

고 기뻐하게 하려 함이라

- "고난은 연단이다. 그리스도의 고난에 참여하는 것으로 즐거워하라. 그리스도인으로 고난을 받으면 부끄러워하지 말고 도리어 그 이름으로 하나님께 영광을 돌리라. 하나님의 뜻대로 고난을 받는 자들은 또한 선을 행하는 가운데에 그 영혼을 미쁘신 창조주께 의탁할지어다 (베드로전서 4:12-19)" 사도 바울은 "다만 이뿐 아니라 우리가 환난 중에도 즐거워하나니 이는 환난은 인내를, 인내는 연단을, 연단은 소망을 이루는 줄 앎이로다"고 권한다. (로마서 5:3-4)

> 벧전 4:16 만일 그리스도인으로 고난을 받으면 부끄러워하지 말고 도리어 그 이름으로 하나님께 영광을 돌리라
> 벧전 4:19 그러므로 하나님의 뜻대로 고난을 받는 자들은 또한 선을 행하는 가운데에 그 영혼을 미쁘신 창조주께 의탁할지어다
>
> 롬 5:3 다만 이뿐 아니라 우리가 환난 중에도 즐거워하나니 이는 환난은 인내를,
> 롬 5:4 인내는 연단을, 연단은 소망을 이루는 줄 앎이로다

- 믿는 자에게 고난은 결코 이상한 일이 아니다. 고난 속에서 즐거워할 수 있다. 하나님의 영광의 영이 함께 하시기 때문이다. 하나님의 영광이 나타날 그 날에 주어질 축복이 너무나 크다. 하나님의 심판은 반드시 온다는 믿음으로 고난을 바라본다.

제3장

나의 고난공부
: 여백(餘白)을 바라보며

− 우리들은 왜냐고 묻고 싶은 고난과 고통의 순간을 만날 때가 있다. 고난이 고통이 되어 나에게 다가왔을 때 하나님의 시선을 따라 바라보고 생각하고 행하는 "고난공부"를 하다보면, "고난의 터널" 밖에 서 있는 나를 발견하게 된다. 고난 속에서 하나님의 손길은 나를 빚으시고 나는 주님 안에서 새롭게 지어져 간다.

− "고난공부"는 나의 성품을 빚는 공부이며 예수님 안에서 지어져 가는 "존재를 형성"하는 공부이다. 고난공부는 나의 "성품그릇"을 만든다. 이것이 고난 앞에서 고난을 공부해야 할 이유가 된다.

− 나의 고난공부는 하나님의 섭리의 관점에서 고난을 바라보고 주님을 의지하는 믿음으로 고난의 숲속을 걸어가는 것이다. Keller 목사는 "고통에 답하다"라는 그의 책에서 " 고통을 위로하고 처리할 만능열쇠 같은 것은 찾지 못했다"고 고백한다. 그러나 그의 영문 책이름 "Walking with God in pain and suffering(고통과 고난 속에서 하나님과 함께 걷다)"은 답을 시사한다. "하나님과 함께" 고난의 숲속을 걸어간다. 한 걸음 한 걸음 보이지 않는 길을 걸어간다.

− 모든 사람은 자기의 "고난의 길"을 걸어가야 한다. 이 길을 걷는

걸음이 그의 인생을 결정한다. 고난공부를 통하여 우리는 영적 관점을 회복하고 하나님의 영광을 위하는 삶으로 삶의 의미와 방향을 조율한다. 고난 속으로 걸어가는 나의 고난공부에서는 하나님의 뜻과 우리를 향하는 하나님의 계획(destiny)을 바라보는 소명 차원에서 고난 속에 담긴 뜻과 의미를 생각해 본다. 이러한 고난에 대한 새로운 인식을 통하여 나의 "매듭짓기"를 생각해 본다. 이 매듭짓기는 고난에 대한 인식을 새롭게 하고, 기도와 말씀으로 고난을 담대하게 견디고, 고난의 길을 걷는 말씀의 기둥을 세우게 하시고, 주님의 계획안에서 뜻을 세우는 길을 걷는다.

a. 고난에 대한 인식을 새롭게

1) 고난은 하나님의 섭리의 방편이다.[20]

- 고난은 "나를 바라보라"는 하나님의 부르심이다. 그래서 고난은 삼차적 소명이 된다. 하나님은 우리를 회복하여 새롭게 하시길 바라신다. "새로운 피조물"로서 거듭나기를 바라신다. 이를 위하여 하나님은 우리를 불러 하나님을 바라보게 하시고 하나님께 부르짖어 구하게 하시고 하나님이 원하시는 것을 바라게 하신다. 이것이 고난이 오는 중요한 이유가 된다. 시편의 지혜의 말씀을 담은 119편은 고난을 주시는 성실하신 하나님을 찬양한다. "여호와여 내가 알거니와 주의 심판은 의로우시고 주께서 나를 괴롭게 하심은 성실하심 때문이니이다(시편

---

20) 팀 켈러(Keller), 고통에 답하다, pp.256-292.

119:75)" 여기서 성실하심은 우리의 죄를 없이 하시는 하나님의 인자하심과 한 치의 어긋남도 없이 우리를 새롭게 하시는 하나님의 긍휼의 약속을 가리킨다.

> 시 119:75 여호와여 내가 알거니와 주의 심판은 의로우시고 주께서 나를 괴롭게 하심은 성실하심 때문이니이다
> 시 119:76 구하오니 주의 종에게 하신 말씀대로 주의 인자하심이 나의 위안이 되게 하시며
> 시 119:77 주의 긍휼히 여기심이 내게 임하사 내가 살게 하소서 주의 법은 나의 즐거움이니이다

— 하나님께서는 우리를 구원하기 위한 방편으로 고난을 사용하신다. 고난을 통하여 우리를 불러 하나님을 바라보게 하신다. 고난을 통하여 하나님을 경외하라는 말씀을 따르게 하신다. 고난을 통하여 하나님의 부르심으로 나아가는 여정에서 "주님 안으로" 향하는 여정을 걷게 된다.[21] 고난은 우리를 더 큰 믿음으로 인도한다.

— 고난에는 하나님의 섭리가 담겨있다. 하나님은 고난을 사용하여 우리를 새로운 피조물로 빚으신다. 하나님께서는 고난을 통하여 우리의 믿음을 단련한다. 고난을 통하여 하나님을 경외하게 하고 인자와 긍휼을 베풀어 주신다. 우리를 은혜로 살아가도록 인도하신다. 이 세상의 우리의 삶에서 하나님의 뜻과 계획을 따라 하나님의 영광을 드러내게 하신다.

---

21) 이재훈, 그리스도가 내 안에 내가 그리스도 안에, p.108－153.

‑ 우리가 고난에 반응하는 방식에 따라 고난은 연단이 되기도 하고 고통이 되기도 한다. 고난의 궁극적 목적은 "하나님께 영광을 돌리게 하려 함이다". (고린도후서 4:15) "우리가 잠시 받는 환난의 경한 것이 지극히 크고 영원한 영광의 중한 것을 우리에게 이루게 함이니" 고난은 우리에게도 영광을 이루게 한다. 이 과정에서 우리의 "겉사람"은 낡아지나 우리의 "속사람"은 날로 새로워진다.

> 고후 4:15 이는 모든 것이 너희를 위함이니 많은 사람의 감사로 말미암아 은혜가 더하여 넘쳐서 하나님께 영광을 돌리게 하려 함이라
> 고후 4:16 그러므로 우리가 낙심하지 아니하노니 우리의 겉사람은 낡아지나 우리의 속사람은 날로 새로워지도다
> 고후 4:17 우리가 잠시 받는 환난의 경한 것이 지극히 크고 영원한 영광의 중한 것을 우리에게 이루게 함이니

‑ 고난을 견딤은 세상을 향하여 주님의 영광을 드러내는 가장 강력한 증거가 된다. 고난 중에 하나님께 드리는 깊은 신뢰는 세상 사람들에게 주님의 영광을 나타낸다. 사도 베드로는 "부당한 고난 중에도 하나님을 생각함으로 슬픔을 참으면 이는 아름답다"고 증거한다. (베드로전서 2:19) 스데반은 예루살렘에서 돌로 맞는 죽음 중에서도 기쁨과 평안 속에 있었다. (사도행전 6:15) 하나님께 영광을 돌리는 것은 우리 삶의 궁극적인 목적이 된다. 고난은 우리의 기쁨을 더욱 크게 만든다.

> 벧전 2:19 부당하게 고난을 받아도 하나님을 생각함으로 슬픔

을 참으면 이는 아름다우나

벧전 2:20 죄가 있어 매를 맞고 참으면 무슨 칭찬이 있으리요
그러나 선을 행함으로 고난을 받고 참으면 이는 하나님 앞에
아름다우니라

고난은 하나님의 풀무불[22]

- 풀무불은 바람을 불어넣어 화력을 강하게 하는 불을 말한다. 풀무
불은 나를 태우고 녹여서 불순물을 제거하고 새로운 형태로 빚는다.
하나님은 "고난의 풀무불" 속으로 직접 들어오시어 우리를 불로 연단
하신다. (베드로전서 1:6-7) 고난의 풀무불이 은혜로 보이기 시작한
다. 고난을 통하여 우리는 하나님을 알아간다.

벧전 1:7 너희 믿음의 확실함은 불로 연단하여도 없어질 금보
다 더 귀하여 예수 그리스도께서 나타나실 때에 칭찬과 영광과
존귀를 얻게 할 것이니라

- 고난에는 양면성이 있다. 고난으로 하나님을 만나거나 고난으로 신
앙을 떠나거나 하게 된다. 하나님은 마음이 상한 자를 가까이하시고
충심으로 통회하는 자를 구원하신다. (시편 34:18) 고난은 큰 이야기
의 한 부분이 된다. 하나님은 고난을 통하여 온전한 기쁨을 주신다.
큰 그림을 보지 못하고 한 조각만을 볼 때 고난의 의미와 모습을 제대
로 보기 어렵다. 고난의 여정에서 고난을 뒤돌아 볼 때 고난속에 담긴

---

22) 팀 켈러(Keller), 고통에 답하다, pp.11-23.

은혜를 보게 된다.

> 시 34:18 여호와는 마음이 상한 자를 가까이하시고 충심으로
> 통회하는 자를 구원하시는도다

- 고난은 "하나님의 연단 도구"가 된다. 하나님께서 우리를 하나님의 자녀로 다듬어 가시기 위하여 고난을 사용하신다. 주님은 고난을 풀무 불 삼아 우리를 순금같이 나오게도 하시고 우리를 연단하시어 강하게 도 하신다. (욥기 23:10) "고난의 풀무불"에서 우리를 연단하신다. (이 사야 48:10)

> 욥 23:10 그러나 내가 가는 길을 그가 아시나니 그가 나를 단
> 련하신 후에는 내가 순금같이 되어 나오리라
> 사 48:10 보라 내가 너를 연단하였으나 은처럼 하지 아니하고
> 너를 고난의 풀무 불에서 택하였노라

- 고난은 우리가 그분을 알아가는 지식에 균형을 잡아준다. 하나님을 생각하는 우리의 마음의 창에서 고난당하시는 하나님을 의식하게 된 다. 크리스천은 고난에 참여함으로써 그리스도를 닮아가게 된다. (고 린도후서 4:13, 16-17: 골로새서 1:24) 이때 주님은 우리와 함께 하 신다. 우리가 겪는 환란의 풀무불 안으로 들어오신다.
- 하나님은 고난을 통하여 우리를 연단하시어 하나님의 자녀로 인격 을 형성하신다. 고난이 임하면 나의 성품을 다듬으시려는 하나님의 손 길을 생각해야 한다. 이 점에서 고난은 하나님의 훈련이요 축복이 된

다. 하나님은 큰 복과 일을 주시기 전에 반드시 우리를 다듬으시는 고난의 과정을 보내신다. 고난 속에 축복의 선물이 있다. 그래서 옥한흠 목사는 고난을 "하나님의 변장된 축복"이라고 불렀다.23)

2) 고난은 하나님의 교육의 방편이다.

- 고난의 과정은 우리의 성품을 다듬어 가시려는 하나님의 뜻과 계획에 따른 교육의 방편이다. 고난에는 우리를 빚으시는 하나님의 뜻과 목적, 그리고 고난 중에 함께 해주시는 하나님의 손길이 있다. 고난을 통한 하나님의 손길로 주님 안에서 우리는 "새로운 피조물"로 빚어진다. 고난은 하나님이 쓰시는 교육 내용과 방편이 된다. 고난을 통하여 가르침을 주고 영적 세계와 하나님의 영광에 관심을 갖게 한다.

(1) 고난을 통하여 하나님을 알아간다.

- 고난에는 의미가 있고 목적이 있다. 고난에 올바르게 대처하면 하나님의 사랑과 평안, 영적인 능력 속에 깊이 들어가게 된다. 고난 속에 들어있는 하나님의 은혜에 감사하고 기뻐함은 고난을 견디게 하는 힘이 된다. 이 책에서는 하나님의 섭리에 따라 고난을 통하여 우리를 세워주시는 "소명적 관점"에서 고난을 바라본다. 요셉은 더욱 깊은 평안과 넓은 자유로 인도하는 고난을 겪었다. (창세기 45:7-9) 고난을 통하여 하나님의 뜻과 마음과 심정을 알아가게 된다. 요셉은 자기를

---

23) 옥한흠, 고난속에 담긴 뜻, p.9.

애굽의 상인에게 노예로 판 형들을 하나님의 관점에서 바라본다. 성경에는 고난 중에 하나님의 관점을 받은 사람들의 이야기가 많이 등장한다.

> 창 45:5 당신들이 나를 이곳에 팔았다고 해서 근심하지 마소서 한탄하지 마소서 하나님이 생명을 구원하시려고 나를 당신들보다 먼저 보내셨나이다
> 창 45:7 하나님이 큰 구원으로 당신들의 생명을 보존하고 당신들의 후손을 세상에 두시려고 나를 당신들보다 먼저 보내셨나니

(2) 고난을 통하여 나 자신을 돌아보게 하신다. (시편 119:67, 71)

– 고난은 우리를 회개하게 하고 영적 깨어남을 얻게 한다. 우리의 질병을 깨우쳐 주신다. 고난 그 자체는 문제가 되지 않는다. 고난은 오히려 기회가 된다. 이것이 고난을 선용하시는 하나님의 공식이다. 시편은 "고난 당하기 전에는 내가 그릇 행하였더니 이제는 주의 말씀을 지키나이다. 이제는 고난 당한 것이 내게 유익이라"고 고백한다.

> 시 119:67 고난 당하기 전에는 내가 그릇 행하였더니 이제는 주의 말씀을 지키나이다
> 시 119:71 고난 당한 것이 내게 유익이라 이로 말미암아 내가 주의 율례들을 배우게 되었나이다

– 고난은 우리의 교만을 걷어내고 교만으로부터 우리를 회복시킨다.

교만은 나 이외에는 아무도 보이지 않는 "안하무인"의 영적 착시현상을 가리킨다. 내가 주인이 되어서 나의 의지대로 해왔던 것을 포기할 때 남겨진 빈 공간을 "여백(餘白)"이라고 부른다. 우리의 삶에서 여백이 없이 나의 자아로 채워진 공간에서는 주님은 아무것도 빚으실 수 없다. 주님은 여백을 남겨 놓고 주님의 손길을 기다리는 연약한 이들에게만 은혜를 베풀어 주신다. 고난의 골짜기를 지나는 동안에 내 삶을 다스리는 권한과 구원할 힘이 나에게 있다는 생각을 포기하고 하나님의 주권과 주관하심을 믿을 때 하나님과 다른 사람들의 덕분에 내가 살게 되는 은혜를 바라보게 된다.

– 주님이 우리를 대신하여 받으신 고난과 대속사역으로 주님은 우리를 등에 업고 가신다. 고난은 우리와 주님과의 관계를 회복하게 하시고, 시험과 시련, 역경을 통하여 우리의 마음을 새롭게 하신다. 하나님께서는 이 여백을 그의 신묘막측하신 방법으로 채워주신다. 우리에게 "예수 그리스도의 실재"를 바라보게 하시고 구원의 소망을 갖게 하신다. 하나님은 우리의 육신과 물질세계도 회복하신다. 그래서 자연과 모든 피조물도 구원받은 하나님의 자녀가 오기를 고대한다.

> 롬 8:19 피조물이 고대하는 바는 하나님의 아들들이 나타나는 것이니

3) 고난은 우리를 "새롭게" 한다.

– 고난에 대한 성경적 관점은 고난을 통하여 섭리하시는 하나님을

바라보는 데 그 의미가 있다. (시편 119:75) 하나님은 믿는 자의 유익을 위하여 고난을 선용하신다. 우리는 이것을 믿는다. 하나님은 이 믿음을 의롭다고 여겨주신다. 고통 받는 자에 대하여 겸손하게 같이 울어 줄 수밖에 없다. 신실하신 하나님의 뜻과 그의 역사하심의 신묘막측한 길을 믿고 가게 된다.

> 시 119:75 여호와여 내가 알거니와 주의 심판은 의로우시고 주께서 나를 괴롭게 하심은 성실하심 때문이니이다

(1) 고난을 통하여 영적 세계로 눈을 돌리게 된다.

– 역경을 맞는 이들에게는 고난 속에 있는 "큰 그림"을 보고 고통의 의미를 깨닫는 과정이 필요하다. 고난에 대한 관점이 있어야 하며 나름의 "고난신학"이 있어야 한다. 고난이 오면 행복의 조건들이 모두 사라진다. 시련은 삶을 지속할 모든 이유를 짓밟아 버린다. 죽음의 유대인 포로수용소에서 살아난 빅터 프랭클은 자기가 견디어 낼 수 있었던 것은 절망적 상황에서도 살아남아야 할 의미를 찾는 것이었다고 말했다.[24] 의미를 위해 산다는 것은 인생에서 무엇을 얻으려는 것이 아니라 삶이 우리에게 기대하는 것을 찾는 것이다. 이것은 삶의 이유 혹은 존재의 이유가 된다.

– 기독교 세계관에서는 두 개의 세계를 말한다. 카이로스(Kairos)라

---

24) Keller, 고통에 답하다, p.105.

고 말하는 하나님의 시공간과 크로노스(Chronos)라고 말하는 세상의 물질적 시공간이다. 이것을 성경은 "하늘"과 "땅"으로 구분하여 말하기도 하고 "하나님의 일"과 "세상의 일"로 구분하기도 한다. 고성준 목사는 이 두 개의 시공간은 인간을 통하여 연결된다고 설명한다.[25] 두 세계가 연결되는 순간과 공간에서 하나님의 임재가 이루어진다. 이것을 구원이라고 부른다.

— 주기도문에서 "아버지의 뜻이 하늘에서 이루어진 것처럼 땅에서도 이루어지이다"는 이 두 세계의 연결과 이 땅에서의 하나님 나라의 임재와 구원의 소망을 간구하는 기도내용이다. 두 세계를 연결하는 이 길은 "좁은 문"을 지나야 한다. (마태복음 7:13) 좁은 문은 좁은 틈새로 만들어진 문으로 생각된다. 나를 낮추고 나의 몸짓을 줄여야 들어갈 수 있는 "좁은 틈새의 문"으로 생각된다. 예수님은 좁은 문으로 들어가라고 말씀한다.

— 세속적 세계관에서는 "이 세상"을 강조한다. 이 세상에서 고난은 다양한 형태로 찾아온다. 육신적 자아의 팽창은 단절과 외로움을 형성하고 이 세상을 지옥으로 만든다. 기독교 신앙의 관점에서는 고난과 고통은 하나님을 외면하고 하나님으로부터 등을 돌린 결과로 본다. 그래서 고난을 구원의 방편으로 본다. 시련을 통하여 삶과 영혼의 실상에 대하여 눈을 뜨게 된다. 고난을 만났을 때 인간의 연약함과 의존성에 대하여 눈을 뜨게 된다. 우리의 연약함과 시련은 우리를 구원으로

---

25) 고성준, 카이로스, p.135.

인도하게 된다. 고난과 고통이 없이는 삶과 영혼의 온갖 실상을 자각하고 하나님을 찾게 될 가능성이 거의 없다는 것이 성경의 가르침이다. 26) 그래서 고난은 유익이라고 이해한다.

(2) 하나님의 영광의 관점27)

− 기독교 신학은 삶의 궁극적인 목적은 하나님을 영화롭게 하는 것으로 본다. 이 맥락에서 고난의 목적도 하나님을 영화롭게 하는 것이라고 여긴다. 우리의 삶에서 주님을 들어냄을 통하여 하나님께 영광을 드리게 된다. 바울은 "우리가 그와 함께 영광을 받기 위하여 고난도 함께 받아야 할 것이니라"고 설명한다. 로마서와 고린도후서는 고난은 우리를 준비시켜 영원한 영광에 이르게 한다고 증거한다. (로마서 8:17−18; 고린도후서 4:17)

> 롬 8:17 자녀이면 또한 상속자 곧 하나님의 상속자요 그리스도와 함께한 상속자니 우리가 그와 함께 영광을 받기 위하여 고난도 함께 받아야 할 것이니라
> 롬 8:18 생각하건대 현재의 고난은 장차 우리에게 나타날 영광과 비교할 수 없도다
>
> 고후 4:16 그러므로 우리가 낙심하지 아니하노니 우리의 겉사람은 낡아지나 우리의 속사람은 날로 새로워지도다

---

26) 팀 켈러(Keller), 고통에 답하다, p.131.
27) 팀 켈러(Keller), 고통에 답하다, pp.27−59.

고후 4:17 우리가 잠시 받는 환난의 경한 것이 지극히 크고 영
원한 영광의 중한 것을 우리에게 이루게 함이니

b. 나의 고난공부: 말씀의 매듭짓기

- 고난공부는 말씀의 매듭짓기를 요한다. 말씀의 매듭짓기는 믿음으
로 말씀을 붙잡는 것을 의미한다. 고난공부는 세가지 과제를 제시한
다. (1) 기도로 주님 안으로 들어가야 한다. (2) 말씀을 붙잡고 따라간
다. (3) 믿음의 눈으로 고난의 속을 바라보며 나아간다.

1) 기도로 주님안으로 들어가기

- 고난에 대하여 우리는 어떻게 대응해야 할까? 깊은 슬픔을 노래로
바꾸는 오늘의 한 걸음을 어떻게 걸어갈 수 있을까? 혼자서 고난에 대
응할 경우에 고난은 고통이 된다. 고난의 상황에 대한 하나님의 주권,
하나님의 지혜, 하나님의 사랑을 믿고 그분 안으로 들어가야 한다. 하
나님이 주인되시어 모든 것을 주관하는 주님 안으로 들어가는 것이
중요하다. 주님 밖에서 주님 안으로 들어간다.

- 고난을 견디게 하는 내적 근거는 말씀과 기도[28]이다. 사도 바울은
복음은 하나님의 능력이 된다고 말한다. (로마서 1:16) "복음에는 하
나님의 의가 나타나서 믿음으로 믿음에 이르게 하나니 기록된 바 오

---

28) 팀 켈러(Keller), 최종훈 옮김, 팀 켈러(Keller)의 기도, 두란노, 2017.

직 의인은 믿음으로 말미암아 살리라 함과 같으니라"고(로마서 1:17) 전한다. 말씀과 기도로 우리의 믿음(새로워진)으로 이르게 한다.

> 롬 1:16 내가 복음을 부끄러워하지 아니하노니 이 복음은 모든 믿는 자에게 구원을 주시는 하나님의 능력이 됨이라 먼저는 유대인에게요 그리고 헬라인에게로다
> 롬 1:17 복음에는 하나님의 의가 나타나서 믿음으로 믿음에 이르게 하나니 기록된 바 오직 의인은 믿음으로 말미암아 살리라 함과 같으니라

— 고난의 물결에 휩쓸리기 전에 "고난학교"를 공부해야 한다. 하나님의 말씀은 우리를 거듭나게 하는 썩지 아니할 씨로 된 것이니 이것은 "살아 있고 항상 있는 하나님의 말씀으로 되었다"고 전한다. (베드로전서 1:23) 나의 내면 안에 느리지만 꾸준한 변화를 이끌어내는 것은 "하나님의 말씀"과 나를 "하나님 앞으로 인도하는 기도"이다.

> 벧전 1:23 너희가 거듭난 것은 썩어질 씨로 된 것이 아니요 썩지 아니할 씨로 된 것이니 살아 있고 항상 있는 하나님의 말씀으로 되었느니라

— 풍성한 기도 생활로 마음을 준비한다. 하나님의 사랑을 아는 지식과 경험은 우리에게 견고한 닻과 돛이 되어 준다. 성령께서는 진리를 가르쳐 주시고, 바른 길을 선택하도록 우리를 도와주신다. 고난의 실제에서 지식과 경험은 힘을 발휘하지 못했다. 믿음을 활성화하는 기도에 대하여 공부해야 한다.

2) 역설을 넘어 말씀을 따름

- 역설은 어떤 주장이나 이론이 겉으로 보기에는 모순되는 것 같으나 그 속에 중요한 진리가 함축되어 있는 것을 말한다. 고난 중에는 고난의 상황을 해소하는 것이 가장 중요한 일로 보인다. 경제적으로 어려울 때에 돈이 생긴다는 것이 이에 해당한다. 이러한 것을 기도의 응답으로 생각하는 경우도 있다. "먼저 하나님의 나라와 그의 의를 구하라"라든가 "나의 멍에를 메라"는 말씀은 고난을 해결하는 데 도움이 되어 보이지 않는다. 예수님은 주기도문과 염려에 대한 말씀에서 믿음의 길을 따르는 중요한 핵심단어를 보여주셨다. 이 맥락에서 역설적 단어로 (1) 먼저 (2) 멍에 (3) 걸림돌을 살펴본다.

(1) 먼저 하나님을 바라보자

- 우리가 고난을 당하면 고난의 상황을 먼저 바라보고 고난을 해소하는 일에 직접 대응하려고 한다. 그러나 고난에 대한 우리의 상식적인 생각을 넘어서 성경은 고난에 대처하는 말씀을 전한다. 예수님은 염려하여 문제를 해결하려 하기보다는 "너희는 먼저 그의 나라와 그의 의를 구하라 그리하면 이 모든 것을 너희에게 더하시리라"고 말씀한다. 하나님에 대한 믿음 위에서 먼저 하나님을 바라보는 것이 고난에 대한 대응이 된다는 말씀이다. 하늘에서 문제를 해결한 이후에 땅에서 그 문제가 풀어진다.

– C.S. Lewis는 "하늘나라를 추구하면 세상을 덤으로 얻고, 오로지 세상만을 좇으면 아무것도 얻지 못한다"고 말했다.[29] 참으로 멋있는 경구처럼 들린다. 행복은 찾으려 하면 사라지고 붙잡으려 하면 멀리 달아난다. 그러나 행복을 바라보지 않고 하나님의 뜻에 적중하면 행복은 순순하게 따라온다는 말과 서로 통한다. 예수님은 "자기 목숨을 얻는 자는 잃을 것이요 나를 위하여 자기 목숨을 잃는 자는 얻으리라"고 말씀하신다.

> 마 6:32 이는 다 이방인들이 구하는 것이라 너희 하늘 아버지께서 이 모든 것이 너희에게 있어야 할 줄을 아시느니라
> 마 6:33 그런즉 너희는 먼저 그의 나라와 그의 의를 구하라 그리하면 이 모든 것을 너희에게 더하시리라

– "육신의 눈"으로는 육신의 쓰라린 상처, 육신의 오만, 육신의 염려, 육신의 낙심을 먼저 바라본다. 그러나 "믿음의 눈"은 하나님의 공의, 위대하심, 주권과 지혜, 그분의 사랑을 바라본다. 오직 믿음의 눈으로만 "하나님의 의"와 "그의 나라"를 볼 수 있다. 믿음의 눈으로 먼저 하나님의 의와 그의 나라를 구할 때 즉 하나님의 영광을 좇을 때 나의 성품은 주님 안에서 기쁨과 평안이 높아지고 겸손과 소망과 사랑이 깊어진다.

---

29) C.S. Lewis, 순전한 기독교, p.134 제10장 Hope를 인용한 켈러(Keller), 고통에 답하다, p.295에서 인용함.

- 우리가 고난에 몰두할 때 고난은 올무가 되어 우리의 마음과 뜻과 생각을 붙들어 맨다. 고난이 스트레스가 된다. 고난에서 눈을 떼는 것이 고난을 극복하는 길이 된다. 먼저 하나님을 바라봄으로써 우리의 마음과 생각을 지키게 된다. 고난은 하나님을 이전보다 더 알아가는 길이며 주님을 더 섬기고 닮아가는 길이 된다. 고난은 우리를 믿음으로 이끌어 가는 통로가 된다.

(2) 주님의 멍에를 메고

- 멍에는 수레나 쟁기를 끌기 위하여 말이나 소의 목에 얹은 구부려진 나무막대를 말한다. 멍에를 메면 자유스러워지기보다는 굴레가 되어 제멋대로 움직일 수 없게 만든다. 멍에는 자유를 구속한다. 멍에는 종이 메는 것이다. 바울은 갈라디아서에서 "그리스도께서 우리를 자유롭게 하려고 자유를 주셨으니 그러므로 굳건하게 서서 다시는 '종의 멍에'를 메지 말라"고 하셨다. (갈라디아서 5:1) "종의 멍에"는 자유를 구속한다.

- 고린도후서는 "너희는 믿지 않는 자와 멍에를 함께 메지 말라 의와 불법이 어찌 함께하며 빛과 어둠이 어찌 사귀며(고린도후서 6:14)" 같이 가지 않는 자와 멍에를 함께 메지 말라고 권한다. 같이 갈 수 없는 자와 함께 멍에를 메지 않는다.

- 예수님은 "나의 멍에"를 메고 내게 배우라고 하신다. "나는 마음이

온유하고 겸손하니 나의 멍에를 메고 내게 배우라 그리하면 너희 마음이 쉼을 얻으리니 이는 내 멍에는 쉽고 내 짐은 가벼움이라 하시니라"라고 하셨다. 예수님은 "주님의 멍에"를 매라고 하신다.

─ 나의 멍에는 "예수님의 길"이다. 예수님의 길은 "종의 마음"으로 온유하고 죽기까지 복종하시는 겸손의 마음이다. 주님의 멍에는 동행하는 멍에이다. 예수님이 함께하여 주시는 길이다. 이 길에서 멍에는 쉽고 내 짐은 가볍다고 하신다. 주님이 동행하실 때 우리의 마음은 쉼을 얻는다. 주님의 멍에는 문제를 해결하는 열쇠가 된다. 믿고 가보면 이루어진다. 그래서 안 될 것 같은 말씀이 "진리의 역설"이 된다.

─ 예수님의 부활 소식을 듣고도 정말 속에 엠마오로 내려가는 예수님의 두 제자는 동행하신 주님을 보고 다시 예루살렘으로 돌아갔다. (누가복음 24:13─33)

> 빌 2:5 너희 안에 이 마음을 품으라 곧 그리스도 예수의 마음이니
> 빌 2:6 그는 근본 하나님의 본체시나 하나님과 동등됨을 취할 것으로 여기지 아니하시고
> 빌 2:7 오히려 자기를 비워 종의 형체를 가지사 사람들과 같이 되셨고
> 빌 2:8 사람의 모양으로 나타나사 자기를 낮추시고 죽기까지 복종하셨으니 곧 십자가에 죽으심이라

마 11:29 나는 마음이 온유하고 겸손하니 나의 멍에를 메고 내
게 배우라 그리하면 너희 마음이 쉼을 얻으리니
마 11:30 이는 내 멍에는 쉽고 내 짐은 가벼움이라 하시니라

(3) 걸림돌

- 우리의 인생길에는 "형통의 조건"도 있고 "고난의 조건"도 있다. 형통의 조건은 만사형통을 형성하는 데 필요한 조건을 말한다. "부귀다남"이 말하는 재물, 권력, 명예, 장수 등과 같은 조건이다. 형통의 조건은 세상에서 추구하는 가치를 말한다. 고난의 조건은 세상적 가치를 추구하는 데 방해가 되거나 제약하는 조건 등이다. 건강의 문제, 경제적 문제, 자녀들의 학업의 문제, 각종의 인간관계 문제, 행복을 추구하는데 제약하는 온갖 종류의 조건들이다.

- 고난의 조건적 문제들은 우리 인생길에서 걸림돌이 되는 것처럼 보이지만 하나님의 뜻과 연결될 때 실상은 그 걸림돌이 하나님이 쓰심에 따라 "디딤돌"이 될 수 있다. 걸림돌을 부정적으로만 볼 것이 아니다. 하나님은 걸림돌을 들어 쓰시는 경우가 성경에 많이 등장한다. Helen Keller가 삼중의 장애를 갖지 않았다면 그의 성취는 그렇게 돋보이지 못했을 것이다. 요셉의 꿈을 해석하는 능력은 형들에게 미움을 받아 그에게 걸림돌이 되었으나 하나님께서는 출애굽의 역사를 이루시는 재료로 쓰셨다. 모세도 혈기왕성한 40대에 이스라엘을 이끌고 출애굽을 하지 못했다. 그가 40년을 광야에서 양치기로 지내고 지팡이 하나로 양을 치는 80대의 노인이 되었을 때 하나님의 부름을 받았다.

그는 "내가 누구이기에 바로에게 가며 이스라엘 자손을 애굽에서 인도하여 내리이까 오 주여 보낼 만한 자를 보내소서"라고 호소하였다. 그러나 그의 출생부터 노년의 삶까지 하나님께서 쓰시는 통로가 되었다.

> 축 3:11 모세가 하나님께 아뢰되 내가 누구이기에 바로에게 가며 이스라엘 자손을 애굽에서 인도하여 내리이까
> 축 4:13 모세가 이르되 오 주여 보낼 만한 자를 보내소서

(4) 걸림돌이 디딤돌로

— 세속적 관점에서 볼 때 고난은 행복을 추구하는 데 장애물이 된다. 그러나 고난에 대응하는 자세에 따라서 고난과 시련은 우리가 성장하는데 필요한 발판이 될 수 있다, 고난에 올바르게 접근하면 놀라운 성장을 이룰 수 있다. 주님은 시련을 우리의 삶을 낭비하는 것이 아니라 시련을 딛고 성장하여 은혜와 영광에 이르기를 기대한다. 고난이 걸림돌이 되었으나 디딤돌이 될 수도 있다.

— 역경에 넘어졌다 하더라도 다시 회복하는 성향을 회복탄력성(resilience)라고 부른다. 회복탄력성은 매우 중요한 인성의 한 요인이 된다. 고난에 담긴 뜻과 고난을 다루시는 하나님의 손길은 회복탄력성을 이루는 손길이다. 걸림돌은 회복탄력성을 이루는 디딤돌이 된다. 걸림돌을 넘어 설 때 회복탄력성을 이루는 바탕이 된다. 회복탄력성을 위하여 고난에 대한 공부가 있어야 한다.

3) "믿음의 눈"으로 고난의 속을 바라보며

– 고난도 겉이 있고 속이 있다. 고난의 겉에는 현상이나 상황이나 일이 있다. 그 속으로 들어가면 하나님의 뜻과 나를 향하는 하나님의 계획을 마음에 두는 기업이 있고 더 속으로 들어가면 하나님의 뜻과 하나님의 계획이 있다. (에베소서 1:11)

– "믿음의 눈"으로 고난의 속을 바라볼 때 여백을 채워주시는 하나님의 은혜를 바라본다. 고난 속에 있는 "큰 그림" 혹은 "큰 이야기"를 볼 수도 있다. 이것을 본 분들은 "고난이 축복이라거나" "성서적 입장에서 본 조선역사"처럼30) 고난의 역사 속에 담겨 있는 우리 역사의 소명과 사명을 보게 된다. 이때 하나님의 뜻에 적중하는 한 점을 찍기를 소망하는 "한 점 찍기"로 나아갈 수 있다.

(1) "믿음의 눈"으로 고난의 은혜를 보게 한다.

– 고난 속에는 하나님의 뜻과 계획이 들어있음을 믿는다. 고난의 속에 축복과 은혜가 들어있음을 믿는다.31) 시편은 "고난 당하기 전에는 내가 그릇 행하였더니 이제는 주의 말씀을 지키나이다"고 고백한다. (시편 119:65–75) 그래서 고난은 내게 유익이라고 증거한다.

---

30) 함석헌, 조선역사의 밑가락, 김정환 엮음, 성서조선 명논설집, 2003, 한국신학연구소. pp.52–62.
31) 옥한흠, 고통에는 뜻이 있다, 국제제자훈련원, 2019(개정판 62쇄), 변장된 축복, pp. 9–24.

시 119:67 고난 당하기 전에는 내가 그릇 행하였더니 이제는 주의 말씀을 지키나이다

시 119:71 고난 당한 것이 내게 유익이라 이로 말미암아 내가 주의 율례들을 배우게 되었나이다

시 119:75 여호와여 내가 알거니와 주의 심판은 의로우시고 주께서 나를 괴롭게 하심은 성실하심 때문이니이다

– 우리는 고난을 피할 수 없다. 하나님은 고난을 허용하신다. 하나님은 고난을 사용하여 당신의 구속의 뜻을 성취하신다. 고난 속에서 선한 뜻을 이루시는 하나님의 주권을 믿는다. 인간은 고통을 당할 때, 자만심, 교만, 타인에 대한 무관심이 깨어진다. 고난 중에 하나님의 부르심을 듣고 하나님을 바라본다. 고난 속에서 선한 뜻을 이루시는 하나님의 주권에 대한 믿음으로 나아간다. 고난은 우리를 겸손하게 하고, 소망을 품게 하고, 순종을 가르치며, 훈련과 회개에 이르게 한다.

– 고난은 때로 우리의 시야를 가린다. 고난의 구원계획을 믿는다고 해서 앞길이 분명하게 들어나는 것은 아니다. 고난도 숲처럼 우리의 시야를 가린다. 그러나 뒤돌아보면 고난의 은혜가 보다 잘 보인다.[32] 성경은 그리스도인에게 현재의 위치와 목적지를 나타내는 지도를 보여준다. 하나님의 역사하심은 성경에 등장하는 수 많은 인물을 통하여 나타난다. 요셉, 다윗, 모세, 노아, 룻, 바울을 통하여 나타났다. 성경을 읽음으로써 고난의 과정은 큰 이야기의 작은 부분임을 깨닫게 된다.

---

32) 제럴드 L. 싯처, 윤종석 옮김, 하나님의 뜻, 성서유니온선교회, 2004, pp. 204-216.

– 하나님께서는 우리가 하나님의 계획을 알기 어렵게 만들어 놓으신 듯하다. 하나님은 자기를 감추시어 "압도된 강요"보다는 "감화로 이끄시는" 방법을 택하신다. 하나님께서는 우리에게 움직일 수 있는 공간과 반응할 수 있는 자유를 주신다. 하나님은 우리가 우리의 "자아"를 부인할 것을 바라시지만 인간의 개성과 자율성을 세워주신다. 하나님은 우리의 개성을 존중하신다. 그분은 우리를 부르시지만 그러나 강요하지는 않는다. 우리는 믿음으로 나아간다. 우리가 믿음으로 나아 갈 때에 사랑하는 모든 이들이 합력하여 선을 이루시고 계심을 믿는다.(로마서 8:28) 얼마나 감사한 일인가? 사탄은 우리를 끌고 가려고 한다.

(2) 우리가 주님 안으로 들어가 염려를 넘어서게 하신다.

– 믿음은 우리의 생각과 감정을 인도한다. 삶이 우리의 마음대로 풀리지 않더라도 하나님의 숨은 뜻이 하늘에서 이루어진 것처럼, 땅에서도 이루어지고 있음을 믿는다. 인생을 있는 그대로 하나님이 만드신 것으로 믿고 그대로 존중한다. 그래서 무슨 일이 닥쳐도 다 받아들인다. 하나님의 구속 사역을 보도록 믿음의 눈을 훈련하며, 하나님의 뜻이 이루어지는 "하나님의 시간"을 참을성 있게 기다린다.

– 하나님이 일하시며 자신의 삶을 구속하고 계심을 믿는다. 힘들 때 참고 기다리며 그분이 일하시도록 참고 기다린다. 인간이 본질적으로 상호의존적 존재임을 인정한다. 그분의 도움이 절실히 필요함을 인정한다. 믿음은 이 필요를 인정한다. 매우 힘들 때, 한계 위에 놓일 때

믿음은 상황을 바꾸기보다는 상황을 이해하고 그 속에서 하나님을 찾을 수 있는 영혼과 의지를 얻도록 도와준다.

– 내가 주인이 아니고 은혜로써 살아가는 "상호의존적 존재"임을 인식한다. 또한 나는 섬겨야 하고 베푸는 "섬김의 존재"임을 바라본다. 있는 것 중에서 족함을 알고 베풀 줄 알고 도움이 필요한 곳에 넉넉하게 베풀 줄 알고 모든 관계에서 너그럽게 대할 줄을 안다. 하나님의 때가 온다는 믿음으로 하나님의 뜻이 이루어지는 그 시간을 느긋하게 기다릴 줄 안다. 그리하여 주님 안에서 넉넉하고 너그럽고 느긋하게 된다.

> 고후 9:11 너희가 모든 일에 넉넉하여 너그럽게 연보를 함은
> 그들이 우리로 말미암아 하나님께 감사하게 하는 것이라

(3) 여백을 바라보며 한 점 찍기

– 내가 할 수 있는 것은 하나님의 뜻을 바라보며 이 뜻에 부합하는 한 점을 찍는 것이다. 한 점은 나의 선택과 결정을 말한다. 마치 "믿음의 부르심"에 화살이 과녁을 맞히듯이 하나님의 뜻에 적중(的中)하는 "하나님 바라보기"를 하고, "소명으로의 부르심"에 하나님의 뜻을 따르는 "한 점을 찍기"를 소망한다. "고난으로의 부르심"에 하나님께서 일하시는 여백을 바라보며 한 점 찍기를 소망한다. 내가 모든 것을 검토하고 계획하는 것을 내려놓고 주님의 인도하심과 돌보심의 손길을

의지한다. 우리를 인도하는 말씀에 한 점을 묶어 매듭을 짓는 것이다. 나의 정체성은 한 점 찍기와 매듭짓기에서 형성된다.

- 최고보다는 최선에 점을 찍고,
- 속도보다는 옳은 방향을 택하고,
- 일의 결과보다는 과정을 지키고,
- 소유의 풍요로움보다는 사람을 살리고 세워주는 쪽을 바라보고,
- 경쟁보다는 함께 성취하는 것으로 나를 세워간다.

– 서서평(Sheffield) 선교사는 그의 삶의 좌표를 한 줄로 정리한다. "Not Success but Service(성공보다는 섬기기를)" 이 마음의 매듭을 그의 서재에 걸어두고 그는 매일 자기를 돌아보았을 것이다. 여백(餘白)을 채워주시는 신묘막측하신 하나님의 역사하심에 대한 믿음으로 나머지 공간은 하나님의 손길에 의지하며 나아간다.

– "한 점 찍기"는 예수님을 나의 구주로 영접하고 예수님을 나의 기업으로 삼는 선택을 하는 것이다. 예수님은 나의 구주가 되고 나는 그의 종과 증인이 된다. 내가 나의 주인됨을 버림으로써 "자기부인"을 한다. 종은 그분의 말씀과 뜻을 따른다는 뜻이다. 나의 삶에서 예수님이 드러나도록 사는 것이 그분의 증인이 되는 삶이다. 이 삶이 주님의 길을 들어내는 길이 된다. 사도 바울은 이러한 삶을 사는 것을 "영적 예배"라고(로마서 12:1) 말한다. 영적 예배 속에서 하나님과의 관계가 회복되고 우리는 그 안에서 열매를 맺게 된다.

롬 12:1 그러므로 형제들아 내가 하나님의 모든 자비하심으로
너희를 권하노니 너희 몸을 하나님이 기뻐하시는 거룩한 산 제
물로 드리라 이는 너희가 드릴 영적 예배니라

— 주님을 나의 기업으로 삼는 것은 하나님의 뜻을 나의 삶의 목적과
가치로 삼는다는 것을 의미한다. 하나님의 뜻은 육신으로 전락한 인간
의 존재를 다시 하나님의 자녀로 회복하는 것이다. 이를 위하여 생명
과 진리되시는 예수님과 연합하여 예수님 안으로 들어오도록 서로가
살펴주고, 살려주고, 세워주는 것을 추구한다.

— 하나님의 임재와 하나님과의 동행에 대한 소망과 믿음으로 "비록 무
화과나무가 무성하지 못하며 포도나무에 열매가 없으며 감람나무에 소
출이 없으며 밭에 먹을 것이 없으며 우리에 양이 없으며 외양간에 소가
없을지라도", "여호와로 말미암아 즐거워하며 나의 구원의 하나님으로
말미암아 기뻐하리로다"고 그 믿음을 고백한다. (하박국 3:17－18)

합 3:17 비록 무화과나무가 무성하지 못하며 포도나무에 열매
가 없으며 감람나무에 소출이 없으며 밭에 먹을 것이 없으며
우리에 양이 없으며 외양간에 소가 없을지라도
합 3:18 나는 여호와로 말미암아 즐거워하며 나의 구원의 하나
님으로 말미암아 기뻐하리로다

302

(4) 고난을 통하여 기쁨의 산도 보여주신다. 기뻐하고 감사하고 기도
한다.

- 천로역정은 기독교의 믿음은 평탄한 삶을 보장하지 않음을 보여준
다.[33] 허영의 시장을 지나, 역경의 언덕을 넘고, 사망의 음침한 골짜
기를 지나, 죽음의 강을 지난다. 우리의 삶의 여정에서 하나님은 가끔
전경도 볼 수 있는 안식처도 주신다. 안식처는 "기쁨의 산"으로서 시
야가 트인 곳이다. 모든 것의 의미가 드러나고, 모든 것이 밝아지고,
안개가 걷히고 청명한 하늘이 드러나는 곳이다. 자신의 여정을 "초월
적 시각"에서 되돌아 볼 수 있게 된다.

- 기쁨의 산을 지나고서도 다시 고된 인생 현실에 직면하게 된다. 믿
음은 당면한 상황을 넘어 하나님이 일하시는 그림을 보게 된다. 이때
우리는 "수시로 기도하며 범사에 감사할 수 있게 되고 항상 기뻐할 수
있게 "된다. (데살로니가전서 5:16 – 18)

> 살전 5:16 항상 기뻐하라
> 살전 5:17 쉬지 말고 기도하라
> 살전 5:18 범사에 감사하라 이것이 그리스도 예수 안에서 너희
> 를 향하신 하나님의 뜻이니라

---

33) 존 번연(정성묵 옮김), 천로역정, 두란노, 2019.

(5) 이 땅에서 맛보는 하나님의 선하심

— "하나님의 실제"는 성경 속에 계시되어 있다. 예수 그리스도의 인격으로 오시고 오순절에 성령이 임하셨다. 그리고 우리에게 하나님을 실제로 체험하게 하신다. 바울은 박해와 구속과 빼앗기는 삶 속에서도 셋째 하늘로 올라가는 신비체험과 그 이상의 체험을 하였다. 그러나 육체의 가시를 안고 살았다. (고린도전서 13:12, 고린도후서 12:1−7) 바울은 육체의 눈으로 "지금은 거울로 보는 것 같이 희미"한 가운데 믿음으로 행하고, "그때에는 얼굴과 얼굴을 대하여 볼 것이요 지금은 내가 부분적으로 아나 그때에는 주께서 나를 아신 것같이 내가 온전히 알리라(고린도전서 13:12)"고 믿는다.

> 고전 13:12 우리가 지금은 거울로 보는 것 같이 희미하나 그때
> 에는 얼굴과 얼굴을 대하여 볼 것이요 지금은 내가 부분적으로
> 아나 그때에는 주께서 나를 아신 것 같이 내가 온전히 알리라

— 믿음의 길에서 우리는 하나님이 영광스러운 일을 이루고 계심을 믿는다. 이 세상의 삶이 어떠하든 하나님이 일을 이루고 계심을 믿는다. 우리는 그것으로 만족한다. 삶이 평탄치 않더라도 하나님의 선하시고 자비로시고 은혜로우신 보살핌을 믿고 나간다. 믿음의 길에서는 이렇게 고난의 길을 지나가게 된다.

— "영원의 시각"으로 현재를 바라본다. 영원의 시각은 하나님의 시공간이다. 하나님의 뜻의 차원에서 고난을 바라본다. 고난 중에 있는 이

들에게 소망보다 더 절실한 문제는 없다. 우리가 품어야 할 궁극적인 소망은 무엇인가? 요한계시록은 "새 하늘과 새 땅"을 전한다. (요한계시록 21:1) 계시록의 첫 독자들이 마주한 현실은 주님 이후의 300년 동안에 받은 기독교 교인들의 고통이었다. 이들은 평안 속에서 시련과 고통을 받아 들였다. 베드로후서는 "우리는 그의 약속대로 의가 있는 곳인 새 하늘과 새 땅을 바라보도다"고 그들의 믿음을 전한다. (베드로후서 3:13) 미래에 대한 소망으로 현재의 고난에 대처하였다. 예수 믿으면 소망할 수 있다.

> 벧후 3:13 우리는 그의 약속대로 의가 있는 곳인 새 하늘과 새 땅을 바라보도다
> 계 21:1 또 내가 새 하늘과 새 땅을 보니 처음 하늘과 처음 땅이 없어졌고 바다도 다시 있지 않더라

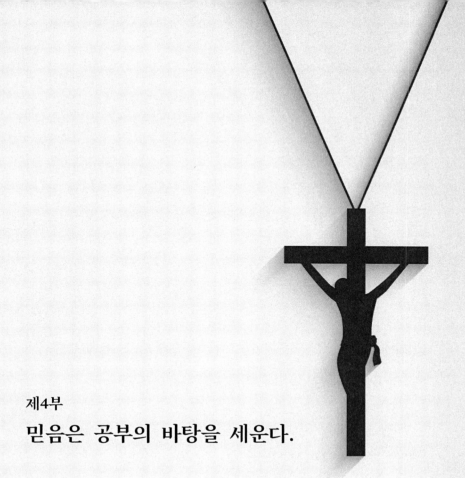

제4부

믿음은 공부의 바탕을 세운다.

- 믿음은 공부의 바탕을 이룬다. 믿음은 공부하는 마음을 세운다. 믿음은 하나님의 부르심으로서 소명을 보게 한다. 소명은 하나님을 통해서 모든 것을 보게 하고, 하나님 앞에서 나를 보게 하고, 하나님의 은혜에 대한 감사와 기쁨으로 나아가게 한다. 믿음은 은혜의 선물이지만 우리는 믿음에 대해 공부해야 한다. "소명공부"는 소명에 대한 공부이고 소명에 이끌림을 받는 공부이다. 믿음은 소명공부의 바탕이 된다.

- 믿음의 길에는 하나님의 뜻이 있고 하나님의 손길이 있다. 하나님의 손길은 우리를 빚어주시고, 우리는 말씀과 새로운 생각으로 매듭을 지어간다. "하나님의 손길"과 우리의 "매듭짓기"로 우리는 하나님의 뜻 안에서 새로운 존재로 지어져 간다. 이 과정에서 믿음에 대한 나의 공부와 믿음의 매듭짓기가 이루어진다.

- 하나님의 뜻은 우리가 하나님을 경외하고 하나님 앞으로 다시 돌아와 하나님 앞에서 새로운 존재로 회복되는 것이다. 하나님의 뜻은 회복에 있다.[1] 이 회복을 위하여 하나님을 경외하고 하나님께로 돌아오기를 바라신다.

- 우리를 빚으시는 하나님의 손길은 신묘막측하여 우리가 측량할 길이 없다. 믿음의 길에서 우리는 각자 하나님의 하시는 일을 인식하게 된다. 이 책에서는 성경을 통하여 보여주신 "부르시는 하나님", "인도

---

1) 이한영 · 김성진 · 조휘 · 허주 · 정성국, 성경속 교육, ACTS 교육연구소, 2018. pp.58−76.

하시는 하나님", "연단하시는 하나님", "세워주시는 하나님"을 바라본다. 우리의 내일 일에 대해서 하나님의 뜻과 하실 일을 알기는 어렵다. 그러나 우리의 삶을 뒤돌아볼 때 하나님의 손길을 느끼게 된다. 출애굽 여정은 하나님께서 광야에 세운 광야학교이다. 출애굽의 여정은 이스라엘을 인도하시는 하나님의 교육과정을 나타낸다.

제1장

믿음에 대한 공부
: 영성(靈性)

— 제4부 1장 "믿음에 대한 공부"는 말씀안에서 우리가 새로운 존재로 지어져 가는 공부를 말한다. 우리 자신의 존재와 삶이 "새롭게 지어져 가는" 영적성장의 맥락에서 하는 믿음의 공부를 말한다. 영성은 하나님의 말씀을 알아듣는 마음이다. 믿음은 하나님이 주시는 은혜의 선물이지만 우리도 공부해야 한다. 믿음은 공부의 바탕을 이룬다.

a. 믿음공부의 틀: 하나님의 교육과정

— 믿음에 대한 공부는 하나님의 뜻 안에서, 성령께서 깨우쳐 주시는 인도와 나의 매듭짓기로 이루어진다. "믿음에 대한 공부"는 예수님을 따라가는 "성화의 과정"이다. 이 과정은 평생에 이르는 학습과정이고 삶의 한 여정이다. 믿음에 대한 공부를 통하여 나의 존재를 형성한다. 믿음공부는 믿음의 길을 걷는 순례자의 여정과도 같다.

— 하나님께서는 죄 속에 있는 우리가 새로운 피조물로서 거듭나기를 바라신다. 하나님은 우리를 하나님의 자녀로 삼아주시기를 원하신다. 믿음에 대한 공부는 하나님의 뜻에 따라 하나님 앞에서 나를 바라보는 것에서부터 우리가 해야 할 공부를 시작한다. 이러한 이유로 이 책에서는 제1부에서 믿음의 길을 살펴보았다. 믿음은 하나님을 경외하는 사람으로 부르는 "일차적 소명"과도 같다.

- 믿음의 길에서는 새로운 존재로 거듭나는 첫걸음으로 말씀에 대한 믿음과 순종을 제시한다. 이 공부는 "믿음에 대한 공부"이다. 믿음에 대한 공부는 이 믿음으로 시작하여 새로운 피조물의 믿음으로 나아간다. 그리하여 예수님의 장성한 분량에 이르기까지 성장하는 것을 바라고 나아간다. (에베소서 4:13)

> 엡 4:13 우리가 다 하나님의 아들을 믿는 것과 아는 일에 하나
> 가 되어 온전한 사람을 이루어 그리스도의 장성한 분량이 충만
> 한 데까지 이르리니

- 믿음에 대한 공부의 과정은 넓은 의미에서 "믿음에 대한 공부"가 이루어지는 과정(過程)과 여정(旅程)을 의미한다. 하나님은 우리에게 "믿음에 대한 공부"가 이루어지는 이 과정(courses)을 지나가게 하신다. 우리가 이 과정을 지나는 동안에 하나님의 손길은 우리를 빚으신다. 이 과정에서 우리에게 믿음의 변화와 성장이 이루어진다. 이 책에서는 이 과정을 하나님이 빚으시는 "하나님의 교육과정"이라고 부른다.

- 하나님의 교육과정으로서 믿음에 대한 공부는 주님의 가르침과 성령이 인도하시는 "주님의 손길"과 "나의 공부"가 만나는 과정이다. 이 과정에서 "나의 존재와 성품"이 정해진다. 새로운 존재로서의 나의 영성 즉, 영적 성품이 지어져간다. 영적 성장과정에서 존재를 이루는 "신분차원"이 있고 영적 성장의 "수준의 차원"이 있다. 구원의 은혜로 신분이 죄인으로부터 "하나님의 자녀"와 "하나님 나라의 백성"으로 변한다. 나의 매듭짓기로 영적으로 성장하여 수준이 올라가는 하늘의 복

을 누리는 단계로 가야 한다.[2] "믿음공부"에는 다음의 요소가 있다. 하나님의 뜻은 주님의 손길과 나의 매듭짓기 공부를 통하여 성품과 존재를 짓는다.

- 하나님의 뜻
- 주님의 손길: 주님의 가르침과 성령의 인도하심
- "나의 공부, 매듭짓기"
- "지어 짐"으로서 성품과 "존재"

1) 하나님의 뜻

— 우리를 향한 하나님의 뜻이 있다. 성경말씀을 통하여 하나님의 뜻을 살펴볼 수 있다. "하나님의 뜻"은 우리가 새로운 존재로 거듭나는 것이다. 말씀이 우리를 인도하시고 성령께서 우리를 가르쳐주시고 빚어주시어 우리를 하나님의 자녀로 거듭나게 하신다. 이것은 하나님의 사랑이요 하나님의 은혜이요 하나님의 새로운 약속이다. "내가 나의 법을 그들의 속에 두며 그들의 마음에 기록하여 나는 그들의 하나님이 되고 그들은 내 백성이 될 것이라"고 약속하셨다. (예레미야 31:31, 33) 성경은 곳곳에서 나를 바라보라고 하신다. (시편 123:2) 시편 113편(113:17)은 하나님의 사랑과 은혜를 베푸시는 성품을 하나님의 "인자와 긍휼"로 나타낸다.

---

2) 옥한흠, 이보다 좋은 복이 없다, 국제제자훈련원, 2018.

렘 31:31 여호와의 말씀이니라 보라 날이 이르리니 내가 이스라엘 집과 유다 집에 새 언약을 맺으리라

렘 31:33 그러나 그날 후에 내가 이스라엘 집과 맺을 언약은 이러하니 곧 내가 나의 법을 그들의 속에 두며 그들의 마음에 기록하여 나는 그들의 하나님이 되고 그들은 내 백성이 될 것이라 여호와의 말씀이니라

여호와를 경외하라, 돌아오라

– 여호와를 경외할 때 우리는 육신으로부터 영적 존재로 도약한다. 하나님의 말씀을 믿고 말씀을 순종할 때에 말씀이 진리가 되고 말씀이 생명이 되어 우리의 삶을 이끌어가게 된다. 믿음공부는 하나님의 뜻을 향한다. 우리를 향한 하나님의 뜻은 무엇일까? 창세기는 인간의 타락으로 인하여 인간이 생령으로부터 육신이 되었다고 지적한다. (창세기 6:3) 하나님께서는 인간이 육신으로부터 하나님과 소통하는 영적 존재로 회복되기를 원하신다. 성경을 관통하는 하나님의 뜻은 인간의 회복에 있다.

– 인간의 회복을 위하여 하나님은 "여호와를 경외하라"와 "돌아오라"는 말씀을 주셨다. "여호와 경외"와 "돌아오라"는 말씀은 우리를 믿음으로 부르시는 하나님의 뜻이다. 예수님도 그의 공생애를 시작하시면서 "천국이 가까웠으니 회개하라"고 말씀하셨다. (누가복음 5:32)

신 8:6 네 하나님 여호와의 명령을 지켜 그의 길을 따라가며
그를 경외할지니라
눅 5:32 내가 의인을 부르러 온 것이 아니요 죄인을 불러 회개
시키러 왔노라

− "여호와를 경외하라"는 하나님의 말씀은 하나님의 말씀에 대한 순
종을 가르쳐준다. "여호와께서는 자기를 경외하는 자를 긍휼히 여기신
다. 하나님을 경외하게 하는 것은 우리에게 하나님의 인자와 긍휼을
베풀어 주시기 위한 하나님의 은혜이다. 하나님의 "인자"는 우리의 죄
를 사하여 주시는 하나님의 성품이시다. 하나님의 "긍휼"은 우리의 체
질이 먼지뿐임을 아시고 우리를 불쌍히 여겨주시어 우리의 성품을 새
롭게 해주시는 하나님의 마음이다. 하나님의 "긍휼"은 우리의 성품을
새롭게 해주신다. (시편 103:8, 13−14)

"여호와는 긍휼이 많으시고 은혜로우시며 노하기를 더디 하시
고 인자하심이 풍부하시도다. 아버지가 자식을 긍휼히 여김 같
이 여호와께서는 자기를 경외하는 자를 긍휼히 여기시나니, 여
호와의 인자하심은 자기를 경외하는 자에게 영원부터 영원까지
이르며 그의 의는 자손의 자손에게 이르리니 곧 그의 언약을
지키고 그의 법도를 기억하여 행하는 자에게로다" (시편 103:8,
13, 17−18)

− 예수님은 우리에게 "돌아오라"고(누가복음 5:32) 말씀하신다. 하나
님의 마음을 누가복음은 " 내가 너희에게 이르노니 이와 같이 죄인 한

사람이 회개하면 하늘에서는 회개할 것 없는 의인 아흔아홉으로 말미암아 기뻐하는 것보다 더하리라"고 비유로 말씀하신다. 이 비유의 말씀에 이어서 예수님은 "돌아온 탕자"의 비유를 말씀하신다.

> 눅 15:3 - 7 내가 너희에게 이르노니 이와 같이 죄인 한 사람이 회개하면 하늘에서는 회개할 것 없는 의인 아흔아홉으로 말미암아 기뻐하는 것보다 더하리라

2) 주님의 손길

(1) 믿음의 길

— 하나님은 이스라엘 백성들에게 모래바람이 불어오는 사막의 광야를 지나가게 하셨다. 약속의 땅으로 들어가는 광야의 여정 속에 "믿음의 길"을 넣어 주시고 광야의 고난 속에 복을 넣어 주셨다.[3] 광야의 여정 속에 하나님의 부르심을 전하는 소명을 넣어 주셨다. 하나님께서는 고난과 복과 소명을 하나의 묶음(set)으로 묶어서 넣어 주신다. 고난은 겉으로 드러나고 복과 소명은 속으로 자리 잡는다. 약속의 땅과 "믿음의 길"에 넣어 주신 복과 소명의 부르심은 광야의 고난에 가려져 보이지 않고 들리지도 않는다. 하나님께서는 오직 믿음의 눈으로만 이 길을 볼 수 있고 믿음의 귀로만 들을 수 있게 하셨다. "보이는 것은 나타난 것으로 말미암아 된 것이 아니니라"는 말씀처럼(히브리서 11:3) 보이는 것을 넘어서 보이지 않는 것을 바라보게 하는 "믿음의

---

[3] 하용조, 광야의 삶은 축복이다, 두란노, 2010.

길"을 두셨다.

> 히 11:3 믿음으로 모든 세계가 하나님의 말씀으로 지어진 줄을
> 우리가 아나니 보이는 것은 나타난 것으로 말미암아 된 것이
> 아니니라

— 하나님께서는 고난의 길에 "연단의 과정"을 두어 우리를 다듬고 빚으신다. 하나님께서는 우리의 공부를 위하여 광야와 고난으로 우리를 연단하여 고난을 감당하게 하신다. 이스라엘의 출애굽 과정은 광야에서의 하나님의 가르침을 보여주는 한편의 드라마이자 다음 세대를 위한 시청각교육의 내용이 되었다.

(2) 성령의 가르치심

— 주님과 성령께서는 우리를 가르쳐 주신다. 성령체험에 관한 수많은 간증과 신앙고백은 성령의 역사하심을 증거한다. 하나님께서는 우리의 삶과 일과 고난을 통하여 하나님의 뜻과 계획을 이루어 가신다. 주님이 하시는 일은 신묘막측하여 인간이 알 수 없다. 신묘막측하신 주님의 손길을 말씀에 의지하여 생각해 볼 뿐이다.

— "하나님의 부르심"을 이 책에서는 소명이라고 본다. 하나님께서는 우리를 믿음으로 부르신다. 하나님을 경외하는 것으로 우리는 반응한다. 하나님께서는 하나님의 뜻과 계획으로 부르신다. 이것을 좁은 의미에서 소명이라고 부른다. 우리는 한 점 찍는 매듭짓기로 반응한다.

하나님께서는 고난으로 우리를 부르신다. 우리는 여백을 바라보는 것으로 반응한다.

- 하나님의 손길은 우리를 빚어간다. 주님의 손길은 우리를 부르시기도 하고, 우리를 말씀 앞으로 인도하시기도 한다. 때로는 우리를 연단하여 바로 세우시기도 한다. 하나님의 손길은 하나님의 은혜를 바라보고 감사하게도 하신다. 출애굽기는 이스라엘을 약속의 땅으로 인도하신 하나님의 여정을 보여준다. 우리를 다듬으시는 주님의 손길은 우리를 하나님의 뜻을 "감당할 수 있는 자"로 세워주신다. 하나님은 모세를 부를 때 혈기왕성한 40대에서는 그를 광야에 버려두었다가 40년이 지나 광야에서 양을 치던 그가 80세가 되었을 때에 그를 부르셨다. 예수님은 복음을 탄압하던 바울을 부르시어 주님의 멍에를 메게 하셨다. 하나님의 손길을 다음과 같이 우리를 빚어주신다.

  - 부르신다.
  - 인도하신다.
  - 연단을 통하여 우리를 단련하시고 고난을 통하여 우리를 새롭게 하신다.
  - 은혜를 바라보게 하시고, 감사할 수 있게 하신다.
  - 주님의 멍에를 메게 하신다.
  - 염려를 넘어서게 하신다.

- 주님의 연단과정은 재활치료과정과 비슷하다. 주님의 재활치료는

당장은 고통스러우나 우리를 반듯하게 세워주신다. 주님의 연단과정은 우리의 성품을 새롭게 하신다. 주님의 인도는 우리를 상황의 어려움에 불평하고 원망하는 자리에서 은혜에 감사하는 자리로 인도하신다. 하나님 앞에서 나를 바라보게 하시고 절망할 수밖에 없는 나의 존재를 바라보고 주님의 십자가의 피 흘리심을 보게 하신다. 그리하여 주님의 사랑과 은혜에 감사할 수 있게 하시고 구원의 기쁨을 맛보게 하신다. C.S. Lewis는 사탄의 전략을 밝혀낸다.[4] 사탄은 그를 따르는 마귀들에게 충고한다. "우리의 전략은 원수를(주님을 의미함) 바라보고 있는 환자의 시선을 그 자신에게 향하게 하는 것이다." 사탄은 하나님보다 오직 나만을 바라보게 하여 교만하게 하고 염려하게 하고 분노하게 한다. 주님의 인도는 사탄의 공격으로부터 우리를 지켜주신다.

− 주님의 손길은 우리가 주님의 멍에를 메게도 하시고 주님이 주시는 평강과 안식에 들어감을 얻게도 하신다. 우리가 염려를 넘어서게 하신다. 그리하여 우리를 염려하게 하는 사탄의 계략으로부터 우리를 지켜주신다. 성령께서는 말할 수 없는 탄식으로 우리를 위하여 중보기도를 하신다. (로마서 8:26)

> 롬 8:26 이와 같이 성령도 우리의 연약함을 도우시나니 우리는 마땅히 기도할 바를 알지 못하나 오직 성령이 말할 수 없는 탄식으로 우리를 위하여 친히 간구하시느니라

---

4) C.S. Lewis, 스크루테이프의 편지, 홍성사, 2005, p.36.

3) 나의 공부

— 하나님께서는 우리에게 자유의지를 허락하여 주셨다. 그리하여 성령께서 인도하여 주시고 우리를 빚어주시지만 우리는 우리 나름으로 공부하며 성령의 부르심에 반응하며 나아간다. 구원은 하나님의 은혜 속에서 이루어지지만 우리가 빚어지는 과정에서 우리가 해야 할 공부가 있다.5) 말씀을 묵상하고 기도하고, 선택의 결정을 해야 한다. 이것을 믿음에 대한 공부를 이루는 "나의 공부"라고 이름 붙일 수 있다.

— 하나님은 자신의 은혜를 받는 방법으로 영적 훈련과 성장의 길을 주셨다. 이 훈련이 우리를 하나님 앞으로 나아가게 하며 하나님께서 우리가 변화하는 지점에 이르도록 한다. 농부는 자신의 힘만으로 곡식을 자라게 할 수는 없어도 땅을 갈고, 씨를 뿌리고 물을 주는 일은 해야 한다.

— 영적 훈련은 하나님의 은혜가 임하는 통로이다. 영적 훈련은 성령의 열매를 맺기 위하여 "농부의 일"을 하는 것과 같다. 하나님 앞에서 새로운 존재로 거듭나는 것은 두 극단의 접근을 부인한다. "내 힘만으로도" 안되고, 그렇다고 하여 "나의 노력이 없어도" 되는 것은 아니다.6) 하나님의 사랑과 은혜, 주님의 화목제물이 되심과 성령께서 인도하시는 이 길에서 예수님을 나의 주님으로 시인하고 영접하는 나의

---

5) Richard Foster, Celebration of discipline, p.6−9.
6) Foster, 영적 훈련과 성장(번역본), p.24−26.

결단의 고백으로 우리는 예수 그리스도의 형상으로 재창조된다. (요한
일서 4:10)

> 요일 4:10 사랑은 여기 있으니 우리가 하나님을 사랑한 것이
> 아니요 하나님이 우리를 사랑하사 우리 죄를 속하기 위하여 화
> 목 제물로 그 아들을 보내셨음이라

− 새로운 존재로 지어짐을 이루기 위해서 우리가 해야 할 공부의 과
제가 있다. 이를 위해서 "믿음의 관점"을 세워야 한다. 말씀의 인도와
성령의 가르쳐 주심과 나의 공부가 서로 작용하여 새로운 존재로 지
어져 가는 "거듭나는" 역사가 일어난다. 존재와 성품은 성령의 가르침
속에서 나의 공부가 이루어 낸 결과를 보여준다.

4) 성품과 존재

− 믿음공부는 우리를 새로운 존재로 이끈다. 믿음공부는 우리의 존재
를 "육신"으로부터 영혼의 영적 존재로 높여 준다. 성경에서는 이것을
하나님의 자녀요 하나님 나라의 백성이라고 표현한다. 우리는 육신적
존재로부터 영적 존재로 도약하는 성품의 바탕이 변하는 초월적 변화
를 거친다. 이 믿음에 대한 공부는 인간의 깊은 내면을 살피는 "깊은
공부"가 된다. 마음의 심층에 있는 본성에서의 변화는 "육의 혼"으로
부터 "영의 혼"으로서 우리의 지성, 감성, 의지의 변화를 일으킨다. 이
변화는 새로운 가치관과 태도를 형성한다.

- 성품은 "나"라는 존재의 그릇이 된다. 새로운 존재로서 거듭난 성품은 우리가 수행하는 다른 모든 종류의 학습을 담아내는 그릇이 된다. 그러한 의미에서 믿음공부는 "공부의 바탕"을 이룬다. 이 점에서 "믿음공부"를 "바탕공부"라고 할 만하다.7) 믿음공부는 인생의 긴 여정에서 이루어지는 공부라는 점에서 "평생공부"가 된다. 믿음공부는 공부의 바탕을 세우고, 공부의 깊이, 높이, 넓이, 길이를 통하여 크기를 정한다. 우리는 하나님께서 빚어주신 질그릇에 믿음의 보배를 담은 질그릇과 같다. (고린도후서 4:7)

> 고후 4:7 우리가 이 보배를 질그릇에 가졌으니 이는 심히 큰 능력은 하나님께 있고 우리에게 있지 아니함을 알게 하려 함이라

- "믿음의 내면화"는 나의 마음속에 믿음의 뿌리를 내리는 믿음공부를 요구한다. 이 공부는 말씀에 대한 공부, 기도에 대한 공부, 그리고 묵상에 대한 공부를 의미한다. 믿음의 내면화는 우리의 삶에서 말씀이 진리가 되고 말씀이 생명이 되는 "믿음의 외향화"를 지향하게 된다. 말씀에 순종하여 한 점을 찍는 "한 점 찍기"의 "매듭짓기"가 이루어지면 "단순성"과 여백을 바라보고 감사와 기쁨으로 성령의 인도를 받게 된다. 섬김의 훈련을 받아들이게 된다.

- "순종의 훈련"은 우리를 보다 더 자유롭게 한다. 내 뜻대로 되어야

---

7) 이숙경 · 강신표 · 이수인 · 신승범 · 전병철, 우리 시대의 기독교 교육의 정체성과 과제, ACT 교육연구소(편), 그리심, 2017. pp.147-157.

한다는 생각으로부터 자유하게 한다. 양보의 아량을 베풀고 우리를 넉넉하고 너그럽고 느긋하게 한다. 서로를 향하여 배려와 존중의 마음을 갖게 한다. 내 뜻을 내려놓고 포기함으로써 자유를 얻게 한다. "순종의 역설"을 경험하게 한다. 예수님은 순종의 모범을 보여주셨다. 가장 위대한 순종은 십자가 사건이다. 예수님은 종의 삶을 사셨다. 자발적으로 종의 자리를 지켰다.

– "단순성"은 마음의 중심이 하나님을 향하는 거룩한 중심을 갖고 있음을 의미한다. 마음에 두 주인을 섬기지 않고(마태복음 6:24) "먼저 그의 나라와 그의 의"를 구하고 소유에 대한 근심에서 자유로워짐을 지향한다. 삶이 단순해진다. 우리가 "영혼의 어두운 밤"을 지날 때 하나님께서 일하시는 "여백의 시간"을 바라보게 된다. 내가 무엇을 하려고 분주하게 움직이던 삶에서 조용히 묵상하는 "홀로 있기"의 시간이 생긴다. 이 시간은 우리를 하나님을 경외하고 신뢰하고 의지하고 하나님에 대한 순종으로 이끄는 시간이다. 찬송가 623장의 "주님의 시간에 (In His time)"는 모든 것을 아름답게 변하게 하는 주님의 임재를 구하며 기다린다.

– "섬김의 훈련"은 섬김의 공부를 통하여 겸손의 은혜를 얻게 된다. 섬김은 경쟁으로부터 자유롭게 한다. 섬김은 육신의 절제 없는 욕망을 다스리는 훈련을 한다. 섬김은 하나님 안에서 사랑과 기쁨을 알게 된다. 토기와 토기장이의 비유에서처럼 섬김과 종의 자세는 하나님의 관점에서 보고 결정권을 하나님께 드린다. (이사야 64:8) 바울은 주님의

그릇으로서, 사랑의 노예로서 주님의 종의 길을 걸어갔다. 그는 가장 큰 은사로 "자기 자신을 이기고 그리스도의 사랑을 위하여 나의 생명조차 조금도 귀한 것으로 여기지 아니하노라"고 보았다. (사도행전 20:24) 우리는 섬김의 훈련을 통하여 삶의 현장에서 인정받지 못하는 열등감의 괴로움에서 자유스러워질 수 있다. 기쁨과 찬양은 삶에 즐거움을 준다. 기쁨은 성령의 열매 중의 하나이다. (갈라디아서 5:22) 모든 영적 훈련은 기쁨과 감사로 특징지어진다. 기쁨은 우리를 강하게 한다.

> 사 29:16 너희의 패역함이 심하도다 토기장이를 어찌 진흙 같이 여기겠느냐 지음을 받은 물건이 어찌 자기를 지은 이에게 대하여 이르기를 그가 나를 짓지 아니하였다 하겠으며 빚음을 받은 물건이 자기를 빚은 이에게 대하여 이르기를 그가 총명이 없다 하겠느냐
> 사 64:8 그러나 여호와여, 이제 주는 우리 아버지시니이다 우리는 진흙이요 주는 토기장이시니 우리는 다 주의 손으로 지으신 것이니이다
> 롬 9:21 토기장이가 진흙 한 덩이로 하나는 귀히 쓸 그릇을, 하나는 천히 쓸 그릇을 만들 권한이 없느냐
>
> 행 20:24 내가 달려갈 길과 주 예수께 받은 사명 곧 하나님의 은혜의 복음을 증언하는 일을 마치려 함에는 나의 생명조차 조금도 귀한 것으로 여기지 아니하노라

b. "그리스도의 임재"모형

– 믿음공부는 주님과 관계를 맺고 "그리스도의 임재"를 공부하는 것이다. 이것은 주님 안에서 새로운 피조물로서 거듭나는 것을 의미한다. 이재훈 목사는 "그리스도가 내 안에 내가 그리스도 안에"라는 책에서 이 공부의 과정을 다섯 개의 핵심단어로 설명한다.[8]

– 예수님으로 인하여, 예수님으로 말미암아, 예수님을 통하여 (through Jesus)
– 예수님과 함께 죽고 살아나는 거듭남 (with Jesus)
– 예수님을 주님으로 모시고 (under Jesus)
– 예수님 안에서 (in Jesus)
– 예수님처럼 (like Jesus)

– 나와 예수님과의 관계를 맺는 이 과정을 거쳐서 우리는 "그리스도가 내 안에 내가 그리스도 안에"라는 그리스도의 임재를 이루는 새로운 존재로 지어져 간다. 믿음의 길은 어디로 가는지를 모르는 나그네의 길이 아니라 하나님의 뜻을 향하여 나아가는 순례자의 길을 걷는 길이다. 우리는 "성령 안에서 하나님이 거하실 처소가 되기 위하여 그리스도 예수 안에서 함께 지어져 간다(에베소서 2:22)" 터 위에 세우심을 입고, 성전이 되어가고, 하나님이 거하실 처소가 되는 것이다. 이 과정을 4단계로 구분하여 본다. 여기에는 각자가 해야 할 공부가 있다.

---

8) 이재훈, 그리스도가 내 안에 내가 그리스도 안에.

엡 2:20 너희는 사도들과 선지자들의 터 위에 세우심을 입은
자라 그리스도 예수께서 친히 모퉁잇돌이 되셨느니라
엡 2:21 그의 안에서 건물마다 서로 연결하여 주 안에서 성전
이 되어 가고
엡 2:22 너희도 성령 안에서 하나님이 거하실 처소가 되기 위
하여 그리스도 예수 안에서 함께 지어져 가느니라

1) 터 위에 세우심을 입음(through, with): 믿음의 관점세우기 (에베소서 2:20)

- "터 위에 세우심을 입음"은 집을 지을 때 건축물의 터를 잡는 것을 말한다. 이것은 "그리스도 예수께서 친히 모퉁잇돌이 되셨음"을 의미한다. (에베소서 2:20) 주님을 건축물의 머릿돌로 삼는다. 주님을 건축물의 머릿돌로 삼는다는 것은 주님을 믿음의 기초로 삼는다는 의미이다. 이 땅에 오신 주님으로 인하여 하나님의 계심을 믿고, 하나님의 구원의 역사를 믿는다.

- 이 구원의 역사를 믿음으로 하나님께서 우리를 의롭다고 여겨주심을 믿는다. 그리하여 예수그리스도를 통하여 "믿음으로 의롭다 하심을 얻게 됨"을 믿는다. 예수님의 죽음과 부활로 나의 옛사람도 죽고 주님의 부활로 나도 거듭났음을 믿는 것이다. 이것이 우리를 "죽을 존재"에서 "영원한 생명을 지닌 새로운 존재"로 거듭나게 하시는 하나님의 섭리임을 믿는다. 그리스도 임재의 가장 중요한 계기는 바로 "이 거듭남"이다. 이 거듭남은 구원의 역사가 되고 하나님의 자녀로서 태어나

는 새로운 출생이 된다. 이때부터 믿음의 관점에서 세상과 나를 바라보게 된다. 우리의 신분이 변하고 성화의 길을 걸어가게 된다.

— 믿음의 관점은 예수 그리스도의 통하여 하나님과 나와 세상을 바라보고 믿음의 관점에서 나와 세상을 바라보고 "어떻게 살아야 할 것인가?"라는 질문에 답을 구하려고 노력한다. 우리는 "성령 안에서 하나님이 거하실 처소가 되기 위하여 그리스도 예수 안에서 함께 지어져 간다(에베소서 2:22)" 개역성경이 "믿음의 주요 또 온전하게 하시는 이인 예수를 바라보자(히브리서 12:2)"고 번역한 부분을 새번역성경은 "믿음의 창시자요 완성자이신 예수 그리스도를 바라봅시다"라고 번역하였다. 믿음은 예수님으로 "말미암아" 생긴 것이다. 성경에서는 무슨 일의 원인을 말할 때 "말미암아"라는 단어를 사용한다. 그동안 우리는 내가 주인이 되어 나로 말미암아 세상을 바라보았다. 성경은 예수님을 믿음의 주인으로 가리킨다.

> 히 12:2 믿음의 주요 또 온전하게 하시는 이인 예수를 바라보자 그는 그 앞에 있는 기쁨을 위하여 십자가를 참으사 부끄러움을 개의치 아니하시더니 하나님 보좌 우편에 앉으셨느니라

— 초신자 시절, 2000년 전에 돌아가신 예수님이 나와 무슨 관계가 있는지 궁금하게 생각했던 기억이 있다. 그리스도 예수께서 친히 모퉁잇돌이 되셨음을 믿고 믿음의 창시자요 완성자이신 예수 그리스도를 바라볼 수 있기를 구한다.

2) 말씀의 기둥세우기: 자기부인으로

- 말씀의 기둥을 세우는 핵심단어로서 이재훈 목사는 주님 아래서 (Under)를 제시한다. 주님 아래에 서서(under+ stand) 바라볼 때 말씀을 이해(understand)할 수 있게 된다. "주님 아래에서는(under)" 나와 주님과의 관계를 말할 뿐만 아니라 주님 앞에서 나의 위치를 가리키기도 한다. 토기장이와 질그릇의 비유에서처럼(이사야 45:9) 주님은 나를 만드신 토기장이가 되고 나는 흙으로 만들어진 그릇이 된다. 비록 그 그릇이 질그릇이라 하더라도 "보배를 담은 질그릇"이 된다. (고린도후서 4:7)

> 사 45:9 질그릇 조각 중 한 조각 같은 자가 자기를 지으신 이와 더불어 다툴진대 화 있을진저 진흙이 토기장이에게 너는 무엇을 만드느냐 또는 네가 만든 것이 그는 손이 없다 말할 수 있겠느냐
>
> 사 64:8 그러나 여호와여, 이제 주는 우리 아버지시니이다 우리는 진흙이요 주는 토기장이시니 우리는 다 주의 손으로 지으신 것이니이다
>
> 고후 4:7 우리가 이 보배를 질그릇에 가졌으니 이는 심히 큰 능력은 하나님께 있고 우리에게 있지 아니함을 알게 하려 함이라

- "주님 아래에서" 주님과 나와의 관계는 주님이 목적이 되고 나는

주님의 방편이 되는 것이다. 이 관계에서 자기를 부인하고 종의 자리에서 나의 종됨과 청지기 사명, 그리고 주님을 증거하는 증인됨이 내가 해야 할 공부의 과제로 등장한다. 여기에 "자기부인"을 말씀의 기둥으로 세운다.

– 주님 아래서(under)는 하나님의 뜻을 나의 삶의 목적으로 삼고 "하나님 경외와 자기부인(自己不認)"을 우리가 살아가야 할 길의 핵심으로 삼는다. (마태복음 16:24) 말씀에 대한 순종과 자기부인은 내가 주인됨을 포기하고 주님께 순종하고 주님과의 관계에서 주님의 종과 증인의 길을 걷는 것이다. 나를 낮추어 자기를 부인하고 세상을 넘어 하나님의 나라를 바라보는 길을 세운다. 하나님의 일에 동참하는 것을 목적으로 삼는다. 그리하여 "하나님 나라", "하나님의 뜻"이 매우 중요한 주제가 된다.

– 자기를 부인하는 길에서 주님의 멍에를 메고 영적 예배를 드린다. 멍에를 메는 것은 굴레를 메고 나의 자유를 포기하는 것을 의미한다. 주님의 멍에를 메는 것은 그리스도와 연결되고 그리스도 안에 들어가 그리스도를 따름을 의미한다. 우리의 몸을 하나님이 기뻐하시는 산 제물로 드리는 것은 우리의 삶을 통하여 그리스도를 드러내는 것을 의미한다. 이것을 사도 바울은 우리가 드릴 "영적 예배"라고 전한다. 사도 바울은 "이 세대를 본받지 말고 오직 마음을 새롭게 함으로 변화를 받아 하나님의 선하시고 기뻐하시고 온전하신 뜻이 무엇인지 분별하도록 하라"고 권면한다.

마 16:24 이에 예수께서 제자들에게 이르시되 누구든지 나를
따라오려거든 자기를 부인하고 자기 십자가를 지고 나를 따를
것이니라

롬 12:1 그러므로 형제들아 내가 하나님의 모든 자비하심으로
너희를 권하노니 너희 몸을 하나님이 기뻐하시는 거룩한 산 제
물로 드리라 이는 너희가 드릴 영적 예배니라

3) 주님 안에서(in): 주님이 주시는 평강으로 감사와 기쁨을 누리게 된다.

데살로니가전서는 감사하는 것보다도 "범사에 감사하라"에 기뻐하라
보다는 "항상 기뻐하라"에 방점을 찍는 것처럼 보인다. 기도할 때 더
욱 중요한 것은 "쉬지 말고 기도하라"는 것이다. "이것이 그리스도 예
수 안에서 너희를 향하신 하나님의 뜻이니라"고 증거한다. 육신의 인
간으로서는 하기가 어렵다. 이것은 하나님이 주시는 평안으로 범사에
대한 감사와 항상 기쁨과 쉬지 않는 기도를 주시겠다는 하나님의 약
속으로 읽힌다. 내가 기준이 되어 감사하고 기뻐하고 기도하지 말라는
말씀으로 읽힌다. (데살로니가전서 5:16-18)

항상 기뻐하라
쉬지 말고 기도하라
범사에 감사하라 이것이 그리스도 예수 안에서 너희를 향하신
하나님의 뜻이니라 (데살로니가전서 5:16-18)

– 빌립보서(4:4−7)는 그 이유를 "하나님의 평강이 그리스도 예수 안에서 너희 마음과 생각을 지키시기 "때문이라고 증거한다. "주께로 가까이 다가갈 때에, 아무것도 염려하지 말고 다만 모든 일에 기도와 간구로, 너희 구할 것을 감사함으로 하나님께 아뢸 때에, 주 안에서는 하나님이 주시는 평강이 임하게 된다. 이것은 약속의 말씀이다. 빌립보서는 하나님의 평강이 지켜주시는 마음과 생각으로 "기뻐하라"고 증거한다. 우리의 할 일은 믿고 나아가고 그리고 주시는 평강을 누리는 것이다. 우리는 상황이 좋아져서 행복하게 되기를 바라지만 빌립보서는 주님이 주시는 평강이 우리를 행복하게 한다고 증언한다.

> 빌 4:4 주 안에서 항상 기뻐하라 내가 다시 말하노니 기뻐하라
> 빌 4:5 너희 관용을 모든 사람에게 알게 하라 주께서 가까우시니라
> 빌 4:6 아무것도 염려하지 말고 다만 모든 일에 기도와 간구로, 너희 구할 것을 감사함으로 하나님께 아뢰라
> 빌 4:7 그리하면 모든 지각에 뛰어난 하나님의 평강이 그리스도 예수 안에서 너희 마음과 생각을 지키시리라

주님 안에서 평강: 넉넉하고 너그럽고 느긋하게

– 넉넉함은 소유의 상황을 의미한다, 느긋함은 시간 차원에서 하나님의 때를 기다림을 말한다. 너그럽게는 관계 차원에서 항상 이웃을 관대하게 대함을 의미한다. 고린도후서는 "하나님이 능히 모든 은혜를 너희에게 넘치게 하시나니 이는 너희로 모든 일에 항상 모든 것이 넉

넉하여 모든 착한 일을 넘치게 하게 하려 하심이라"고 지적한다. 하나님의 평강이 임하여 우리를 넉넉하게 하고 너그럽게 한다.

> 고후 9:8 하나님이 능히 모든 은혜를 너희에게 넘치게 하시나니 이는 너희로 모든 일에 항상 모든 것이 넉넉하여 모든 착한 일을 넘치게 하게 하려 하심이라

4) 믿음의 매듭짓기

– 이재철 목사는 "매듭짓기"에서[9] 새로운 생각의 결단으로 매듭짓는 사람들의 삶과 사람이 달라지는 이야기를 전한다. 이 책의 "책을 열며"에 나오는 기도문은 매듭지음에 대한 감사의 기도로 읽힌다.

– 이 책을 쓰기 시작할 때만 해도 매듭짓기는 내가 하는 것으로 생각하였다. 그러나 이제 하나님의 손길로 지어져 간다는 측면에서 매듭짓기를 생각한다. 매듭짓기는 "나의 행위"보다는 주님의 손길이 빚으시고, 그 속에서 지어져가는 "믿음의 행함"을 가리킨다. 매듭짓기의 차원이 올라간다. 하나님의 손길에 동참하는 믿음의 행함으로 매듭이 맺어지고 우리는 매듭을 "내 믿음의 몸"에 지니게 된다.

---

9) 이재철, 매듭짓기, 홍성사, 2009, pp.4–5.

믿음공부의 차원

: 차원(次元)

– 믿음에도 차원이 있고 단계가 있다. 나의 믿음이 가야 할 길을 바라보며 믿음의 현주소를 바라보는 것은 지도를 가지고 믿음의 여정을 떠나는 것과 같다. 나는 지금 어디에 있는가? 디도서는 간단하게 그 수준을 제시하고 있다. 로마서도 믿음의 여정을 보여주고 있다. 그리스도인의 삶에서 영에 속한 사람들의 성장과정을 디도서와 로마서에 비추어 그 차원을 살펴본다.

a. 디도서의 믿음공부의 단계

– 믿음공부의 단계는 믿음에 대한 공부의 단계를 말한다. 디도서는 믿음의 성장단계를 간결하면서도 매우 분명하게 4개의 단계로 구분하고 있다. (디도서 3:7-9) 구원받기 이전의 육신의 단계, 거듭남을 이루는 구원을 받을 때 그리고 성령의 임재로 성화되어가는 단계와 믿음을 들어내어 선한 일에 힘쓰게 하는 단계로 구분한다. 단계를 보면서 나의 수준을 생각한다.

(1) 구원을 받기 전(디도서 3:3): 우리도 구원받기 전에는 어리석은 자요 순종하지 아니한 자요 속은 자요 여러 가지 정욕과 행락에 종 노릇 한 자요 악독과 투기를 일삼은 자요 가증스러운 자요 피차 미워한 자였으나

(2) 구원을 받을 때(디도서 3:2, 4-5): "우리 구주 하나님의 자비와 사람 사랑하심이 나타날 때에 우리를 구원하시되 우리가 행한 바 의로운 행위로 말미암지 아니하고 오직 그의 긍휼하심을 따라 중생의 씻음과 성령의 새롭게 하심으로 하셨나니, 아무도 비방하지 말며 다투지 말며 관용하며 범사에 온유함을 모든 사람에게 나타낼 것을 기억하게 하라"

(3) 성령의 임재(디도서 3:6-7): "우리 구주 예수 그리스도로 말미암아 우리에게 그 성령을 풍성히 부어 주사, 우리로 그의 은혜를 힘입어 의롭다 하심을 얻어 영생의 소망을 따라 상속자가 되게 하려 하심이라"

(4) 선한 일에 힘쓰게 하심(디도서 3:8): "이 말이 미쁘도다. 원하건대 너는 이 여러 것에 대하여 굳세게 말하라 이는 하나님을 믿는 자들로 하여금 조심하여 선한 일을 힘쓰게 하려 함이라 이것은 아름다우며 사람들에게 유익하니라"

> 딛 3:3 우리도 전에는 어리석은 자요 순종하지 아니한 자요 속은 자요 여러 가지 정욕과 행락에 종 노릇 한 자요 악독과 투기를 일삼은 자요 가증스러운 자요 피차 미워한 자였으나
>
> 딛 3:4 우리 구주 하나님의 자비와 사람 사랑하심이 나타날 때에 딛 3:5 우리를 구원하시되 우리가 행한 바 의로운 행위로 말미암지 아니하고 오직 그의 긍휼하심을 따라 중생의 씻음과 성령의 새롭게 하심으로 하셨나니

딛 3:6 우리 구주 예수 그리스도로 말미암아 우리에게 그 성령을 풍성히 부어 주사

딛 3:7 우리로 그의 은혜를 힘입어 의롭다 하심을 얻어 영생의 소망을 따라 상속자가 되게 하려 하심이라

딛 3:8 이 말이 미쁘도다 원하건대 너는 이 여러 것에 대하여 굳세게 말하라 이는 하나님을 믿는 자들로 하여금 조심하여 선한 일을 힘쓰게 하려 함이라 이것은 아름다우며 사람들에게 유익하니라

b. 영적 성장의 단계

– 영적 성장의 단계를 "나"라고 하는 존재가 육신일 때의 차원과 영혼으로 깨어났을 때의 차원으로 크게 구분할 수 있다. 영혼으로 깨어났을 때 나의 존재는 윤리적 차원, 말씀의 진리적 차원, 말씀의 생명적 차원으로 그 차원을 높혀 간다. 로마서는 주요 장별로 이 4개의 단계를 보여준다.

1) 육신의 차원 (로마서 1장- 2장)

– 성경은 에덴동산에서 인간의 타락 이후에 인간은 육신이 되었다고 지적한다. (창세기 6:3) 여호와께서 이르시되 나의 영이 영원히 사람과 함께 하지 아니하리니 이는 그들이 육신이 됨이라"라고 말씀하셨다. 육신이 되었다는 것을 바울은 로마서 1장에서 그들의 마음에 하나

님을 "상실한 마음"이라고 지적한다. (로마서 1:28)

> 롬 1:28 또한 그들이 마음에 하나님 두기를 싫어하매 하나님께
> 서 그들을 그 상실한 마음대로 내버려 두사 합당하지 못한 일
> 을 하게 하셨으니

– 육신은 하나님 없이 홀로 서 있는 존재이다. 육신이 된다는 것은 하나님과의 관계가 끊어진 "실존적 존재"가 되는 것이다. 불안을 안고 사는 마음에 구멍이 난 듯 "허전한 존재"가 된 것을 의미한다. 최희준의 노래, 하숙생은 육신의 나그네가 걷는 인생길을 노래한다. 인생은 나그네길 어디서 왔다가 어디로 가는지 알 수 없는 길을 간다.

– 하나님께서 각 사람에게 그 행한 대로 보응하시다. 육신이 된 인간은 "주님의 밖에 있는" 죄의 공간으로 떨어졌다. 죄를 피할 수 없는 죄중에 태어나서 죄 속에 있는 사람 즉, 죄인이 되었고 죄인은 죄악을 쌓아간다. (시편 51:5) 육신은 하나님의 심판을 피할 수 없다. 이것이 "하나님의 공의"이다. 인간에 대한 하나님의 구원계획은 육신이 하나님의 심판을 피하고 하나님의 의롭다함을 얻는 "새로운 존재"로 거듭나는 것이다. 우리는 육신의 행위로 하나님의 의롭다함을 얻을 수 없다. 혈통이나 신분에 의하여 얻게 되는 것도 아니다. 아브라함의 자손이나 할례의 행위로 의롭다 여김을 받는 것이 아니다. 그래서 바울은 표면적 유대인의 할례가 할례가 아니다고 하였다. "할례는 마음에 할지니 영에 있고 율법 조문에 있지 아니한 것이라 그 칭찬이 사람에게서가 아니요 다만 하나님에게서니라"고 지적한다. (로마서 2:28-29)

시 51:5 내가 죄악 중에서 출생하였음이여 어머니가 죄 중에서 나를 잉태하였나이다

롬 2:28 무릇 표면적 유대인이 유대인이 아니요 표면적 육신의 할례가 할례가 아니니라

롬 2:29 오직 이면적 유대인이 유대인이며 할례는 마음에 할지니 영에 있고 율법 조문에 있지 아니한 것이라 그 칭찬이 사람에게서가 아니요 다만 하나님에게서니라

2) 영혼으로 거듭남 (로마서 3장, 6장)

― 하나님께서는 예수님의 십자가의 대속을 통한 구원의 약속을 "믿음으로", 하나님 앞에 "의롭다" 하심을 얻은 자가 되는 길을 만드셨다. 로마서 3장은 "하나님의 은혜로 값없이 믿음으로 말미암아 모든 믿는 자에게 미치는 '하나님의 의'니 차별이 없다"고 증거한다. (로마서 3:22―24) 성령께서는 이 십자가의 능력으로 믿는 자를 하나님의 자녀로 거듭나게 하신다.

(1) 우리의 "옛사람"을 처리한다. (로마서 6:6)

― 하나님의 구원의 섭리에 따라, 예수님이 십자가에 못 박힐 때 "우리의 옛 사람이 예수와 함께 십자가에 못 박힌 것"을 믿는다. 예수님이 십자가에서 죽으셨을 때에 나의 옛 사람도 함께 죽었음을 믿는다. 이것은 "다시는 우리가 죄에게 종 노릇 하지 아니하게 하려 함"이다. 주님이 나의 구원을 이루시는 주님이 되심을 믿고 이에 대한 말씀을

받아들이고 주님을 영접할 때 하나님께서는 이 믿음을 주신다.

> 요 1:12 영접하는 자 곧 그 이름을 믿는 자들에게는 하나님의 자녀가 되는 권세를 주셨으니
> 롬 6:6 우리가 알거니와 우리의 옛사람이 예수와 함께 십자가에 못 박힌 것은 죄의 몸이 죽어 다시는 우리가 죄에게 종 노릇 하지 아니하려 함이니

− 이 믿음으로 "육신"인 우리의 "옛사람"과 "겉 사람"은 죽었다고 믿는다. 이 순간 우리는 육신으로부터 영적 존재로 도약하여 나에게 오신 영을 의식한다. 우리의 신분이 변하는 순간이다. 우리에게도 나에게 주님이 오신 이전(BC)과 이후(AD)로 구분되는 순간이 생긴다. 이후 영적 성장의 길을 걸어간다. 성령님의 역사하심과 우리의 순종으로 우리는 영적으로 성장하게 된다. 우리의 수준은 점차 달라진다. 오직 우리 주 곧 구주 예수 그리스도의 은혜로 그를 아는 지식에서 자라(베드로후서 3:18) 성령의 열매(갈라디아서 5:22−23)를 맺도록 자라간다.

> 벧후 3:18 오직 우리 주 곧 구주 예수 그리스도의 은혜와 그를 아는 지식에서 자라 가라 영광이 이제와 영원한 날까지 그에게 있을지어다

> 갈 5:22 오직 성령의 열매는 사랑과 희락과 화평과 오래 참음과 자비와 양선과 충성과
> 갈 5:23 온유와 절제니 이 같은 것을 금지할 법이 없느니라

(2) 거듭남

― 옛사람을 처리하고 새 사람으로 거듭난 사람은 하나님과 화평을 누리고, 환란 중에도 즐거워하며 연단을 견딘다. 하나님의 사랑을 확증하고 우리 주 예수 그리스도로 말미암아 하나님 안에서 즐거워한다. 우리 주 예수 그리스도의 생명으로 살아가는 영생(永生)에 이르게 된다. 영생(永生)은 곧 유일하신 참 하나님과 그가 보내신 자 예수 그리스도를 아는 것이다. (요한복음 17:3) 영생(永生)은 영생(靈生)에 이르게 한다. 로마서 5장은 거듭난 사람의 평강을 보여준다. (로마서 5:18, 21) 심지어 자연세계의 피조물들도 하나님의 아들들이 나타나는 것을 고대한다. 그들이 바라는 것은 피조물도 썩어짐의 종 노릇 한 데서 해방되어 하나님의 자녀들의 영광의 자유에 이르는 것이다. (로마서 8:19, 21) 관련된 구절을 찬찬히 읽어 볼 만하다.

> 요 3:16 하나님이 세상을 이처럼 사랑하사 독생자를 주셨으니 이는 그를 믿는 자마다 멸망하지 않고 영생을 얻게 하려 하심이라
> 요 17:3 영생은 곧 유일하신 참 하나님과 그가 보내신 자 예수 그리스도를 아는 것이니이다
>
> 롬 5:1 그러므로 우리가 믿음으로 의롭다 하심을 받았으니 우리 주 예수 그리스도로 말미암아 하나님과 화평을 누리자
> 롬 5:18 그런즉 한 범죄로 많은 사람이 정죄에 이른 것같이 한 의로운 행위로 말미암아 많은 사람이 의롭다 하심을 받아 생명

에 이르렀느니라

롬 5:21 이는 죄가 사망 안에서 왕 노릇 한 것 같이 은혜도 또한 의로 말미암아 왕 노릇 하여 우리 주 예수 그리스도로 말미암아 영생에 이르게 하려 함이라

롬 8:19 피조물이 고대하는 바는 하나님의 아들들이 나타나는 것이니
롬 8:21 그 바라는 것은 피조물도 썩어짐의 종 노릇 한 데서 해방되어 하나님의 자녀들의 영광의 자유에 이르는 것이니라

－ 그러나 일부 사람은 우리의 옛사람이 예수 그리스도와 함께 십자가에서 못 박힌 사실을 깨닫지 못하고 있다. 그래서 육신의 차원에서 옛 사람으로서 신앙생활을 하고 있다. 유대인의 지도자 니고데모도 예수님을 만났을 때 처음에는 거듭남을 이해할 수 없었다. (요한복음 3:1－21)

－ "거듭난다"는 것은 예수께서 십자가에서 우리의 죄를 대속하기 위하여 죽으실 때 우리의 옛사람도 그리스도와 함께 죄에 대하여 죽고, 예수께서 부활하실 때에 우리도 그리스도와 함께 산다는 것을 "믿는 것을" 말한다. "우리의 옛사람이 예수와 함께 십자가에 못 박힌 것은 죄의 몸이 죽어 다시는 우리가 죄에게 종 노릇 하지 아니하려 함이니, 이는 죽은 자가 죄에서 벗어나 의롭다 하심을 얻었음이라" (로마서 6:6－7)

롬 6:6 우리가 알거니와 우리의 옛사람이 예수와 함께 십자가
에 못 박힌 것은 죄의 몸이 죽어 다시는 우리가 죄에게 종 노
릇 하지 아니하려 함이니

— 믿음은 하나님이 먼저 시작하셨다.[1] 우리는 이것을 믿고 받으면
된다. 예수 그리스도로 인하여 오직 믿음으로 하나님의 의롭다 여김을
받는다. (로마서 3:22-24) 예수님을 구주로 영접하는 자 곧 그 이름
을 믿는 자들에게는 하나님의 자녀가 되는 권세를 주셨으니 이 믿음
으로 하나님의 자녀가 된다. (요한복음 1:12-13) 그리고 새로운 피조
물(고린도후서 5:17)로 자기를 인식하게 된다. "예수 그리스도의 대
속"을 믿음으로 "하나님의 의"를 얻게 된다. 우리는 "그리스도 예수
안에 있는 속량으로 말미암아 하나님의 은혜로 값없이 의롭다 하심을
얻은 자 되었다" (로마서 3:24)

요 1:12 영접하는 자 곧 그 이름을 믿는 자들에게는 하나님의
자녀가 되는 권세를 주셨으니
요 1:13 이는 혈통으로나 육정으로나 사람의 뜻으로 나지 아니
하고 오직 하나님께로부터 난 자들이니라

롬 3:24 그리스도 예수 안에 있는 속량으로 말미암아 하나님의
은혜로 값없이 의롭다 하심을 얻은 자 되었느니라

---

1) 박영선, 하나님의 의, p.118.

(3) 새 사람으로서 영적성장을 시작한다.

– "나는 누구의 종인가"라는 질문에 대한 답이 나의 정체성을 결정한
다. 죄의 종으로 사망에 이르거나 혹은 하나님의 종으로 "하나님의
의"에 이르게 된다. 하나님의 종은 죄와 사망으로부터 자유롭게 된다.
(로마서 6:22–23) 새 사람으로서 영적 성장의 여정을 시작한다.

– 예수님이 죽으심은 죄에 대하여 단번에 죽으심이요 그가 살아 계
심은 하나님께 대하여 살아 계심이니 이와 같이 우리도 우리 자신을
죄에 대하여는 죽은 자요 그리스도 예수 안에서 하나님께 대하여는
살아 있는 자로 여겨야 한다. (로마서 6:11) 우리가 본래 죄의 종이더
니 우리에게 전하여 준 바 교훈의 본을 마음으로 순종하여 죄로부터
해방되어 의에게 종이 되었다. (로마서 6:17–18)

– 그러나 이제는 우리가 죄로부터 해방되고 하나님께 종이 되어 거
룩함에 이르는 열매를 맺었으니 그 마지막은 영생이라. 우리는 영생을
바라보게 되었다. 하나님의 은사는 그리스도 예수 우리 주 안에 있는
영생이다. (로마서 6:22–23) 영생은 곧 유일하신 참 하나님과 그가
보내신 자 예수 그리스도를 아는 것이다. (요한복음 17:3) 그리스도
안에서 "새로운 피조물"로서 "이전 것은" 지나가고 보라 "새것이" 되
었다. (고린도후서 5:17)

   롬 6:11 이와 같이 너희도 너희 자신을 죄에 대하여는 죽은 자

요 그리스도 예수 안에서 하나님께 대하여는 살아 있는 자로 여길지어다

롬 6:17 하나님께 감사하리로다 너희가 본래 죄의 종이더니 너희에게 전하여 준 바 교훈의 본을 마음으로 순종하여

롬 6:18 죄로부터 해방되어 의에게 종이 되었느니라

롬 6:22 그러나 이제는 너희가 죄로부터 해방되고 하나님께 종이 되어 거룩함에 이르는 열매를 맺었으니 그 마지막은 영생이라

롬 6:23 죄의 삯은 사망이요 하나님의 은사는 그리스도 예수 우리 주 안에 있는 영생이니라

고후 5:17 그런즉 누구든지 그리스도 안에 있으면 새로운 피조물이라 이전 것은 지나갔으니 보라 새것이 되었도다

— 우리가 거듭난 이후에 영적 성장과정에서 영적인 삶을 이루어 가는 데는 몇 가지 차원이 있다. 박철수 목사는 이 차원을 세 가지의 차원으로 구분하여 설명한다.[2) 말씀을 율법으로 삼아 나아가는 윤리적 차원과, 말씀을 진리로 믿어 우리 삶에서 진리로 삼아 나아가는 진리차원, 그리고 말씀에 순종할 때 말씀이 우리의 삶에서 생명이 되는 생명차원의 세 차원으로 구분한다. 박철수 목사는 영적 성장의 단계에 근거하여 영성훈련과정을 개설하였다.

---

2) 박철수, 영성훈련입문, 영성, 1998.

3) 기독교 윤리로 사는 삶 (로마서 7장)

- 이 단계는 거듭난 이후에 영적인 존재가 되었으나 기독교 윤리의 차원에서 말씀대로 살고자 노력한다. 계명이 율법이 되어 율법을 지키려는 노력을 하게 된다. 육신의 소욕과 영의 새로운 것 사이에서 갈등을 겪게 된다. 로마서 7장은 우리가 영적으로 거듭났음에도 불구하고 우리 안에 "남아있는 죄"가 있음을 밝힌다. 선을 행하기 원하는 나에게 악이 함께 있는 것이다. 나의 육신은 이 죄의 법을 따르고 나의 겉 사람을 꾸며서 내세운다. 내 속에서 죄의 법을 따르는 "겉 사람"이 하나님의 법을 즐거워하는 "속 사람"을 사로잡는 것을 본다. 그리하여 "오호라 나는 곤고한 사람이로다 이 사망의 몸에서 누가 나를 건져내랴"는 탄식을 하게 한다. (로마서 7:24) 맥락을 이해하기 위하여 관련된 절을 좀 길게 인용하였다. 인내를 가지고 반복하여 읽어볼 필요가 있다.

> 롬 7:21 그러므로 내가 한 법을 깨달았노니 곧 선을 행하기 원하는 나에게 악이 함께 있는 것이로다
> 롬 7:22 내 속사람으로는 하나님의 법을 즐거워하되
> 롬 7:23 내 지체 속에서 한 다른 법이 내 마음의 법과 싸워 내 지체 속에 있는 죄의 법으로 나를 사로잡는 것을 보는도다
> 롬 7:24 오호라 나는 곤고한 사람이로다 이 사망의 몸에서 누가 나를 건져내랴
> 롬 7:25 우리 주 예수 그리스도로 말미암아 하나님께 감사하리로다 그런즉 내 자신이 마음으로는 하나님의 법을 육신으로는 죄의 법을 섬기노라

(1) 겉 사람과 속사람으로 인격이 분리되기 시작한다.

— 이때부터 우리의 인격이 겉 사람과 속사람의 인격으로 분리되기 시작한다. 하나님의 법(하나님중심)과 죄의 법(자아중심)이 등장한다. 속 사람의 인격이 등장하기 시작한다.3) 성령님의 내적 사역으로 영적 성장이 진리와 생명으로 나아가기 시작한다. 겉 사람은 후패하나 우리의 내면세계는 더 깊어져서 지혜와 분별력과 주님과의 깊은 교제가 풍성해 질 수 있게 된다.

— "영의 새로운 것"으로 우리의 삶을 채워가게 된다. (로마서 7:6) 영에도 지성, 감성, 의지가 있다. "영의 인격"과 "육신의 인격"이 서로 갈등한다. 영의 전 인격이 주인이 되어 말씀에 순종하는 삶이 나타나게 된다. 나의 가치관이 기독교 윤리로 변화하게 된다. 세상 사람들이 가는 길과는 다른 "좁은 길"을 선택하여 나아가기 시작한다. 영의 인격이 성장한다.

> 롬 7:6 이제는 우리가 얽매였던 것에 대하여 죽었으므로 율법에서 벗어났으니 이러므로 우리가 영의 새로운 것으로 섬길 것이요 율법 조문의 묵은 것으로 아니할지니라

---

3) 원정숙, 그리스도인의 삶(유인물), p.16.

마음과 육신이 서로 다툼

- 하나님께서 우리에게 자유의지를 주셨다. 우리는 자유의지에 따라 결정하되 선택의 결과에 대하여 우리는 책임을 져야 한다. 우리의 자유의지의 행사와 선택에서 우리의 혼이 작동하는 지성과 감정과 의지는 매우 중요하다. 우리 안에 마음으로는 "하나님의 법"을 육신으로는 "죄의 법"을 섬긴다. (로마서 7:25) 마음과 육신이 서로 다툰다. 내 육신에 선한 것이 거하지 않는다는 것을 본다. (로마서 7:18-19)

(2) 계명이 이르매 죄는 살아나고 나는 죽었도다(로마서 7:9)

- 계명은 "계명으로 말미암아 죄로 심히 죄 되게 하려 함이었다" (로마서 7:13) 우리가 사는 세상을 공간적으로 보면 "주님 안의 공간"과 "주님 밖의 공간"으로 구분된다. 주님 밖의 공간은 죄의 공간이다. 주님 밖에서 주님 안으로 들어간 것을 구원이라고 볼 수 있다. 계명은 이 공간을 분명하게 구분한다. 계명은 우리 "속 사람 안"에서도 주님 밖으로 나가서 스스로 주인이 되려는 "자아"가 아직도 남아있음을 드러낸다.

- 계명이 율법이 되매 죄가 기회를 타서 우리 육신 안으로 들어오게 되었다. (로마서 7:13-14) 그리하여 선을 행하기 원하는 나에게 악이 함께 있게 되었다. (로마서 7:9) "내 속 곧 내 육신에 선한 것이 거하지 아니하는 줄을 아노니 원함은 내게 있으나 선을 행하는 것은 없노라 (로마서 7:18)"고 사도 바울은 간결하게 그 뜻을 전한다. 계명의 거울

345

앞에서 나를 보니 내 안에 죄는(죄의 공간은) 그대로 있고 나의 육신은 아직도 죄 속에 있음을 본다.[4] 이 대목의 로마서를 다시 읽어 본다.

롬 7:7 그런즉 우리가 무슨 말을 하리요 율법이 죄냐 그럴 수 없느니라 율법으로 말미암지 않고는 내가 죄를 알지 못하였으니 곧 율법이 탐내지 말라 하지 아니하였더라면 내가 탐심을 알지 못하였으리라
롬 7:8 그러나 죄가 기회를 타서 계명으로 말미암아 내 속에서 온갖 탐심을 이루었나니 이는 율법이 없으면 죄가 죽은 것임이라
롬 7:9 전에 율법을 깨닫지 못했을 때에는 내가 살았더니 계명이 이르매 죄는 살아나고 나는 죽었도다

롬 7:10 생명에 이르게 할 그 계명이 내게 대하여 도리어 사망에 이르게 하는 것이 되었도다
롬 7:11 죄가 기회를 타서 계명으로 말미암아 나를 속이고 그것으로 나를 죽였는지라

롬 7:12 이로 보건대 율법은 거룩하고 계명도 거룩하고 의로우며 선하도다
롬 7:13 그런즉 선한 것이 내게 사망이 되었느냐 그럴 수 없느니라 오직 죄가 죄로 드러나기 위하여 선한 그것으로 말미암아 나를 죽게 만들었으니 이는 계명으로 말미암아 죄로 심히 죄 되게 하려 함이라

---

4) 옥한흠, 로마서 II, pp.31-49.

(3) 곤고한 사람

– 계명대로 살려고 보니 이제 내 속에 죄가 거하는 것을 보게 된다. "전에 율법을 깨닫지 못했을 때에는 내가 살았더니 계명이 이르매 죄는 살아나고 나는 죽었도다 생명에 이르게 할 그 계명이 내게 대하여 도리어 사망에 이르게 하는 것이 되었다"는 것을 인식한다. (로마서 7:9-10) 죄가 율법으로 말미암아 다시 작동한다.5) 내 속에 있는 죄를 본다. 이제는 그것을 행하는 자가 내가 아니요 내 속에 거하는 죄인 것을 본다.

– 계명의 역할은 "계명으로 말미암아 죄로 심히 죄 되게 하려 함이라". "그런즉 선한 것이 내게 사망이 되었느냐 그럴 수 없느니라 오직 죄가 죄로 드러나기 위하여 선한 그것으로 말미암아 나를 죽게 만들었으니 이는 계명으로 말미암아 죄로 심히 죄 되게 하려 함이라. (로마서 7:13) 로마서 7장은 어렵다. 계속해서 읽고 또 읽는 과정에서 성령의 인도를 기다린다.

> 롬 7:18 내 속 곧 내 육신에 선한 것이 거하지 아니하는 줄을 아노니 원함은 내게 있으나 선을 행하는 것은 없노라
> 롬 7:19 내가 원하는 바 선은 행하지 아니하고 도리어 원하지 아니하는 바 악을 행하는도다
> 롬 7:20 만일 내가 원하지 아니하는 그것을 하면 이를 행하는 자는 내가 아니요 내 속에 거하는 죄니라

---

5) 옥한흠, 로마서 II, p. 65.

- "내 속사람으로는 하나님의 법을 즐거워하되 내 지체 속에서 한 다른 법이 내 마음의 법과 싸워 내 지체 속에 있는 죄의 법으로 나를 사로잡는 것을 보는 도다" (로마서 7:22-23) "오호라 나는 곤고한 사람이로다"고 고백한다. (로마서 7:24) 마음으로는 "하나님의 법"을, 육신으로는 "죄의 법"을 섬기노라고 고백한다. (로마서 7:24-25)

- 우리가 봄, 여름, 가을, 겨울의 계절의 변화에 따라 사는 것이 계절의 변화를 이루는 우주의 원리를 알아야 하는 것은 아닌 것과 같다.

> 롬 7:21 그러므로 내가 한 법을 깨달았노니 곧 선을 행하기 원하는 나에게 악이 함께 있는 것이로다
> 롬 7:22 내 속사람으로는 하나님의 법을 즐거워하되
> 롬 7:23 내 지체 속에서 한 다른 법이 내 마음의 법과 싸워 내 지체 속에 있는 죄의 법으로 나를 사로잡는 것을 보는도다
> 롬 7:24 오호라 나는 곤고한 사람이로다 이 사망의 몸에서 누가 나를 건져내랴
> 롬 7:25 우리 주 예수 그리스도로 말미암아 하나님께 감사하리로다 그런즉 내 자신이 마음으로는 하나님의 법을 육신으로는 죄의 법을 섬기노라

4) 생명의 성령의 법 (로마서 8장)

- 우리 육신이(예수 밖에서) 율법의 요구를 만날 때 죄의 법을 따르게 된다. 그러나 우리가 그리스도 예수 안에 있을 때에는 "성령의 법"

이 우리에게 율법의 요구가 이루어지게 하신다. 로마서 8장은 예수 안에 있는 자에게 (로마서 8:1) 생명의 성령의 법이 작동함을 선포한다. 우리는 믿음으로 예수 안에 있게 되었다. "믿습니다"라고 내 마음에 선포하면 된다. 말씀에 대한 믿음과 말씀에 대한 순종을 하는 자는 예수 그리스도 안에 있는 자이다. 이 뜻을 믿으면 된다. "그러면" 예수 안에 있는 생명의 "성령의 법"이 육신을 따르지 않고 그 영을 따라 행하는 우리에게 율법의 요구를 이루어지게 하신다. (로마서 8:3)

> 롬 8:1 그러므로 이제 그리스도 예수 안에 있는 자에게는 결코 정죄함이 없나니
> 롬 8:2 이는 그리스도 예수 안에 있는 생명의 성령의 법이 죄와 사망의 법에서 너를 해방하였음이라
> 롬 8:3 율법이 육신으로 말미암아 연약하여 할 수 없는 그것을 하나님은 하시나니 곧 죄로 말미암아 자기 아들을 죄 있는 육신의 모양으로 보내어 육신에 죄를 정하사
> 롬 8:4 육신을 따르지 않고 그 영을 따라 행하는 우리에게 율법의 요구가 이루어지게 하려 하심이니라

— 로마서 8장에 이르면 마음이 평안해진다. 말씀을 믿음으로 받아들이면 말씀이 나에게 진리가 된다. 말씀에 순종하여 말씀이 나의 삶을 움직이는 생명이 되면 말씀이 나에게 생명이 된다. 생명(生命)은 "말씀으로 살라"는 명령이다. 믿음과 순종은 성령께서 도와주시어 이루는 일이다. 생명의 성령의 법이 적용되는 단계는 말씀의 진리를 깨닫고 그 위에 삶이 세워지는 단계와 예수 그리스도의 생명으로 사는 삶의

단계로 구분된다. 이 단계는 신앙의 삶을 "누리는 단계"이다. 많은 그리스도인들이 이 단계를 소망하나 "기독교 윤리"로 사는 경우가 많다.

— 이 단계를 나타내는 이야기가 마태복음에 등장한다. 예수님이 마지막으로 예루살렘에 들어가기 전에 재물이 많은 청년이 "내가 무슨 선한 일을 하여야 영생을 얻으리이까"하고 예수님께 물었다. 그는 윤리 단계의 사고의 틀을 반영한다. "네 소유를 팔아 가난한 자들에게 주라"는 말씀과 "낙타가 바늘귀로 들어가는 것이 부자가 하나님의 나라에 들어가는 것보다 쉬우니라"는 비유의 말씀과 "예수께서 그들을 보시며 이르시되 "사람으로는" 할 수 없으나 "하나님으로서는" 다 하실 수 있느니라"는 말씀이 등장한다. 하나님으로서는 다 할 수 있다는 것은 성령의 법으로 가능하다는 뜻이다. 우리의 육신과 윤리로서는 못한다. 하는 척까지는 할 수 있을지 모른다.

> 마 19:16 어떤 사람이 주께 와서 이르되 선생님이여 내가 무슨
> 선한 일을 하여야 영생을 얻으리이까

— 성령께서는 우리를 위하여 쉬지 않고 간구하신다. 성령이 하나님의 뜻대로 성도를 위하여 간구하신다. "이와 같이 성령도 우리의 연약함을 도우시나니 우리는 마땅히 기도할 바를 알지 못하나 오직 성령이 말할 수 없는 탄식으로 우리를 위하여 친히 간구하시느니라. 우리가 알거니와 하나님을 사랑하는 자 곧 그의 뜻대로 부르심을 입은 자들에게는 모든 것이 합력하여 선을 이루느니라(로마서 8: 26,28)" 이 말

씀을 듣고 성령께 의지할 때 말할 수 없는 평강을 얻게 된다.

> 롬 8:26 이와 같이 성령도 우리의 연약함을 도우시나니 우리는
> 마땅히 기도할 바를 알지 못하나 오직 성령이 말할 수 없는 탄
> 식으로 우리를 위하여 친히 간구하시느니라
> 롬 8:27 마음을 살피시는 이가 성령의 생각을 아시나니 이는
> 성령이 하나님의 뜻대로 성도를 위하여 간구하심이니라
> 롬 8:28 우리가 알거니와 하나님을 사랑하는 자 곧 그의 뜻대
> 로 부르심을 입은 자들에게는 모든 것이 합력하여 선을 이루느
> 니라

- 하나님께서는 "또 미리 정하신 그들을 또한 부르시고 부르신 그들
을 또한 의롭다 하시고 의롭다 하신 그들을 또한 영화롭게 하셨느니
라". (로마서8:30) 이들이 말씀을 믿고 의지하고 순종할 때에 그들을
의롭다하시고, 영화롭게 하신다. 이것은 하나님이 정하신 섭리이다.
"그런즉 이 일에 대하여 우리가 무슨 말하리요 만일 하나님이 우리를
위하시면 누가 우리를 대적하리요(로마서 8:30-31)"

> 롬 8:30 또 미리 정하신 그들을 또한 부르시고 부르신 그들을
> 또한 의롭다 하시고 의롭다 하신 그들을 또한 영화롭게 하셨느
> 니라
> 롬 8:31 그런즉 이 일에 대하여 우리가 무슨 말 하리요 만일 하
> 나님이 우리를 위하시면 누가 우리를 대적하리요

351

— 이 과정에서 어떠한 고난이 있더라도 "그러나 이 모든 일에 우리를 사랑하시는 이로 말미암아 우리가 넉넉히 이기느니라. 어떤 피조물이라도 우리를 우리 주 그리스도 예수 안에 있는 하나님의 사랑에서 끊을 수 없으리라"고 증거하신다. (로마서 8:37, 39)

> 롬 8:37 그러나 이 모든 일에 우리를 사랑하시는 이로 말미암아 우리가 넉넉히 이기느니라
> 롬 8:38 내가 확신하노니 사망이나 생명이나 천사들이나 권세자들이나 현재 일이나 장래 일이나 능력이나
> 롬 8:39 높음이나 깊음이나 다른 어떤 피조물이라도 우리를 우리 주 그리스도 예수 안에 있는 하나님의 사랑에서 끊을 수 없으리라

4)-1. 진리를 깨닫고 그 위에 세워지는 삶

— 우리의 삶이 말씀 안에 있을 때, 영생 즉 하나님의 말씀으로 사는 삶이 진리임을 믿기 시작하면 하나님 중심의 삶을 경험하기 시작한다. 이것이 은혜이다. 진리를 깨닫고 그 위에 세워지는 삶에서 "자아파쇄"가 이루어지고 "거룩한 고난"을 맬 수 있게 된다. 새로운 신분의 삶이 나타나기 시작하고 신령한 집으로 세워진다.

(1) 자아파쇄 과정

— 삶이 진리로 세워지는 과정에서 자아파쇄의 과정을 겪게 된다. 내

안에 있는 쓰레기를 치우는 1차 자아파쇄와 2차 자아파쇄를 통하여 이루어진다. 1차적 자아파쇄는 1차적 고난 속에서 이루어진다. 세상을 사랑하는 속성과 옛 자아에 대한 파쇄를 말한다. 교만, 탐식, 탐욕, 나태함, 질투, 음욕, 인색 등이다. 제2차 자아파쇄는 스스로 선택하여 마음속에 피어오르는 생각, 감정, 욕망의 정리가 이루어지고 옛 자아의 육성, 독성, 악성의 파쇄가 일어난다. Willard의 마음의 혁신모형은 자아파쇄과정을 지향한다.

– 우리의 자아는 진리를 깨닫고 행할 수 있는 능력이 없다. 성령의 도우심과 예민해진 양심으로 우리의 옛사람을 부인하고 속사람(영)이 일하게 된다. 이 과정에서 고난을 만나게 된다. "일차적 고난"은 옛 자아를 파쇄하기 위한 고난이다. "일차적 고난"에 따른 고통은 "믿음의 성장통"으로서 죄성, 세상성, 옛 자아의 탐심을 향하는 자아를 처리하는 고통이다.

(2) "이차적 고난"과 말씀이 진리가 됨을 체험하기 시작함

– 일차적 고난을 거치면서 마음이 겸손해지고 청결해지고 하나님을 바라본다. 주와 복음을 위하여 하나님의 의를 위하여 자발적으로 지는 고난이 "이차적 고난"이 된다. 이차적 고난은 "거룩한 부담감"으로부터 시작한다. 사도 바울이 겪은 고난과 주님의 멍에를 메는 것을 은혜로 여기고 나아가는 삶이 "이차적 고난"을 매는 영적 여정이 된다. 예수님을 향하여 나아가는 고난의 길이며, 이 세상에 대해서는 나그네로

살며 천상을 바라보는 순례자의 길을 걷게 된다. 주님의 멍에를 메게 된다. 삶의 장면 장면마다 고비 고비에서 하나님을 바라보며 고난과 "손해를 보는 것"을 무릅쓰고 "거룩하게 구별됨"을 선택하는 고난이다. 시편 19편은 잔소리처럼 들리는 "말며와 말고"의 말씀 끝에 "네 하나님을 경외하라 나는 여호와이니라"라는 말씀을 붙인다. 시편 119편의 고백처럼 "고난 당한 것이 내게 유익이라 이로 말미암아 내가 주의 율례들을 배우게 되었나이다"고 고백하게 된다.

> 레 19:13 너는 네 이웃을 억압하지 말며 착취하지 말며 품꾼의 삯을 아침까지 밤새도록 네게 두지 말며
> 레 19:14 너는 귀먹은 자를 저주하지 말며 맹인 앞에 장애물을 놓지 말고 네 하나님을 경외하라 나는 여호와이니라
>
> 시 119:71 고난 당한 것이 내게 유익이라 이로 말미암아 내가 주의 율례들을 배우게 되었나이다

(3) 다섯 가지 신분의 삶이 나타나기 시작한다.

－ 말씀에 대한 순종으로 나의 삶에서 하나님의 통치를 경험한다. 하나님 나라의 고백에 대한 은혜를 체험하며 다섯 가지 신분을 누리게 된다. 자기 정체성을 이루는 신분에 대한 확인이 매우 중요하다. 우리는 이 엄청난 가능성을 생각지도 못하고 살아간다.

> 하나님의 자녀 (요 1:12-13, 롬 8:15)

왕 (벧전 2:9; 계 5:10)

제사장 (롬 12:1, 계 20:6)

거룩한 성전 (고전 3:16, 고후 6:16, 엡 2:21－22)

예수님의 신부 (계 19:7－8)

(4) 성전, 신령한 집으로 세워져 간다.

－ 하나님과의 인격적 관계를 회복하고 신령한 집으로 세워져 간다. (베드로전서 2:5) 성령님의 지도와 인도하심을 받고, 말씀에 대한 믿음과 순종으로 말씀대로 살아가는 삶을 체험한다. 고통과 어려움을 견디어 간다. 하나님의 은혜와 우리의 순종으로 성전이 지어져 간다. 하나님의 말씀이 재료가 되는 성전이 된다. 이 집은 하나님의 말씀과 성령의 지도와 인도, 그리고 우리의 순종으로 지어진다.

벧전 2:5 너희도 산 돌 같이 신령한 집으로 세워지고 예수 그리스도로 말미암아 하나님이 기쁘게 받으실 신령한 제사를 드릴 거룩한 제사장이 될지니라

－ 그리스도의 십자가 대속사건이 "나를 위한 완벽한 제사"가 된다. 이것은 하나님의 짝사랑이다. 이것은 예수님이 드린 제사이다. 죄 없는 예수님이 스스로 죄인이 되어 화목제물이 되었다. 이 제사로 우리는 새로워졌다. 우리는 믿음으로 제사를 드렸다. 이 제사는 우리가 예수를 그리스도로 영접함을 의미한다. 우리의 영혼은 거듭나고(요한복음 1:12－13) 주님과 합하는 한 영이 된다. (고린도전서 6:17) 하나님

355

의 자녀됨을 증거하게 된다.

ㅡ 자기 자신과 죄에 대하여 싸우는 훈련을 한다. 양심이 고발하고 죄에 대한 자각이 깊어진다. 나로서는 못하지만 십자가의 능력으로 이겨간다. 때로는 영혼의 "어두운 밤"을 지나간다. 영적인 침체와 쇠퇴의 과정도 있다. "제2의 광야"를 헤매기도 한다. 자아의 욕구를 넘어, 하나님과 그 말씀, 성령님의 인도와 도움을 바라고 다시 세움을 받는다. 오직 믿음과 순종으로 나아간다. 그리하다 보면 어둠의 긴 터널을 나오고 어두운 밤은 지나간다.

4)-2. 예수 그리스도의 생명으로 사는 삶

(1) 하나님의 내주내재(內住內在)

ㅡ 성전이 건축된 이후에 내 안에 계시고 역사하시는 삼위일체 하나님의 내주내재하시는 놀라운 은혜를 경험하게 된다. 우리가 어디에 있든지 "하나님의 임재가 임한다". 하나님을 경외하는 삶을 추구하게 된다. 성령님의 도움으 말씀에 순종하여 열매 맺는 삶을 살아가게 된다. 그리스도인들 모두가 바라는 바이다.

ㅡ 그리스도의 생명이 풍성한 삶의 특징으로 영적인 차원에서 윤리도덕을 이해하게 된다. 육신적 행위와 육신적 가치관들은 허위임을 인식하게 된다. 온전하게 "하나님 앞에서"의(Coram Deo) 관점으로 나아간다. 모든 일을 성령님께 의탁하고 결정권을 성령님께 의지한다. (요한복음 15:5) 속사람, 보이지 않는 것, 영원한 것에 대한 사모함이 있

게 된다. 내면에 주님의 영이 존재한다. 영의 인격이 세워진다. 하나님
께서 내 안에 계시고 내가 하나님 안에 있는 것을 인식하게 된다.

> 요 15:5 나는 포도나무요 너희는 가지라 그가 내 안에, 내가 그
> 안에 거하면 사람이 열매를 많이 맺나니 나를 떠나서는 너희가
> 아무것도 할 수 없음이라

(2) 은사를 주심

— 하나님께서는 은사를 주신다. 복을 주시는 것과 비슷하다. 우리가
그동안 세상 복만을 좇다가 망하듯이 은사만을 좇는 경우도 발생한다.
"은사를 주심"은 우리가 철저하게 주님 안에 거하며, 말씀대로 살려고
힘쓸 때 임하게 된다. 우리의 죄를 사하시는 예수님의 십자가에서의
죽으심과 예수님이 드리는 완벽한 제사로 심령성전을 세우게 된다. 삼
위일체 하나님의 내주내재하심과 예수 그리스도께서 큰 제사장이 되시
어 우리가 하나님께 나아가는 길을 열어주셨다. (히브리서 10:19 – 22)

> 히 10:19 그러므로 형제들아 우리가 예수의 피를 힘입어 성소
> 에 들어갈 담력을 얻었나니
> 히 10:21 또 하나님의 집 다스리는 큰 제사장이 계시매
> 히 10:22 우리가 마음에 뿌림을 받아 악한 양심으로부터 벗어
> 나고 몸은 맑은 물로 씻음을 받았으니 참 마음과 온전한 믿음
> 으로 하나님께 나아가자

– 때로는 전 인격적으로 하나님을 경험하지 못할 때가 있다. 옛 자아의 욕망과 감정의 훼방과 "보이는 현실"에 묶여있기 때문이다. 무감각해지고 죽은 삶을 살게 되기 때문이다. 하나님께서는 이를 위하여 "신령한 은사"를 주신다. 신령한 은사는 주님의 사역을 감당할 수 있게 하기 위하여 부어 주시는 신령한 선물 혹은 도구이다. (고린도전서 3:16, 출애굽기 31–35장, 에베소서 2:21–22) 고린도전서 12장은 은사 유형을 구분하고 있다.

– 신령한 성품에 참여하는 자가 되게 하려 하기 위하여 은사를 주신다. 직분을 주시고 그 직분을 감당할 수 있도록 직분에 따라 사용하는 은사를 주신다. "우리에게 주신 은혜대로 받은 은사가 각각 다르니 혹 예언이면 믿음의 분수대로, 혹 섬기는 일이면 섬기는 일로, 혹 가르치는 자면 가르치는 일로, 혹 위로하는 자면 위로하는 일로, 구제하는 자는 성실함으로, 다스리는 자는 부지런함으로, 긍휼을 베푸는 자는 즐거움으로 할 것이니라(로마서 12:6–8)" 하나님께서 우리에게 은사를 주시고 우리 육체(육신)에 성령의 능력을 입히시려는 것은 우리가 하나님의 창조섭리를 바로 이해하고 신자의 죽을 삶을 생명으로 바꿔 주기 위함이다.

– 인간은 육체의 정욕을 따라 살아가지만 자기가 원하는 만족할만한 삶을 살지 못하고 죽어 간다. 하나님께서는 우리의 육체에 그의 능력과 권능을 부어 주시어 우리의 잘못된 세속적 가치관을 바꾸시고, 죽고 썩어가는 우리의 체질을 변화시켜 하늘에 속한 모든 신령한 것으로 채워 주시기를 원하신다.

- 로마서 9장에서는 믿음이냐 행위냐의 문제를 되돌아보며 "믿음에서 난 의"를 강조한다. 약속의 자녀와 하나님의 절대주권, 하나님의 신묘막측하신 돌보아 주심과 "하나님의 때, 하나님의 시간"이 있음과 믿음에서 난 의를 강조한다.

- 로마서 10장은 이스라엘의 구원을 위하여 믿음의 행함은 올바른 지식을 따른 것이어야 함을 지적한다. 나의 열심보다는 올바른 지식을, 자기의 의보다는 하나님의 의에 의지해야 한다. 그리스도는 율법의 마침이 되심과 예수를 구세주로 시인하고, 복음의 발과 말씀에 대한 들음을 제시한다. 로마서 12장은 하나님의 뜻을 분별하는 "새 생활(로마서 12장)"로서 "너희 몸을 하나님이 기뻐하시는 거룩한 산 제물로 드리라 이는 너희가 드릴 영적 예배니라(로마서 12:1－2)"라고 말씀한다. 이 자리에서 죄 없는 예수님이 스스로 죄인이 되어 화목제물이 되었듯이 우리도 예수님처럼 나를 제물로 삼아 영적 예배를 드리게 된다.

> 롬 12:1 그러므로 형제들아 내가 하나님의 모든 자비하심으로 너희를 권하노니 너희 몸을 하나님이 기뻐하시는 거룩한 산 제물로 드리라 이는 너희가 드릴 영적 예배니라
> 롬 12:2 너희는 이 세대를 본받지 말고 오직 마음을 새롭게 함으로 변화를 받아 하나님의 선하시고 기뻐하시고 온전하신 뜻이 무엇인지 분별하도록 하라

제3장

공부에 대한 성경적 관점
: 소명공부(召命工夫)

─ 관점은 중요하다. 관점이 달라지면 프레임이 바뀌고 프레임이 바뀌면 사고방식이 바뀌며 사고방식이 달라지면 인생이 달라진다고 한다. 공부에 대한 관점에 따라서 공부의 목적과 가치, 그리고 접근방법 등에 대하여 생각을 달리할 수 있다. 공부에 대한 세상적 관점에 대한 대안적 관점으로 성경말씀에 비추어 본 "성경적 관점"을 생각한다.

a. 공부를 바라보는 세상적 관점

─ 세상적 관점은 이 세상에서의 자아의 실현을 추구한다. 요한일서는 지적한다. 육신의 자아는 "세상으로부터 온 육신의 정욕과 안목의 정욕과 이생의 자랑"을 추구한다. (요한일서 2:16) 자아의 실현을 위하여 세상에서의 물질적 가치의 획득을 위하여 경쟁한다. 이를 위하여 개인은 여러 가지 실력을 발휘할 수 있어야 하고 이러한 실력의 바탕이 되는 핵심 역량을 갖추어야 한다. 공부에 대한 세상적 관점은 급변하는 세상에서 실력을 발휘하는 "쓸모 있는 인간이 되는 것"을 목표로 생각한다. 공부는 이를 위한 중요한 방편이 된다. 이 바탕이 되는 관점을 제1부 3장 "하나님 앞에서 나를 바라봄"에서 검토하였다.

요일 2:16 이는 세상에 있는 모든 것이 육신의 정욕과 안목의

정욕과 이생의 자랑이니 다 아버지께로부터 온 것이 아니요 세
상으로부터 온 것이라

1) 육신의 관점: 자기의 등장

— 세상적 관점은 육신의 자리에서 자기와 세상을 바라보는 관점이다.
육신의 관점은 내가 나의 주인이 되어 나에게 좋은 것과 나쁜 것을 구
별하는 관점이다. 우리가 추구하는 가치는 나의 육신으로서 자아가 이
세상에서 추구하는 가치이다.

— 우리는 "육신의 혼"을 참된 나라고 착각한다. 육신은 자아를 나의
주인으로 세운다. 자기(自己) 혹은 "자아(自我)
"라는 주인이 등장한다. 하나님의 영을 상실한 마음에서 육신을 주관
하는 혼이 나의 주인 노릇을 한다. 육신의 혼이 "자아"가 되어 나의
생각과 감정과 의지를 지배한다. 육신의 혼은 자기를 기준으로 하여
세상에 있는 가치를 추구한다. 요한일서는 "누구든지 세상을 사랑하면
아버지의 사랑이 그 안에 있지 아니하다"고 지적한다. (요한일서
2:15) 신약성경은 나를 이끌고 가는 혼의 주인을 "자기(自己)"라고 부
른다. 자기(自己)는 '나로 말미암아'라는 의미를 포함하고 있다. 예수
님은 "제자들에게 이르시되 누구든지 나를 따라오려거든 자기를 부인
하고 자기 십자가를 지고 나를 따를 것이니라"고 말씀한다.

마 16:24 이에 예수께서 제자들에게 이르시되 누구든지 나를
따라오려거든 자기를 부인하고 자기 십자가를 지고 나를 따를
것이니라

- 1990년대에 가수 민혜경은 "내 인생은 나의 것"이라는 노래를 불렀다. 이 노래를 방송한 KBS는 전국의 고교생 학부모들로부터 "아이들 다 버려놓는다"고 엄청난 항의 전화를 받았다고 한다.

2) 하나님과의 관계단절: 하나님 없이 바라봄

- 창세기는 아담과 하와가 타락한 이후에 인간은 하나님의 형상을 닮은 영의 존재에서 하나님의 영이 떠난 육신이 되었다고 지적한다. (창세기 6:3) 인간이 육신이 된 것은 하나님의 영을 상실하고 하나님과의 관계가 단절되었음을 의미한다. 로마서는 이것을 하나님께서 "상실한 마음"대로 내어 버려두었다고 지적한다. (로마서 1:28) 여기서 상실한 마음은 하나님의 영을 잃어버린 것을 말한다. 육신은 하나님 밖에 존재한다. 하나님의 밖은 죄의 영역이다. 죄(Sin)로 인하여 합당하지 못한 죄악을(sins) 범하게 된다. 이후 인간은 죄에 거하게 되었고 인간은 죄 중에 태어나게 되었다. 죄로 말미암아 죄악을 짓는 존재가 되었다.

> 롬 1:28 또한 그들이 마음에 하나님 두기를 싫어하매 하나님께서 그들을 그 상실한 마음대로 내버려 두사 합당하지 못한 일을 하게 하셨으니

3) 겉을 먼저 보게 됨

- 에베소서 제1장은 존재하는 모든 것은 "하늘에 있는 것이나 땅에

있는 것이 다 그리스도 안에서 통일되게 하려 하셨다"고 지적한다. (에베소서 1:10) 존재하는 "모든 것의 속에는" 하나님의 뜻과 계획이 내재하고 있다. 그러나 인간이 육신이 된 이후에 하나님과의 관계가 단절되면서 하나님의 뜻과 연결된 속과 세상에서 모양을 들어내는 겉이 서로 분리되었다. 속과 겉이 통일되지 못하였다.

> 엡 1:10 하늘에 있는 것이나 땅에 있는 것이 다 그리스도 안에
> 서 통일되게 하려 하심이라

– 육신은 존재하는 모든 것들의 바탕이 되는 속은 보지 못하고 세상 속에서 드러나는 겉만을 보게 되었다. 약속의 땅 가나안을 향하여 가던 이스라엘은 가데스 바네아에서 가나안 땅을 정탐하러 갔을 때 "하나님 없이" 가나안 땅을 보며 자기들은 메뚜기떼만도 못하다고 보았다. 이 일로 이스라엘은 가나안으로 들어가지 못하고 여호수아와 갈렙만이 새로 태어난 백성들과 함께 살아서 가나안으로 들어갈 수 있었다. (민수기 13:25–33)

> 민 13:30 갈렙이 모세 앞에서 백성을 조용하게 하고 이르되 우
> 리가 곧 올라가서 그 땅을 취하자 능히 이기리라 하나
> 민 13:31 그와 함께 올라갔던 사람들은 이르되 우리는 능히 올라
> 가서 그 백성을 치지 못하리라 그들은 우리보다 강하니라 하고
> 민 13:32 이스라엘 자손 앞에서 그 정탐한 땅을 악평하여 이르
> 되 우리가 두루 다니며 정탐한 땅은 그 거주민을 삼키는 땅이
> 요 거기서 본 모든 백성은 신장이 장대한 자들이며

민 13:33 거기서 네피림 후손인 아낙 자손의 거인들을 보았나
니 우리는 스스로 보기에도 메뚜기 같으니 그들이 보기에도 그
와 같았을 것이니라

– 히브리서(11:3)는 "보이는 것은 나타난 것으로 말미암아 된 것이
아니니라"고 지적한다. 믿음으로 모든 세계가 보이지는 않으나 하나님
의 말씀으로 지어진 줄을 우리가 안다고 지적한다. 하나님께서는 외모
보다는 중심을 본다고 말씀하셨다. "내가 보는 것은 사람과 같지 아니
하니 사람은 외모를 보거니와 나 여호와는 중심을 보느니라"고 말씀
하신다. (사무엘상 16:7) 또 "하나님께서 구하시는 제사는 제물로 드
리는 제사보다는 상한 심령이라"고 말씀하신다. (시편 51:17)

히 11:3 믿음으로 모든 세계가 하나님의 말씀으로 지어진 줄을
우리가 아나니 보이는 것은 나타난 것으로 말미암아 된 것이
아니니라

삼상 16:7 여호와께서 사무엘에게 이르시되 그의 용모와 키를
보지 말라 내가 이미 그를 버렸노라 내가 보는 것은 사람과 같
지 아니하니 사람은 외모를 보거니와 나 여호와는 중심을 보느
니라 하시더라

시 51:17 하나님께서 구하시는 제사는 상한 심령이라 하나님이
여 상하고 통회하는 마음을 주께서 멸시하지 아니하시리이다

– 인간이 육신이 된 이후로는 인간과 하나님과의 관계가 단절되어

364

하나님과 연결된 의미와 의의를 안고 있는 현상의 속을 바라보지 못하고 우리는 눈에 보이는 현상의 겉만을 보게 되었다. 요한일서는 "이는 아버지의 사랑이 그 안에 있지 아니하기" 때문이라고 지적한다. 현상의 속에는 하나님의 뜻이 있다. 이 뜻과의 연결이 중요하다.

– 공부에 대한 세상적 관점은 좋은 대학에 입학하여 안정되고 높은 소득이 보장되는 좋은 직업에 종사하고 좋은 직장에 취직하여 사회적으로 인정받는 것을 성공이라고 생각하고 이를 이루기 위한 수단으로 공부를 바라본다. 좋은 대학에 입학하는 것을 공부의 성과로 본다. 능력주의를 추구하는 세상에서 경쟁의 방편으로 공부를 본다. 공부의 목표가 시험 잘 보는 능력을 개발하는 것이 되었다. 그러나 믿음의 관점에서는 하나님의 사람으로 온전한 존재로 성장하여 하나님의 영광을 드러내고 찬양하는 능력을 발휘하는 존재가 되는 것을 공부의 목적으로 삼고 있다. (디모데후서 3:17) 우리의 삶에서 하나님의 이야기를 쓰고 하나님의 역사를 들어내는 존재가 되는 것을 추구한다.

– 우리나라의 학교 중에는 올바른 인성의 함양을 공부의 주요 목적으로 삼고 전인교육의 이상을 지향하여 소질과 적성과 정체성을 길러주는 것을 추구하는 학교가 있다.[6] 이러한 학교에서는 인성교육의 이상과 철학이 있고 공부의 즐거움과 앎의 기쁨을 드러내는 "공부의 자존감"이 있고, 공부의 집중과 몰입의 희열을 경험하게 하는 "심층공부"의 과정도 있다. 그러나 대부분의 학교에서의 학생들의 공부는 이

---

6) 서정화 외, 한국의 명품고등학교, 시간여행, 2015. pp.107-126.

러한 인성교육과 개성교육, 그리고 자기주도적 "공부의 자존감"을 길러주는 데는 한계가 있다, 가정교육과 교회교육은 입시위주의 학교교육과 학원이 주도하는 사교육의 중간에서 제 역할을 감당하는 데 어려움을 겪고 있다.

b. 공부에 대한 성경적 관점

– 공부에 대한 성경적 관점은 말씀에 비추어 공부를 보는 관점이다. 성경말씀은 하나님의 뜻과 성품을 나타낸다. 소명을 하나님의 부르심이라고 볼 때 이 부르심에는 하나님의 뜻과 성품이 담겨있다. 하나님께서는 하나님을 경외하는 믿음으로, 우리를 향한 하나님의 뜻과 계획으로 그리고 고난을 통하여 나를 바라보라는 연단으로 "우리를 부르신다." 믿음, 소명 그리고 연단의 맥락은 공부에 대한 성경적 관점을 보여준다. 그래서 이 책에서는 제1부에서 믿음으로, 제2부에서는 소명으로, 제3부에서는 고난으로의 부르심을 살펴보았다. 성경에 등장하는 토기와 토기장이의 비유는 하나님과 우리의 관계를 깨닫게 한다. 또한 고린도후서는 구원받은 우리의 존재를 "보배를 담은 질그릇"으로 표현한다. (고린도후서 4:7) 디모데후서는 공부의 목적과 방법을 제시한다. 세상적 관점은 금 그릇으로 태어나기를 바라지만 성경적 관점은 "깨끗하게 하여 쓰임받기를"구한다. (디모데후서 2:20, 3:17)

> 고후 4:7 우리가 이 보배를 질그릇에 가졌으니 이는 심히 큰 능력은 하나님께 있고 우리에게 있지 아니함을 알게 하려 함이라

‐ 토기장이의 비유는 우리의 창조주 되시는 하나님의 주권을 제시한다. 이사야서는 주인 노릇을 하는 이스라엘에게 "지음을 받은 물건이 어찌 자기를 지은 이에게 대하여 이르기를 그가 나를 짓지 아니하였다 하겠으며 빚음을 받은 물건이 자기를 빚은 이에게 대하여 이르기를 그가 총명이 없다 하겠느냐"고 꾸짖는다. 우리는 진흙으로 만든 하나님의 그릇이다. 이사야서는 "우리는 진흙이요 주는 토기장이시니 우리는 다 주의 손으로 지으신 것이니이다"고 고백한다. (이사야 64:8) 예수님도 내 이름을 이방인과 임금들과 이스라엘 자손들에게 전하기 위하여 택한 택하여 보내는 사울(나중에 바울로 이름을 바꿈)을 나의 그릇이라고 불렀다. (사도행전 9:15)

사 29:16 너희의 패역함이 심하도다 토기장이를 어찌 진흙 같이 여기겠느냐 지음을 받은 물건이 어찌 자기를 지은 이에게 대하여 이르기를 그가 나를 짓지 아니하였다 하겠으며 빚음을 받은 물건이 자기를 빚은 이에게 대하여 이르기를 그가 총명이 없다 하겠느냐

사 64:8 그러나 여호와여, 이제 주는 우리 아버지시니이다 우리는 진흙이요 주는 토기장이시니 우리는 다 주의 손으로 지으신 것이니이다

롬 9:21 토기장이가 진흙 한 덩이로 하나는 귀히 쓸 그릇을, 하나는 천히 쓸 그릇을 만들 권한이 없느냐

행 9:15 주께서 이르시되 가라 이 사람은 내 이름을 이방인과
임금들과 이스라엘 자손들에게 전하기 위하여 택한 나의 그릇
이라

– 디모데후서는 말씀을 전한다. 큰 집에는 "금 그릇과 은 그릇뿐 아
니라 나무 그릇과 질그릇도 있어 귀하게 쓰는 것도 있고 천하게 쓰는
것도 있나니 그러므로 누구든지 이런 것에서 자기를 깨끗하게 하면
귀히 쓰는 그릇이 되어 거룩하고 주인의 쓰심에 합당하며 모든 선한
일에 준비함이 되리라" 그릇을 만드는 재질에 따라서 귀한 그릇도 있
으나 자기를 깨끗하게 하면 귀히 쓰는 그릇이 된다. 우리는 "금 그릇
과 은 그릇"으로 태어나길 원한다. 그러나 성경은 "자기를 깨끗하게"
하여 "귀히 쓰는 그릇"이 되기를 권면한다.

딤후 2:20 큰 집에는 금 그릇과 은 그릇뿐 아니라 나무 그릇과
질그릇도 있어 귀하게 쓰는 것도 있고 천하게 쓰는 것도 있나니
딤후 2:21 그러므로 누구든지 이런 것에서 자기를 깨끗하게 하
면 귀히 쓰는 그릇이 되어 거룩하고 주인의 쓰심에 합당하며
모든 선한 일에 준비함이 되리라

1) 하나님은 우리를 하나님의 동역자로 세워주셨다_일차적 소명 (partnership)

– 하나님은 하나님의 형상을 따라 인간을 창조하셨고, 복을 주시고
이 세상을 다스리라고 위임하셨다. (창세기 1:26−28) 인간이 하나님

의 말씀을 불순종하여 하나님과의 관계가 단절된 이후에도 하나님 앞으로 다시 돌아올 수 있도록 "은혜의 문"을 열어주셨다. 하나님께서는 인간이 이 일을 감당할 수 있도록 믿음을 주시고 복을 주시고 세워주셨다. (마태복음 5:3−12) 선한 뜻을 이루는 인간의 일을 모든 피조물도 즐거워한다. (로마서 8:21) 예수님도 공생애의 사역을 하시면서 사람을 택하시고 그들을 세워주셨다. 이렇게 세워주신 인간을 예수님은 "나의 그릇"이라고 말씀하셨다. (사도행전 9:15) 우리는 하나님의 그릇이 되어야 한다. 하나님의 그릇이 되기 위하여 믿음을 공부해야 한다. 이것이 우리를 부르시는 하나님의 첫 번째 소명이다.

하나님께서는 인간에게 모든 생물을 다스리라 하셨다.

− 인간은 본래 하나님의 형상을 따라 창조되었다. 이것은 우리는 하나님의 자녀가 되어야 함을 의미한다. 그러나 인간이 타락한 이후로 사람으로부터 "육신"이 되었다. 우리는 "죄인의 길"에서 구원받는 "은혜의 길"로 올라서야 한다. 하나님께서 "의롭다"고 인정하는 사람만이 이 길로 들어 설 수 있다. 오직 믿음으로 이 길에 들어선다. 이 땅에 오신 하나님이신 예수님께서 우리의 죄를 대신하여 십자가에서 죽으셨다는 것을 믿는 이 "믿음의 고백"만으로 우리를 "의롭다"고 여겨 주신다는 하나님의 약속을 믿는 이 믿음으로 구원의 길로 올라선다.

요 1:12 영접하는 자 곧 그 이름을 믿는 자들에게는 하나님의 자녀가 되는 권세를 주셨으니

– **하나님께서는 "그들에게 복을 주시며 다스리라 하셨다".** 하나님께서는 인간들에게 먼저 복을 주시고 생육하고 번성하고 땅에 충만하고 땅을 정복하라, 바다의 물고기와 하늘의 새와 땅에 움직이는 모든 생물을 다스리라"고 하시었다. (창세기 1:28) 사람들은 하나님의 뜻과 계획을 받는다. 이것을 "데스티니" 혹은 "업(業)"이라고 한다.

> 창 1:26 하나님이 이르시되 우리의 형상을 따라 우리의 모양대로 우리가 사람을 만들고 그들로 바다의 물고기와 하늘의 새와 가축과 온 땅과 땅에 기는 모든 것을 다스리게 하자 하시고

> 창 1:28 하나님이 그들에게 복을 주시며 하나님이 그들에게 이르시되 생육하고 번성하여 땅에 충만하라, 땅을 정복하라, 바다의 물고기와 하늘의 새와 땅에 움직이는 모든 생물을 다스리라 하시니라

– "다스리는 것"은 군림하기 보다는 "(보)살핌"과 살려주는 "살림"과 "세워주는" "섬김"을 의미한다. 공부하는 목적은 섬김을 위함이다. "공부해서 남주자"라는[7] 말은 이 대의를 반영하고 있다. 이 말은 공부에 대한 소명의 관점을 나타내고 있다. 모든 피조물도 하나님의 아들들이 나타나서 구원해 줄 것을 기다리고 있다. 피조물도 그 고대하는 바는 썩어짐의 종 노릇 한 데서 해방되어 하나님의 자녀들의 영광의 자유에 이르는 것이다. (로마서 8:19－22) 우리의 섬김은 이웃뿐만 아니라 우리가 속한 자연의 보호까지 확장된다.

---

7) 김영길, 공부해서 남주자, p.117.

롬 8:21 그 바라는 것은 피조물도 썩어짐의 종 노릇 한 데서 해
방되어 하나님의 자녀들의 영광의 자유에 이르는 것이니라

- **우리는 하나님의 자녀로서 거듭나고 성장하고 다스릴 수 있어야
한다.** 이를 위하여 우리는 공부해야 한다. 공부는 평생의 과제이고 삶
의 한 과정이다. 하나님은 우리가 이 과제를 담당할 수 있도록 도와주
신다. 먼지뿐임인 우리를 그릇으로 빚어주시고 그 안에 선한 일에 쓰
임 받는 능력으로 채워주신다. 하나님을 경외하는 것은 믿음의 바탕
위에서 공부하는 첫 걸음을 걷게 한다. 이 책에서는 이것을 "일차적
소명"이라고 부른다. 이로써 하나님의 인자와 긍휼의 문을 열게 되기
때문이다. (시편 103:13, 17)

"아버지가 자식을 긍휼히 여김 같이 여호와께서는 자기를 경외
하는 자를 긍휼히 여기시나니 이는 그가 우리의 체질을 아시며
우리가 단지 먼지뿐임을 기억하심이로다" (시편 103:13 – 14)

2) 우리를 향한 하나님의 뜻과 계획이 있다.(Destiny)

- 하나님은 우리 각 개인에 대하여 뜻과 계획을 가지고 계신다. 우리
는 "하나님의 계획을 따라 우리가 예정을 입어 그 안에서 기업이 되었
다". "이는 우리가 그리스도 안에서 전부터 바라던 그의 영광의 찬송
이 되게 하려 하심이라." (에베소서 1:11 – 12) 이해하기 어렵고 믿기
어려운 말씀이나 하나님이 계심을 믿는 믿음으로 이 말씀을 믿고 따
라가면 언젠가 나에 대한 하나님의 뜻과 계획을 알게 된다. 이것이 성

경말씀의 약속이다.

― 믿음은 하나님 앞에서 나를 바라보고 소명으로의 부르심에 귀를 기우릴 것을 권면한다. 소명으로의 부르심을 따라 소명을 바라보며 꿈과 비전을 세우고 나의 유업을 생각하기를 원하신다. 이 유업을 나에게 전해진 일이라고 생각할 수 있다. 유업을 데스티니(destiny)라고 부른다.

> "모든 일을 그의 뜻의 결정대로 일하시는 이의 계획을 따라 우리가 예정을 입어 그 안에서 기업이 되었으니 이는 우리가 그리스도 안에서 전부터 바라던 그의 영광의 찬송이 되게 하려 하심이라"(에베소서 1:11－12)

― 하나님은 우리를 부르신다. 때로는 미세한 음성으로 부르시기도 하지만 때로는 우리를 불러 세워 말씀하시기도 한다. 성경은 여러 곳에서 하나님의 부르심을 증거한다. 우리의 삶에 육신의 눈에는 보이지 않는 "믿음의 길"이 있다. 우리의 삶에서 우리가 가야 할 길을 확실하게 찾지 못하고 잘못 가고 있을 때 믿음의 눈으로 그 길을 보게 하시고 불러 세워 말씀을 듣게도 하신다.

― 하나님의 부르심은 우리를 믿음의 길로 부르시고 우리의 일에서 소명을 듣게 하신다. 믿음을 통하여 보이지 않는 믿음의 길과 소명의 부르심과 고난 속에 담긴 복을 보게 된다. 고난 중에 격려하시기도 하고 새 힘을 주시기도 한다. 우리를 불러 우리가 뒤돌아보게도 하시고,

우리를 단순하게도 하신다. 우리가 하나님의 뜻과 계획을 외면할 때 하나님은 우리의 마음의 중심을 보시고 고난으로 연단하신다. 하나님께서는 이 믿음의 길을 보여주기 위해서 모세가 인도한 출애굽의 여정에서 "하나님의 광야학교"를 개설하셨다. (민수기 33:52-56)

> 그 땅의 원주민을 너희 앞에서 다 몰아내고 그 새긴 석상과 부어 만든 우상을 다 깨뜨리며 산당을 다 헐고 그 땅을 점령하여 거기 거주하라 내가 그 땅을 너희 소유로 너희에게 주었음이라

> 너희가 만일 그 땅의 원주민을 너희 앞에서 몰아내지 아니하면 너희가 남겨둔 자들이 너희의 눈에 가시와 너희의 옆구리에 찌르는 것이 되어 너희가 거주하는 땅에서 너희를 괴롭게 할 것이요 나는 그들에게 행하기로 생각한 것을 너희에게 행하리라 (민수기 33:52-53, 55-56)

- 이스라엘 민족은 바로왕에게 행한 하나님의 징계와 홍해가 갈라지는 기적을 보고도 목마르다고 불평하고, 걱정된다고 가나안 약속의 땅을 믿음 없이 바라보고, 금송아지를 만들어 우상숭배를 저질렀다. 이에 하나님은 가나안의 문턱에서 38년 동안 광야에서 지내는 광야학교를 거치게 하셨다. (신명기 2:14) 모세도 가나안 땅을 먼발치로 바라만 보았을 뿐 들어가지 못하고 죽었다. 하나님의 약속을 통하여 가나안땅을 바라본 갈렙과 여호수아와 새로 태어난 이스라엘 족속만이 약속의 땅으로 들어갈 수 있었다.

신 2:14 가데스 바네아에서 떠나 세렛 시내를 건너기까지 삼십
팔 년 동안이라 이때에는 그 시대의 모든 군인들이 여호와께서
그들에게 맹세하신 대로 진영 중에서 다 멸망하였나니

— 바울은 3차 전도여행을 마치고 고린도에서 서방 전도를 위하여 바
로 로마로 가지 않고 예루살렘을 향하였다. 예루살렘에서 고난이 있을
것이라는 여러 예언에도 불구하고 구제헌금을 가지고 먼저 예루살렘
으로 향하는 결정을 하기까지 바울은 고민하였다. 그러나 바울은 하나
님의 뜻을 바라보고 예루살렘으로 향하였다. (사도행전 20:23, 38)

행 20:23 오직 성령이 각 성에서 내게 증언하여 결박과 환난이
나를 기다린다 하시나
행 20:38 다시 그 얼굴을 보지 못하리라 한 말로 말미암아 더
욱 근심하고 배에까지 그를 전송하니라

— 나에 대한 하나님의 뜻과 계획이 있음을 생각하고 그것이 무엇일
지 당장 알 수 없어도 관심을 가지고 생각함으로써 일과 공부의 뜻,
의미를 생각하게 된다. 일과 공부의 겉만을 생각하지 않고 그 속을 보
려고 노력하게 된다. 일의 가치와 보람 그리고 재미에 주목하게 된다.
일의 속에 주목할 때 하나님의 뜻을 생각하게 되고 몰입의 기쁨을 맛
보고 연단의 내공을 쌓게 된다.

3) 새로운 정체성(Identity)

– 믿음 안에서 새로운 정체성을 갖게 된다. 예수 그리스도 안에서 새로운 신분을 얻게 된다. 하나님의 자녀와 하나님 나라의 백성의 신분을 자각하게 된다.

– 고린도후서는 믿음을 갖은 우리를 "보배를 담은 질그릇"이라고 표현한다. (고린도후서 4:7) 우리가 하나님을 경외하면 먼지 같은 우리를 흙으로 바꾸어 "믿음의 그릇"을 만들어 주신다. 하나님의 인자와 긍휼로 먼지와 같은 우리를 새롭게 하신다. (시편 103:2) 우리는 "씨 뿌리는 농부"의 비유에서처럼 은택과 복으로 우리의 마음을 새롭게 하여 "좋은 땅"이 되어 공부의 바탕을 세워주신다. 산상수훈을 통하여 말씀하신 팔복은 "새롭게 해 주신 우리의 마음"을 말한다. (마태복음 5:3－12) 하나님 나라에서는 우리의 심령이 새로워진다. 골로새서는 이것을 "옛사람"을 벗은 "새 사람"이라고 부르며 "지식에까지 새롭게 하심을 입은 자니라"고 표현한다. (골로새서 3:10) 우리의 지식도 달라져야 한다. 우리는 이 세상의 빛과 소금이 되어 이 빛을 드러낸다.

> 요 1:12 영접하는 자 곧 그 이름을 믿는 자들에게는 하나님의 자녀가 되는 권세를 주셨으니
> 요 1:13 이는 혈통으로나 육정으로나 사람의 뜻으로 나지 아니하고 오직 하나님께로부터 난 자들이니라

> 고후 4:7 우리가 이 보배를 질그릇에 가졌으니 이는 심히 큰 능

력은 하나님께 있고 우리에게 있지 아니함을 알게 하려 함이라

골 3:10 새 사람을 입었으니 이는 자기를 창조하신 이의 형상
을 따라 지식에까지 새롭게 하심을 입은 자니라

― 예수님은 공생애를 시작하기에 앞서 세례를 받으셨다. 그리고 이 이후에 사탄의 시험을 받으셨다. 시험하는 자 곧 마귀가 와서 말씀에 의지하여 "네가 만일 하나님의 아들이거든 돌로 떡덩이가 되게 하고, 성전 꼭대기에서 뛰어내리고, 천하 만국과 그 영광을 보여 이르되 만일 내게 엎드려 경배하면 이 모든 것을 네게 주리라"고 시험한다. (마태복음 4:3 ― 11) 예수님께서는 역시 말씀에 의지하여 마귀를 물리쳤다. 우리도 마찬가지이다. 떡만이 아닌 말씀으로 살 것과 하나님을 시험하지 말고, 하나님께 경배하고 오직 그를 섬기겠다는 마음으로 우리의 정체성을 세워가야 한다. 우리의 정체성을 세워가는 과정에서 말씀에 대한 공부가 필요하다.

c. 소명공부의 정체성 : 나의 비전과 인격과 능력을 세운다.

1) 믿음의 바탕 위에서 나의 비전과 인격과 능력을 세운다.

― 공부에 대한 성경적 관점은 믿음의 바탕 위에서 공부를 바라본다. 하나님께서 우리를 하나님의 동역자로 세우셨다고 보며 나를 향한 하나님의 뜻과 계획이 있다고 본다. 하나님의 부르심이라는 넓은 의미의 "일차적 소명"을 바라보며 "하나님의 자녀로서 온전한 성품을 세우고

선한 일에 쓰임 받는 능력을 갖추는 것"을 공부의 목적으로 삼는다. (디모데후서 3:17) 이러한 공부를 "소명을 바라보며 소명에 이끌림을 받는다"는 의미에서 "소명공부"라고 불러 본다.

> 딤후 3:17 이는 하나님의 사람으로 온전하게 하며 모든 선한
> 일을 행할 능력을 갖추게 하려 함이라

− 믿음의 관점에서는 공부를 하나님이 주신 소명으로 본다. 공부는 나를 만들어 가시는 하나님의 부르심이다. 우리가 공부할 수 있도록 하나님이 책임져 주신다. 하나님께서는 공부를 좋아하고 잘할 수 있도록 복(성품)도 주시고 달란트(재능)도 주시고, 은사(능력)도 허락하신다. 이것이 "공부의 바탕"을 이룬다. 이 바탕 위에서 나의 비전과 인격과 능력을 세운다. 이것이 소명공부이다. 복음송 "원하고 바라고 기도합니다"는 이 소망을 간절히 구한다.

− 성경은 공부에 대해 어떤 지침을 주고 있는가? 어떻게 공부하라는 뜻인가? 믿음의 바탕 위에서 주님의 평강 안에서 즐겁게 공부하기를 바라신다. 이것이 주님이 주시는 "공부하는 마음"이다. 이 마음으로 공부하기를 기대하신다. 그리하여 "공부는 마음으로 한다"고 생각한다. 제4부 4장은 "공부하는 마음으로 가는 문"을 생각한다. 그리하여 소명으로 인도함을 받고 고난의 어려움 가운데 단련한다. 하나님을 바라보면 하나님이 주시는 데스티니 즉, 유업을 생각하게 하고 공부의 뜻이 세워지게 한다. 이렇게 뜻을 세우는 것을 입지(立志)라고 한다. 믿음과 소망으로 뜻을 세워 "공부의 높이"를 세우게 된다. 주신 달란

트와 인도하심으로 공부의 넓이를 넓히고 주님이 주시는 연단으로 공부의 깊이를 깊게 하고 주님이 주신 평강과 자립으로 공부의 길이를 길게 한다.

– 소명공부는 믿음의 길에서 하나님을 경외하며, 소명을 바라보고, 고난 중에 연단하며, 하나님의 인도하심을 따라, 주님 안에 있는 평강을 힘으로 삼아, 지금 여기서 내게 있는 것으로 올바른 한 점 찍기로 나의 공부의 바탕을 세우려고 노력한다. "공부의 속"으로 들어가 자기 나름의 독특한 개성을 살리는 공부를 생각한다. 소명공부는 우리의 다음 세대들이 무엇인가 해보고, 무엇인가 만들어 보고 무엇인가 되어보는 공부를 하는 가운데 "나의 나 됨을" 살리는 공부를 의미한다.

– 하나님께서는 약속의 말씀을 주셨는데 이 말씀을 복음이라고 하며 복음을 마음에 받아들이는 것을 믿음이라고 한다. 믿음은 들음에서 시작한다. (로마서 10:17) 믿음이 나기 위해서는 성경 속에 있는 말씀과 이야기를 들어야 한다. 이 공부는 공부의 바탕을 이루고 공부하는 마음으로 가는 문을 여는 매우 중요한 공부이다. 하나님께서는 어린이가 성경 이야기를 들으며 믿음의 길을 찾아가기를 바라신다. (디모데후서 3:15 – 16) 하나님을 바라보는 마음의 창문이 열리기 위해서는 귀로 듣고 눈으로 보아야 한다. 어린이에 대한 부모의 관심, 배려, 사랑, 가정예배, 교회학교의 중요성을 다시 생각하게 된다. 초등학교 시절에 공부의 바탕을 세우는 것은 인생의 골든타임으로 보인다.

딤후 3:15 또 어려서부터 성경을 알았나니 성경은 능히 너로
하여금 그리스도 예수 안에 있는 믿음으로 말미암아 구원에 이
르는 지혜가 있게 하느니라
딤후 3:16 모든 성경은 하나님의 감동으로 된 것으로 교훈과
책망과 바르게 함과 의로 교육하기에 유익하니

2) 소명공부는 사회적 역할의 다양성 속에서 자기의 독특한 개성을 추구한다.

- 공부에 대한 세상적 관점은 세상적 가치를 추구한다. 좋은 직업과
직장을 기준으로 줄 세우는 "획일적 서열구조"에 대한 인식에서 이를
얻기 위한 "교육경쟁"을 추구한다. 이 맥락에서 실력과 성품을 생각한
다. 능력에 따라서 교육의 기회가 배분되어야 한다는 "차가운 능력주
의"가 교육의 기회균등의 원칙을 규정하고, 능력주의만을 공정한 경쟁
의 원칙으로 본다. 내가 성취한 실적과 공로에 따라 보상하는 "공로의
법칙"을 공정하게 생각한다. 누가복음에 나오는 돌아온 둘째 아들의
이야기에서 아버지는 사랑으로 보듬어 안는 "은혜의 법칙"을 보여주
었고, 이를 못마땅하게 생각하는 형은 "공로의 법칙"을 따르고 있다.
(누가복음 15:29 - 30)

눅 15:29 아버지께 대답하여 이르되 내가 여러 해 아버지를 섬
겨 명을 어김이 없거늘 내게는 염소 새끼라도 주어 나와 내 벗
으로 즐기게 하신 일이 없더니
눅 15:30 아버지의 살림을 창녀들과 함께 삼켜 버린 이 아들이

돌아오매 이를 위하여 살진 송아지를 잡으셨나이다

– 소명공부는 사회적 역할의 다양성 속에서 자기의 독특한 개성의 신장을 추구한다. 이것이 창조 본연의 질서를 반영하지 않는다면 이 세상이 이렇게 다양한 아름다움으로 채워지지 않았을 것이다.[8] 소명 공부는 "하나님의 사람으로서 온전함과 선한 일에 쓰임 받는 능력을 계발할 것을 추구"한다. 우리는 몇 가지 인기 있는 직종과 직업만을 생각하지만 개성이 꽃 피울 그 가능성은 무한대에 가까울 것이다. 최소 필수의 교육기회는 모든 사람에게 제공되어야 하고, 교육의 기회는 은혜의 법칙에 의하여 주어져야 한다고 본다. 포도원 품꾼의 비유에서처럼 모든 품꾼들에게 한 데나리온의 품삯으로 하루의 삶을 지켜내는 일할 수 있는 기회를 주는 포도원 주인의 마음이 은혜의 법칙을 보여준다. 그리고 우리는 은혜를 입은 자처럼 일하고 공부하고, 돌아온 탕자처럼 감사와 기쁨으로 그 기회를 받는다. 이 과정에서 자기의 사명과 정체성을 세워가는 노력을 한다. 공부하는 동기와 이유를 이 맥락에서 찾는다.[9] 이 과정은 마치 직각삼각형의 공간 안에서 반경의 길이를 최대로 하면서 원을 그려나갈 때 "이러한 원을 몇 개나 그릴 수 있겠는가?"라는 질문을 생각하는 것과 비슷하다. 무한대의 원을 그려갈 수 있다.

– 경쟁교육에서는 귀한 존재가 되기를 원한다. 마치 "귀한 그릇"이

---

8) 이차영, 식물에서 배우는 교육, p.200 – 221.
9) 김영길, 공부해서 남주자, p.117.

되려고 하는 것과 비슷하다. 귀한 재질로 만들어진 "금 그릇"이 되려고 한다. 할 수 있다면 "금수저"를 입에 물고 태어나기를 바랄 수도 있다. 교육기회의 불균등에 민감하게 되고 삶의 과정에서 여러 가지 걸림돌을 원망하게 된다. 인생의 성공에서 중요하게 작용하는 요인으로 일본과 대만의 젊은이들은 "본인의 노력과 재능"을 꼽은 반면 한국의 젊은이들은 70% 정도가 "부모의 재력"을 꼽았다고 한다.10)

－ 소명공부에서는 비록 질그릇이라도 "자기를 깨끗하게 하면 귀히 쓰는 그릇이 되어 거룩하고 주인의 쓰심에 합당하며 모든 선한 일에 준비함이 되리라"는 말씀에 따라 (디모데후서 2:20) "자기를 깨끗하게 구별하려는" 노력을 한다. 상황을 바라보고 걸림돌을 원망하기보다는 걸림돌을 디딤돌로 삼는 용기를 발휘하기도 한다. 권리에 따라 먼저 주장하기보다는 은혜에 감사하고, 섬김의 기쁨 속에서, 내게 있는 것으로, 최선의 노력을 다하려고 노력한다. 이 원칙에 따라 비록 작은 점에 지나지 않을 지라도 지금 여기서 내게 있는 것으로 최선을 다하는 "한 점 찍기"로 대응한다. 용기는 절망의 끝자락에서 생김을 믿는다.

> 딤후 2:20 큰 집에는 금 그릇과 은 그릇뿐 아니라 나무 그릇과
> 질그릇도 있어 귀하게 쓰는 것도 있고 천하게 쓰는 것도 있나니
> 딤후 2:21 그러므로 누구든지 이런 것에서 자기를 깨끗하게 하
> 면 귀히 쓰는 그릇이 되어 거룩하고 주인의 쓰심에 합당하며
> 모든 선한 일에 준비함이 되리라

---

10) 김희삼, You Tube ([명견만리 시즌2] 그 많던 개천의 용은 다 어디로 갔
　　을까?).

3) 성품과 정체성으로 공부의 바탕을 세운다.

― 빅 데이터와 인공지능(AI)을 활용하는 제4차 산업혁명 시대에는 사람의 역할과 쓸모(doing)가 과거와는 다를 것으로 예상된다. 성품에 대한 기대도 변할 것으로 예상된다. 이러한 기대의 변화에 상응하는 공부는 어떤 공부가 될 것인지 미래사회에서의 공부에 대한 문제가 제기된다. "AI 시대에 인성이 경쟁력이다" "AI 시대, 기업은 감성·인성 갖춘 사람 원해" 등과 같은 문제제기는 앞으로 한국사회와 시장이 기대하는 교육의 변화와 이에 상응하는 공부의 과제를 제기한다.

― 미래사회에서의 교육에 관한 연구들은 제4차 산업혁명의 영향을 받는 미래사회에서 인간이 수행할 핵심역량에 대한 논의부터 검토를 시작한다. 역량과 쓸모(doing)를 강조하는 입장에서는 미래사회에서 새롭게 요구되는 역량을 계발하기 위해서 심지어 유치원 단계에서부터 코딩(coding) 교육을 제안하기도 한다. 21세기형 학업성취의 기준으로 미래교육이 성취해야 할 핵심역량으로서 창의성(Creativity), 비판적사고능력(Critical thinking), 협동성(Collaboration), 소통능력(Communication) 등이 제시되기도 한다.[11] 여기서 비판적사고능력은 문제해결능력으로 이해할 수 있다. 역량과 쓸모를 강조하는 입장에서는 "새로운 능력"의 개발을 강조하는 반면에 성품을 강조하는 입장에서는 "자기정체성(being)"을 세우고 성품과 품격을 세우는 것이 보다 더 중요하다고 말한다. 성경은 말씀공부를 통하여 전인적 성품의 계발

11) 구본권, 공부의 미래, 한겨레출판, 2019.

과 모든 선한 일을 행할 능력의 개발을 공부의 목적으로 제시한다.
(디모데후서 3:17)

> 딤후 3:16 모든 성경은 하나님의 감동으로 된 것으로 교훈과
> 책망과 바르게 함과 의로 교육하기에 유익하니
> 딤후 3:17 이는 하나님의 사람으로 온전하게 하며 모든 선한
> 일을 행할 능력을 갖추게 하려 함이라

– 믿음은 공부의 바탕을 세운다. 공부의 바탕은 성품을 계발하고 자기의 정체성을 세운다. 내일을 준비하는 미래의 교육은 다양성 속에서 자기 개성교육을 추구해야 할 것이다. 개성교육을 추구하기 위하여 한국교육은 "수직적 서열구조"에서 "수평적 다양화 구조"로 교육제도 운영의 축을 변경해야 할 것이다. 정체성은 "크기의 문제"가 아니라 우리를 창조하신 "하나님의 뜻과의 연결"의 문제이다. 뜻과 연결하여 성품을 세우면 능력을 은사로 받는다고 믿는다. C.S. Lewis는 "하나님나라를 구하면 세상을 덤으로 얻는다"고 표현하였다.12)

– 믿음공부는 공부의 바탕을 이루고 바탕 위에 세우는 공부는 공부의 겉만이 아니라 그 속까지 들어가 영성에 바탕을 둔 성품을 새롭게 한다. 바탕 위에 세우는 공부는 나의 정체성을 세우고 사명을 생각하는 개성교육을 지향한다. 이 과정에서 우리 삶의 여백을 주님께 맡기고 신묘막측하신 하나님의 인도하심을 의지하며 나아간다.

---

12) C.S. Lewis, 순전한 기독교, p.134.

4) "소명공부"는 "공부하는 마음"으로 공부한다.

- 경쟁교육에서는 고학력을 추구하는 학력주의와 세칭 일류대학을 선호하는 학벌주의 속에서 일류대학 입학을 경쟁의 목표로 삼는다. 사람들은 시험성적과 각종의 스펙(specs)을 쌓는 것을 중시한다. 그러나 최근에는 공부의 바탕이 되는 공부하는 마음의 중요성을 강조하는 책도 등장한다. "마음을 다지는 순간, 마음을 키우는 순간 그리고 마음을 붙잡는 순간 공부는 재미있어진다"고 권유한다.[13] 흔들리는 부모와 아이를 위한 마음수업으로서 인성공부를 강조한다.[14] 그리고 이제 사교육은 그만 줄여야 한다고 권한다.[15]

말씀공부의 목적: 성품과 실력

- 디모데후서는 말씀공부의 유익함과 말씀공부의 목적을 보여준다. 디모데후서는 믿음(말씀)공부의 목적을 "이는 하나님의 사람으로 온전하게 하며 모든 선한 일을 행할 능력을 갖추게 하려 함이라"고 제시한다. (디모데후서 3:17) 디모데후서는 이를 위하여 성경공부를 제시한다. "또 어려서부터 성경을 알았나니 성경은 능히 너로 하여금 그리스도 예수 안에 있는 믿음으로 말미암아 구원에 이르는 지혜가 있게 하고", "모든 성경은 하나님의 감동으로 된 것으로 교훈과 책망과 바

---

13) 박성혁, 공부가 이토록 재미있을 수 없다.
14) 이명학, 부모 쉼표, 2023, 책폴.
15) 정승익, 어머니, 사교육을 줄이셔야 합니다, 메이트북스, 2023.

384

르게 함과 의로 교육하기에 유익하다"고 성경공부를 공부의 바탕으로 제시한다. (디모데후서 3:15-16)

- "하나님께서는 그 자녀들에게는 선한 일을 할 능력을 갖추어 주신다. 시편과 잠언서는 여러 곳에서 말씀과 교훈은 영혼을 소성케 하고, 우리를 지혜롭게 한다고 노래한다. (시편 19:7-10) "여호와를 경외하는 것이 지혜의 근본이요 거룩하신 자를 아는 것이 명철이니라"고 지혜와 명철을 공부의 바탕으로 제시한다. (잠언 9:10)

> 시 19:7 여호와의 율법은 완전하여 영혼을 소성시키며 여호와
> 의 증거는 확실하여 우둔한 자를 지혜롭게 하며
> 시 19:8 여호와의 교훈은 정직하여 마음을 기쁘게 하고 여호와
> 의 계명은 순결하여 눈을 밝게 하시도다
> 잠 9:10 여호와를 경외하는 것이 지혜의 근본이요 거룩하신 자
> 를 아는 것이 명철이니라

- 믿음은 공부의 바탕을 이룬다. 말씀공부는 공부하는 마음을 세운다. 성경에 등장하는 하나님 나라에 대한 여러 가지 비유의 말씀은 어떤 마음이 공부하는 마음이 되어야 할 것임을 시사한다. 하나님의 은혜에 대한 깨달음과 감사 그리고 질그릇이라 할지라도 깨끗이 하여 귀히 쓰임 받는 그릇이 되는 길을 보여준다. 하나님을 경외하는 바탕 위에서 하나님 앞에서 하듯 구별함을 뜻한다. 자기를 깨끗하게 한다는 것은 거룩하게 구별함을 의미한다.[16] 이것은 하나님을 경외하는 것에서부터 출발한다. 공부하는 마음은 하나님의 인도와 주님이 주시는 은

혜에 대한 감사하는 마음이 공부하는 마음이 된다. 감사하는 마음은
하나님이 주시는 평강의 약속을 받는다. (빌립보서 4:7) 레위기 19장
은 "나는 너희의 하나님 여호와이니라"임을 기억하게 한다. 골로새서
는 "무슨 일을 하든지 마음을 다하여 주께 하듯 하고 사람에게 하듯
하지 말라"고 말씀한다.

> 레 19:9 너희가 너희의 땅에서 곡식을 거둘 때에 너는 밭 모퉁
> 이까지 다 거두지 말고 네 떨어진 이삭도 줍지 말며
> 레 19:10 네 포도원의 열매를 다 따지 말며 네 포도원에 떨어
> 진 열매도 줍지 말고 가난한 사람과 거류민을 위하여 버려두라
> 나는 너희의 하나님 여호와이니라
> 골 3:23 무슨 일을 하든지 마음을 다하여 주께 하듯 하고 사람
> 에게 하듯 하지 말라

- 소명공부에서는 공부의 바탕과 크기를 중시한다. 공부의 기초를 다
지고 그 위에서 공부의 재미와 기쁨, 몰입의 즐거움 속에서 공부의 내
공을 쌓게 한다. 공부의 내공은 공부의 속으로 들어가서 이룩한 공부
를 말한다. 소명공부는 성품과 개성의 계발, 자기의 정체성(being)을
세우는 "한 점 찍기"를 통하여 공부의 바탕을 놓고 공부의 그릇을 세
우는 일을 지향한다. 소명공부에서는 공부의 넓이와, 높이, 깊이를 더
하고 공부의 길이를 평생학습으로 삼는 장기적 관점과 과정 중심의
내재적 동기유발에 의한 공부를 추구한다. 소명공부는 공부의 바탕으

---

16) J.F, Walwood & R.B. zuck(ed), The Bible Knowledge Commentary,
New Testament, p.755.

로서 믿음의 그릇을 만들고 이 안에 인성과 성품, 그리고 가치관을 담고 문제해결능력, 창의력, 학습력, 공감능력 등과 같은 능력을 담는다.

─ 세상에서는 실적에 따라 보상받는 실적주의 원리가 적용되지만 "포도원 품꾼의 비유"에 등장하는 하나님의 나라에서는 "은혜와 감사의 원리"가 적용된다. (마태복음 20장) 다음 날 포도원에는 은혜에 감사하는 품꾼들만이 아침 일찍부터 일하러 왔을 것이다, 은혜에 대한 감사가 공부하는 마음의 한 축을 이룬다. 공부하는 마음은 은혜에 대한 감사로 하는 공부이다. 누가복음 15장에 등장하는 돌아온 아들의 비유에서처럼 돌아온 둘째 아들은 감사하는 마음으로 아버지 집에서 일할 것이다.

5) 소명공부는 함께 하는 공부, 배려하는 마음을 지향한다.

─ 경쟁학습에서는 시험성적 등과 같은 단기적 내용을 이루려고 노력한다. 공부의 속보다는 겉을 먼저 보게 되고 속에 담긴 과정보다는 겉으로 들어나는 결과를 획득하려 한다. 공부하는 동기도 외재적 결과를 얻기 위한 외재적 동기유발에 의한 공부를 하게 된다. 경쟁교육에서는 학습경쟁을 위하여 선행학습과 사교육에 더욱 의존하게 된다. 선행학습과 반복훈련과 시험성적으로 들어나는 "공부의 경쟁력"을 중시한다. 그러나 삶의 과정에서 이것이 중요한 공부의 내용이 될 수 없음을 느끼게 된다. 이러한 실망감을 공부의 배신, 실력의 배신이라는 말로 표현한다.[17]

- 시간적 차원에서 학습경쟁과 소명공부는 서로 비교된다. 학습경쟁은 시험성적과 같은 단기적 성과를 목표로 한다. 오늘은 내일의 수단이 된다. 내가 판단의 주체가 되고, 내가 기준이 되어 성과를 내야 하기 때문에 불확실한 속에서 계산을 하게 되고 염려 속에 머물게 된다. 소명공부에서는 오늘을 선물로 인식한다, 신실하신 하나님의 인도와 하나님에 대한 믿음으로 오늘에 최선을 다하고 내일은 하나님께 의지한다. 우리 삶의 여백의 공간을 하나님께 맡긴다. 신묘막측하신 하나님의 인도와 섭리에 의지하며 하나님이 주시는 평강을 간구한다.

- 경쟁의 공정성에 대하여 경쟁교육과 소명공부는 그 지향을 달리한다. 세상적 관점에서는 "기회균등원칙"을 공정한 경쟁의 원칙으로 삼고 있다. 학습경쟁에서는 실력주의[18]와 객관적으로 규정되는 실적에 입각한 경쟁의 공정성을 중시한다. 0.1점의 차이로 당락이 갈라지는 것을 공정하다고 본다. 약자에 대한 배려를 경쟁교육에서는 바닥짐(ballast)으로 간주한다. 바닥짐은 배가 전복되는 것을 예방하기 위하여 배의 중심을 잡기 위하여 바닥에 채워 넣는 돌이나 물을 가리킨다.

- 소명공부의 관점에서는 기회균등원칙에 병행하여 "공로의 법칙"을 넘어서 "약자에 대한 배려"[19]를 좀 더 강조한다. 소명공부에서는 포도원 품꾼의 비유에서처럼 은혜의 법칙에 따라 "모든 사람을 주님 안에

---

17) 김태훈, 공부의 배신, p.164.
18) 마이클 영, 유강은 옮김, 능력주의, 이매진, 2020.
19) 이종재·김성기·김왕준·정제영·박주형·김영식, 사회적 약자를 위한 교육정책론, 학지사, 2020.

서 한 가족"으로 본다. 포도원 주인은 하루의 생활비가 되는 한 데라리온의 품삯을 아침부터 일한 품꾼과 똑같이 오후 늦게 일을 시작한 품꾼에게도 주었다.

제4장

공부하는 마음으로 가는 문
: 공부 문(門)

– 믿음은 공부의 바탕을 이룬다. 믿음은 우리를 "하늘의 복"을 받는 자리로 인도하고, 이 자리에서 "누리는 삶" 속에서[20] 공부하게 한다. "하늘의 복"은 우리를 하나님을 경외하는 자로 세워주신다. "하나님 경외"는 "소명의 문"과 "연단의 문"을 열게 한다. 하나님을 경외하는 자에게는 소명의 부르심을 바라보게 하시고, 고난 중에 참고 견디어 고난을 연단의 기회로 삼게 하신다. 공부를 향하는 믿음의 길에서 "하나님을 경외하는 것"은 공부의 바탕을 여는 첫 번째 문이다. 여기에서 공부의 바탕을 여는 두 번째 "소명의 문"과 세 번째 "연단의 문"을 열게 된다.

– 믿음은 모든 것을 하나님의 은혜로 보게 한다. 하나님의 뜻을 향하여 적중의 작은 한 점을 찍고 하나님의 인도하심을 기다린다. "하나님의 인도하심"을 바라보는 것으로 네 번째 문을 삼는다. "주님의 평안 속에서" 내게 있는 것으로 감사하며 섬기는 기쁨으로 노력하는 "자기 존중의 품격"으로 다섯 번째 문을 삼는다. 내게 있는 것에 자족하고 "깨끗하게 구별하여 거룩한 한 점 찍기의 매듭을 짓고 주님의 여백을 기다리는 마음으로 여섯 번째 문을 삼는다. 약자에 대한 배려와 섬김의 긍휼의 마음을 공부의 바탕이 되는 일곱 번째 "공부하는 마음"으로

---

20) 옥한흠, 이보다 좋은 복이 없다, 국제제자훈련원, 2018.

390

삼는다. 이 마음은 씨 뿌리는 자의 비유에서의 좋은 땅과 같다. 주를 바라보는 깨끗한 마음이기도 하다. (디모데후서 2:22)

> 딤후 2:22 또한 너는 청년의 정욕을 피하고 주를 깨끗한 마음으로 부르는 자들과 함께 의와 믿음과 사랑과 화평을 따르라

a. 하나님 경외: "하나님이 주시는 은택과 복으로" 공부의 바탕을 세운다.

1) 하나님을 경외하는 자에게 하나님의 인자와 긍휼로 새롭게 하신다.

– 시편은 하나님을 경외하는 자가 없다고 지적한다. "어리석은 자는 그의 마음에 이르기를 하나님이 없다 한다". (시편 14:1－3) "믿음이 있는 자"는 하나님이 살아계심을 믿고 그의 말씀을 이해한다. 이해한다의 영어는 understand로 아래에 서서 올려보는 자세를 의미한다. 우리가 하나님을 경외할 때 그 말씀을 이해한다. 레위기 19장은 여호와께서 모세에게 하신 말씀을 전한다. "거룩하라"는 말씀과 함께 "하나님을 경외하라 나는 여호와이니라"는 말씀을 꼭 주셨다. 살아계신 하나님을 믿는 믿음 위에서 우리는 거룩해질 수 있음을 알려준다.

> 레 19:13 너는 네 이웃을 억압하지 말며 착취하지 말며 품꾼의 삯을 아침까지 밤새도록 네게 두지 말며
> 레 19:14 너는 귀먹은 자를 저주하지 말며 맹인 앞에 장애물을 놓지 말고 네 하나님을 경외하라 나는 여호와이니라

잠 1:7 여호와를 경외하는 것이 지식의 근본이거늘 미련한 자
는 지혜와 훈계를 멸시하느니라

- 시편(103:2)은 "내 영혼아 여호와를 송축하며 그의 모든 은택을 잊
지 말지어다"고 권한다. 은택은 여호와를 경외하는 자에게 주시는 하
나님의 은혜의 혜택을 말한다. 이 은택은 "하나님의 인자와 긍휼"을
말한다. 하나님의 인자는 우리의 죄를 사하여 주시어 우리는 죄로부터
자유하게 되어 의롭게 되고, 하나님의 긍휼로 우리를 새로운 존재로
세워주신다. 하나님의 인자와 긍휼로 우리는 육신의 감정과 악으로부
터 자유하게 된다.

- "하나님의 인자"는 우리의 죄를 사하여 주시어 죄로부터 자유하게
하신다. 죄의 짐을 내려놓게 하시고 죄에 끌려가는 삶에서 나오게 하
신다. 죄에 바탕을 둔 감정의 굴레로부터 자유하게 된다. 그리하여 죄
책감으로부터 벗어나 자유하게 하신다. 우리의 소속을 죄가 지배하는
세상으로부터 하나님 나라로 공간적으로 이동한 것과 같다. 이것을 구
원이라고 한다. 우리가 죄의 굴레를 벗어 날 때 하나님을 보게 된다.
우리의 마음을 청결케 하여 하나님을 보게 하신다. (마태복음 5:8) 이
땅에 오신 예수님을 보게 하신다.

시 103:12 동이 서에서 먼 것 같이 우리의 죄과를 우리에게서
멀리 옮기셨으며
시 103:11 이는 하늘이 땅에서 높음 같이 그를 경외하는 자에
게 그의 인자하심이 크심이로다

- "하나님의 긍휼"은 우리의 체질을 바꾸어 주시어 우리를 새로운 존재로 세워주신다. 하나님과 끊어진 관계를 다시 회복시켜 주시고 먼지와 같은 우리의 체질을 흙으로 바꾸어 주신다. 우리는 먼지로부터 흙으로 되어 비록 질그릇이지만 하나님께서 주시는 복과 말씀을 담는 그릇으로 빚어진다. 옥토에 떨어진 씨앗이 결실을 맺듯이 하나님의 은혜로 "좋은 땅"이 되게 하신다. (누가복음 8:15) 우리의 본성이 육신으로부터 영이 깨어난 영적 존재로 변화한다. 우리를 하나님의 자녀로 삼아주시고 제사장의 직분을 감당할 수 있도록 우리를 세워주신다.

> 시 103:13 아버지가 자식을 긍휼히 여김 같이 여호와께서는 자기를 경외하는 자를 긍휼히 여기시나니
> 시 103:14 이는 그가 우리의 체질을 아시며 우리가 단지 먼지 뿐임을 기억하심이로다

2) 하나님을 경외하는 자에게 복을 주시어 믿음의 바탕을 세워주신다.

- 예수님께서는 이 복을 하나님을 경외하는 "하나님 나라 백성"에게 주시는 하나님의 선물이라고 알려주신다. 예수님이 말씀하신 산상수훈의 팔복이다. (마태복음 5:3 – 11) 이 복은 우리에게 믿음의 문을 열어준다. 이 복은 우리에게 믿음의 뿌리 내림과 믿음의 성장과 믿음의 행함으로 인도하신다. 우리를 육신으로부터 영혼으로 그 차원을 높여주고 장성한 분량에 이르게 하신다.

- 성경에는 창세기, 시편, 마태복음(5:3 – 11), 에베소서(1:3 – 6) 등에

서 복이 등장한다. 창세기 제1장에서부터 복이 등장한다. 하나님께서 창조하신 생물들과 하나님이 자기 형상대로 창조하신 인간들이 생육하고 번성하고 충만하기 위하여 복을 주셨다. (창세기 1:21-22, 27-28) 시편은 제1장에서 "복 있는 사람"을 노래한다. 성경에서 말하는 복은 예수님을 구세주로 받아들이는 믿음을 가리킨다. 하나님 나라에 들어가는 의로운 사람, 천국을 소유하는 사람이 복 있는 사람이 된다.

> 하나님이 그들에게 복을 주시며 하나님이 그들에게 이르시되
> 생육하고 번성하여 땅에 충만하라, 땅을 정복하라, 바다의 물고
> 기와 하늘의 새와 땅에 움직이는 모든 생물을 다스리라 하시니
> 라 (창세기 1 22, 27-28)

— 예수님은 이 믿음을 지닌 사람의 특성을 여덟 가지로 구분하여 설명하셨다. (마태복음 5:3-12) 예수님은 바리새인들과 비교하여 참된 믿음을 말씀한다. 성경에서는 이 믿음이 있는 자를 "의로운 자"라고 부른다. 의로움에 대한 예수님의 기준은 당시 바리새인들의 기준과는 달랐다. 바리새인들은 의로움을 내가 이룰 수 있다고 보았다. 그러나 예수님은 하나님이 주시는 선물로 말씀하셨다. 의로움은 내가 성취하는 조건이 아니다. 예수님은 그 자신이 의로움의 기반이 됨을 보이셨다.

— 하나님을 경외하는 사람에게 하나님의 사랑으로 "믿음으로" "의롭다 여김을" 받게 되었다. 예수님은 천국을 말씀하시고 천국백성의 특성을 말씀하시는 가운데 믿음이 지니는 "의로운 자"의 성품을 "팔복"

으로 말씀하셨다. 천국에 들어간다는 것은 육신의 차원을 벗어나 영이 깨어난 인간 즉, 영혼의 차원으로 우리의 존재가 격상되었음을 의미한다. 팔복은 이들이 지닌 성품을 지적한다.[21] 이 성품은 내가 이루는 것이 아니라 하나님을 경외하는 자에게 주시는 하나님의 선물이다. 의로움은 여러 면으로 들어난다.

- 의로운 자는 "심령이 가난하다". "심령이 가난한 자"는 자기가 만든 공적에 의지하여 하나님 앞에서 자기의 의로움을 나타내지 않는다. 내세울 것이 없는 오직 하나님만을 바라보고 하나님의 은혜를 의지할 뿐이다. 예수님은 이러한 의로움으로 천국에 갈 수 있다고 약속하셨다.

- 의로운 자는 "하나님 앞에서 애통"해 한다. "애통하는 자"는 하나님 앞에서 자기를 바라보는 사람이다. 자기가 '하나님 밖에' 있음을 바라본 사람이다. 죄를 고백하고 하나님 앞에 내세울 것이 없음을 고백하는 사람이다. (시편 34:18, 51:17) 바리세인은 스스로 의롭다고 생각하였으나 예수님은 죄 가운데 있음을 '애통하는 자는 복이 있나니 그들이 위로를 받을 것임을' 약속한다. 위로받는 것은 그의 존재가 바뀜을 의미한다.

> 시 51:17 하나님께서 구하시는 제사는 상한 심령이라 하나님이
> 여 상하고 통회하는 마음을 주께서 멸시하지 아니하시이다

---

21) 하용조 강해서 전집 8, 마태 1, pp.275 – 409.

– 의로운 자는 "온유하다". 온유함은 하나님의 권위를 인정하고 그 권위를 드러내는 데 자기를 던진다. 온유함과 순종은 같이 간다. 하나님께서는 온유한 자를 하나님의 도구로 쓰신다. 자기를 내세우는 바리새인의 자기주장과 위선과 교만으로는 천국에 들어갈 수 없다. 성경에는 모세(민수기 12:3)와 바울(고린도후서 10:1)을 온유한 자로 제시한다.

> 민 12:3 이 사람 모세는 온유함이 지면의 모든 사람보다 더하더라

– 의로운 자는 "하나님을 갈망"한다. 모세(출애굽기 33:13, 18)와 다윗(시편 27:4, 42:1–2, 63:1–2) 그리고 바울(빌립보서 3:10)은 의에 주리고 목말라하였다. 바리새인들은 그들의 "종교생활"에서 의로움을 만족하였기 때문에 그러한 갈망이 없었다. 모세는 "주의 길을 내게 보이사 내게 주를 알리시고 나로 주의 목전에 은총을 입게 하시며 이 족속을 주의 백성으로 여기소서"라고 간구하였다. 다윗의 처지에서 구할 것이 얼마나 많았겠는가? 그러나 다윗은 여호와께 "한 가지 일"(만)을 구한다고 기도하였다. "내가 내 평생에 여호와의 집에 살면서 여호와의 아름다움을 바라보며 그의 성전에서 사모하는 그것이라"고 기도하였다. 이들은 하나님만을 갈망하였다.

> 시 27:4 내가 여호와께 바라는 한 가지 일 그것을 구하리니 곧 내가 내 평생에 여호와의 집에 살면서 여호와의 아름다움을 바라보며 그의 성전에서 사모하는 그것이라

– 의로운 자는 "긍휼"을 베푼다. 긍휼은 하나님의 속성이다. 하나님께서는 긍휼을 베푸신다. 사람은 긍휼을 베풀 수 없다. 오직 하나님의 긍휼을 받은 사람만이 다른 사람의 필요를 살피고 그들에게 사랑의 보살핌을 베풀 수 있다. 바리새인들은 사람들의 곤궁한 상황을 하나님의 심판의 결과로 보기 때문에 이에 대한 긍휼함이 없다. 예수님은 긍휼히 여기는 자는 긍휼히 여김을 받을 것임을 약속한다. 긍휼히 여기는 측은지심은 하나님이 주시는 귀한 선물이다.

– 예수님 당시에 예수님을 따르는 사람들은 어떤 사람들이 천국에 들어갈 수 있을지 궁금하였다. 예수님은 마음이 청결한 이들은 하나님을 볼 것임을 약속하였다. 의로운 자는 "마음이 청결함"을 말한다. "마음의 청결"은 행위로 드러나기보다는 마음의 중심에서 하나님을 바라보는 거룩한 성품에 의하여 드러난다. 마음이 청결함은 그 마음의 중심에 거룩함이 세워지는 것과 같다. 청결함은 섞임이 없는 순수함을 가리킨다. 그리고 하나님을 향한 두 마음이 아니고 한 마음 일편단심을 말한다. 그리고 마음이 청결한 이들은 하나님을 볼 것임을 약속한다. 하용조 목사는 이것을 깨끗한 마음은 "영적 가시거리"를 넓힌다고 말한다.[22] 바리새인들은 그들의 전통에 부합하는 행위를 보이는 자만을 순결하다고 보았다.

> 마 6:24 한 사람이 두 주인을 섬기지 못할 것이니 혹 이를 미워
> 하고 저를 사랑하거나 혹 이를 중히 여기고 저를 경히 여김이

22) 하용조, 마태1, p.350.

라 너희가 하나님과 재물을 겸하여 섬기지 못하느니라

약 4:8 하나님을 가까이하라 그리하면 너희를 가까이하시리라
죄인들아 손을 깨끗이 하라 두 마음을 품은 자들아 마음을 성
결하게 하라

- 의로운 자의 특징으로 예수님은 "화평하게 하는 자"임을 말씀한다.
화평케 하는 자는 먼저 하나님과 화평하게 된다. 하나님과 화평하게
된 자는 예수 그리스도의 복음을 먼저 받아들이고 이 복음을 전하게
된다. 예수님의 말씀을 믿고 전하는 자는 하나님의 아들이라고 일컬음
을 얻게 된다. 바리새인들은 하나님의 아들은 아브라함의 혈통을 따라
정해진다고 가르치나 예수님은 하나님을 경외하는 "믿음으로써" 하나
님의 자녀가 된다고 선언한다. 화평은 하나님과의 화평과 이웃과의 화
평과 그리고 나 자신과의 화평을 일컫는다. 화평을 위해서는 대가를
치러야 한다. 예수님도 십자가에서 대가를 치르셨다. "십자가 없이는
영광도 없다"는 "no cross, no crown"이라는 말은 이러한 맥락에서
등장하였다. 우리도 우리의 십자가에서 대가를 치르는 고난을 겪을 각
오가 되었을 때 우리는 화평케 하는 자의 마음을 이루게 된다.

- 빌립보서는 기뻐하고 감사하고 기도하면 하나님의 평강이 우리 마
음을 지배할 것임을 약속한다. "관용을 모든 사람에게 알게 하라 주께
서 가까우시니라 아무것도 염려하지 말고 다만 모든 일에 기도와 간
구로, 너희 구할 것을 감사함으로 하나님께 아뢰라" "그리하면 모든
지각에 뛰어난 하나님의 평강이 그리스도 예수 안에서 너희 마음과

생각을 지키시리라"고 약속의 말씀을 전한다. 우리는 말씀에 따라 한 점을 찍고 결과는 하나님께 맡기는 것이다.

> 롬 5:1 그러므로 우리가 믿음으로 의롭다 하심을 받았으니 우 리 주 예수 그리스도로 말미암아 하나님과 화평을 누리자

> 빌 4:7 그리하면 모든 지각에 뛰어난 하나님의 평강이 그리스 도 예수 안에서 너희 마음과 생각을 지키시리라

－ 마지막으로 제시한 의로운 자의 특징으로 "믿음으로 인하여 고난 을 받는 자"를 말한다. 바리새인들은 예수님의 말씀을 믿고 따르는 자 들을 죽이려 하였다. 그러나 예수님은 예수님으로 인하여 고난을 받는 자들은 천국에 들어올 수 있다고 약속하셨다. 박해받는 자에게 주어지 는 축복은 천국이다. 천국은 예수님을 모시고 사는 사람이 겪는 "이 땅에서의 현실"에서부터 시작한다.

－ 이 팔복을 통하여 예수님은 하나님의 나라에 들어가는 의로운 자 의 "성품"을 제시하였다. 여기서 하나님 나라는 우리가 육신의 차원을 넘어서는 것을 의미한다. 우리는 하나님이 주시는 복으로 믿음의 작은 배를 타고 세상 속에 있는 "자기"라는 강을 건너게 된다. 예수님이 제 시한 의로움과 바리새인들이 생각하는 의로움은 서로 대비된다.

－ 예수님은 회개와 하나님의 권위에 대한 순종을 요구하였고 바리새 인들은 그들의 혈통과 전통과 행위로 인하여 자격이 있음을 기대하였

다. 예수님은 긍휼을 요구하였으나 바리새인들은 긍휼을 거부하였다. 예수님은 마음의 청결을 제시하였으나 바리새인은 겉으로 꾸미는 외식에만 마음을 두었다.

– 예수님은 화평케 하는 자를 찾았고 의를 위하여 고난을 당하는 길로 그들을 초청하였다. 그러나 바리새인들은 시련을 주는 사람들이었다. 그리하여 바리새인들과 "그들의 의"는 하나님에게 인정받을 수 없었다. 옥한흠목사는 에베소서 1장을 토대로 하여 "하늘의 복"과 "누리는 삶"으로 "이 보다 좋은 복이 없다"[23]를 설명한다. 예수 그리스도의 말씀을 받는 자는 어둠 속의 빛과 같이 모든 것을 들어내 보인다. 그들의 삶이 빛이고 세상에 드러난 하나님의 생명이 하늘에 계신 하나님을 찬양한다. 박상진 교수는 하나님 경외를 "하나님의 학습법"의 핵심 원리로 제시한다. 여기에서 "꿈과 비전의 원리", "자기주도적 학습 원리", "집중의 원리", "신뢰의 원리"를 도출한다.[24]

b. 소명의 문: 나를 향한 하나님의 뜻과 계획을 바라보며 꿈과 비전을 세운다.

1) 하나님께서는 우리를 동역자로 세워주셨다.

– 인간은 본래 하나님의 형상을 따라 창조되었다. (창세기 1:26 – 27) 이것은 우리는 하나님의 자녀가 되어야 함을 의미한다. 하나님께서는

---

23) 옥한흠, 이보다 좋은 복은 없다, 국제제자훈련원, 2018.
24) 박상진, 성경 속에 나타난 하나님의 학습법, pp.26 – 35.

인간을 하나님의 역사를 이루어내는 동반자로 세우셨다. 그러나 인간이 타락한 이후로 사람으로부터 "육신"이 되었다. 성경에서는 타락한 인간을 육신 혹은 육체로 표현한다. 우리는 "죄인의 길"에서 구원받는 "은혜의 길"로 올라서야 한다.

- 하나님께서는 "그들에게 복을 주시며 다스리라 하셨다. (창세기 1:28) "다스리는 것"은 군림하기보다는 보살핌과 살림과 세워주는 섬김을 의미한다. 피조물도 그 고대하는 바는 썩어짐의 종 노릇 한 데서 해방되어 하나님의 자녀들의 영광의 자유에 이르는 것이다. (로마서 8:19-22) 하나님은 우리가 이 과제를 담당할 수 있도록 도와주신다. 하나님을 경외하는 것은 믿음의 바탕 위에서 공부의 문을 여는 첫걸음이 된다. 이로써 소명을 바라보고 고난을 견디게 된다.

> 롬 8:21 그 바라는 것은 피조물도 썩어짐의 종 노릇 한 데서 해방되어 하나님의 자녀들의 영광의 자유에 이르는 것이니라

2) 소명을 바라보며 나의 업(業)을 생각한다.

- 공부에 대한 성경적 관점은 우리의 삶과 모든 일의 바탕에는 "우리를 향한 하나님의 뜻과 계획이 있음"을 전제한다. 섬김을 바라시는 하나님의 뜻으로부터 각 사람에게 향하는 하나님의 뜻과 계획이 있음을 전제한다.

엡 1:11 모든 일을 그의 뜻의 결정대로 일하시는 이의 계획을 따라 우리가 예정을 입어 그 안에서 기업이 되었으니 (개역개정성경)

엡 1:11 하나님은 그리스도 안에서 우리를 상속자로 삼으셨습니다. (새번역성경)

– 개역개정성경은 에베소서 1장 11절에서 "모든 일을 그의 뜻의 결정대로 일하시는 이의 계획을 따라 우리가 예정을 입어 그 안에서 기업이 되었으니"라고 전한다. 새번역 성경은 "하나님은 그리스도 안에서 우리를 상속자로 삼으셨습니다"라고 번역한다. 기업을 물려받은 상속자로 삼는 것으로 해석한다. "모든 일을 그 안에서 기업이 되었으니"가 의미하는 것은 모든 일에는 "하나님의 뜻과 예수님의 계획에 따라 상속자로서 유업을 감당할 사람으로 세웠다는 것을 의미한다. 여기서 기업은 "유업으로 나에게 온 내가 해야 할 일을 의미한다. 이것은 내가 물려받은 사명과 정체성을 의미한다.

– 모든 일은 이 예정된 토대 위에서 이루어진다. "내가 해야 하는 일"이 하나님의 뜻과 연결되어야 하고 내가 "하는 일"에서 하나님의 뜻을 향하는 "적중"이 있어야 한다. 세상적 관점은 하나님의 뜻보다는 세상의 염려와 자랑에 적중하고 있다. (누가복음 8:14, 요한일서 2:16) 여기서 기업은 교회를 세우거나, 선교사로 해외로 나가는 등 교회와 관련된 일을 하는 것으로 생각하는 "무슨 일"에 대한 선택보다는 우리가 해야 할 일을 하나님의 뜻에 따라서 "어떻게" 하느냐가 더 중요함을 시사한다. 일의 내용보다도 하나님의 뜻을 향하는 "연결과 적중"이

중요하다. 창세기 4장은 하나님께서 양치는 아벨의 제사는 기쁘게 받으셨으나 농사하는 가인의 제사는 기쁘게 받지 않으셨다. (창세기 4:7) 가인의 직업이 문제가 된 것은 아니었다. 하나님께서는 예배하는 마음의 중심을 보셨다.

> 창 4:7 네가 선을 행하면 어찌 낯을 들지 못하겠느냐 선을 행하지 아니하면 죄가 문에 엎드려 있느니라 죄가 너를 원하나 너는 죄를 다스릴지니라

(1) 유업으로서 "내가 해야 할 일" 업(業)을 생각한다.

- 하나님의 뜻과 나를 향한 주님의 계획을 생각하여 유업으로서 "내가 해야 할 일"을 생각하는 것은 중요하다. 하나님의 뜻과 섭리와 계획을 포괄적으로 이해한다 하더라도 "나의 처지와 상황"에서 하나님의 뜻과 계획과 예정과 섭리를 파악한다는 것은 매우 어려운 일이다. 하나님의 음성을 듣는다는 사람도 있으나 이러한 은혜를 받는 사람은 드물다. 오직 말씀을 묵상하며 하나님의 뜻을 바라보며 기도하며 간구하는 중에 성령님의 인도를 받아 나아갈 뿐이다. 그러다 보면 언젠가 희미하게나마 하나님의 뜻과 연결되는 것을 발견하게 되는 것 같다. 내게 있는 작고 작은 일을 큰 뜻에서 바라보면 언젠가 보이는 것이 드러날 것이다.

- 사도 바울은 다메섹 도상에서 예수님을 만난 이후에 십여 년을 홀로 보내며 그의 데스티니를 생각했다. 예수님을 만난 직후 처음에는

바로 예루살렘으로 가서 자기가 받은 복음을 전도했으나 그 후 아라비아 사막으로 갔다. 거기서 3년 반을 보낸 이후에 자기 고향 다소에서 다시 13년을 천막을 지으며 지냈다. 바울은 하나님 앞에서 그의 데스티니를 생각하며 하나님의 때를 기다렸다. 이후에 이방 땅에 세워진 최초의 교회인 안디옥 교회의 바나바의 부름에 응하였다. (갈라디아서 1:17) 그리고 나서 이방인 선교사역을 위한 전도여행에 나섰다.

> 갈 1:17 또 나보다 먼저 사도 된 자들을 만나려고 예루살렘으로 가지 아니하고 아라비아로 갔다가 다시 다메섹으로 돌아갔노라

— 믿음의 관점에서는 "나는 누구인가?"라는 질문을 통하여 나에 대한 하나님의 계획(destiny)과 나의 정체성을 찾는다. Helen Keller에게 맹농아의 보지를 못하고 듣지 못하고 말하지 못하는 삼중의 장애는 고통이었겠지만 그가 겪는 장애는 그의 정체성을 세우는 "중요한 배경"이 되었다. 그를 통하여 드러내고자 하신 하나님의 계획을 보다 선명하게 드러낼 수 있었다. 그가 정상인이었다면 그의 인생에 걸친 노력과 성취는 보통 사람의 일로 여겨졌을 것이다.

— 요즘 취직하기가 어려우며 특히 젊은 세대들에게 "좋은 일자리"가 부족하다. 직업은 잠시 없을 수 있고 실직도 있을 수 있다. 그러나 직업은 아직 없더라도 나의 정체성으로서의 "데스티니 혹은 업"에 대한 의식은 가져야 한다. 업에 대한 의식은 "나의 정체성"에 대한 정신이고 생각이다. 업에 대한 의식이 있으면 직업은 언젠가 만들어진다. 미

세한 음성을 듣고, 보이지 않는 길을 찾아, 고난 중에 세워주시는 주님의 손길을 의지하며 나아갈 때 업에 대한 나의 의식은 직업을 찾도록 도와준다. 실업이라고 해서 "업을 잃어버리는" 실업(失業)까지 가서는 안 된다. 하나님께서는 주님의 시간에 우리를 반드시 세워주신다.

(2) 믿음의 관점에서 공부의 목적과 이유를 생각하게 함

— 믿음의 관점은 "믿음에 대한 공부"를 가장 중요한 공부의 과제로 제시한다. 믿음의 길은 여호와 하나님을 경외하는 것으로부터 출발한다. 이 길이 "지혜의 근본과 명철"에 이르게 한다. (잠언 9:10) 믿음의 관점은 우리를 하나님을 경외하는 길로 인도하고 지혜와 명철, 인자와 긍휼의 보배를 우리의 그릇에 담게 한다. "믿음에 대한 공부"는 믿음의 세계관을 형성하여 성경의 관점에서 "올바른 가치관"으로 인도한다. 믿음의 관점은 공부의 바탕을 이룬다.

　　잠 9:10 여호와를 경외하는 것이 지혜의 근본이요 거룩하신 자
　　를 아는 것이 명철이니라

— 믿음의 관점은 공부하는 목적과 이유를 하나님과의 관계에서 생각한다. 공부의 바탕에는 하나님의 뜻을 드러내는 큰 그림, 큰 이야기가 있다. 이야기의 주제는 하나님의 역사이고, 하나님이 이야기를 쓰시고 우리는 그 이야기의 아주 작은 한 부분이 된다. 우리는 또한 이야기가 흘러내리는 데 쓰임 받는 통로가 된다.

– 하나님은 우리를 하나님의 뜻으로 초청한다. 예수님은 하나님의 뜻을 "하나님을 경외하고 이웃을 사랑하라"고(마태복음 22:37－40, 누가복음 10:27, 마가복음 12:30－31) 포괄적으로 정리하여 말씀하셨다. 한자로 경천애인(敬天愛人)으로 그 뜻을 간결하게 정리할 수 있다. 이웃에는 사람뿐만 아니라 자연까지도 포함한다. 한마디로 말하면 이것은 사랑이고 그 뜻을 살펴보면 하나님을 경외하고 나의 이웃을 살리는, (보)살피고, 살리고, 세워주고 섬기는 일과 관련이 있다. 이웃뿐만 아니라 하나님께서 귀한 값을 치르고 새롭게 세워주신 나에 대해서도 살리고, 보살피고, 세워주는 사랑의 일을 베풀어 주어야 한다. 이것은 "우리가 그리스도 안에서 전부터 바라던 그의 영광의 찬송이 되게 하려 하심이다". (에베소서 1:12)

> "예수께서 이르시되 네 마음을 다하고 목숨을 다하고 뜻을 다하여 주 너의 하나님을 사랑하라 하셨으니, 이것이 크고 첫째 되는 계명이요, 둘째도 그와 같으니 네 이웃을 네 자신 같이 사랑하라 하셨으니, 이 두 계명이 온 율법과 선지자의 강령이니라" (마태복음 22:37－40)

> "이는 우리가 그리스도 안에서 전부터 바라던 그의 영광의 찬송이 되게 하려 하심이라" (에베소서 1:12)

– **믿음의 관점은 공부와 일의 속을 보게 하신다.** 공부와 일 그 자체가 주는 기쁨이나 즐거움과 보람은 공부의 속에 담긴다. 일과 공부 속에 담겨 있다고 해서 이 안에 있는 가치, 목적, 동기를 "내재적 가치,

목적, 동기"라고 부른다. 일과 공부에 따른 편익은 겉으로 드러난다. 좋은 대학에 입학할 수 있는 기회나 취직의 기회, 보수 지위 등은 가시적으로 파악되어 일과 공부의 겉으로 드러난다고 생각하여 "외재적 가치"로 구분한다. 모든 일에는 외재적 가치와 목적, 동기가 있고 내재적 가치와 목적, 동기가 있다. 세상적으로 볼 때 우리는 모든 일과 공부의 겉을 보게 된다. 어느 쪽을 지향하는가에 따라서 내재적 혹은 외재적 지향성이 정해진다. 믿음의 관점에서는 일과 공부의 속을 보는 내재적 가치와 내재적 동기를 중시한다.

- 하나님께서는 우리에게 일과 공부를 감당할 수 있게 하기 위하여 복을 주시고 힘을 주시고, 달란트를 주신다. 이 주신 은혜에 감사하여 기쁨으로 일하고 즐겁게 공부하게 하신다. 공부를 좋아하게도 하시고, 잘하게도 하시고, 깊이 몰입하는 즐거움도 선물로 주신다. 몰입의 즐거움 속에서 겉으로 드러나지 않는 실력을 쌓게 된다. 이것을 내공(內功)이라고 한다. 이 몰입의 경험이 그의 평생의 일을 결정한다고 한다.

- 모든 사람은 모두 그 나름으로 하늘로부터 달란트를 받는다. 달란트의 크기는 달라도 하나님은 모두에게 달란트를 주신다. 이 달란트는 종류가 다양하며 그 종류를 알 수 없다. 그 달란트를 활용하는 방법은 사람마다 다르다. 하나님이 주신 달란트를 따라서 사람들은 그들이 좋아하고 잘하고, 즐기는 것들을 찾아간다. 이것을 "소질과 재능"을 살린다고 말한다. 미국 가정의 자녀교육과 자녀의 진로교육에서 전공을 선택할 때 본인이 좋아하는 것을 선택하도록 장려하고 격려하는 것을 볼 수 있다. 이것은 소질과 재능을 고려하여 공부를 하게 하는 방식이

다. 경쟁교육의 관점에서는 인생성공에 이르는 몇 개의 길을 상정하고 온갖 수단을 동원하여 경쟁한다. "초등학교 의대반"이 이를 상징적으로 보여준다.

c. 연단: 고난을 연단의 기회로 삼아 내공을 쌓음

1) 고난을 연단의 기회로 삼아: 연단의 내공

– 하나님은 우리의 마음의 중심을 보시고 마음을 감찰하신다. 필요하면 고난을 통하여 우리의 마음을 연단하신다. (잠언 17:3, 21:2) 고난은 하나님이 쓰시는 교육방법이다. 고난을 인내하고 견디면 연단이 된다. 연단은 걸림돌을 디딤돌로 만든다. 하나님께서 일하시는 방법이다. 고난에 대한 긍정적 인식으로 고난을 견디고 하나님이 빚으시는 손길에 맡기고 하나님의 뜻을 지향하는 한 점을 찍을 수 있을 때 고난에 대한 "회복탄력성"을 갖는다.

> 잠 21:2 사람의 행위가 자기 보기에는 모두 정직하여도 여호와는 마음을 감찰하시느니라
> 잠 17:3 도가니는 은을, 풀무는 금을 연단하거니와 여호와는 마음을 연단하시느니라

– 고난은 고통을 주기도 하지만 연단의 기회도 준다. 로마서는 이 점을 증거한다. 우리가 "믿음으로 의롭다 하심을 받은 은혜에 들어감을 얻었으니 은혜에 대한 감사와 기쁨이 충만하게 되고 다만 이뿐 아니

라 우리가 환난 중에도 즐거워하나니 이는 환난은 인내를, 인내는 연단을, 연단은 소망을 이루는 줄 알기 때문이다." (로마서 5: 2−4) 영어성경(NIV)에서는 여기서 연단을 character라고 쓰고 있다. 고난 중에도 은혜에 대한 감사와 기쁨이 충만하게 되면 고난은 인내를 낳고 인내는 연단을 낸다. 연단은 우리의 성품을 다듬는 과정이 된다.

> 롬 5:3 다만 이뿐 아니라 우리가 환난 중에도 즐거워하나니 이는 환난은 인내를
> 롬 5:4 인내는 연단을, 연단은 소망을 이루는 줄 앎이로다

> 롬 5:3 Not only so, but we also rejoice in our sufferings, because we know that suffering produces perseverance;
> 롬 5:4 perseverance, character, and character, hope. (NIV)

2) 연단은 몰입의 즐거움을 줌

− 임계치를 국어사전은 "어떠한 물리현상이 갈라져서 다르게 나타나기 시작하는 경계의 값"으로 정의한다. 임계치는 일의 성질이 달라지는 경계라고 볼 수 있다. 공부에도 임계치가 있다. 공부는 쉽지 않다. 그러나 어려운 단계를 지나 일정 수준에 이르게 되면 공부가 즐거워지고 공부하는 일이 기쁨이 되는 경계를 만나게 된다. 이 지점을 "공부의 임계치"라고 부를 수 있다.

− 우리가 고난 중에 인내하면 공부의 성질이 바뀌는 임계치에 이르

게 된다. 공부의 임계치에 이르게 되면 공부의 겉을 보다가 공부의 속을 보게 된다. 이때부터 공부의 내공을 쌓게 되고 몰입의 즐거움에 이르게 된다. 공부속에 들어있는 공부의 내재적 기쁨을 얻게 되고 내재적 가치를 보게 되고, 유업과 연결하여 공부를 생각하게 된다. 이 공부의 임계치까지 이르는 것을 "공부의 내공(內功)"이라고 부르고 싶다. 공부에도 내공이 있어야 한다. 공부의 어려움을 견뎌내고 내공의 지점까지 갈 수 있어야 한다. 공부를 잘하기 위해서는 "공부의 내공에 대한 긍정적 경험"이 있어야 한다.

— 이 공부의 임계치를 넘어서면 그때부터 "공부의 속으로" 들어간다. 공부에 내재하는 그 일 본연의 속성을 즐거워할 수 있는 수준에 이르게 된다. 공부의 속으로 들어서면 일의 겉에 드러난 소득이나 명예, 사회적 지위 등과 같은 외재적 가치를 넘어서 그 속에 있는 본연의 가치를 보게 된다. 좋아함과 즐거움이 이에 해당한다. 좋아하는 것이 있어야 한다. 이 지점까지 이르는 경험이 필요하다. 어려서부터 노는 과정에서 좋아하는 것이 형성된다. 여기서 놀이의 중요성이 제기된다. 놀이신학은 놀이의 중요성을 강조한다.[25]

— 공부의 임계치까지 이른 학습자에게 공부는 몰입의 집중과 기쁨을 제공한다. 이 과정까지 이르는 공부를 공부의 내공(內功)이라고 한다. 달리기는 공부의 내공의 과정을 확실하게 보여준다. 내공으로 다져진 공부의 성품은 한번 쓰러진다 하더라도 다시 일어서는 회복탄력성(resilience)을 갖는다.

---

25) 문영석, 교육혁명으로 미래를 열다(피로사회에서 본 놀이신학의 지혜), 가톨릭대학교출판부, 2018.

- 달리기를 해보면 고난과 연단, 임계치와 내공을 경험하게 되고 몰입의 즐거움을 느끼게 된다. 간단한 달리기에서도 처음에는 엄청 힘들다. 그러나 한참 달리다 보면 몸이 훈훈해지면서 상쾌함을 느끼는 지점에 이른다. 임계치에 이르면 달리기의 내적 기쁨을 경험하게 되고 몰입하게 된다. 몰입의 과정에서 내공이 쌓인다. 몰입의 경험이 그의 인생 항로를 결정하는 동기를 형성한다고 한다. 청년 시절에 좋은 일에 몰입한 경험이 삶의 방향을 정한다.

d. 하나님의 인도를 기다림: 여백을 바라본다.

- 하나님께서는 우리에게 길을 내어 주시고 우리는 그 길을 찾아간다. 하나님께서는 먼저 가시어 (신명기 1:30, 31:3) 우리를 인도하여 주시고 세워주신다. 이 길로 들어가는 문을 성경에서는 "좁은 문"이라고 표현한다. 좁은 문은 자기를 줄이고 줄여서 자기(自己)가 쪼그라진 육신으로 지나가는 문이다. 좁은 문으로 가기 위해서는 자기를 부인 (마태 16:24, 마가 8:34, 누가 9:23)하고 자아가 깨어지는 아픔을 견디어야 한다.

> 신 1:30 너희보다 먼저 가시는 너희의 하나님 여호와께서 애굽에서 너희를 위하여 너희 목전에서 모든 일을 행하신 것 같이 이제도 너희를 위하여 싸우실 것이며

> 마 7:13 좁은 문으로 들어가라 멸망으로 인도하는 문은 크고 그 길이 넓어 그리로 들어가는 자가 많고

마 16:24 이에 예수께서 제자들에게 이르시되 누구든지 나를
따라오려거든 자기를 부인하고 자기 십자가를 지고 나를 따를
것이니라

─ 우리의 인생길은 죄인으로부터 시작하여 이 세상에서 죄악의 업을
쌓아 오다가 하나님의 은혜로 하나님의 자녀로 삼아주시는 구원을 받
아 거듭난 삶의 길을 걷게 된다. 하나님께서는 우리를 자녀와 하나님
나라의 백성으로 삼아주시고 제사장의 역할로 세워주시고 이를 감당
하게도 하신다.

─ 하나님께서는 우리의 삶을 인도하여 주신다. 여기에는 우리를 향한
하나님의 뜻이 있고 계획이 있다. 성경은 하나님의 뜻과 계획을 포괄
적으로 제시한다. 그러나 나의 상황에 구체적으로 적용되는 하나님의
뜻과 계획을 알기는 매우 어렵다. 잘못하면 "예수점쟁이"에게 의지하
게 된다. 우리가 믿는 하나님의 뜻과 계획의 대의를 먼저 구하며 기도
하며 나아가는 과정에서 인도를 받는다. 하나님께서는 우리를 전인적
으로 인도하신다. 전인적으로 인도한다는 것은 우리의 성품과 지성을
통하여 역사하신다는 의미이다. 성령께서는 때로는 말할 수 없는 탄식
으로 우리를 위하여 기도하시고 합력하여 선을 이루게도 하신다. 맨
먼저 해야 할 합력은 나와 하나님과의 화목과 합력이다. 그러면 이후
부터는 하나님께서 인도하여 주신다. 이 믿음으로 나아간다.

롬 8:26 이와 같이 성령도 우리의 연약함을 도우시나니 우리는
마땅히 기도할 바를 알지 못하나 오직 성령이 말할 수 없는 탄

식으로 우리를 위하여 친히 간구하시느니라

롬 8:27 마음을 살피시는 이가 성령의 생각을 아시나니 이는
성령이 하나님의 뜻대로 성도를 위하여 간구하심이니라

롬 8:28 우리가 알거니와 하나님을 사랑하는 자 곧 그의 뜻대
로 부르심을 입은 자들에게는 모든 것이 합력하여 선을 이루느
니라

— 우리의 마음에 나를 향한 하나님의 뜻과 계획을 새기면 기업 즉,
나의 사명과 정체성을 생각하게 된다. 이는 업을 기획하는 것이다.
(에베소서 1:11) 사명을 생각한다는 것은 "무엇보다(what)"는 "어떻게
(how)"에 대하여 나의 원칙을 정하고 나의 정체성을 보다 분명하게
세우는 것이다.

— 하나님께서 역사하시고 인도하시는 "여백"이 존재함을 믿는다. 고
난 중에 신묘막측하게 여백을 채워주시는 "하나님의 손길"을 의지한
다. 이 여백에서 역사하시는 하나님의 신묘막측하신 섭리를 믿고 의지
하고 기대하며 기다리며 나아간다. 우리가 할 수 있는 것은 하나님의
뜻을 쫓아 한 점을 제대로 찍는 것이다. 우리가 할 수 있는 것은 "지
금 여기서 내게 있는 것으로" 나의 힘이 되시는 하나님만을 의지하여
하나님의 뜻에 부합하는 한 점을 찍는 "한 점 찍기" 과정에 집중한다.
시편 18편은 "나의 힘 되시는 하나님, 나를 건지시는 나의 하나님"을
찬양한다.

시 18:1 나의 힘이신 여호와여 내가 주를 사랑하나이다

413

– 점이 선이 되고, 선이 면이 되고, 면이 공책을 만들고, 공책이 삶이 되는 역사를 이룬다. 바울은 세 차례의 전도 여행과 로마로 호송되어 가는 여정을 통하여 복음의 역사를 열어갔다. 그가 예수님을 만난 이후에 그는 기독교의 교리를 세우지 않았다. 그는 장대한 복음 전도의 계획을 세워 이 계획에 따라 선교사역을 전개하지도 않았다. 그가 한 일은 똑바르고 올바르게 한 점, 한 점을 찍어 나갔을 뿐이다. 이 점들이 모여 그의 전도 여행과 삶의 궤적을 그렸다. 이 선이 그를 교수형의 형장으로 인도하였고 그는 복음의 문을 열었다.

– 우리는 선택을 할 때, 자기의 이익을 추구하는 경향을 보인다. 넓은 문보다는 좁은 문을 선택하고, 힘든 일과 손해 보는 일을 선택하는 것은 참으로 어렵다. 믿음의 길을 보기 전에는 이러한 선택은 더욱 어렵다. 한국의 명품학교는 그 나름으로 인성교육을 중시하는 학교이다. 일제시대에 남강 이승훈 선생이 설립한 오산학교는 이러한 도전정신을 담고 있었고 각 분야에서 일하는 인재를 배출하였다. 거창고등학교는 인성교육을 하는 학교에 속하였다.26) 거창고등학교의 "직업선택 10계명"은 "믿음의 도전" 정신을 담고 있다. 개인도 나름의 사명서가 있어야 한다. 사명서는 나의 매듭짓기를 포함한다. 다음은 조선일보가 '거창高 아이들의 직업을 찾는 위대한 질문'이라는 책을 쓴 저자 강현정 씨를 인터뷰한 기사의 일부이다.27) '중심 아닌 가장자리로 가라'. 이것이 기사의 표제어였다.

---

26) 서정화 외, 한국의 명품고등학교, 시간여행, 2015. pp.107－126.
27) 장일현, [Why] 3년간 거창高 졸업생 인터뷰… '직업의 十誡(십계)' 깨달은 어머니, 2015.02.07., 조선일보(chosun.com).

- '월급이 적은 쪽을 택하라. 승진 기회가 거의 없는 곳을 택하라. 왕관이 아니라 단두대가 기다리고 있는 곳으로 가라….' 경남 거창읍에 있는 거창고등학교 강당 뒤편엔 '직업 선택의 십계'라는 소박한 액자에 쓰여 있는 내용이다. 1956년부터 만 20년 동안 이 학교 3대 교장을 맡았던 고(故) 전영창 선생의 철학과 가르침을 그의 아들이자 4·6대 교장이었던 전성은 선생과 5대 교장 도재원 선생이 열 가지 계명 형태로 정리한 것이다. 졸업생들은 학교 다닐 때 십계명을 따로 배운 적은 없다고 한다. 그런데도 세상 살면서 가장 큰 영향을 받은 것으로 이 십계명을 꼽는다.

- 딸 둘을 둔 아줌마 강현정(44) 씨가 거창고와 십계명을 처음 만난 건 2011년 봄이었다. 주간지 기자로 일할 때 전성은 전 교장을 인터뷰한 것이 계기였다. 그로부터 만 4년. 강 씨는 "이제 내 아이들이 어떻게 자라길 바라느냐는 질문에 대답할 수 있는 말이 생겼다"고 했다. "공부만 잘하는 아이로는 안 컸으면 좋겠다, 돈만 많은 사람은 안 됐으면 좋겠다, 나만 혼자 행복한 거 말고 함께 어울려 다 같이 행복하게 살았으면 좋겠다…."

- 강현정 씨는 "거창고 학생들에게 '직업 선택의 십계'는 인생의 중요한 순간에 들여다보는 거울이다. 이는 법칙도 원칙도 아닌 철학이자 질문"이라고 말했다. 강 씨는 지난 3년 동안 전성은 전 교장과 거창고 교사들, 졸업생 30여 명을 인터뷰하고 여기에 자신의 깨달음 등을 묶어 최근 '거창고 아이들의 직업을 찾는 위대한 질문'이란 책을 냈다. 부제는 '보통 엄마의 직업

십계명 3년 체험기'이다.

— 거창고는 학생들의 인성교육을 가장 중요시하면서도 성적 또한 전국에서 알아줄 정도로 인정받는 특이한 학교다. 2013학년도 수능의 경우 전국 일반고 중에서 수능 1~2등급 비율이 49.2%로 4위를 기록했다. 1990년대 중반 김영삼 대통령이 청와대 회의에서 '한국을 대표할 만한 학교'로 이 학교를 꼽은 일화가 알려져 유명세를 얻기도 했다. 공부와 인성이라는 두 마리 토끼를 다 잡는 학교지만 이 중 핵심 가치는 인성에 있다고 한다. 강 씨는, "이 학교는 무조건 인성이 먼저다. 그랬더니 성적이 따라오더라는 것이다. 물론 성적이 안 따라올 수도 있다. 그럴 때도 인간은 소중하고 삶은 충분히 가치 있고 행복할 수 있다는 것을 알게 해주려는 게 이 학교가 다른 점"이라고 했다.

— 강 씨는 대학 졸업 후 주간지 기자로 일하면서 주로 교육 관련 기사를 썼다. 그러다 거창고를 알게 됐다. 그는 "여러 학교를 가봤지만 거창고 같은 학교는 처음 봤다"고 했다. 거창고 졸업생 중에선 실제 십계명 가르침대로 자신의 인생을 일궈 가는 사람도 많았다. 20여 년간 자연 다큐멘터리를 제작한 박수용(30회)은 월급이 적은 곳을 택했고, 시베리아 호랑이를 찍는 일에 몸을 바치는 등 아무도 하지 않는 일을 좇았다. 초등학교 교사 김순옥(26회)은 '한가운데가 아니라 가장자리로 가라'는 뜻대로 시골의 작은 학교에서 평교사로만 재직했다. 그런 사람들은 돈 안 되는 일을 하는 것 같은데, 돈 걱정은 하지 않는 것 같았다. 그런데 그 모습이 가식적이지 않았다.

416

- 강 씨는 "졸업생 중에는 성공하고 돈 많이 번 사람도 있다. 하지만 그들도 어느 정도까지만 이익 추구를 하지 더 이상 나아가지 않는 경우가 많더라. 그러곤 어느 순간 자신이 의미 있다고 생각하는 일에 과감히 자신을 던지는 사람들이 나타났다"고 말했다.

- 강 씨는 무엇보다 자신과 중학교 3학년, 1학년인 두 딸의 삶을 다시 보게 된 것이 가장 소중하다고 했다. 그도 전엔 딸이 공부를 못하면 어쩌나, 경쟁 치열한 이 사회에서 실패자가 되면 어쩌나 안절부절못했다. 그렇게 부모의 걱정이 클수록 딸은 주눅들고 위축됐다. 그런데 거창고와 졸업생들을 접하면서 반성과 깨달음이 시작됐다. '내가 뭔가 잘못 생각하고 있구나. 아이들한테 정말 잘못하고 있구나….'

- 강 씨는 "나 자신에게 커밍아웃했다. '그래, 내 딸 공부 잘하는 것만이 다가 아니다'고. 그 변화가 나를 편하게 만들었다. 내가 편해지니 딸도 편해지더라"고 했다. 그는 "이젠 딸이 좋은 대학 못 가도 괜찮다고 생각한다. 그게 행복과 밀접하게 연결됐다고 생각하지 않는다"며 "대신 딸이 맘속에 긍정 에너지를 가득 채워 삶을 탄탄하고 행복하게 엮어 나갈 수 있는 존재가 됐으면 하는 바람"이라고 했다.

하나님은 우리를 인도하여 주신다.

- 성경에 등장하는 인물들의 삶을 통하여 하나님께서는 하나님의 자녀들을 인도하여 주시고 세워주심을 보여주신다. 야곱, 모세, 다윗 그

417

리고 바울의 삶은 하나님이 인도하신 궤적을 그리고 있다. 야곱은 파란만장한 인생길을 걸어왔다. 야곱의 일생은 이스라엘 열두지파의 백성을 이루어 출애굽의 대장정을 이루시려는 배경으로 쓰여졌다. (창세기 32:31)

– 야곱은 엄마의 복중에서부터 그 형 에서와 경쟁하였다. 팥죽 한 그릇으로 허기에 지친 형으로부터 장자의 명분을 넘겨받았다. 야곱은 에서로 꾸며서 임종을 앞두고 제대로 보지도 못하는 그의 부친 이삭을 속여 장자에게 주려는 축복을 가로챘다. 에서의 분노를 피하여 밤중에 도망하는 신세가 되었다. 벧엘에서 꿈에 하나님을 보았고 이 믿음으로 삼촌 라반의 집에서 20여 년 동안 종살이를 하였다. 브니엘에서 허벅지의 관절을 다쳐 다리를 절게 되었지만 하나님의 인도의 약속을 받았다. 야곱은 애굽의 바로왕에게 자기는 험악한 세월을 보내었다고 회고하였다. (창세기 47:9)

> 창 47:9 야곱이 바로에게 아뢰되 내 나그네 길의 세월이 백삼
> 십 년이니이다 내 나이가 얼마 못 되니 우리 조상의 나그네 길
> 의 연조에 미치지 못하나 험악한 세월을 보내었나이다 하고

– 모세는 출생한 이스라엘 남자 아이는 죽이라는 바로왕의 명령이 내려진 시기에 태어나 갈대상자에 숨겨 살게 되었다. 그 후, 공주의 아들로 입양되어 40세까지 애굽 궁정에서 교육받으며 성장하였다. 그러던 중, 이스라엘 종족을 탄압하는 애굽 관리를 때려죽이고 북방에 있는 미디안 광야 사막으로 도주하게 된다. 나이가 80세가 되어 지팡

이에 의지하는 모세에게 하나님께서 "이제 내가 너를 바로에게 보내어 너에게 내 백성 이스라엘 자손을 애굽에서 인도하여 내게 하리라"고 하자 모세가 말하기를 "내가 누구이기에 바로에게 가며 이스라엘 자손을 애굽에서 인도하여 내리이까"고 되물었다. 그는 이미 사명에 대한 의식을 내려놓았다. 이러한 모세가 하나님의 인도하심에 따라 출애굽의 대역사를 이루었으나 약속의 땅을 밟지 못한 채 광야에서 죽었다.

> 출 3:10 이제 내가 너를 바로에게 보내어 너에게 내 백성 이스라엘 자손을 애굽에서 인도하여 내게 하리라
> 출 3:11 모세가 하나님께 아뢰되 내가 누구이기에 바로에게 가며 이스라엘 자손을 애굽에서 인도하여 내리이까

ㅡ 사무엘이 이새의 아들 중에서 사울 왕을 이어 왕이 될 아들을 고르기 위해 아들들을 제사에 초청할 때 다윗은 양을 지키느라고 제사에 오지도 못하였다. 사무엘이 엘리압을 심중에 정할 때 하나님께서는 "내가 보는 것은 사람과 같지 아니하니 사람은 외모를 보거니와 나 여호와는 중심을 보느니라 하시더라"(사무엘상 16:7) 다윗은 왕의 자리를 바라지 않았다. 그는 하나님의 임재만을 바랐다. "내가 여호와께 바라는 한 가지 일 그것을 구하리니 곧 내가 내 평생에 여호와의 집에 살면서 여호와의 아름다움을 바라보며 그의 성전에서 사모하는 그것이라"고 (시편 27:4) 고백하였다.

> 시 27:4 내가 여호와께 바라는 한 가지 일 그것을 구하리니 곧

내가 내 평생에 여호와의 집에 살면서 여호와의 아름다움을 바
라보며 그의 성전에서 사모하는 그것이라

– 바울은 말씀에 정통하였고, 성령의 인도를 받은 사도로서 사역하여
왔다. 그가 3차 전도 여행을 마치고 로마의 전도사역을 구상하면서 예
루살렘으로 향하는 발길을 떼는 순간이었다. 성령의 감동을 받은 제자
들과 예언하는 선지자가 예루살렘에서 받을 고난을 보여주며 예루살
렘으로 올라가지 말 것을 권하였다. 그러나 사도 바울은 에베소 장로
들과의 고별예배를 드리고 죽기를 무릅쓰고 예루살렘으로 먼저 갔다.
그곳에서 체포되어 270여 명의 로마 군인들의 호송을 받으며 로마로
향하게 되었다. 그리고 로마에서 그는 순교하였다.

행 20:23 오직 성령이 각 성에서 내게 증언하여 결박과 환난이
나를 기다린다 하시나
행 20:24 내가 달려갈 길과 주 예수께 받은 사명 곧 하나님의
은혜의 복음을 증언하는 일을 마치려 함에는 나의 생명조차 조
금도 귀한 것으로 여기지 아니하노라

e. 주님의 평강으로 자기존중의 성품을 세움
"복음 안에서 은혜에 대한 감사와 섬기는 기쁨으로"

– 공부는 어렵다. 때로는 고난 수준으로 우리를 힘들게 한다. 복음
안에서 누리는 기쁨과 감사를 공부하는 성품으로 다듬어 갈 때 우리
는 공부의 어려움을 뚫고 가는 힘을 발휘한다. 성경적 관점은 "그러므

420

로 우리가 믿음으로 의롭다 하심을 받았으니 우리 주 예수 그리스도로 말미암아 하나님과 화평을 누리자"고 그 길을 제시한다. 데살로니가 전서는 "범사에 감사하라, 항상 기뻐하라, 쉬지 않고 기도하라 이것이 그리스도 예수 안에서 너희를 향하신 하나님의 뜻이니라"로 전한다. (데살로니가전서 5:16-18) 우리는 기뻐할 수 있고 감사할 수 있다. 그러나 항상 기뻐하기는 어렵다. 그리고 범사에 감사하는 것은 더욱 어렵다. 쉬지 않고 기도하기도 어렵다. 이것은 중요한 도전이다. 성경말씀은 하나님과 화평을 이룰 때 "하나님의 평강이 그리스도 예수 안에서 너희 마음과 생각을 지키시리라"고 약속한다. (빌립보서 4:7)

- 공부에 대한 믿음의 관점은 "공부는 무슨 힘으로 할까?"라는 질문에 대해서 빌립보서의 말씀과 같이 은혜에 대한 감사와 섬기는 기쁨을 그 에너지로 삼아야 할 것을 제시한다. 은혜를 인식하고 은혜에 대한 감사와 기쁨으로, 섬김을 지향하여 공부하게 된다. 달란트에 대한 새로운 관점을 갖게 된다. 하나님께서 주신 달란트를 디딤돌로 삼아 나아간다. 환경의 어려움과 내가 안고 있는 걸림돌도 디딤돌이 될 수 있음을 본다.

- 일 속에 들어있는 은혜를 먼저 바라본다. 마태복음에 등장하는 예수님이 주신 포도원의 품꾼의 비유(마태복음 20:1-16)는 하나님의 은혜와 하나님 나라에서 받을 보상에 대한 말씀으로 이해할 수 있다. 포도원에서 일할 수 있는 것은 권리도 아니고 자격도 아니었다. 그것은 포도원 품꾼에게 주인이 베푸는 은혜였다. 한 데나리온의 임금은 그 당시 가족의 하루의 생활을 책임질 수 있는 금액이었다. 하나님의

인자하신 보상에 대하여 시비를 걸기보다는 은혜를 깨닫고 감사하는 것을 하나님은 기뻐하신다. 일을 한 시간과는 상관없이 모든 일꾼들에게 한 데나리온의 품삯을 지불한 포도원 주인에 대하여 아침 일찍부터 일한 일꾼들은 불공평하다고 오해했을 것이다. 그러나 늦은 시간에 불려온 일꾼들은 일할 기회를 주신 주인에게 감사와 은혜를 느꼈을 것이다.

- 이 비유의 말씀에서 "분배의 원칙"을 건져내기보다는 "다음 날 아침에 누가 일하러 나올까?"라는 질문을 생각해 본다. 아마도 우리를 품꾼으로 쓰는 이가 없어 종일토록 놀고 여기 서 있다가 일하게 된 나중에 온 자들이 아니었을까 생각한다. 이들은 아침부터 하루 종일 일하더라도 그리고 늦게 온 자와 같은 임금을 받게 될 것을 예상하면서도 은혜에 감사하여 기쁨으로 일하려는 사람들일 것이다. "은혜에 감사하여" "섬기는 기쁨으로" 일하는 것은 하나님 나라의 원칙으로 이해할 수 있다.

- 빌립보서는 섬기는 기쁨을 전한다. 일 속에 들어있는 섬기는 기쁨을 맛본다. 그 일이 베푸는 일이 되고, 섬기는 일이 되고 살리는 일이 되고 세워주는 일이 됨을 바라볼 때에 기쁨을 얻는다. 이때 바울의 권면이 자리를 잡게 된다. 빌립보서의 말씀은 "주 안에서 항상 기뻐하라 내가 다시 말하노니 기뻐하라. 아무 것도 염려하지 말고 다만 모든 일에 기도와 간구로, 너희 구할 것을 감사함으로 하나님께 아뢰라 그리하면 모든 지각에 뛰어난 하나님의 평강이 그리스도 예수 안에서 너

희 마음과 생각을 지키시리라"고 약속한다. (빌립보서 4:4, 6−7) 빌립
보서는 하나님이 주시는 평강의 약속을 전한다.

> 빌 4:4 주 안에서 항상 기뻐하라 내가 다시 말하노니 기뻐하라
> 빌 4:5 너희 관용을 모든 사람에게 알게 하라 주께서 가까우시
> 니라
> 빌 4:6 아무것도 염려하지 말고 다만 모든 일에 기도와 간구로,
> 너희 구할 것을 감사함으로 하나님께 아뢰라
> 빌 4:7 그리하면 모든 지각에 뛰어난 하나님의 평강이 그리스
> 도 예수 안에서 너희 마음과 생각을 지키시리라

f. "한 점 찍기"의 매듭짓기: 지금 여기서 내게 있는 것으로 여백을 바라보며

1) 지금 여기서

− "지금 여기서"가 공부를 시작하는 출발점이요, 공부의 현장이다.
먼저 하나님을 바라보며 구하고 하나님의 뜻과 계획이 이루어지기를
바란다. 공부는 내가 하는 것이다. 상황을 탓하거나 원망하지 않는다.
도움을 받을 수 있으되 공부의 매듭은 내가 지어야 한다. 공부의 매듭
은 지금 여기서 내게 있는 것으로부터 시작한다.

− 시간적 차원에서 내일에 대한 염려를 넘어서기가 참으로 어렵다.
마태복음은 "우리가 염려하는 것들은 다 이방인들이 구하는 것이라
하나님께서 이 모든 것이 너희에게 있어야 할 줄을 아시느니라. 그런

즉 너희는 먼저 그의 나라와 그의 의를 구하라 그리하면 이 모든 것을 너희에게 더하시리라"고 말씀한다. 그러므로 "내일 일을 위하여 염려하지 말라 내일 일은 내일이 염려할 것이요(마태복음 6:34)"고 지적한다. 성경적 관점은 "지금과 여기"에 집중한다. 시간적으로는 지금이라는 순간에, "오늘이라는" "현재의 시간"에 집중한다. 공간적으로는 한 점에 집중하여 비록 한 점을 찍는 일이라도 하나님의 뜻에 적중하고 연결된 한 점을 찍는 데 집중한다.

— 야고보서는 우리의 생명은 잠깐 보이다가 없어지는 안개라고 지적한다. 내일 일은 우리가 염려한다고 될 일이 아니다. 우리는 우리가 해야 할 일이 있다. 비록 한 점을 찍는 일이라고 하더라도 그 한 점을 바르게 찍는데 집중하고 그 일의 결과는 하나님께 의지하고 나아간다. 이것이 우리가 하나님께 예배드리는 자세이다. 하나님께 우리 삶의 여백(餘白)의 공간을 내어드리고 하나님의 신묘막측하신 하나님의 섭리에 그 여백을 맡겨드린다.

> 약 4:14 내일 일을 너희가 알지 못하는도다 너희 생명이 무엇이냐 너희는 잠깐 보이다가 없어지는 안개니라

2) 내게 있는 것으로

— 예배는 지금 여기서 내게 있는 것으로 예배에 임한다. 우리나라에서 한때 "금수저" 논란이 제기되었다. 심지어 엄마 뱃속에서 연봉이 결정된다는 터무니없는 말도 등장한다. 가정환경이 사회적 지위를 결

정한다는 인식이 젊은이들을 절망하게 한다. 성경적 관점은 "그릇결정론"보다는 자기의 "자기주도적 성화노력"을 중시한다. "누구든지 이런 것에서 자기를 깨끗하게 하면 귀히 쓰는 그릇이 되어 거룩하고 주인의 쓰심에 합당하며 모든 선한 일에 준비함이 되리라"는 말씀을 믿고 나아간다. 성경적 관점은 내게 있는 것이 비록 나무 그릇과 질그릇에 지나지 않을지라도 이를 원망하지 않고 이 안에 담긴 은혜를 바라보고 감사하는 마음으로 일에 동참하는 길을 제시한다.

> 딤후 2:20 큰 집에는 금 그릇과 은 그릇뿐 아니라 나무 그릇과
> 질그릇도 있어 귀하게 쓰는 것도 있고 천하게 쓰는 것도 있나니
> 딤후 2:21 그러므로 누구든지 이런 것에서 자기를 깨끗하게 하
> 면 귀히 쓰는 그릇이 되어 거룩하고 주인의 쓰심에 합당하며
> 모든 선한 일에 준비함이 되리라

– 예배하는 자세는 하나님의 은혜를 바라보게 한다. 비록 지금 여기서 내게 있는 것이 비록 흙수저에 지나지 않을지라도 이를 원망하지 않고 나에게 주어진 은혜에 감사하는 마음으로 기뻐하며 일에 참여하는 길을 보게 한다. 마태복음(20:2–16)의 천국에 대한 포도원 품꾼 비유의 말씀은 우리가 이 세상에 사는 것은 은혜로 사는 것임을 깨닫게 한다. 공부도 권리로서 요구하기보다는 은혜로 바라보고 감사하는 마음으로 임하는 것이 필요하다.

– 세상은 약한 것을 버린다. 그러나 하나님께서는 나의 상대적 위치, 내가 보이는 격차, 나의 약한 부분, 내가 겪은 불공정성까지도 다 들

어 쓰신다. 걸림돌을 디딤돌로 삼아 쓰신다. 하나님이 힘이 되시어 "내 걸음을 넓게 하셨고 나를 실족하지 않게 하시어(시편 18: 36)" 우리에게 다시 일어서는 힘을 갖게 한다. 이 믿음이 우리를 "항상" 기뻐하게 하고 "범사"에 감사하게 하는 믿음으로 인도한다.

> 시 18:35 또 주께서 주의 구원하는 방패를 내게 주시며 주의 오른손이 나를 붙들고 주의 온유함이 나를 크게 하셨나이다
> 시 18:36 내 걸음을 넓게 하셨고 나를 실족하지 않게 하셨나이다

3) 여백을 바라보며 주님의 시간을 기다림

— 나를 좁혀 갈수록 하나님께서 일하실 공간이 넉넉해진다. 나의 생각과 계획으로 채우지 않는 빈 공간을 "여백"이라고 한다. 여백을 바라보며 주님의 시간을 기다린다. 여백을 채워주시는 신묘막측하신 하나님의 은혜를 바라본다. 하나님의 일하심을 믿음으로 가다린다. 한편으로는 감사하고 기뻐하며 기도하고 다른 한편으로는 마음이 넉넉해진다. 잠언서는 "사람이 마음으로 자기의 길을 계획할지라도 그의 걸음을 인도하시는 이는 여호와시니라", "사람의 마음에는 많은 계획이 있어도 오직 여호와의 뜻만이 완전히 서리라"고 지적한다. (잠언서 16:9, 19:21) 빈 공간을 하나님께서 일하시는 공간으로 그냥 둔다.[28] 그러면 모든 착한 일이 넘치게 된다. 관계 차원에서 상호의존적 관계를 인식하게 된다. 상대가 보이기 시작하고 상대에게 너그러워지고 시간 차원에서는 느긋해진다.

---

28) 프레이지, 여백만들기, pp.135 – 156.

잠 16:9 사람이 마음으로 자기의 길을 계획할지라도 그의 걸음
을 인도하시는 이는 여호와시니라

- 공부와 말씀듣기와 기도를 연결한다. 하나님과 이웃을 향한 사랑,
고난에 대한 인내, 소망의 닻줄이 되는 기도가 공부 안에 자리 잡게
된다. 공부 안에 있어야 할 것을 갖추게 된다. 이 맥락에서 동기유발,
정서적 기초, 자존감, 긍정적 힘, 사명의식, 나의 정체성 확인, 공부의
자기주도성과 같은 "공부하는 마음의 정서적 기초", 즉 "공부하는 성
품"을 형성하게 된다. 하나님에 대한 경외는 하나님의 인도와 사명에
대한 의식을 세우게 되고 주님이 주시는 평강 속에서 정체성에 대한
나의 매듭짓기를 통해서 공부의 기반이 형성된다. 주님안에서 공부하
는 성품과 습관이 형성된다.

g. 긍휼의 마음으로: 약자에 대한 나눔과 배려로

- 공부에 대한 세상적 관점은 "실력주의(meritocracy)"를 공정한 경
쟁의 원칙으로 본다. 실력주의는 "본인의 능력과 실적"에 의한 가치의
분배를 공정한 것으로 규정한다. 실력은 실적을 통하여 평가한다. 그
러나 실적은 본인의 능력뿐만 아니라 환경의 영향을 받는다. 그래서
완전하고 온전한 실력주의를 제도화하기는 어렵다. 실력주의는 기회
균등의 원칙 위에서 실력주의에 의하여 뒤처지고 제외되는 약자에 대
한 배려와 보상으로 보완되어야 한다.[29] 그리고 가장 약한 부분에 대

---

29) 이종재·김성기·김왕준·정제영·박주형·김영식, 사회적 약자를 위한 교
육정책론, 학지사, 2020, pp.253-258.

한 보완이 이루어져야 한다.

– 성경은 약자에 대한 배려와 나눔에 대하여 여러 곳에서 말씀한다. 룻기는 룻에 대한 보아스의 배려를 전한다. 룻기 1장은 남편과 두 아들과 함께 이방나라로 갔던 나오미가 남편과 두 아들이 죽자 며느리 룻과 함께 베들레헴으로 돌아온 이야기를 전한다. 룻은 시어머니 나오미를 떠나 자기 고향으로 돌아가지 않고 나오미를 모시고 이삭을 주워 생계를 꾸려간다. 보아스는 룻이 이삭을 주을 수 있도록 배려하였다. 룻은 보아스와 결혼하고 오벳을 낳았다. 오벳은 다윗의 아버지인 이새를 낳았다. 이방여인 룻은 다윗왕의 할머니가 되었다.

– 김동호 목사는 밭의 네 귀퉁이에 있는 이삭을 남겨준다고 할 때 정사각형의 넓이에서 안에 있는 원의 크기를 뺀 이후에 남는 부분의 크기를 계산하여 21.5% 정도가 약자를 위하여 배려하는 부분이 될 수 있음을 시사한다.[30] 대학입학전형에서 약자를 위한 특별전형에서 전체 정원의 일부를 이들에게 배정할 때 참고할 수 있을 것이다.

---

30) 김동호, 믿음의 글, p.283.

제5장

소명공부와 인재육성
: 인재육성(人材育成)

a. 복음이 학교와 공부의 문을 열었다.

1) 복음이 학교의 문을 열었다.

- 우리나라 조선시대 동네에는 서당이 있었고 지역에는 향교가 있었다. 그리고 당시 서울이었던 한양에는 성균관이라는 고등교육기관이 있었다. 보통사람을 위한 교육의 기회는 적었다. 우리나라에서 1883년에 원산에서 세워진 "원산학사"가 최초의 근대적인 공교육 기관으로서의 학교이다. 이 학교는 민관합작으로 세워졌다. 1886년에 이르러 정부는 외국어 통역사를 양성하기 위한 학교로 "육영공원"을 세웠다. 이후 외국의 선교사들이 복음을 전하면서 학교를 세웠다. 일본이 우리나라를 합병한 이후에 민간에서 학교설립에 참여하여 전국적으로 수천여개의 사립학교가 세워졌다.

- 원산학사는 한국 최초의 근대학교로 알려졌던 배재학당보다 실제로 2년 앞서 설립되었다. 한국 최초의 근대학교이자 근대 최초로 민간이 세운 원산학사의 설립은 한국 근대교육사에서 큰 의의를 지닌다. 그것은 학교의 설립이 외국인 손에 의하지 않고 우리나라 사람들의 손으로 설립되었다는 것, 정부의 개화정책에 앞서 민간인들이 자발적으로 자금을 모아 근대학교를 설립하였다는 것, 지방의 개항장의 시무에

종사할 인력을 양성하기 위하여 설립되었다는 점 등이 특히 주목된다. 민간이 새롭게 요구되는 인력양성을 위하여 학교를 세웠다는 점이다.

— 1894년 갑오개혁 무렵에 원산학사는 본디 지니고 있던 소학교와 중학교의 기능을 나누어 원산학사는 문예반만 갖춘 원산소학교가 되고, 원산 감리서에서 역학당(譯學堂)을 세워 중학교의 기능을 흡수하였다. 원산중학교는 원산소학교 졸업생들에게 외국어와 고등교육을 실시하였다. 원산소학교는 일제강점기에는 원산보통학교가 되었다가, 나중에는 원산제일국민학교가 되어 1945년까지 존속하였다.

— 육영공원(育英公院)은 정부가 설립한 근대학교였다. 1886년 9월에 통상아문의 부속기관으로 설립된 학교이다. 일명 통변학교(通辯學校)로서 임오군란 이후 고종의 고문으로 와 있던 독일사람 P.G. 묄렌도르프가 세운 관립 근대학교이다. 육영공원은 조선 후기 한국 최초의 근대식 공립교육 기관으로 근대적 신교육 기관으로 발전하는 교량적 역할을 하였다. 젊고 총명한 학생들 약 40명을 뽑아 오전·오후반으로 나누어 영어와 일어 및 서양의 계산법을 가르쳤다. 인재를 기른다는 의미에서 육영공원이라고 이름 지었다.

— 우리나라 근대적 학교교육의 바탕에는 복음이 있었다. 1885년에 조선에 입국한 언더우드(Underwood)와 아펜젤러(Appenzeller), 스크랜턴(Scranton), 베어드(Baird) 선교사를 필두로 하여 외국의 선교사들이 들어왔다. 이들은 복음을 전하면서 사람을 세워주는 인재육성을

추구하였다. 복음의 핵심이 되는 "경천애인(敬天愛人)"의 정신으로 고아원을 세워 부모 잃은 아이들을 거두어주고, 병원을 세워 근대의학으로 병든 자를 치료하며 학교를 세워 교육하였다. 그리고 성경을 한글로 번역하였다. 한글로 된 성경의 보급은 일반 백성들의 문자해득을 이루는 데 크게 기여하였다. 그리고 이러한 일을 스스로 이루어 가도록 일본의 식민지 통치로부터 한국의 독립을 지원하였다. 구제, 치료, 교육, 성경번역, 독립정신의 함양의 바탕에는 복음이 있었다. 복음은 공부에까지 이어진다.

– 스크랜턴(Scranton) 선교사는 고아를 포함하여 어린 소녀 6명을 모아서 여성교육을 시작하였다. 스크랜턴(Scranton) 부인이 세운 "이화학당"은 이화여자대학교로 발전하여 세계적인 여성교육 기관이 되었다. 언더우드(Underwood) 선교사가 세운 연희전문학교는 세브란스병원과 합쳐서 "연세대학교"가 되었다. 베어드(Baird) 선교사는 우리나라 최초로 1897년에 평양에 숭실대학교를 설립하였다. 숭실대학교는 우리나라에서 설립된 대학교로서는 최초의 대학교가 된다. 한국전쟁 이후에 남한으로 이전하였으며, 2024년 현재로 127년의 역사를 지니고 있다.

– 아펜젤러(Appenzeller) 선교사는 배재학당을 설립하였다. 제1회 졸업생인 이승만은 학생을 대표하여 독립정신을 제목으로 졸업식에서 대표강연을 하였다. 그는 나중에 대한민국을 건국하는 초대 대통령이 되었다. 아펜젤러(Appenzeller) 선교사는 목포에서 열리는 성서번역을

위한 회의에 참석하러 가는 뱃길에서 군산 근처 바다에서 배가 침몰하는 사고로 순교하였다. 양화진 외국인 선교사묘역에는 그의 이름만을 남긴 묘가 있다.

– 우리나라 근대교육의 문을 연 학교교육에는 경천애인의 하나님 사랑, 이웃사랑의 사랑의 정신과 뜻이 바탕을 이루고 있었다. 선교사가 세운 학교를 세상에서는 미션스쿨(mission schools)이라고 불렀는데 이들 학교는 나름으로 학교사명에 대한 의식이 있었다. 이들의 사명에는 복음의 바탕 위에서 인재를 기른다는 의식이 반영되어 있었다. 복음은 학교와 공부의 문을 열었다. "복음의 바탕 위에서" "인재를 육성하는" 학교는 복음의 바탕 위에서 하는 공부의 문을 열었다.[1]

2) 한국의 발전에는 그 바탕에 "교육기적"이 있었다.

– 한국의 발전을 말할 때 "한강의 기적"을 말한다. 한강의 기적에는 교육기적이 그 바탕에 있었다.[2] 한국교육은 건국 50년 만에 교육의 기회를 확대하여 초등교육에서부터 고등교육까지 "취학의 보편화"를 이룩하였다. 한국의 경우 한국전쟁의 파괴에도 불구하고 1948년 정부 수립 이후 10년 만에 초등교육을 보편화함으로써 교육의 기적을 이루는 첫 단추를 달게 되었다. 이어서 1970년대에 중등교육을 개방하고 평준화하였다. 이 토대 위에서 1990년대에 고등교육의 보편화를 달성

---

1) 박상진, 한국기독교 학교교육운동, 예영커뮤니케이션, 2010. pp.356–366.
2) 천세영, 대한민국의 교육기적, 충남대학교 출판부, 2021. p.264.

하는 교육기적을 이루었다. 이제는 노인이 된 70대와 80대가 초등학교, 중학교에 다닐 때, 독일의 "라인강의 기적"을 듣고 자랐다. 그때로부터 60년이 지난 후에 우리가 "한강의 기적"을 이야기할 수 있을 줄은 상상할 수도 없었다. "세계최빈곤국가" 중에서 60년 만에 세계 10대 경제선진국으로 진입한 국가는 우리나라 한국이 유일하다. 이것은 보통 일이 아니다.

－ 한국의 교육기적에는 어려운 여건 속에서도 이룩한 "초등교육 취학의 보편화"가 자리하고 있다. 1948년 대한민국의 건국 이후 3년 만에 북한의 남침으로 한국전쟁이 일어났다. 전쟁의 피해 속에서 1952년 휴전 이후 6년 만에 초등교육 취학율 90%를 달성하는 초등교육의 보편화를 이룩하였다. 학교시설의 파괴, 북한에서 남하한 200만 명이 넘는 피난민, 1950년대 중반 이후에 태어난 베이비 붐(baby boom) 세대의 등장 등의 어려운 상황에도 불구하고 "초등 의무교육완성 6개년계획"에 따라 1959년에 초등교육 취학의 보편화를 달성하였다.3)

－ "초등교육 6년을 무상의무교육으로 한다"는 건국 헌법에 명시된 교육운영 원칙에 따라 초등교육 대상자는 누구에게나 초등학교 입학을 허락하였다. 수용능력을 확대하기 위하여 학급당 수용인원을 확대하였으며 그로 인해 교실은 콩나물 교실이 되었다. 2부제 3부제 수업

---

3) Chong Jae Lee· Yong kim· SooYong Byun, the rise of Korean education from the ashes of Korean War, Prospects, 42(3), 2012. DOT 10.1007/5−012−9239−5.

으로 학교는 하루 종일 학생들로 버글거렸다. 우리가 6학년이 되었을 때에는 우리 반에는 학생 수가 100명을 초과하였다. 교실이 비좁아 학생들은 움직이기도 쉽지 않았다. 어느 날 우리 선생님께서는 긴 장대를 가지고 오셨다. 저 뒷자리에 앉은 학생들이 떠들면 앞으로 불러 내지 않고 장대로 머리를 때려서 학급을 이끌어 가셨다. 이 기억이 아름다운 추억으로 남는다. 교육발전에 관한 국제회의에서 이러한 한국의 교육발전과정을 말하면 사람들은 감격한 표정으로 우리의 이야기를 듣는다.

− 1−3학년의 저학년에서는 2부제 때로는 3부제로 학급을 편성하여 교실을 활용하였다. 이때 100학급이 넘는 과대규모학교가 등장하였다. 우리가 다녔던 학교도 운동장 한쪽에는 천막교실이 쭉 들어섰다. 우리 세대는 UNKRA(UN 한국재건지원단)에서 지원하여 인쇄된 교과서로 공부하였다. 교과서 맨 뒷장에 "이 책은 UNKRA의 도움으로 인쇄한 교과서입니다"라는 말이 네모 안에 쓰여 있었다. 나이 들어 나이가 비슷한 동년배를 만났을 때 UNKRA 교과서로 공부한 것을 서로 확인함으로써 우리가 비슷한 세대임을 확인한다. 우리 세대는 우리가 도움을 받았기 때문에 개발도상국을 돕는 데 깊은 관심과 열의가 있다.

− 우리나라는 물적 자원이 빈약하기 때문에 인적자원에 의하여 발전을 이룩하였다. 한국교육은 사람에 대한, 교육기회를 확대하고 능력을 기르고 성품을 가다듬어 경제발전에 필요한 인적자원을 공급할 수 있었다. 이로써 한국교육은 국가발전에 중요한 동인이 되었다. 한국경제

의 산업화 과정에서 경공업중심에서 중화학공업으로, 중화학공업에서 첨단산업으로 한국산업과 제조업의 중점을 개척해 나갈 때 한국교육은 초등교육에서 중등교육으로, 중등교육에서 고등교육으로 "순차적으로" 그리고 "상향적으로" 교육기회를 확대하여 왔다. 2000년경에는 한국교육은 취학율 면에서 고등교육까지 가장 높은 취학율을 이룩한 선진 국가군(群)에 속하게 되었다. 이러한 취학율의 보편화를 이룬 출발점에 초등교육의 보편화 실현이 있었다. 우리는 이것을 1950년대에 실현하였다. 그리고 60년이 지난 후에 우리가 선진국가에 속하고 있음을 보게 되었다.

- 우리나라의 교육은 중등교육의 개방과 평준화 정책으로 1980년대에 중등교육 취학의 보편화를 이룩하였다. 이 과정에서 좋은 학교에 진학하기 위한 교육경쟁이 벌어졌고 과외공부와 학원은 사교육의 중요한 방편이 되었다. 이에 대한 대응책으로 정부는 "중학교 무시험진학제도"와 추첨에 의하여 고등학교를 배정하는 "고등학교 평준화정책"을 도입하였다. 중등교육의 생태계를 "수직적 계층화" 추세에서 "평준화"로 그 격차를 좁혀 평준하였다. 평준화는 중간 과정상의 목표로서 장기적으로 "수평적 다양화"를 추구하는 선진국형의 학교교육 생태계를 조성해야 하는 과제를 안고 있다. "다양화"를 위하여 교육의 내용면에서 외국어학교, 예체능학교, 과학고등학교, 실업계 특성화고등학교등으로 프로그램의 다양화를 추진하여 왔다. 학교의 운영의 자율화 수준에 따라서 자립형 사립학교, 자율형 공립학교, 일반규제학교 등으로 구분하여 운영하여 왔다. 평준화체제로 회귀하는 퇴행적 정책

보다는 교육프로그램의 다양화를 기하되 이것이 "수직적 계층화" 추세가 되지 않도록 대학입학전형에서 몇 가지 제한조치를 해야 할 것이다.

— 한국의 교육기적으로, 초등교육의 보편화를 실현하는 데 기여한 요인으로, (1) 헌법에서 교육의 기회균등원칙과 초등교육 6년을 무상 의무교육으로 규정한 것과 (2) 한국인의 교육열 (3) 취학기회의 확대에 대한 전략적 접근을 들 수 있다. 초등교육부터 시작하여 중등교육, 고등교육으로 순서로 순차적, 상향적으로 확대하는 "교육기회의 순차적 상향적 확대전략"과 "선 양적 확대 이후 질적 개선전략" 등은 취학기회를 확대하는데 크게 기여하였다.[4] 이것은 한국형 교육발전전략이 되었다. 1990년대 세계화 추세(globalization)를 바라볼 때 처음에는 우리가 국제경쟁에 뒤쳐질까 염려하였다. 그러나 이제 K－series 시대가 왔다. K－pop에서 시작하여 예술, 문화, 농업, 과학기술에 이어 K－education 시대를 열어가고 있다. 지금은 이 큰 그림을 그릴 때이다.

b. 소명공부는 교육의 미래와 조화를 이룰 수 있을까?

— 공부에 대한 세상적 관점은 경쟁교육의 바탕을 이룬다. 경쟁교육은

---

4) Lee Chong Jae, Education in the Republic of Korea: Approaches, Achievement, and Current Challenges, in Birger FREDRIKSEN and TAN Jee Peng(ed), An African Exploration of the East Asian Education Experience, The Worls Bank, 2008.

시험성적을 경쟁의 대상으로 삼고 이를 위하여 선행학습과 사교육 경쟁을 벌린다. 모든 사람이 경쟁의 대상이 되고 약자에 대한 배려나 "함께 가는" 공동체 정신은 약하다. 이에 반하여 소명공부는 믿음의 바탕 위에서 성품과 정체성을 세우고 개성의 신장을 추구한다. 공부하는 마음으로 공부하려 한다. 함께하는 교육과 사회적 약자에 대한 배려를 중시한다. 교육개혁의 큰 그림과 교육혁신의 새로운 접근이 요청된다. 소명공부와 연결되는 몇 개의 과제를 교육의 미래의 관점에서 생각해 본다.

1) 선행학습을 넘어 "개성의 신장"으로

— 학교제도 줄여서 학제라고 한다. 학제는 학교교육의 단계를 구분하고 단계별 학습의 과제를 제시한다. 영유아교육 단계, 초등학교 단계, 중등학교 단계 그리고 고등교육 단계로 구분하여 교육의 중점과제를 설정한다. 영유아교육 단계는 보육과 조기교육을 제공한다. 초등교육 단계는 기초교육 단계로서 학교교육의 기초를 확실하게 세워주는 단계의 교육이다. 학제에 대한 논의에서 초등교육을 기초교육(basic)으로 규정하고, 중학교교육 단계를 안내(orientation) 단계로 고등학교 단계를 탐색(exploration), 고등교육 단계를 전문심화(professionalization) 단계로 구분하는 데 의미 있는 구분이라고 생각한다.

유치원의 놀이학습과 선행학습

— 어린이의 성장과 발달이론은 놀이의 중요성을 강조한다. 놀이는 창

의성을 계발하는 원천이 된다. 놀이는 또한 사회성과 성품을 계발하는 작용을 한다. 내가 좋아하는 놀이가 나의 소질과 적성을 드러내는 단서가 된다. 내가 무엇을 좋아하는지를 파악하는 것은 나의 개성과 정체성을 파악하고 세우는 길이 된다. 초등학교 단계에서는 공부와 학습의 기초를 확실하게 습득하고 이것저것 여러 가지를 부담 없이 해보는 공부를 하는 시기라고 본다. 놀이학습과 자기주도적 학습과정에서 학생이 "좋아하는 것"과 "잘하는 것" 그리고 "즐기는 것"을 발견할 수 있다. 개성의 신장은 이 과정을 요구한다.

– 무엇을 공부해야 할 것인가? 아이가 성장하는 과정에서 좋아하는 것, 잘하는 것, 그리고 즐기는 것이 생긴다. 좋아하는 것을 찾기 위해서는 여러 가지 놀이를 해보아야 한다. 책을 많이 읽어야 한다. 특히 유아기와 어린이 시기에는 이것저것 하면서 놀아보아야 한다. 믿음의 바탕 위에서 "공부의 넓이"를 넓혀야 한다. 창의성은 공부의 넓이에서 나온다. 공부의 넓이 속에서 융합하는 과정에서 창의성이 등장한다. 좋아하는 공부거리를 찾아보고 만드는 것이 매우 중요하다. 공부를 재미있게 하는 열정과 즐기는 것은 이것저것 하면서 놀아보는 데서 길러진다. 여기에서 공부의 깊이가 깊어진다. 어린아이들의 놀이에서 공부의 바탕이 만들어진다. 놀이신학은 이 점을 강조한다.[5]
– 경쟁학습은 선행학습을 요구하고 선행학습은 유치원 단계에서부터 시작한다. 우리나라의 경우에 교육경쟁을 위한 선행학습 차원에서 일

---

5) 문영석, 교육혁명으로 미래를 열다: 피로사회에서 본 놀이신학의 지혜, 가톨릭대학교출판부, 2018.

부 학부모들은 유치원에서 언어학습과 수리학습을 도입하자고 요구하였다. 일부 이러한 학부모의 요구에 편승하여 유치원에서 영어와 수학을 가르치는 일이 보편화되었다. 서울대학교 후문 근처에 있는 ○○ 초등학교에는 두 종류의 유치원에서 공부한 원생들이 입학한다고 한다. 서울대학교 생활과학대학이 운영하는 유치원과 동내에 있는 유치원이다. 서울대학교 생활과학대학이 운영하는 유치원에서는 전통적 놀이학습을 해 왔다고 한다. 동내의 유치원에서는 영어도 가르치고 국어와 산수도 가르쳤다. 체계적인 연구에 의한 결과는 아니지만 초등학교에 계신 몇 선생님의 소견에 의하면, 초등학교 3학년까지는 선행학습한 학생들이 언어와 수리 학습을 선도하였으나 4학년부터는 전통적인 놀이학습을 한 학생들이 공부에서 자기주도적으로 끈기를 발휘하고, 창의적으로 글짓기를 하였음을 보고하였다고 한다.

- 독일의 경우에서도 일부 학부모들이 유치원 교육에서 놀이중심의 전통적인 유치원 프로그램을 축소하고 언어와 수리적 역량을 길러주는 역량학습 프로그램을 도입하자고 요구하였다. 독일은 이 문제에 대하여 실험적 접근을 택하였다. 유치원을 두 개의 그룹으로 나누어 한 그룹에서는 전통적 놀이중심의 프로그램을 운영하고 다른 한 그룹에서는 영어와 수리학습 프로그램을 7년 동안 운영하였다. 역시 독일답다. 독일의 경우에 전통적 놀이학습 방법을 따르는 유치원 원아들이 초등학교 4학년 이후에 더 좋은 학습활동을 보이는 점을 발견하고 유치원에서 전통적 놀이학습의 유형을 유지하기로 결정하였다. 스탠포드(Stanford) 대학교 Linda Darring Hammond 교수는 이 사실을 그

의 책 "The Right to Education"에서 소개하고 있다. 전통적 놀이학습의 유형을 살려낸 독일의 경우를 우리도 참고할 만하다.[6]

2) "자기주도적 전인공부": 전인적 개성교육으로 가는 길을 열다.

— 학교교육에서 자기주도적 학습을 계발하는 학습활동은 매우 중요하다. 초중등학교 교육에서도 자기주도적 학습활동 프로그램이 필요하다. 1990년대 말에 일본에서 개최한 학회에 참석한 김에 알고 지내는 동경대 교수가 교장으로 봉직하고 있는 동경대 부속고등학교를 방문하였다. 그때가 10월 둘째주였는데 이 주간이 그 학교의 "자기주도학업의 결과"를 발표를 하는 주간이었다. 동경대 부속고등학교는 두가지 점에서 매우 유명하다. 하나는 동경도 내에서 학부모 선호도가가장 높은 고등학교이다. 다른 하나는 이 학교는 동경대학에 합격생을거의 내지 못한다. 동경대학은 입학시험으로 합격자를 선발하고 이 학교는 학원식의 시험준비를 하지 않기 때문이다. 동경대 부속고등학교는 한 학년에 3학급으로 편성되었다.

— 당시 동경대부속고등학교는 학생들의 자기주도적 활동프로그램을운영하였다. 학년별로 자기주도적 창작활동을 하였다. 1학년의 경우에는 8명이 하나의 학습조가 되어 자율적으로 학습주제를 설정하여 공동으로 연구하고 그 결과를 10월의 학예주간에 발표한다. 주제도 다양하였다. 학생들은 학습공동체인 "학습조"에 참여하여 맡은 바 책임을

---

6) Darring—Hammond, Right to education, p.121.

다하고 협업의 성품을 배우게 된다. 어떤 그룹은 "한국의 역사"라는 주제를 걸고 한국의 역사를 6면의 포스터에 정리하였다. 여기서 그들은 학습조직 안에서 조장, 총무, 회계, 연락, 정리 등으로 다양한 역할을 공부하는 것으로 보였다. 2학년 학생들은 배구, 농구, 축구, 탁구 등 운동 토너먼트 게임을 학기 초부터 시작하여 10월에는 경기별로 결승경기를 하도록 일정을 잡아 운영한다. 가급적 많은 학생들이 참여했을 것이다. 그들은 스포츠를 통하여 인성교육의 기초를 형성하는 것으로 보였다.

- 3학년 때에는 개별적으로 연구주제를 선정하여 여름방학 중에 집중적으로 공부한 결과를 개인 연구 리포트를 작성하여 제출한다. A4 60-70여 페이지 분량의 리포트를 작성하는 것을 보았다. 참고문헌도 충실해 보였다. 논문의 주제는 매우 다양하였다. "고령화 사회에서의 노인복지문제에 관한 연구"도 있고, "동경만 갯벌 생태관찰기"도 있었다. 일본의 유명 작가의 작품세계에 대한 연구도 있었다.

- 이러한 자기주도적인 학습과 활동경험이 나중에 자기의 소명을 탐색하는 데 중요한 자원이 된다. 우리 교육의 경우, 대부분의 학생들은 내가 무엇을 좋아하고, 무엇을 하고 싶은지를 생각해 볼 기회가 별로 없는 편이다. 자기주도적인 학습과 활동경험이 빈약하기 때문이다. 2000년대 초에 한국교육개발원에 근무하고 있을 때이다. 지인의 딸이 MIT에서 경제학을 공부하고 있는데 여름방학 중에 한국교육개발원에서 인턴을 할 수 있는지 문의가 왔다. 우리식의 이력서는 없었고 자기

소개서가 있었다. MIT에서의 이수과목과 학습활동의 이력을 소개하였고 관심분야 주제에 대한 설명이 나왔다. 관심주제는 남미의 지역경제 분석과 이를 위한 계량적 분석모형의 개발과 자료분석을 위한 각종 컴퓨터 분석프로그램의 통합적 활용이었다. 능통한 영어와 한국어와 스페인어, 컴퓨터 프로그램의 통합적 활용능력을 고려하여 국제부에서 기관의 홍보물을 영어로 작성하고 외국의 주요 인사와의 network을 구축하는 일에 인턴으로 채용한 바 있다. 미국 명문대학에서 학생들이 자기소개를 하는 것을 보고난 이후부터 서울대학교에 있는 우리 학생들에게 이력서 대신에 지금은 보편화된 "학업명세서"로서의 자기소개서를 준비하도록 권유하였다.

3) 대학입학선발: 시험이냐 vs 전형이냐?

– "시험에 의한 선발"은 객관적이고 따라서 공정한 평가방식이라고 생각하기 쉽다. 시험에 의하여 선발할 때에는 0.1점의 차이로 당락을 구별하려고 한다. "시험만능주의"에 빠지면 변별력을 위하여 수능시험에서 킬러문항도 등장한다. 시험으로 선발을 할 때에는 하급학교교육은 선발시험에 종속되기 쉽고 사교육에 의존은 더욱 증가하게 된다. 여기서부터 입시위주의 교육이 형성된다. 공부보다는 "시험공부"를 하게 된다.

– 전형(銓衡, screen)은 선발에 적합한 여러 가지 기준이 있음을 인정하고 이 기준에 따라 선발하는 방식을 일컫는다. 전형에서는 시험성

적은 선발기준의 하나가 된다. 가치에 대한 기준이 획일화되어 있을 때에는 그 기준에 따라서 선발하게 된다. "시험에 의한 그리고 성적순"이 그 예가 된다. 그러나 기준이 다양화되어 있을 때에는 다양성을 인정하는 전형의 방식이 필요하다. 전형은 적용하는 기준에 따라서 질적인 평가를 요구하고 주관적 평가에 의존하기도 한다. 따라서 전형을 하는 대학의 자율성은 존중되어야 한다. 또한 대학은 평가의 과정과 결과에 대하여 책임을 질 수 있어야 하며 사회의 신뢰를 얻을 수 있어야 한다. 전형이 교육적으로 타당한 측면이 있으나 시행이 좀 더 어렵다. 이에 대한 대학의 책무성과 이 제도에 대한 사회적 신뢰가 있어야 한다.[7]

− 전형의 관점에서 학생선발을 할 경우에 전형유형을 다양화하게 된다. 수시모집을 하는 전형에서 입학사정관제를 운영하였다. 전형기준에 의한 학생선발의 경우에 전형기준이 너무 많이 등장하여 복잡해지고 실제 전형이 어떻게 진행되었는지 알기 어려운 "깜깜히 상황"이 발생하였다. 입학사정관제에 대한 불신이 등장하였다. 주요대학에서는 우수학생을 선발하려는 욕심으로 성적순으로 뽑다보니 특목고, 외국어고, 자사고 출신의 입학생 비율이 증가하는 경향을 보였다. 특목고와 자사고 입학을 위한 사교육이 다시 등장하였다. 입학전형제도에 대한 문제제기는 시험에 의한 선발을 강조하고 자사고 제도를 폐지하는

7) 이종재, 사교육대책과 대학입학제도의 역사적 변천, 김신복(편), 교육정책의 역사적 변동과 전망, 서울대학교 출판문화원, 2017. pp.223−276.

방향으로 후진적 정책을 결정하였다. 이제 다시 폐지하지 않기로 정책 결정을 하였다. 특목고 출신의 합격자 비율에 제한이 있어야 한다.

— 사교육의 문제는 학령인구의 감소와 개성교육에 대한 관심의 증가로, 학벌을 대체하는 교육가치가 등장하는 추세 속에서 그 기세가 꺾일 것으로 예상된다. 이제는 "국영수 체질"뿐만 아니라 "음미체능력"도 중요하고 다양한 역량이 빛을 발휘하는 시대가 왔음을 경험하고 있다. 사교육업계에서도 의대입학을 위한 사교육이 사교육의 마지막 불꽃이 될 것으로 보고 있다.

— 학생선발문제에 대하여 고등학교와 대학이 서로 협력하여 일할 필요가 있다. 제도와 정책만으로 이 문제를 풀기에는 한계가 있다. 사교육대책의 한계를 극복하기 위하여 교육부의 대학에 대한 재정지원프로그램으로 "고교교육정상화 기여대학에 대한 재정지원 프로그램"을 운영하고 있다. 대학의 입학선발제도를 평가하여 고교교육정상화에 기여하는 대학에 재정지원을 하는 프로그램이다. "고교교육 기여대학 지원 사업(2014~)"은 제도 운영을 개선하여 대학입학 전형제도를 보다 적합하게 운영하는 길을 설계할 수 있을 것이다. 전형의 기준을 단순화하고 의미있는 합당한 기준을 전형기준으로 설정하는 일이 아주 중요하다. 대입전형을 단순화하고 공정성을 높이고 정보공개를 강화하고, "사회적 배려자 전형" 및 "지역균형 관련 전형 운영"등을 주요 내용으로 평가하여 재정지원을 하면 대학의 학생선발에 의미있는 변화를 조성할 수 있을 것이다.

4) 약자에 대한 나눔과 배려

- 세상적 관점은 실력을 기준으로 공정한 경쟁을 하자는 실력주의 (meritocracy)를 공정한 경쟁의 원칙으로 세운다. 그러나 개인의 천부적 능력과 노력만으로 이루어지는 실력에 의한 완전하고 온전한 실력주의를 제도화하기는 어렵다. 실력주의는 실력주의에 의하여 제외되는 약자를 배려하고 보상해 줌으로서 제도적 한계를 보완하여야 한다.[8]

- 대학입학전형에서 약자를 위한 특별전형에서 전체 정원의 일부를 이들에게 배정할 때 전체입학정원의 약 22%를 배정할 수 있을 것이다. 지역균형선발제 20% 정도를 포함하여 약자배려 22%를 합하여 42% 이상으로 확대하면 사교육을 진정시킬 수 있을 것이다.

5) 공교육과 사교육의 협력

- 경쟁교육체제에서 사교육은 경쟁의 수단으로 등장하였다. 사교육이 문제가 되는 것은 사교육이 만들어 내는 가치의 성격이 문제가 된다. 사교육이 미래사회에 도움이 될 재능을 길러주기보다는 시험에서의 경쟁가치를 주로 만들어 낸다면 사교육은 교육의 기회균등을 저해하는 요인으로 등장할 가능성이 높다. 부모의 재력이 사교육을 결정하

---

8) 이종재 · 김성기 · 김왕준 · 정제영 · 박주형 · 김영식, 사회적 약자를 위한 교육정책론, 학지사, 2020, pp.253－258.

고 사교육이 입시경쟁을 결정한다고 믿으면 "사회의 공정성에 대한 인식"은 떨어진다. 이러한 상황에서는 사교육의 효과는 줄이고 사교육의 격차는 줄이는 방향으로 사교육에 대응해 나가야 할 것이다.

− 사교육은 학력보충형, 재능계발형, 경쟁형 선행학습으로 구분할 수 있다. 학력보충형 사교육이나 다양한 재능계발형 사교육에는 공적으로 지원해야 할 부분도 있다. 공적 가치를 만들어 내는 사교육은 공교육과 협력하여 인재계발을 돕는 동반자로서 그 역할을 하고 이에 상응하는 공적 지원을 받게 해야 할 것이다. 여기에는 여러 가지 방법이 있다. 경쟁형 사교육에서 조정이 어렵다면 이러한 사교육에 대해서는 "교육약자"에 대해서는 국가가 지원하여야 할 것이다. 한준상은 이것을 "국가과외"라고 규정하고 그 길을 논의한다.[9] 초등학교의 늘봄교실은 국가과외의 한 형태가 된다.

− 그동안 정부의 사교육대책은 평준화정책, 사교육 금지정책, 공교육 정상화정책, 입시 관련 규제정책을 추진하여 왔다.[10] 이제는 공교육−사교육협력체제(public−private partnership: ppp)를 설계해야 할 때이다. 우리나라 사교육은 세계적으로 인정받는 학습프로그램을 제공 운영하는 학습지원 platform으로 발전할 가능성이 있다고 전망된다. 사교육의 학습지원프로그램을 활용할 필요가 있다.

---

9) 한준상, 국가과외, 학지사, 2005.
10) 이종재·장효민, "사교육 대책의 유형에 관한 분석적 연구", 아시아교육연구, 9권 (4), 2008.

c. 소명공부와 한국교육의 혁신과제

― 우리나라 교육발전의 과정을 돌아보면 전반기 단계에서는 양적 확대를 통하여 취학율의 보편화를 이룩하였다. 상향적 단계적 확대를 통하여 초등교육의 보편화에 이어 중등교육과 고등교육의 보편화를 성취하였다. 중등교육의 평준화와 고등교육의 입학시험을 통하여 입학경쟁을 완화하고 공정성을 높이기 위하여 노력하였다. 정부의 정책과 제도를 통한 관리체제를 활용하였다. 이러한 노력은 우리나라의 산업화와 민주화를 위한 인력개발에 크게 기여하였다.

― 다음 단계의 교육발전은 새로운 접근과 과제를 요구한다. 양적 확대에서 이제는 질적 향상을 이룩해야 한다. 질적 향상은 새로운 정체성의 변화와 수준의 향상을 요구한다. 경쟁교육에서 개성신장을 위한 학습으로의 전환은 중요한 예가 될 것이다. 질적 수준은 다양성 속에서 독특한 개성을 드러내고 세계적 수준으로 인정받을 수 있어야 할 것이다. 우리는 그 가능성을 곳곳에서 볼 수 있다. 우리나라에도 세계적 수준의 초등학교가 등장하고 있고 세계적 수준의 명품학교를 찾을 수 있다. 전문대학 중에는 분야별로 세계적 수준을 보이는 대학들이 나오고 있다. 이러한 맥락에서 다음 단계에서 한국교육이 성취해야 할 과제를 생각한다. 이 과정에서 "저출산 문제"와 교육비의 큰 부담이 되는 사교육비 문제도 검토되어야 할 것이다. 교육개혁과 혁신을 위한 큰 그림을 그려야 할 때이다.

1) 영유아 교육에 대한 국가차원의 지원

− 출생은 비용 측면과 편익 측면이 있다. 출생을 꺼리는 비용 측면에서는 산모의 취업기회의 제약과 경력중단, 육아부담, 사교육 등이 포함된다. 출산을 돕기 위해서는 비용을 줄이고 편익을 증대해야 할 것이다. 영아에 대한 어린이집과 유치원 교육에 대하여 바우처(vaucher)를 통하여 일정수준의 국가의 지원을 제도화할 필요가 있다.[11]

2) 초등학교에서의 기초교육 성취보장

초등학교는 교육의 기초를 세우는 단계의 교육이다. 국가는 읽기, 쓰기, 셈하기를 기반으로 하여 공부의 기초와 기초적 생활습관을 포함하는 기초교육의 성취기준을 설정하고 기초적 절대 성취기준을 달성하는 것을 보장해 줄 수 있어야 한다. 이를 위하여 국가가 할 수 있는 최대한의 노력을 해야 한다. 초등교육에서는 공부의 습관을 형성하고 인성교육의 기초를 세워주어야 할 것이다.

− 인성교육을 포함하여 방과후 교실을 통하여 다양한 학습활동을 제공할 수 있어야 할 것이다. 모든 학생에게 "학습바우처"를 발행하여 학습을 위하여 사용할 수 있는 정부의 지원금을 쓰게 하는 것이다. 학교 안에서 방과후 "돌봄교실"이나 동네의 "동네학급"이나 학원도 대상

---

11) 김영옥, "유보통합에 대비한 안전사고 보상 및 예방체제", 한국유아교육소식, 제80호(2023년 6월).

이 될 수 있을 것이다. 학습에 어려움이 있는 학생을 검사·상담 지원하는 각종의 "학습 clinics 센터"도 개설되어야 할 것이다. 영유아와 어린이 보호차원에서 "어린이 난치병 치료지원센터"도 필요하다.

3) 중학교의 안내과정 운영

- 중학교 과정은 안내(orientation)를 담당하는 단계의 교육이다. 안내는 나에 대한 안내, 지식에 대한 안내, 사회활동에 대한 안내 등을 포함한다. 다양한 학습활동을 통하여 건전한 자기인식을 형성하고 자기가 좋아하고 잘 하는 공부를 찾을 수 있어야 한다. 가치관을 세울 수 있어야 한다. 중학교 교육과정은 이러한 취지를 반영하여 구성되어 있다.

- 작은 일도 큰 뜻으로 할 수 있음을 볼 수 있어야 한다. 땀을 흘리는 노력을 통하여 (sweat spot) 나를 세울 수 있는 최적의 공간과 지점(sweet spot)을 찾아보는 경험을 해보아야 한다. 중학교와 고등학교 학생들이 일을 경험해 볼 수 있는 기회를 활용할 수 있으면 좋겠다. 자원봉사활동은 교육적 의미와 가치가 큰 활동이 된다. 지역별로 "청소년 자원봉사지원센터"가 설립되어 종교기관과 연계하여 활동하면 좋은 자원봉사활동 기회를 지원할 수 있을 것으로 기대된다. 자기 자신을 들여다볼 수 있는 각종의 진단검사를 활용하고 빅데이터(big data)를 활용하는 "진로적성안내센터"의 지원을 검토할 수 있다.

4) 고등학교의 수평적 다양화와 학교선택: 평준화를 넘어서

– 우리의 고등학교 체제는 일부 특목고와 실업계의 특성화고등학교가 있으나 전반적으로 평준화 체제로 운영되고 있다. 개성을 길러주는 교육을 하기 위해서는 고등학교 교육도 특성화되고 다양화될 필요가 있다. 평준화체제는 우리가 가야 할 과정의 중간단계에 있는 체제로 생각된다. 우리의 고등학교 체제는 평준화체제를 넘어서야 할 것이다.

– 고등학교는 수평적으로 다양화되고 학생들은 학교를 선택할 수 있어야 할 것이다. 학생선발은 시험성적에 의한 학생선발보다는 특성화된 교육과 학습기회에 대한 동의를 기반으로 선발하는 것이다. 학교는 최소 필수적 사항을 중심으로 입학기준을 제시하고 학생은 지원하고 추첨에 의한 선발원칙으로 학생을 선발하면 될 것이다. 일반고등학교에서의 다양화는 학교교육의 중점에서 학교의 개성을 살려가는 교육활동과 학습으로 만들어 갈 수 있을 것이다.

– 개성을 추구하는 학교의 한 예를 자연생태 교육을 추구하는 경북 영천에 있는 산자연중학교에서 찾을 수 있다. 이 학교 홈페이지에 들어가면 학교소개와 학교현황을 볼 수 있다. 이러한 학교가 등장할 수 있도록 학교에 자율성을 더욱 확대하여 부여하고 육성해 가야 할 것이다. 우리나라 중고등학교 중에는 명품학교가 있고 개성 있는 교육을 시행하는 학교가 있다. 이런 학교를 소개하고 안내하는 "학교안내센터"가 필요하다.

5) 학교의 혁신

우리의 유치원이나 초등학교, 중학교, 고등학교들은 다양성과 정체성과 국제적 경쟁력을 갖춘 학교로 발전할 가능성이 있다고 본다. 이를 위해서는 학교의 변화와 혁신을 주도하는 길을 설정하고 꾸준하게 나아가야 할 것이다. "학교교육 제4의 길"[12]은 중요한 참고가 된다. 우리의 현실과 한국교육의 발전과정을 고려하여 우리 나름의 학교교육 혁신의 길을 설정해야 할 것이다.

6) 교육공동체적 접근

- 경쟁교육의 관점에서 학습경쟁은 중요한 과제가 된다. 학습경쟁은 공부의 목표가 되고 학습의 동기를 일으킨다. 이 과정에서 이웃 학생을 경쟁상대로 본다. 교육공동체적 접근에서는 다양한 학습의 길에서 장기적 목표를 바라보며 이웃학생을 학습의 여정을 같이 걸어가며 서로 도와주는 학습의 동반자로 볼 수 있다. 이 과정에서 여러 가지 약함으로 인하여 뒤처지는 학생들 도와주고 보살피고 세워주는 교육약자에 대한 지원을 하게 된다.

---

12) 앤디 하그리브스·데니스 셜리, 이찬승·김은영 옮김, The Fourth Way 학교교육 제4의 길, 21세기교육연구소, 2015.

7) 성경 이야기 공부

– 할아버지와 할머니, 엄마와 아빠의 자녀교육에 대한 역할에 대하여 농담처럼 전해 오는 말이 있다. 할아버지의 재력, 엄마의 정보력, 아빠의 무관심이 자녀교육을 이끌어 간다는 말이다. 이 말은 "사교육 경쟁 모형"이 작동하던 시대의 이야기로 생각된다. 소명으로서 공부를 생각하는 시대에서는 공부의 생태가 다르게 전개될 수 있다.

– 믿음에 대한 공부와 공부의 속을 살피는 공부는 여러 가지 형태로 할 수 있다. 그중에 하나의 방법으로 가정과 교회에서 성경이야기에 관한 책을 어린이와 어른이 함께 읽어 가는 것이다. 소명공부는 할아버지와 할머니의 이야기, 엄마의 사랑과 격려, 아빠의 유업에 대한 이야기와 헌신의 모범, 그리고 3대가 함께 하는 말씀공부 속에서 자란다. 말씀공부를 하는 중에 성경말씀 안에서 자기 자신을 돌아보는 생각의 틀을 갖게 되고, 말씀에 대한 믿음을 갖게 되고, 하나님을 인식하는 "마음의 창문"을 갖게 되고 하나님의 임재를 구하는 "기도의 문"을 열게 될 것을 기대한다. 요즘 교회에서는 교회학교가 사라지고 가정에서는 말씀공부를 위한 이야기를 나눌 시간을 찾기 어렵게 되었다.

– 어린이와 함께 믿음의 틀을 열도록 걸어 나가는 것이 가능할지 궁금하다. 말씀공부를 통하여 하나님을 바라보는 "마음의 창문"을 열고, 하나님의 말씀을 함께 읽어 나간다면 얼마나 좋을까 생각한다. 말씀 앞에서 나를 돌아보며 하나님의 시간에 하나님의 임재를 구하는 기도

의 문을 열어 갈 수 있기를 소망한다. 말씀의 씨앗을 안고 연어가 그 태어난 곳으로 돌아오듯, 어릴 때 들었던 말씀이야기가 어린이의 마음을 인도해 주길 간구한다. 디모데후서는 "성경이야기는 교훈과 책망과 바르게 함과 의로 교육하기에 유익하다"고 증거한다.

딤후 3:16 모든 성경은 하나님의 감동으로 된 것으로 교훈과 책망과 바르게 함과 의로 교육하기에 유익하니

참고문헌

하워드 가드너·미하이 칙센트미하이·윌리엄 데이먼, Good work, (문용린 옮김), 생각의 나무, 2007.

하워드 가드너, 김한영 옮김, 미래를 준비하는 다섯가지 마음, 사회평론, 2019.

고성준, 카이로스: 하나님의 시공간, 규장, 2020.

고성준, 데스티니: 하나님의 계획, 규장, 2020.

고성준, 나의 데스티니 찾기, 규장, 2018.

구본권, 공부의 미래, 한겨레출판, 2019.

권택조, 스키마, CLC, 2013.

제프 고인스, 윤종석 옮김, 일의 기술, CUP, 2016.

오스 기니스, 홍병룡 옮김, 소명, Ivp, 2006.

김동호, Faith; Book 믿음의 책: 로마서 이야기, 규장, 2019.

김동호, 날기새(날마다 기막힌 새벽): 힘든 세상에서 천국살기, 규장, 2020.

김명훈, 상류의 탄생, 비아북스, 2016.

김신복(편), 교육정책의 역사적 변동과 전망, 서울대학교 출판문화원, 2017.

김영길, 공부해서 남주자, 비전과 리더쉽, 2016.

김종대, 이순신: 신은 이미 준비를 마치었나이다, 가디언, 2012.

김지수, 이어령의 마지막 수업, 열림원, 2021.

김창환·변수용, 교육프리미엄: 한국에서 대학교육의 노동시장 가치는 하락했는가?(한국학총서 한국의 교육과 사회이동 3), 박영story, 2021.

알버트 E. 그린, 현은자·정희영·황보영란 옮김, 기독교 세계관으로 가르치기, CUP, 2000. (Albert E. Greene, Jr., Reclaiming the Future of Christian Education, 1998.)

김태훈, 서울대 수석은 이렇게 공부합니다, 다산에듀, 2021.

김형원, 소명, 그 거룩한 일상, 대장간, 2018.

헨리 나우엔, 윤종석 옮김, 영성수업, 두란노, 2007.

데이비드 노글, 박세혁 옮김, 세계관 그 개념의 역사 World View, CUP, 2018. (David K Naugle, World View, 2002.)

워치만 니, 정동섭 옮김, 영에 속한 사람 I,II,III, 생명의 말씀사, 2014.

수잔 데 디트리히, 신인현 옮김, 성서로 본 성서, 컨콜디아사, 1999.

로렌스 형제, 윤종석 옮김, 하나님의 임재연습, 두란노서원, 1982.

C.S. 루이스, 장경철, 이종태 옮김, 순전한 기독교, 홍성사, 2011.

C.S. 루이스, 이종태 옮김, 고통의 문제, 홍성사, 2002.

C.S. 루이스, 김선형 옮김, 스크루테이프의 편지, 홍성사, 2017.

문영석, 교육혁명으로 미래를 열다(피로사회에서 본 놀이신학의 지혜), 가톨릭대학교출판부, 2018.

크레이그 바르톨로뮤, 마이클 고힌, 김명희 옮김, Craig G. Barthomuew, Micheal W. Goheen, The Drama as Scripture, 성경은 드라마다, IVP, 2009.

박남기, 실력의 배신, 쌤 앤 파커스, 2018.

박상진·김회권·김창환·강영택, 입시에 대한 기독교적 이해, 예영커뮤니케이션, 2008.

박상진, 성경속에 나타난 하나님의 학습법, 두란노, 2016.

박상진, 한국기독교 학교교육운동, 예영커뮤니케이션, 2010.

박상진, 믿음의 자녀키우기, 두란노, 2016.

박상진·김창환·김재웅·강영택, 기독교 학교의 미래전망, 2015.

박상진·박종석·유재봉·강영택·이숙경, 다음세대를 위한 기독교 교육생태계, 예영커뮤니케이션, 2016.

박세웅, 나는 누구인가, 미래를 소유한 사람들, 2011.

박영선, 믿음의 본질, 무근검, 2019.

박원호, 우리가 하나님 나라를 몰랐다, 두란노, 2015.

박진경, 하나님, 우리 아이 어떻게 키울까요?, CUP, 1995.

박철수, 영성훈련입문, 영성, 1998.

데이비드 배너, 이용석 옮김, 하나님의 뜻을 갈망하다, IVP, 2005.

100주년기념교회, 새벽묵상 욥기, 100주년기념교회, 2018.

존 버드, 강세희 옮김, 나에게 일이란 무엇인가?: 일을 이해하는 열가지 열쇠
    말, 이후, 2016.

존 번연, 정성묵 옮김, 천로역정, 두란노, 2019.

제임스 몽고메리 보이스, 오수현 옮김, 마음을 새롭게 하라, 올리브북스,
    2011.

서정화 외, 한국의 명품고등학교, 시간여행, 2015.

잭 세이모어, 오성주 옮김, 예수님이 직접 가르쳐준 교육학, 신앙과 지성사,
    2015.

H. 세일해머, 김동진·정충아 옮김, 서술로서의 모세오경 상과 하, 크리스쳔
    서적, 2007.

송인규, 새로 쓴 기독교, 세계관, IVP, 2008.

이디스 쉐퍼, 임경수 옮김, 하나님의 방법으로 훈육하라, CUP, 2011.

신국원, 니고데모의 안경, Ivp, 2018.

야마구찌 슈, 김윤경 옮김, 어떻게 나의 일을 찾을 것인가: 직업선택의 철학,
    김영사, 2021.

폴 스티븐스, 주상헌 옮김, 일의 신학, CUP, 2017.

폴 스티븐스 & 앨빈 옹, 일 삶 구원, 김은홍 옮김, Ivp, 2011.

제럴드 L. 싯처, 윤종석 옮김, 하나님의 뜻: 오늘 여기서 그 분을 위해, 성서유
    니온선교회, 2004

닐 앤더슨, 유화자 옮김, 내가 누구인지 이제 알았습니다, 죠이선교회, 1993.

양승훈, 그리스도인으로 공부를 한다는 것은, 도서출판 CUP, 2009.

ACT 교육연구소(편), 우리시대의 기독교 교육의 정체성과 과제, 그리심,
    2017.

옥한흠, 고통에는 뜻이 있다, 국제제자훈련원, 2019,(개정판 62쇄)

옥한흠, 이보다 좋은 복이 없다, 국제제자훈련원, 2018.

릭 워렌, 고성삼 옮김, 목적이 이끄는 삶, 디모데, 2004.

달라스 윌라드, 윤종석 옮김, 마음의 혁신, 복있는 사람, 2009.

유기성, 주안에서 사람은 바뀐다, 규장, 2018.

윤학, 교육, 영성만이 답이다, 흰물결, 2011.

릭 워렌, 고성삼 옮김, 목적이 이끄는 삶, 디모데, 2004.

이민정, 이 시대를사는 따뜻한 부모들의 이야기 1, 김영사, 2001.

이숙경·강신표·이수인·신승범·전병철, 우리 시대의 기독교 교육의 정체성
　　과 과제, ACT 교육연구소(편), 그리심, 2017.

이어령, 지성에서 영성으로, 열림원, 2017.

이어령, 의문은 지성을 낳고 믿음은 영성을 낳는다, 열림원, 2021.

이재철, 참으로 신실하게, 홍성사, 2002.

이재철, 내게 있는 것, 홍성사, 2016.

이재철, 로마서 1, 홍성사, 2015.

이재철, 로마서 2, 홍성사, 2018.

이재철, 로마서 3, 홍성사, 2016.

이재철, 매듭짓기, 홍성사, 2009.

이재철, 성숙자반(개정판), 홍성사, 2007.

이재철, 새신자반(개정판), 홍성사, 2009.

이재철, 사명자반, 홍성사, 2013.

이재철, 참으로 신실하게, 홍성사, 2009.

이재철, 인간의 일생, 홍성사, 2008.

이재철, 청년아 울더라도 뿌려야 한다, 홍성사, 2011.

이재철, 회복의 신앙, 홍성사, 2009.

이재훈, 그리스도께서 내 안에 내가 그리스도안에, 두란노, 2018.

이종재·김성기·김왕준·정제영·박주형·김영식, 사회적 약자를 위한 교육정

책론, 학지사, 2020.

이종태 · 한만중 · 성기선 · 정옥년 · 배영찬, 스스로 공부하는 아이가 21세기를 지배한다, 한국교육개발원, 2002.

이차영, 식물에게서 교육을 배우다, 살림터, 2020.

이한영 · 김성진 · 조휘 · 허주 · 정성국, 성경속 교육, ACTS 교육연구소, 2018., / 신명기의 쉐마교육, 고난의 해석

이효재, 일터신앙: 소명, 사랑, 기도 그리고 인내, TOBIA, 2018.

월터 J. 챈드리, 이용복 옮김, 자기부인, 규장, 2009.

천세영, 대한민국의 교육기적, 충남대학교 출판문화원, 2021.

최용준, 세계관은 삶이다, CUP.2008.

로버트 케슬런 · 마이클 매슈스 · 마틴 셀리그먼, 오수원 옮김, 인성의 힘, 리더스북, 2021.

팀 켈러, 최종훈 옮김, 일과 영성, 두란노, 2013.

팀 켈러, 최종훈 옮김, 팀 켈러의 기도, 두란노, 2017.

팀 켈러, 최종훈 옮김, 고통에 답하다, 두란노, 2018.

팀 켈러, 윤종석 옮김, 내가 만든 신, 두란노, 2017.

팀 켈러, 최종훈 옮김, 일과 영성, 두란노 서원, 2013.

팀 켈러, 윤종석 옮김, 탕부 하나님, 두란노, 2016.

팀 켈러, 최종훈 옮김, 하나님을 말하다, 두란노, 2017.

게리 토마스, 윤종석 옮김, 부모학교, CUP, 2007.

A.W. 토저, 이용복 옮김, 이것이 성령님이다, 규장, 2007.

유진 피터슨, 메시지(신약), 복있는 사람, 2010.

리처드 포스터, 영적훈련과 성장, 권달천 · 황을호 옮김, 생명의 말씀사, 2004.

리처드 포스터, 윤종석 옮김, 심플라이프: 단순한 삶, 규장, 2005.,

랜디 프래이지, 윤종석 옮김, 인생을 충만하게 채우는 여백만들기, 도서출판 CUP, 2009.

하용조, 광야의 삶은 축복이다, 두란노, 2010.

하용조, 강해서 전집(전24권), 두란노 서원, 2021.

한대동 외, 배움과 돌봄의 학교공동체, 학지사, 2013.

홍정길·박남숙, 인생 12개 학교, 북 크라우드, 2016.

Daniel Coleman, Emotional Intelligence, A Bantam Book, 2006.

Richard J. Foster, Freedom of Simplicity: Finding Harmony in a complex world, Harper Paperbooks, 1998.

Richard J. Foster, Celebration of Discipline: The Path to Spiritual Growth, Harper and Collins Publishers, New York, NY, third edition, 1998.

Wayne Holmes·Maya Bialik·Charles Fadel, (정제영·이선복 역), 인공지능시대의 미래교육: 가르침과 배움의 함의, 박영story, 2020.

Eugene H. Peterson, The Jesus Way: The conversation on the ways that Jesus is the way, Wm.B. Erdman publishing Co, 2007.

Lee, Chong Jae · Kim, Sung Yul ·Adams Don (ed), The 60 Years of Education in Korea, Seoul National University Press, 2010.

Lee, Chong Jae "Historic review of Government Policy of Private tutoring and University examination system"(translated) in Shin Bok Kim (ed), The Historic change and Prospect of Education Policy in Korea(trans─lated), National University Press, 2017.

Lee, Chong Jae · Lee, Heesook · Jang, Hyo─Min, The history of policy responses to shadow education in South Korea: Implications for the next cycle of policy responses, Asia Pacific Ed. Rev. (2010) 11:97─108 DOI 10.1007/s12564─009─9064─6

Lee, Chong Jae · Kim, Yong · Byun, Soo─yong, The Rise of Korean Education from the ashes of the Korean War, Prospects (2012) 42:303─318

Lee Chong Jae, Education in the Republic of Korea: Approaches, Achievement, and Current Challenges, in Birger FREDRIKSEN and TAN Jee Peng(ed), An African Exploration of the East Asian Education Experience, The World Bank, 2008.

C.S. Lewis, The Screwtape Letters, A Barbour Book, 1941.

Edith Schaeffer, A celebration of Children, Rabris Ridge book, Grand Rapid Michigan, 2000.

Henri J. M. Nouwen, The Return of The Prodigal Son: A Story of Homecoming, Doubleday, Newyork, 1992.

John F. Walvoord & Roy B. Zuck (editors), The Bible Knowledge Commentary, (Old and New Testament), Victor Books, 1983.

Dallas Willard, The spirit of the Disciplines: Understanding how God changes lives, Hodder and Stoughton, 1988.

Dallas Willard, Renovation of the Heart: Putting on the character of Christ, Navpress, 2002.

찾아보기

464

저자 소개

이종재

서울대학교 교육학과 명예교수
(사) 한국교육행정학회 법인 이사회 이사장

학교법인 동랑학원(서울예술대학) 이사장 역임
국가교육과학기술 자문회의, 위원 역임
한국교육개발원 원장 역임
서울대학교 사범대학 교육행정연수원 원장 역임
한국교육행정학회 회장 역임

주요저서
한국교육60년(공동편저), 서울대학교 출판 문화원
한국교육행정론(공저), 교육과학사
교육정책론(공저), 학지사
사회적 약자를 위한 교육정책(공저), 학지사
사교육: 현상과 대응(공저), 교육과학사
한국교육발전의 탐구, 교육과학사

주요논문

Lee, Chong Jae · Lee, Heesook · Jang, Hyo—Min, The history of policy responses to shadow education in South Korea: Implications for the next cycle of policy responses, Asia Pacific Ed. Rev. (2010) 11:97—108 DOI 10.1007/s12564—009—9064—6

Lee, Chong Jae · Kim, Yong · Byun, Soo—yong, The Rise of Korean Education from the ashes of the Korean War, Prospects (2012) 42:303—318

Lee, Chong Jae, Education in the Republic of Korea: Approaches, Achievement, and Current Challenges, in Birger FREDRIKSEN and TAN Jee Peng(ed), An African Exploration of the East Asian Education Experience, The World Bank, 2008.

소명과 공부

초판발행	2024년 5월 31일
지은이	이종재
펴낸이	노 현
편 집	조영은
기획/마케팅	이선경
표지디자인	Ben Story
제 작	고철민·조영환
펴낸곳	㈜ 피와이메이트
	서울특별시 금천구 가산디지털2로 53, 210호(가산동, 한라시그마밸리)
	등록 2014. 2. 12. 제2018-000080호
전 화	02)733-6771
f a x	02)736-4818
e-mail	pys@pybook.co.kr
homepage	www.pybook.co.kr
ISBN	979-11-6519-963-0 03230

정 가   24,000원

박영스토리는 박영사와 함께하는 브랜드입니다.